Zhongguo Lüyou Dili

"十四五"职业教育国家规划教材

国家文化产业资金支持媒体融合重大项目

高等职业教育旅游管理类专业教材新系

第8版

中国旅游地理

李娟文 主 编
王红国 副主编

东北财经大学出版社
Dongbei University of Finance & Economics Press
大连

图书在版编目（CIP）数据

中国旅游地理 / 李娟文主编．—8版．—大连：东北财经大学出版社，2024.6（2025.9重印）
（高等职业教育旅游管理类专业教材新系）
ISBN 978-7-5654-5181-2

Ⅰ.中…　Ⅱ.李…　Ⅲ.旅游地理学-中国-高等职业教育-教材　Ⅳ.F592.99

中国国家版本馆CIP数据核字（2024）第054627号

东北财经大学出版社出版
（大连市黑石礁尖山街217号　邮政编码　116025）
网　址：http://www.dufep.cn
读者信箱：dufep@dufe.edu.cn
大连金华光彩色印刷有限公司印刷　东北财经大学出版社发行

幅面尺寸：185mm×260mm　字数：497千字　印张：21.75
2024年6月第8版　2025年9月第4次印刷

责任编辑：许景行　孙晓梅　责任校对：王　斌
封面设计：原　皓　版式设计：原　皓

定价：57.00元

教学支持　售后服务　联系电话：（0411）84710309

如有印装质量问题，请联系营销部：（0411）84710711

第8版前言

随着我国经济的发展，交通基础设施不断完善，数字化技术日新月异，人民生活水平不断提高，文旅产业得到了长足发展。《2024年文化和旅游发展统计公报》显示，2024年全年接待游客67.6亿人次，总收入4 814.2亿元。文旅产业深度融合，信息技术助推旅游发展，旅游新业态不断涌现，旅游已经成为国民经济新的增长点与支柱产业。

党的二十大报告提出，“推进文化自信自强，铸就社会主义文化新辉煌”“坚持以文塑旅、以旅彰文，推进文化和旅游深度融合发展”。国家与地方配套政策、经济不断发展、社会观念更新和数字化技术的应用共同推动文旅产业蓬勃发展。中国文旅产业正经历着快速变革，传统旅游模式逐渐被打破，新兴的数字旅游、文化旅游、体验式旅游、乡村旅游、定制旅游等逐渐成为主流。随着旅游精准扶贫政策与乡村振兴政策的实施，偏僻、贫困地区以及广大乡村的高品质旅游资源相继得到开发，新的旅游景点、景区不断涌现，原有的景区、景点也在不断提质升级，吸引力不断增强。这一切变化都要求旅游从业者对我国各地域的旅游要素的特点及现状有更清楚的了解，也要求提供旅游教育的教材与时俱进，真实反映当前的旅游现状，并按照先进的教育教学理念进行教材编写，着力提高旅游人才培养质量。

本教材先后入选普通高等教育“十一五”国家级规划教材、“十二五”职业教育国家规划教材、“十三五”职业教育国家规划教材，本次入选“十四五”职业教育国家规划教材。

本次修订在保持第7版基本框架和内容的基础上，根据教育部职业教育的最新文件精神和东北财经大学出版社对本套教材再版的总体要求做了调整。为及时落实《中共中央关于认真学习宣传贯彻党的二十大精神的决定》中关于“把学习党的二十大精神作为学校思想政治教育和课堂教学的重要内容，组织开展对相关教材修订工作，推动党的二十大精神进教材、进课堂、进头脑”的要求，本次修订进一步提升“职业素养”在全部章节中的渗透与融合，以推进立德树人、培养德技并修的大国工匠和高素质技能人才的“人才强国战略”。

主要修订工作包括：

1.全面更新了有关资料数据，力争如实反映我国及各旅游区的旅游发展现状；更新各游览区重要旅游景区、景点，力争充分展示各地旅游热点景区与未来潜力大的旅游景区。

2.删除了教材中失去时效的数字资源，增加了“微课程”视频讲解，以二维码方式呈现。

3.每一章都添加了学习宣传落实党的二十大精神的相关内容，融合在主教材与互动讨论思考中，让师生及时掌握相关政策。

4.结合党的二十大精神和要求，对各章“同步案例”“同步业务”“同步思考”“明德笃行”等专栏及课后的“明德笃行”案例同步更新，充分融合课程思政点，提升学生的思政素养。

5.为增加教学互动交流，并收集使用本教材的反馈信息，我们继续使用全国教师互动交流QQ群，群号为646354446（群二维码在前言最后），读者可以在群中交流学习感想、互通有无，编者团队会定期进行问题解答与资源提供。

6.对各章“学习目标”进行微调和更新，为进一步强化学生的团队协作学习能力与团队精神培育，对各章的团队学习任务作出更为明确的要求。

7.对各章篇头案例、章内功能性专栏，及章后“基本训练”各题型中的教学和训练内容进行同步更新。

8.为更好地响应数字化教材建设要求，对原配套数字化课程资源与网络教学资源进行了更新。

9.根据修订要求，补充更新了近三年的主要参考书目。

本书第8版由李娟文任主编，王红国任副主编，具体编写分工如下：李娟文负责第1、5、7、12、13、14章，王红国负责第3、4、10、11章，邵晓晖负责第2、6章，姜维政负责第8、15章，李玲负责第9章。全书最后由李娟文统稿。

为更好地适应职业教育需求，遵循校企合作、校校合作理念，编者特邀请2位企业高管（中国金茂（集团）有限公司王抒星、上海外高桥喜来登酒店郭赛楠）与1位外校老师（上海电子信息职业技术学院张思捷）加入课程团队，为全书录制了微课程，制作了图文并茂的PPT课件等。课程融媒体资源建设由副主编王红国负责统筹。任课教师登录东北财经大学出版社网站（http：//www.dufep.cn/）注册成为会员，通过审核后可免费下载相应资源。

由于编者时间和水平有限，本教材虽经再次修订，错误和不足仍在所难免，我们期望得到读者一如既往的批评与指正，并对此深表谢意。同时，感谢东北财经大学出版社编辑对修订工作的指导与支持。本教材引自网上的资料，因受篇幅限制都进行了重编缩写，敬请原作者谅解。

教学互动群

编　者

2025年9月

目录

第1章　绪论／1

■　学习目标／1

1.1　旅游地理学简介／2

1.2　中国旅游地理简介／3

■　本章概要／6

■　基本训练／6

第2章　旅游与地理环境／10

■　学习目标／10

2.1　旅游者与地理环境／11

2.2　旅游资源与地理环境／16

2.3　旅游业的区域影响／24

■　本章概要／31

■　基本训练／31

第3章　中国旅游资源地理／34

■　学习目标／34

3.1　中国地理环境及旅游资源的基本特征／35

3.2　中国自然旅游资源／40

3.3　中国人文旅游资源／51

■　本章概要／69

■　基本训练／69

第4章　中国旅游交通地理／72

■　学习目标／72

4.1　旅游交通概述／73

4.2　中国旅游交通概况／78

■　本章概要／93

■　基本训练／94

第5章　京畿要地——燕赵文化旅游区／97

■　学习目标／97

5.1　旅游地理环境特征及其对旅游业的影响／98

5.2　旅游业概述／105

■ 本章概要 / 118
■ 基本训练 / 118

第6章 林海雪原——关东文化旅游区 / 121
■ 学习目标 / 121
6.1 旅游地理环境特征及其对旅游业的影响 / 122
6.2 旅游业概述 / 127
■ 本章概要 / 135
■ 基本训练 / 135

第7章 中华民族摇篮——中原文化旅游区 / 138
■ 学习目标 / 138
7.1 旅游地理环境特征及其对旅游业的影响 / 139
7.2 旅游业概述 / 143
■ 本章概要 / 157
■ 基本训练 / 157

第8章 峡谷巨川——巴楚文化旅游区 / 160
■ 学习目标 / 160
8.1 旅游地理环境特征及其对旅游业的影响 / 161
8.2 旅游业概述 / 166
■ 本章概要 / 178
■ 基本训练 / 178

第9章 山水神秀——吴越文化旅游区 / 181
■ 学习目标 / 181
9.1 旅游地理环境特征及其对旅游业的影响 / 182
9.2 旅游业概述 / 188
■ 本章概要 / 201
■ 基本训练 / 202

第10章 南国侨乡——岭南文化旅游区 / 204
■ 学习目标 / 204
10.1 旅游地理环境特征及其对旅游业的影响 / 205
10.2 旅游业概述 / 210
■ 本章概要 / 225
■ 基本训练 / 225

第11章 石林洞乡——西南少数民族农业文化旅游区 / 228
■ 学习目标 / 228
11.1 旅游地理环境特征及其对旅游业的影响 / 229

11.2　旅游业概述 / 232
■　本章概要 / 251
■　基本训练 / 251

第12章　坦荡草原——内蒙古游牧文化旅游区 / 254
■　学习目标 / 254
12.1　旅游地理环境特征及其对旅游业的影响 / 255
12.2　旅游业概述 / 258
■　本章概要 / 268
■　基本训练 / 268

第13章　沙漠绿洲——西北少数民族农牧文化旅游区 / 271
■　学习目标 / 271
13.1　旅游地理环境特征及其对旅游业的影响 / 272
13.2　旅游业概述 / 276
■　本章概要 / 291
■　基本训练 / 291

第14章　世界屋脊——青藏高原农牧文化旅游区 / 294
■　学习目标 / 294
14.1　旅游地理环境特征及其对旅游业的影响 / 295
14.2　旅游业概述 / 300
■　本章概要 / 310
■　基本训练 / 310

第15章　辽阔海域——港澳台文化旅游区 / 313
■　学习目标 / 313
15.1　旅游地理环境特征及其对旅游业的影响 / 314
15.2　旅游业概述 / 320
■　本章概要 / 330
■　基本训练 / 331

主要参考书目 / 334

第1章 绪论

● 学习目标
1.1 旅游地理学简介
1.2 中国旅游地理简介
● 本章概要
● 基本训练

● 学习目标

通过本章的学习，应该达到以下目标：

职业知识：学习和把握旅游地理学的基本概念及学科性质、中国旅游地理和旅游地理学之间的联系与区别、中国旅游地理的方法等理论与实务知识，能用其指导或规范本章认知活动和技能活动，正确解答“基本训练”中“知识训练”各题型的问题。

职业能力：运用本章知识研究相关案例，培养在特定情境中分析问题的能力；通过“自主学习”项目任务，搜集、整理与撰写“旅游地理学的最新研究动态”，讨论与交流“旅游地理学的最新研究动态”以及旅游地理学的发展趋势，培养整合资料信息、文稿撰写与沟通表达等通用能力。

职业素养：结合本章教学内容，依照相关规范或标准，对章后“明德笃行-I”案例中的企业及其从业人员行为进行分析，强化与案例议题相关的绿色生态环保、红色文化传承等方面的价值思考并提升职业素养，促进“立德树人”根本任务的落实。

学习微平台

思维导图1-1

同步链接1-1

“学习贯彻党的二十大精神”主题团日活动

了解中国旅游地理的有关知识，掌握我国各地的旅游特色及发展旅游业的有利与不利条件，是我国旅游从业人员应具备的最基本的职业知识素养。因此，我国包括本科、高职、中职在内的各个层次的旅游专业几乎都开设了有关旅游地理的课程。一般来说，本科多以学习旅游地理学为主，高职和中职多以学习中国旅游地理为主。为此，有必要对二者进行简单介绍，以便厘清各自学习的目标和学习的侧重点。

1.1 旅游地理学简介

1.1.1 旅游地理学的概念及学科性质

旅游地理学是随着现代旅游业的蓬勃发展而兴起的地理学分支学科。地理学向来以研究各种人类活动与地理环境之间的关系、促进人类社会经济健康发展为己任。当人类的旅游活动由少数人的个别行为转化为大众化的普遍活动，并对人类社会经济活动及其赖以生存的自然环境产生越来越明显的影响时，许多地理学家以高度的社会责任感，运用地理学的理论与方法，对这一人类社会的经济现象进行了分析研究。研究人类旅游活动产生、发展及分布的时空规律，分析其与地理环境之间的联系和制约关系及对人类社会经济的影响，并在此基础上形成和发展了旅游地理学。因而，**旅游地理学**_是研究人类旅游与地理环境、社会经济发展之间关系的科学_。

微课程1-1

旅游地理学简介

在这一概念中，“人类旅游”包括三大要素：主体（旅游者）、客体（旅游资源与旅游环境条件）、媒介（旅游业）——旅游地理学研究的对象；“旅游与地理环境、社会经济发展之间的关系”是旅游地理学研究的重点；促进旅游与地理环境及社会经济的和谐发展是旅游地理学研究的最终目的。有关旅游地理学理论和方法的教学活动为旅游从业人员具备必要的知识素养提供了充分的准备，很明显这是一门直接服务于旅游业发展的实用性很强的应用学科。

“地理环境”包括自然地理环境和人文地理环境，内容十分丰富；而人类旅游又是涉及面极广的社会活动，活动内容包括观光游览、探亲访友、文化娱乐、康体休闲、探险猎奇、科学考察、访古探幽、会议交流、商务考察、宗教朝拜、民族采风等方方面面；旅游资源的形成与分类、旅游客源的分布与旅游客流的流向及旅游业地方特色的形成等则更为复杂。因而，以人类旅游与地理环境、社会经济发展的关系为研究重点的旅游地理学，不仅涉及自然地理学、人文地理学及经济地理学，还涉及考古学、历史学、社会学、民族学、宗教学、园林学、环境学、美学、文学、心理学、公共关系学等各门科学，是一门多学科交叉的边缘科学。

同步业务1-1

了解旅游美学

旅游美学是研究在人类旅游活动中，旅游者（审美主体）对旅游景观（审美客体）的美学观赏、体验和评价，分析旅游中存在的各种审美关系，从中总结其规律的一门新兴学科。旅游的过程本质上是审美体验的过程，是寻找美、发现美、欣赏美、沉醉于美的过程，是一次寻求人与自然、人与社会、人与自我和谐相处的经历，而这种和谐的美所带来的愉悦正是旅游体验的境界。

旅游美学作为一门以旅游审美活动为主要研究对象的学科，在旅游业迅猛发展的今天，具有不可取代的重要意义。旅游美学既属于应用美学的范畴，又与旅游行业密切结合。它以探讨旅游审美主体（旅游者）、旅游审美客体（旅游资源）和旅游审美介体（旅游行业及旅游服务者）之间的审美关系、分析旅游活动过程中的审美规律为主要内容，具有很强的实用性和针对性。

资料来源　张骏，卢凤萍．旅游美学［M］．北京：中国人民大学出版社，2021.

1.1.2　旅游地理学研究的主要内容

旅游地理学研究的内容主要是围绕旅游三要素与地理环境之间的关系而展开的，具体包括以下四个方面：

1）旅游者地理研究

旅游者地理研究包括旅游者形成的地理背景，旅游客源地理分布，旅游客流的流向、动态变化及形成原因，旅游客源市场的未来发展趋势等。

2）旅游资源地理研究

旅游资源地理研究包括旅游资源的类型划分、地域分布、形成条件，旅游资源评价与规划开发，旅游资源保护与环境容量等。

3）旅游业地理研究

旅游业地理研究包括旅游区划、旅游地方特色形象定位与营造、区域旅游业发展战略与规划、旅游线路设计、区域旅游网络构建、旅游业各组成要素的空间结构与合理布局、区域旅游影响等。

4）旅游地图研究

旅游地图研究包括各类旅游地图的编制及使用。

1.2　中国旅游地理简介

微课程 1-2
中国旅游地理简介

1.2.1　中国旅游地理与旅游地理学的异同

中国旅游地理与旅游地理学都是将地理学的有关理论与方法运用于旅游研究的结果。在学科性质及研究内容的大框架方面，二者并没有显著区别。但二者的研究对象是有差异的，其研究要达到的直接目标与侧重点也各不相同。

旅游地理学将整个人类旅游作为研究对象，主要研究人类旅游与地理环境及社会经济发展之间关系的一般规律，强调共性，旨在建立旅游地理学的理论体系与方法论，以指导旅游地理的研究工作。

同步思考 1-1

问题：主要的旅游活动有哪些？

理解要点：旅游活动主要是指旅游者的活动。它涵盖了各种不同的体验活动，包括参观名胜古迹、游览自然风光、享受当地文化、享受特色美食、研学探险等。

中国旅游地理则以中国及其不同等级旅游区域的旅游活动作为研究对象，属区域旅游地理学范畴，重点研究各特定地域内旅游及各组成要素的特征、形成环境，强调地方特色和区域差异，旨在指导各地域充分发挥当地旅游特色与优势，直接推动各地旅游业及社会经济的发展。

因此，对中国旅游地理的学习应在了解旅游地理一般理论与方法的基础上，侧重掌握中国及不同等级旅游区域各旅游组成要素的基本特征、主要特色，能正确解释其成因，并对各具体区域旅游业的发展状况及重要景区、主要旅游线路有较清楚的了解。这些都是中国旅游从业人员必备的基础知识。

在掌握以上基础知识的同时，旅游从业人员还要树立旅游空间地域意识，培养多学科、多角度分析问题的能力，提升旅游活动中观景赏美的能力，树立生态环境保护意识、创新设计意识及法律意识，为未来的旅游从业提供基本职业素养保障；还应学会对中国各区域旅游资源进行调查与分析、提取区域旅游特色、开发区域旅游特色产品、设计区域旅游形象、组织设计专题旅游线路等基本技能，为未来从事旅游行业工作做好职业技能准备。在全域旅游大发展、旅游业态不断丰富的今天，学好中国旅游地理，对中国各地域旅游特色、各地旅游业发展现状以及区域旅游的创新发展方向有一个符合实际的把握，显得特别重要，这将为日后从事旅游服务与管理工作奠定坚实的基础。

学习微平台

延伸阅读 1-1

同步案例 1-1

沉浸式文旅新业态：创新消费场景　激发消费活力

背景与情境：在2023年全国暑期文化和旅游消费季主场活动中，文化和旅游部产业发展司发布了20个沉浸式文旅新业态示范案例，旨在进一步激发文化和旅游消费活力，创新消费场景，示范带动沉浸式文旅新业态高质量发展。

据介绍，示范案例涵盖沉浸式演艺、沉浸式夜游、沉浸式展览展示、沉浸式街区/主题娱乐等领域，用沉浸式的表达，充分发掘文化旅游资源，让优秀传统文化在新时代焕发新生机、呈现新风貌。5G、超高清、增强现实、虚拟现实、人工智能、元宇宙等前沿技术深度应用，不断丰富沉浸式体验型文旅产品与内容。沉浸式业态在恢复和扩大消费过程中充分发挥带动作用，以形式多样、内涵丰富、特色鲜明的沉浸式供给满足消费需求，实现了良好的社会效益和经济效益。

沉浸式文旅新业态示范案例名单如下：

（1）沉浸式演艺：又见平遥、重庆·1949、知音号、遇见大庸、寻梦牡丹亭、天酿、不眠之夜；

（2）沉浸式夜游：西安大唐不夜城、夜游锦江、北京国际光影艺术季“万物共生”、奇妙·夜德天、梦境光雾山；

（3）沉浸式展览展示：扬州中国大运河博物馆、北京世园公园植物历险记探索体验展、上海天文馆（上海科技馆分馆）、新四军江南指挥部纪念馆；

（4）沉浸式街区/主题娱乐：长安十二时辰、花山世界·花山谜窟主题园区、沈阳中街步行街、teamLab 无界美术馆。

资料来源　佚名. 文旅部发布20个沉浸式文旅新业态示范案例［EB/OL］.［2023-07-05］. https://m.thepaper.cn/baijiahao_23737595. 引文经过节选、压缩和改编。

问题：你了解沉浸式文旅新业态吗？沉浸式文旅给区域旅游发展带来了哪些

影响？

分析提示：

1）查阅网络资料了解全国各地文旅新业态的发展现状；选取文旅部公布的20个沉浸式文旅新业态示范案例中的任意一个在班级分享。

2）沉浸式文旅对区域旅游发展的影响，可从游客体验深度、旅游新场景构建、旅游产品创新与传承、区域旅游经济发展等方面展开分析。

1.2.2　本教材的内容安排

本教材的内容可分为中国旅游地理总论和中国旅游分区两大部分：第1～4章为总论部分。其中，第1、2章简要地介绍了旅游地理学的基本概念、理论与方法，并从旅游者、旅游资源与旅游业三个方面阐述了旅游与地理环境之间的关系；第3、4章主要从中国地域整体的角度分析了中国旅游吸引力产生的物质基础——旅游资源的主要类型及空间分布特征，介绍了中国旅游空间位移的基本条件——中国旅游交通的类型及发展变化与空间格局。第5～15章为旅游分区部分，主要从各旅游区旅游地理环境出发，分析各旅游区旅游业发展条件的优劣势及现状特征，介绍了区内主要旅游景区与旅游线路，探讨各区旅游业可持续发展的努力方向。

1.2.3　学习中国旅游地理的方法

1）地图辅助学习法

由于中国旅游地理的内容与中国的一定地域紧密地联系在一起，各地域的地理位置、地理环境对各地旅游特色的形成影响深远，因此，将中国地图及各地地图作为辅助学习工具，把课本中的有关内容落实到地图上，就会清楚明了，容易掌握。

2）综合分析与主导原则法

旅游涉及面广，影响旅游业及区域旅游特色的因素极多，因此在进行区域旅游分析时，需要考虑各方面的因素，对其进行综合分析，找到作用最大的主导因素，并以此为依据总结区域旅游特征与特色。

3）对比分析法

有比较才有鉴别，区域旅游业发展的优势一定要具有本地有、他地无或本地强、他地弱的条件和特点，而这些条件和特点的发现必须通过对比分析来实现。对学习者来说，对比分析不失为一个增强理解和记忆的方法。

4）实地考察法

实地考察法是传统的行之有效的学习和研究地理学的方法。书本中的许多知识本来就源自实地考察。学习者若能够对书本上介绍的内容进行实地考察，不仅能增强理解、加深印象，而且可能有自己的新发现，产生新的体验。

5）抽样调查与统计分析法

抽样调查与统计分析法是对难以得到标准答案的社会现象进行调查的一种方法。旅游活动的许多方面都是很难得到标准答案的，如旅游者的旅游感受、旅游偏好、旅游消费量、旅游需求等，会因各方面条件的约束、个人素质的差异而各不相同，所以在旅游业研究中常采用这种方法。

6）溯源阅读拓展知识领域法

中国旅游地理所涉及的知识面非常广，但相关知识又不可能在书本中全面、系统地呈现，其中一些内容必须采用溯源阅读拓展知识领域法，才能领会得更深、更透，以解除死记硬背、一知半解的烦恼。如学到园林旅游资源，可阅读《中国园林史话》《中国园林美学》之类的参考书；学到建筑旅游资源，可阅读《中国建筑史》之类的参考书；学到各旅游区的文化特色，可阅读《中国文化史纲》《中华文化史》一类的书籍……这样做不仅能将课本知识理解得更深、更透彻，更重要的是可使学习者在知识素养方面获得很大程度的提高。

7）案例分析与思政研判法

“实践出真知”是颠扑不破的真理。为此，本教材特意在每章都安排了多个与教学内容相关的案例，通过认真分析、思考案例中出现的人和事的相互关系，研判其中的善恶与对错，从思政角度予以价值引导，从而使学习者养成从实践中学习的习惯，从中总结经验、吸取教训，不断增强法律意识，提高职业能力，提升职业素养。

本章概要

□ 内容提要

旅游地理学是研究人类旅游与地理环境及社会经济发展之间的关系的科学；中国旅游地理则是研究中国及其不同等级旅游区范围内旅游与地理环境及社会经济发展之间的关系的科学，属区域地理范畴。学习中国旅游地理，要求掌握中国整体及各旅游区旅游资源与旅游环境特征、不同区域旅游业发展状况、旅游特色及能反映该特色的重点旅游景点景区及旅游线路；强调将旅游地理学的有关理论、方法运用于中国及其各旅游区的旅游资源保护、旅游产品开发与推介、区域旅游形象设计、旅游线路组织与设计等具体旅游业务中。

□ 主要概念和观念

▲ 主要概念

旅游地理学　中国旅游地理

▲ 主要观念

中国旅游地理与旅游地理学的异同

□ 重点实务

学习中国旅游地理的方法

基本训练

□ 知识训练

▲ 复习题

1）旅游地理学研究的重点是什么？具体包括哪些内容？

2）学习中国旅游地理重点要掌握哪些知识？

随堂测 1-1

▲ 讨论题

1）学习中国旅游地理应采用哪些学习方法？

2）作为合格的旅游从业人员，必须具备哪些职业道德素养？

□ 能力训练

▲ 案例分析

【训练项目】

案例分析-Ⅰ。

【相关案例】

旅游企业的环境责任和可持续经营

背景与情境："金树叶级绿色旅游饭店"是国家绿色饭店标准中的最高等级，是在评估酒店在环境保护、可持续发展、绿色计划、食品安全与卫生以及能源节约方面所作出的成就时给予的最高认可。

2024年初，湖南省文化和旅游厅公布了2023年度金树叶级绿色旅游饭店名单，有5家酒店获评。至今，湖南省已有30家酒店荣获金树叶级绿色旅游饭店。其中，长沙的普瑞酒店自2007年创建湖南省绿色旅游饭店、2008年被评为湖南省首批金树叶级绿色旅游饭店以来，一直十分重视绿色创建工作，把达成绿色饭店的各项标准要求作为酒店经营管理的一项重要任务。自绿色饭店新标准推出以来，该酒店一直在努力加强和完善酒店创绿工作，并将再次创建绿色旅游饭店列为重点任务，严格按照创绿标准落实相关创建工作。为了使酒店自上而下树立起"以争创绿色旅游饭店为荣"的目标，普瑞酒店设立"创绿"领导小组，制订"创绿"计划，先后开展了形式多样的创绿培训及宣导工作，专门组织发放了《绿色旅游饭店（标准）》《普瑞酒店创绿工作方案》，并在酒店范围内大力宣传争创绿色旅游饭店，使绿色饭店意识和绿色环保理念深入人心。此外，普瑞酒店在二期建设设计中也充分考虑节能减排，打造绿氧雅境，自创"普小瑞"动漫IP形象，融入各类绿色环保主题活动，与市民旅客共创绿色空间。在绿色产品方面，普瑞酒店餐饮部提供绿色食品、绿色饮品，引导客人进行绿色消费，同时创新绿色服务、落实节能举措。

资料来源　综合相关资料提炼整理而成。

问题：

1）该案例的绿色管理经验对于其他旅游相关企业有何借鉴意义？

2）旅游企业履行环境责任对其实现可持续经营的积极影响有哪些？

【训练要求】

以班级小组为单位组建训练团队，分析案例提出的问题，拟出《案例分析提纲》；团队讨论，形成《案例分析报告》；各团队在班级交流和相互点评《案例分析报告》；在线上平台展出经修订并附有教师点评的各团队《案例分析报告》，以供学生相互借鉴学习。

▲ 自主学习

【训练项目】

"旅游地理学最新研究动态"知识更新。

【训练目的】

见本章"学习目标"中的"职业能力"。

【训练步骤】

1）将班级同学分成若干"自主学习"训练团队，每队确定一人负责。

2）各团队根据训练项目的需要进行角色分工与任务分配。

3）通过图书馆或互联网，查阅“文献综述格式、范文及书写规范要求”和近三年关于“旅游地理学的最新研究动态”学术前沿文献资料。

4）各团队综合和整理“旅游地理学的最新研究动态”学术前沿文献资料，依照“文献综述格式、范文及书写规范要求”，撰写《“旅游地理学的最新研究动态”文献综述》。

5）在班级交流各团队的《“旅游地理学的最新研究动态”文献综述》。

6）在线上平台展示经修订并附有教师点评的各团队文献综述，以供学生相互借鉴学习。

□ 明德笃行

【训练项目】

明德笃行-Ⅰ。

【相关案例】

挖掘红色旅游资源　赋能乡村旅游产品

背景与情境：山东红嫂家乡旅游区位于山东省临沂市沂南县，是一家集红色研学、影视拍摄、休闲观光等功能于一体的4A级旅游景区、沂蒙精神的重要发源地，也是沂蒙红色影视拍摄基地，400多部红色影视剧曾在此拍摄。

2021年以来，山东红嫂家乡旅游区用活红色资源，打造出品了7部《沂蒙四季》红嫂系列故事沉浸式情景剧，其中《妇救会》荣获全省小戏小剧评选一等奖。《妇救会》表现的是战争年代沂蒙红嫂家乡的妇女们在共产党的领导下，无私奉献，拥军支前，帮助八路军打胜仗的故事。该剧的故事就发生在沂南当地，演员也都是当地的农民和文艺爱好者，当地人演当地事，深情质朴，非常感人。红嫂故事沉浸式情景剧融政治性、群众性和艺术性为一体，通过沉浸式、故事化演绎，活化了红色教育方式，与景区的《中国红嫂革命纪念馆》讲解融合，打造了“展板讲解＋沉浸式情景演绎”相结合的教育模式，让“沂蒙精神”的弘扬、传承活了起来，达到了让受教育者入眼入耳、入脑入心的好效果。

“沉浸式小院推出后，受到了旅行社和游客的欢迎，带动了景区游客量的增长。”旅游区副总经理张海龙介绍说，“景区招聘了30多名当地村民参演剧目，按月发放工资，为当地百姓提供了就业机会。同时，还推出了‘吃一顿支前餐，唱一首红色歌曲，听一场红色报告，看一场红色电影，演一次红色实景剧，写一段心灵感悟’的‘六个一’实践教育，深受游客喜爱。”沂南县依托红色资源，打造特色文旅品牌，探索出文化产业赋能乡村振兴的“沂南模式”，也成功入选了文化和旅游赋能乡村振兴十佳案例和优秀案例名单。

资料来源　综合相关资料提炼整理而成。

问题：

1）本案例中旅游景区运营者与相关人员的表现有哪些值得借鉴的地方？

2）请从弘扬红色文化、赋能乡村振兴等方面对案例景区进行分析。谈谈他们是如何把红色旅游资源用活的，用了哪些举措来弘扬“沂蒙精神”，提升沉浸式文旅体验。

【训练要求】

以班级小组为单位组建训练团队，研判案例提出的问题，拟出《思政研判提纲》；团队讨论，形成《思政研判报告》；各团队在班级交流和相互点评《思政研判报告》；在线上平台上展示经修订并附有教师点评的各团队《思政研判报告》，以供学生相互借鉴学习。

第2章 旅游与地理环境

● 学习目标
2.1 旅游者与地理环境
2.2 旅游资源与地理环境
2.3 旅游业的区域影响
● 本章概要
● 基本训练

● 学习目标

通过本章学习，应该达到以下目标：

职业知识：学习和掌握旅游者的概念、分类、特征、产生的地理背景，旅游行为对旅游业的影响，旅游资源的概念及分类、开发与保护，旅游业的性质、特点、对区域经济与社会及生态环境的影响等理论与实务知识，能用其指导或规范本章认知活动和技能活动，正确解答“基本训练”中“知识训练”各题型的问题。

职业能力：运用本章知识研究相关案例，培养在特定业务情境中分析问题与决策设计能力；通过“‘旅游与地理环境’重点实务知识应用”的实训操练，训练学生的专业操作技能，培养整合资料信息、文稿撰写与沟通表达等通用能力。

职业素养：结合本章教学内容，依照相关规范或标准，对“明德笃行2-1”专栏和章后“明德笃行-Ⅱ”中的企业及其从业人员行为进行分析，强化与案例议题相关的环境伦理、文化自信、爱岗敬业等方面的价值思考并提升职业素养，促进“立德树人”根本任务的落实。

学习微平台

思维导图2-1

引例：旅游的广泛性和重要性

背景与情境：国家统计局发布的《中华人民共和国2019年国民经济和社会发展统计公报》显示，2019年国内游客60.1亿人次，同比增长8.4%；国内旅游收入57 251亿元，同比增长11.7%。入境游客14 531万人次，同比增长2.9%。其中，外国人3 188万人次，同比增长4.4%；香港、澳门和台湾同胞11 342万人次，同比增长2.5%。在入境游客中，过夜游客6 573万人次，同比增长4.5%。国际旅游收入1 313亿美元，同比增长3.3%。国内居民出境16 921万人次，同比增长4.5%。其中，因私出境16 211万人次，同比增长4.6%；赴港澳台出境10 237万人次，同比增长3.2%。全年实现旅游总收入6.63万亿元。旅游业对GDP的综合贡献为10.94万亿元，占GDP总量的11.05%。

资料来源　国家统计局．中华人民共和国2019年国民经济和社会发展统计公报［EB/OL］.［2023-12-31］. https：//www.stats.gov.cn/sj/zxfb/202302/t20230203_1900640.html？eqid=f84e6c960091600f0000000264510b9e.

上述统计公报数据告诉我们，旅游这种人类在一定地理空间的短时迁移活动广泛地存在于人们的日常生活之中，同时又对国民经济产生巨大的影响。

旅游活动少不了三个要素，即旅游的人——旅游者、旅游吸引物——旅游资源和为旅游者提供服务的行业——旅游业。同时由于旅游的产生与地理环境密切相关，旅游活动总是在一定的地理环境中进行的，旅游活动的开展又深刻地影响着地理环境。在本章中，我们将和大家一起讨论旅游三要素及其与地理环境之间的关系。

微课程 2-1

旅游者与地理环境

2.1 旅游者与地理环境

2.1.1 旅游者

1）旅游者的定义及分类

旅游是一种内容丰富、形式多样、涉及面极广的社会经济现象，是人类社会一种短期性的特殊生活方式。旅游者，英文为“tourist”，意思是以观光游览为目的的外来游客。作为旅游者的人是旅游活动的主体，换言之，旅游是人的活动，旅游业的一切生产经营活动都围绕旅游者开展，因此，旅游者是各旅游企业、旅游业乃至与旅游关联度高的企业赖以生存和发展的基本条件。

旅游者的划分依据主要有：按出行目的划分和按旅游者常居地与旅游目的地的国别是否一致划分。

按出行目的划分，旅游者有以下8种类型：观光型旅游者、娱乐消遣型旅游者、公务型旅游者、个人及家庭事务型旅游者、医疗保健型旅游者、文化知识型旅游者、生态/探险型旅游者以及宗教型旅游者。

按旅游者常居地与旅游目的地所属国别是否一致，旅游者可分为国际旅游者和国内旅游者两大类。旅游者常居地与旅游目的地所属国别不一致的为国际旅游者，反之则为国内旅游者。

同步链接2-1

喜迎党的二十大 桂林：接续奋斗，打造世界级旅游城市

2）旅游者的特征

根据对旅游者定义的理解和旅游活动自身的特性，作为旅游活动主体的旅游者应具有以下特征：

（1）异地性。对旅游者而言，其旅游目的地均为异地他乡。因为人们对客观环境的认识和了解总是受到时间和空间的限制，只有借助旅游，离开居住地去认识常住环境以外的环境，才能增长见识，离开惯常居住地到异国他乡旅行是旅游活动形成的必要条件。旅游者离开常住地去异地旅游，因旅游让其所处的地理位置与空间不同，这就产生了旅游的异地性。

（2）休闲性。人们的旅游行为受时间因素影响较大，因此闲暇时间的有无及长短会影响旅游者的旅游动机和行为。例如，在许多经济发达国家，不少人常利用周末、假日外出旅游度假。旅游者的休闲性既代表了旅游者对身体及精神享受的一种期待，又要求旅游者具备一定的可自由支配的闲暇时间。

（3）享受性。获得充分享受是旅游者的最终目的，这是由其旅游动机所决定的。无论是观光游览、寻幽探奇、博览采风、增长见识、开阔眼界，还是体育运动、度假疗养、文化交流等，最根本的目的都是满足某种心理或生理的需要，使身心得到愉悦。

（4）消费性。旅游作为一种新型、高级的物质文化生活消费形式，要求旅游者必须具有可自由支配的收入、足够的闲暇时间、外出旅游的愿望和兴趣等条件。旅游消费同一般消费相比，具有鲜明的特点：旅游者的消费活动可以说是以精神享受为主的消费活动，是以满足旅游者发展需要为主的消费活动，也是综合性消费活动，即集食、住、行、游、购、娱于一体的消费活动。

（5）地域性。由于旅游者自身所在的自然环境、经济水平、社会制度、文化背景、风俗习惯等不同，旅游者之间存在明显的地域差异性，从而导致各地旅游者旅游动机的差异性。受自然地理条件和人文地理因素的影响，不同地区的旅游者，其旅游动机、旅游偏好、旅游行为（如旅游购物行为）、旅游饮食的选择有着显著的地域性特征。

2.1.2 旅游者产生的地理背景

激发旅游者旅游动机形成和旅游行为实现并具有恒定持续影响的地理环境，称为旅游者产生的地理背景。地理背景之所以能激发人们产生旅游的兴趣，主要是因为地理环境的差异性和丰富性与人类各自居住环境的局限性与单调性之间的矛盾，激发了人类最本能的内在心理——好奇心。在地理环境诸多组成因素中，与旅游者的产生密切相关的主要有自然地理背景、文化地理背景。

1）自然地理背景

自然地理环境是由地貌、水文、气候、植物、动物等要素组成的。在地球上没有任何两个地区的自然地理环境是完全相同的，只有差异才能唤起人们的好奇心，激发人们的旅游欲望，故自然地理环境被人们称为旅游的第一环境。正如美国地理学家伊恩·姆·马特勒所说："影响旅游活动场所的一切因素中，最重要的是自然因素。"

自然地理环境的复杂性、多样性、地带性的特点也反映在自然旅游资源的各个方面，因而自然旅游资源也具有地带性和多样性的特点，如亚热带地区冬季温暖的气

候，构成冬季避寒旅游的条件；高山地区夏季的凉爽气候，能使其成为夏季避暑胜地；而登山旅游必定要在高山分布地带；观赏岩溶地貌、丹霞地貌、黄土地貌、极光、冰川地貌等都必须在相应特定的地理环境中才能实现。

自然地理环境的地域差异是居住在不同地区的旅游者产生旅游动机的自然基础。不同的自然地理环境会对生活在各自环境中的人们产生吸引力。因此，自然地理背景是旅游者产生的主导因素之一，是激发人类旅游最早、最持久的因素。据世界旅游组织统计，在全世界旅游者中，针对自然风光的观光旅游，回归自然、投入自然的绿色旅游，白色旅游，生态旅游，探险旅游等是当今旅游活动的主流。

同步业务2-1

国内外有名的白色旅游目的地

白色旅游一般是指人们去以冰雪为美景的地方旅游。在白色旅游景点中，冰雪景观是不可缺少的一部分。世界很多地方拥有独具特色的冰雪奇观，其中最著名的莫过于北极、南极以及北欧国家。白色旅游首推位于北极圈内的挪威斯瓦尔巴特群岛，这里有一年一度的极光节，可以让游客近距离观赏到美轮美奂的极光。在南极洲，布朗海岸的冰山美景更是让人陶醉，游客还可以在皮划艇上观赏到海豹、企鹅等野生动物。北欧冰雪景观以芬兰的罗瓦涅米绚丽的极光和狗拉雪橇的体验、瑞典的科克萨莫村的冰酒店最为有名。

我国的白色旅游景点主要集中在东北，主要有：哈尔滨冰雪大世界，是享誉国内外的最佳冬季旅游目的地，曾为2017年中央电视台鸡年春晚分会场之一；哈尔滨太阳岛，这里的冬季是一个冰晶雪洁、玉树银花、浪漫梦幻的童话世界，被誉为“都市雪乡”；长白山天池，水面海拔达2 189.1米，为人们展现不一样的冰雪世界。

2）文化地理背景

文化是人类社会历史实践过程中所创造的物质财富和精神财富的总和。它包括人们的生活方式、各种传统的行为方式，如居室、服饰、食物、生活习俗和生产工具等，也包括人们的信仰、观念和价值等意识形态，以及与之相适应的制度和组织形式，如法律制度、政府、教育、宗教、艺术等。文化地理环境是人类在利用自然、改造自然的过程中，在自然环境的基础上有意识地创造的，也是激发旅游者产生的一个重要的客观因素。

文化地理环境在时间上和空间上都存在较大的差异。人类社会从原始阶段发展到今天的现代高度文明时代，文化景观发生了一次又一次的深刻变化。文化地理环境的时间差异是指随着时间的推移，在自然界中创造的有形的文化景观所发生的变化。文化地理环境的空间差异是指文化景观特征因地域不同所发生的变化。从整个世界来看，文化地理环境存在三级差异：第一级差异是指文化圈差异。全世界可分为九大文化圈，即西欧文化圈、东欧文化圈、东亚文化圈、南亚文化圈、东南亚文化圈、非洲文化圈、拉丁美洲文化圈、太平洋文化圈、伊斯兰教文化圈。第二级差异是指文化区差异。同一文化区内在文化特征方面具有共同的空间属性，如中国文化区、日本文化区、东南亚文化区、大洋洲文化区等。第三级差异是指民族区差异。全球有2 000多个民族，各民族有自己独特的习俗传统、生活方式及独特的民族文化氛围。因此，文化地理环境具有历史延续性和地域分异性，也正是这两大属性决定了文化景观的复杂性和丰富性，这也是吸引旅游者的重要原因。

文化地理环境对旅游者产生的影响是巨大的。由于文化内涵广博、差异大，不同国家、民族有不同的文化，必然产生文化景观的巨大差异，因而对异域旅游者产生吸引力。同一文化区内，历史遗存对旅游者也会产生强烈的吸引力。在各种文化地理环境中，历史越悠久、文化景观越丰富的地区，对旅游者的吸引力就越大。

2.1.3 文明旅游促进旅游业可持续发展

旅游是满足人们精神需求的一种消费方式，它处于人类需求的高层面。人们在满足自己需求的同时必须以不损害他人利益为前提，这是做人的基本原则，也是社会安定团结的基石。旅游是增进不同地域人们间相互了解、增进友谊的途径，被称为“民间外交”，文明旅游是每一个旅游者应履行的义务。同时，旅游者行为文明与否对客源输出地的形象和旅游资源景观、旅游环境以及旅游氛围都会产生很大的影响，旅游者的文明旅游行为将有力保障旅游业可持续发展。

1）旅游者的行为对客源输出地形象的影响

旅游者到居住地以外的地方去旅行，对于旅游目的地的人们来说，每个旅游者都是一道亮丽的风景线。虽然旅游目的地的人们并不了解旅游者个体的情况，但他们很容易判断出旅游者是哪一个地方或哪一个国家的人，旅游者的行为无论好坏都不仅代表个人，而且是客源输出地或客源输出国公民素质的缩影，直接影响客源输出地形象评价。

旅游者行为文明，没有影响旅游目的地人们的正常生活，甚或可以给旅游目的地带去文明新风，就会给客源输出地树立一个好的形象，受到旅游目的地人们的欢迎。反之，旅游目的地的人们就会反感、排斥，最终会损害客源输出地的形象，甚至造成旅游业不可持续发展。

2）旅游者不文明旅游行为带来不利的社会影响

不文明的旅游行为形形色色，常见的有：

(1) 不讲究公共卫生。例如，随地吐痰、随处丢垃圾、吐口香糖、上厕所不冲洗等。

(2) 不遵守公共秩序。例如，该排队时随意插队，公共场所随便吸烟、高声接打电话、扎堆吵闹或者袒胸赤膊、举止粗鲁，在宗教等本该安静肃穆的场所随意嬉戏玩笑，拍照不分场合、旁若无人等。

(3) 不尊重当地的风俗习惯、文化传统和宗教信仰，甚至采取鄙视态度，进行讥讽嘲笑。

(4) 破坏旅游景观及设施。例如，在景区内随意攀爬、刻字留念，随意践踏草坪、折损花木，无视警示牌，进入游人不得入内的地方等。

这些不文明的行为无疑会给旅游业的可持续发展带来不良影响。不讲究公共卫生会破坏景区及其他公共场所的环境卫生，损害景区美誉度，久而久之，甚至会破坏景区的生态环境。不遵守公共秩序的行为会破坏旅游氛围，引起周围游客及旅游管理人员的不满，严重的甚至会触犯法规或引起纠纷，造成严重的后果。不尊重当地的风俗习惯、文化传统和宗教信仰，则容易引起当地人们的反感，带来麻烦。破坏旅游景观及设施的行为更是对旅游景观价值的直接损害，必然会受到相应的惩处。

3）杜绝不文明旅游行为，力促旅游业可持续发展

为了保证旅游业的可持续发展，2006年10月，中央文明办和国家旅游局联合发布了《中国公民国内旅游文明行为公约》与《中国公民出境旅游文明行为指南》，旨在倡导游客遵守公约，争做文明游客。2013年10月1日起施行的《中华人民共和国旅游法》（以下简称《旅游法》）中明确指出“国家倡导健康、文明、环保的旅游方式”，规定“旅游者在旅游活动中应当遵守社会公共秩序和社会公德，尊重当地的风俗习惯、文化传统和宗教信仰，爱护旅游资源，保护生态环境，遵守旅游文明行为规范”。2016年5月26日，《关于旅游不文明行为记录管理暂行办法》由国家旅游局修订发布并实施。2016年8月2日，国家旅游局在中国公民文明旅游公约新闻发布会上发布了30个字的公约：“重安全，讲礼仪；不喧哗，杜陋习；守良俗，明事理；爱环境，护古迹；文明行，最得体”。2017年9月28日，国家旅游局启动了“文明旅游为中国加分——每个人都是一道亮丽风景线”公益宣传活动，倡导每一位游客都积极做文明旅游的践行者，同时争当文明旅游的传播者和推动者。游客的文明行为是公民文明素质和社会文明程度的重要体现。中央文明委《关于进一步加强文明旅游工作的意见》（文明委〔2014〕9号）就认真学习贯彻习近平总书记关于文明旅游重要指示批示精神，进一步加强文明旅游工作，作出了部署安排。近年来，通过文化和旅游部门统筹协调、创新推动，社会各界积极配合、广泛参与，文明旅游工作取得了很大进步，游客文明素质持续提升，力争杜绝不文明旅游行为，努力推动旅游业可持续发展。

学习微平台　延伸阅读2-1

学习微平台　延伸阅读2-2

学习微平台　延伸阅读2-3

学习微平台　延伸阅读2-4

同步案例2-1

陕西文明旅游　邂逅金甲武士

背景与情境：西安城墙始建于隋代，扩建于明代，是中国现存规模最大、保存最完整的古代城垣。人们漫步于历经千年风雨的西安城墙，仿佛行走在历史与现代交错的中转站。在文化遗产之上，西安城墙景区创新文物保护、文化传承和文明引导方式，组建了城墙礼仪方队“金甲武士”文明志愿服务队，将古代礼仪和传统文化融入文明劝导，加深受众印象与历史代入感，让独具历史韵味的西安文明之风以创意互动的形式体现，让文明旅游融入特色文化，更好、更大范围地传播文明旅游风尚，营造了良好的文明旅游氛围。

据了解，“金甲武士”组建于2006年，原为西安城墙管理委员会旗下的一支礼宾仪仗队伍，主要承担开城仪式、“皇城羽林卫”武士换岗仪式等系列“城墙武士”文化IP展演任务。后来，这支队伍组成城墙文明志愿服务宣传队，开展“金甲武士”文明行为引导活动，他们仿佛从盛世长安走来，并且在时光流转、历史传承、文化自信中，当好新时代的文明使者，让古今交融，绽放文明之花。

资料来源　综合相关资料提炼整理而成。

问题：

1）旅游景区引导游客文明旅游行为的意义何在？

2）你认为该景区的做法有哪些值得借鉴的地方？

分析提示：

1）着眼于旅游景区引导游客文明旅游行为的重要性，从对景区环境维护、景区整体形象展现以及对其他游客体验的影响等方面展开分析。

2）从景区传承中华优秀传统文化，弘扬文化自信，以沉浸式体验提升游客满意度，播撒文明旅游理念，实现旅游可持续发展等角度来展开分析。

2.2 旅游资源与地理环境

微课程 2-2

旅游资源与地理环境

旅游资源是旅游业发展的基本前提，是旅游活动的客体，从属性上分为自然旅游资源和人文旅游资源。旅游资源的形成是以地理环境的差异性为基本条件的，千差万别的自然旅游资源和人文旅游资源必然存在于一定的地理环境之中。可以说，旅游资源的形成源于复杂多样的地理环境。本章将介绍旅游资源的概念、类别与形成，旅游资源的调查和评价，旅游资源开发与规划等内容。

2.2.1 旅游资源的概念及分类

1）旅游资源的概念

何谓旅游资源？人们对旅游的认识存在差异，因而对旅游资源的概念也就产生了不同的见解。本书对旅游资源概念的界定为：**旅游资源**_是指在自然界和人类社会中能激发旅游者产生旅游动机和实施旅游行为，为旅游业所利用并能产生经济效益、社会效益和环境效益的各种事物和因素的总和。_旅游资源的含义应从以下四个方面来理解：

第一，旅游资源是客观存在的。旅游资源包括自然界和人类社会中的各种事物和因素，有物质的，也有非物质的；既有有形的，也有无形的。如湖光山色、珍禽异兽、天象变幻、文物古迹、园林建筑等是物质的、有形的东西，掌故传说、文学艺术、社会风尚、民俗风情等是非物质的、无形的东西。旅游资源的范围非常广泛，包括自然生成的，也包括人为创造的，甚至包括许多现在被旅游业利用而原来是为其他目的所创造的物质和环境，如北京亚运村、酒泉卫星发射基地、众多影视拍摄基地等都被发展成为具有游览、娱乐功能的旅游资源。旅游资源的范畴随着时代的推移和旅游需求的多样化而逐渐扩展，现在已经很难找出哪一类事物和现象绝对与旅游资源无关了。

第二，旅游资源对旅游者具有吸引力。旅游资源最大的特点就是能激发旅游者的旅游动机和旅游行为。在现代旅游活动中，旅游资源作为客体与旅游活动主体旅游者的关系是密不可分的。有人干脆将"旅游吸引物"作为旅游资源的代名词。一项旅游资源具有吸引力的定向性主要是由人们旅游需求的多样性所决定的，它只能吸引某些客源市场，而不可能对全部旅游市场都具有同样大的吸引力。因此，旅游资源的界定只能是针对一定的旅游客源市场而言的，在不同的历史时期，旅游资源的含义和吸引力大小也是不同的。

第三，旅游资源必须能为旅游业所利用。虽然有很多东西对旅游者具有吸引力，能激发旅游者的旅游动机，如遨游太空等，但因条件限制未能为旅游业所利用，所以我们还不能称其为旅游资源，只能称其为潜在旅游资源。

第四，旅游资源能产生经济、社会、环境三大效益。旅游资源作为资源的一种，其利用必然产生经济效益。但从可持续发展的观点来看，任何资源的开发利用都不能只用经济效益来衡量，还必须充分注意其社会效益和环境效益。

2）旅游资源的分类

根据不同的目的，旅游资源可以有不同的分类标准和分类方法。一般来说，旅游资源主要有以下几种类别：

（1）按旅游资源本身的属性及成因，可分为自然旅游资源和人文旅游资源两大类。

①自然旅游资源。自然旅游资源是指能使人产生美感、为旅游业所利用而产生效益的自然环境和物象的地域组合，包括山、水、气、光、动植物等。主要的景象组合有水光山色、奇石异洞、流泉飞瀑、阳光沙滩、气象气候、生物资源等。

②人文旅游资源。人文旅游资源是指由古今中外人类所创造的、能够激发人们旅游动机的物质财富和精神财富。其内容丰富、含义深刻，具有明显的时代性、民族性和高度的思想性、艺术性，主要包括历史古迹、民俗风情、文化艺术、建筑园林、娱乐购物活动等。

同步思考2-1

问题： 按自然旅游资源与人文旅游资源两大类来分，张家界、神农架、庐山、泰山、北京故宫和黄鹤楼分别属于哪个大类？

理解要点： 根据定义确定。

（2）按旅游资源的市场特性和开发现状，可分为潜在旅游资源和现实旅游资源两种。

①潜在旅游资源。这类资源可以是自然景观、历史遗存或是独特的吸引物，往往具有较高的旅游价值，但目前尚无力开发。

②现实旅游资源。这类资源是自然或历史文化赋予的客观存在的现实旅游资源。有的利用历史悠久，旅游设施较完备；有的利用历史长，但缺乏时代内容，需加以调整、充实、丰富；有的已列入规划，即将开发，也作为现实的旅游资源。

（3）按旅游资源的价值级别及管理，可分为国家级旅游资源、省级旅游资源和市（县）级旅游资源三种。

①国家级旅游资源。这类资源具有重要的观赏价值、历史价值和科学价值，可以吸引全国乃至国际游客，在国内外享有很高的知名度。如我国公布的国家级重点风景名胜区及国家级历史文化名城均是我国国家级旅游资源。

②省级旅游资源。这类资源具有较高的观赏价值、历史价值和科学价值，具有地方特色，在省内外有较大的影响，可以吸引国内其他地区或省内的游客。

③市（县）级旅游资源。这类资源具有一定的观赏价值、历史价值和科学价值，主要接待本地游客。

（4）按国家标准《旅游资源分类、调查与评价（GB/T 18972-2017）》，旅游资源可分为8主类、31亚类、155种基本类型，这是进行旅游资源调查时常用的一种分类标准。具体划分见表2-1。

表2-1 旅游资源分类

主类	亚类	基本类型
A地文景观	综合自然旅游地	山丘型旅游地、谷地型旅游地、沙砾石地型旅游地、滩地型旅游地、奇异自然现象、自然标志地、垂直自然地带
	沉积与构造	断层景观、褶曲景观、节理景观、地层剖面、钙华与泉华、矿点矿脉与矿石积聚地、生物化石点
	地质地貌过程形迹	凸峰、独峰、峰丛、石（土）林、奇特与象形山石、岩壁与岩缝、峡谷段落、沟壑地、丹霞、雅丹、堆石洞、岩石洞与岩穴、沙丘地、岸滩
	自然变动遗迹	重力堆积体、泥石流堆积、地震遗迹、陷落地、火山与熔岩、冰川堆积体、冰川侵蚀遗迹
	岛礁	岛区、岩礁
B水域风光	河段	观光游憩河段、暗河河段、古河道段落
	天然湖泊与池沼	观光游憩湖区、沼泽与湿地、潭池
	瀑布	悬瀑、跌水
	泉	冷泉、地热与温泉
	河口与海面	观光游憩海域、涌潮现象、击浪现象
	冰雪地	冰川观光地、常年积雪地
C生物景观	树木	林地、丛树、独树
	草原与草地	草地、疏林草地
	花卉地	草场花卉地、林间花卉地
	野生动物栖息地	水生动物栖息地、陆地动物栖息地、鸟类栖息地、蝶类栖息地
D天象与气候景观	光现象	日月星辰观察地、光环现象观察地、海市蜃楼现象多发地
	天气与气候现象	云雾多发区、避暑气候地、避寒气候地、极端与特殊气候显示地、物候景观
E遗址遗迹	史前人类活动场所	人类活动遗址、文化层、文物散落地、原始聚落
	社会经济文化活动遗址遗迹	历史事件发生地、军事遗址与古战场、废弃寺庙、废弃生产地、交通遗迹、废城与聚落遗迹、长城遗迹、烽燧
F建筑与设施	综合人文旅游地	教学科研实验场所、康体游乐休闲度假地、宗教与祭祀活动场所、园林游憩区域、文化活动场所、建设工程与生产地、社会与商贸活动场所、动物与植物展示地、军事观光地、边境口岸、景物观赏点
	单体活动场馆	聚会接待厅堂（室）、祭拜场馆、展示演示场馆、体育健身场馆、歌舞游乐场馆
	景观建筑与附属型建筑	佛塔、塔形建筑物、楼阁、石窟、长城段落、城（堡）、摩崖字画、碑碣（林）、广场、人工洞穴、建筑小品
	居住地与社区	传统与乡土建筑、特色街巷、特色社区、名人故居与历史纪念建筑、书院、会馆、特色店铺、特色市场

续表

主类	亚类	基本类型
F建筑与设施	归葬地	陵区陵园、墓（群）、悬棺
	交通建筑	桥、车站、港口渡口与码头、航空港、栈道
	水工建筑	水库观光游憩区段、水井、运河与渠道段落、堤坝段落、灌区、提水设施
G旅游商品	地方旅游商品	菜品饮食、农林畜产品与制品、水产品与制品、中草药材及制品、传统手工产品与工艺品、日用工业品、其他物品
H人文活动	人事记录	人物、事件
	艺术	文艺团体、文学艺术作品
	民间习俗	地方风俗与民间礼仪、民间节庆、民间演艺、民间健身活动与赛事、宗教活动、庙会与民间集会、饮食习俗、特色服饰
	现代节庆	旅游节、文化节、商贸农事节、体育节

2.2.2 旅游资源开发与保护

1）旅游资源开发规划的概念及特点

所谓旅游资源开发，是指通过适当的方式把旅游资源改造成吸引物，并使旅游活动得以实现的技术经济过程。

旅游资源的开发有时是单项旅游资源开发，有时是多项旅游资源的综合开发。一般来说，单项旅游资源开发的情况较少，多数是多项旅游资源的综合开发和整个旅游点与旅游区的开发，因而在实践中必须有一个旅游资源综合开发规划。

旅游资源开发规划是指在旅游资源调查、评价的基础上，针对旅游资源的属性、特色和旅游地发展规律，根据社会、经济、文化发展趋势，对旅游资源开发所作出的总体部署，以及规划实施的具体项目的技术方案和措施。旅游资源开发规划有下述特点：

（1）协调性。从纵向上看，旅游资源开发规划属于区域发展规划中旅游业规划的一部分；从横向上看，旅游资源开发规划和与其并列的城镇、水利、交通、电力、工业、农业等规划都有千丝万缕的联系，故旅游资源开发规划与其他产业的发展具有协调发展的特点。

（2）系统性。旅游资源开发规划无论是从开发的时间上看还是从开发的项目上看，都具有系统性。从时间上看，旅游资源开发规划分为近期开发规划、中期开发规划和远期开发规划；从项目上看，为满足游客的不同需求，围绕主题，可开发不同层次的旅游活动项目。

（3）客观性。旅游资源和游客都是客观存在的，规划则是开发者对这种客观存在的现实反映。这一现实反映是否科学、真实，取决于规划内容是否反映客观现实要求以及规划实施人员的水平。

（4）综合性。旅游资源开发规划无论是在发挥资源特色还是在满足游客的需求上，都应作好综合考虑与安排。一个地区旅游资源的开发，除了特色旅游资源重点开发外，还应注意其他配套旅游资源的开发。

（5）技术性。旅游资源开发规划是具体开发建设的蓝本，包括各个方面和层次规划的具体设计方案。为使旅游资源开发能对游客产生吸引力，应有相应的美学技术指标；为使旅游资源开发后能获得较高而持续的经济、社会和生态效益，应有具体的经济、社会和保护生态环境的技术指标。

2）旅游资源开发规划的前期工作——旅游资源调查与评价

（1）旅游资源调查的目的。旅游资源调查是旅游资源开发的前期基础性工作，其目的是查明可供旅游业利用的资源状况，全面系统地掌握调查区域内旅游资源的数量、类型、质量、分布、组合状况、成因、特点和价值等，以及有关的自然、社会、经济、环境条件等基本情况，为旅游资源的评价和开发、规划提供科学依据。

（2）旅游资源调查的内容。

①调查旅游区内旅游资源状况。先确定旅游资源对象，接着进一步调查其种类、数量、结构、规模、分布状况、成因及与旅游资源有关的重大历史事件、名人活动、文艺作品等基本情况。对重点旅游资源，应尽可能进行详细调查，包括类型描述、特征数据、环境背景、保护与开发现状等，最后形成旅游资源的文字、照片、录像、专题地图等有关资料。

②调查旅游资源存在区域的环境条件状况。环境条件包括与旅游资源相关的自然、社会、经济及生态环境质量等条件。自然条件包括地质、地貌、水文、气象、气候、动植物等；社会条件包括行政归属与区划、人口与居民、文化、医疗环卫、安全保卫、历史等；经济条件包括位置、距离、交通、电力、邮电通信、供水、食宿等；生态环境质量条件包括空气、水源、土壤清洁度，噪声影响，有无自然灾害，有无地方性传染疾病，有无放射性物料、易爆易燃物、电磁辐射等。此外，还要调查区域内空气、水源、土壤中的重要物质或元素的含量。

③调查、分析邻近资源与区域间资源的相互联系及所产生的积极和消极影响。

④客源市场分析。根据旅游资源的吸引力和当地的社会经济状况，初步分析客源形成的范围和规模。

（3）旅游资源评价。旅游资源评价实质上是对旅游资源进行深入的剖析和研究，为其开发、规划与管理提供科学依据。评价的内容主要包括以下三个方面：

①资源本身评价。它包括三个方面：第一，旅游资源的性质与特色。第二，旅游资源的价值与功能。第三，旅游资源的密度与容量。

②开发条件评价。它包括四个方面：第一，区位交通条件。第二，客源市场条件。第三，区域经济条件。第四，环境质量条件。

③三大效益评价。旅游资源的三大效益即经济效益、社会效益和环境效益。三大效益评价即分析评价该地域旅游资源开发以后，会给区域的经济、社会及环境带来何种影响。这是衡量旅游资源是否具备可开发性的重要指标。

3）旅游资源开发规划的内容

在旅游资源调查、评价、开发可行性研究的基础上，制定出旅游资源开发规划。规划的内容可以因资源性质、利用目的、开发方式等不同而有所差异，但基本内容大体一致，主要包括以下几点：

（1）现状分析，包括自然条件、历史沿革、环境质量、接待服务条件、管理现状，以及本地及附近地区旅游业的竞争态势。

（2）规划范围，包括面积和边界，此范围多由委托方提出。

（3）规划依据和原则，包括中央和地方对该地的各种政策和决定，特别是与该地主要旅游资源相关的政策和与该地旅游发展方向有关的决定、决议。规划者在充分领会上述要求的基础上确定该地进行规划应遵循的原则，如个性原则、效益原则、保护原则、美学原则等。

（4）旅游资源状况和评价，包括旅游资源的种类、数量、分布、组合及评价等，从而确定该地旅游资源的优势、开发方向及顺序，明确该旅游地的性质。这是旅游资源开发的基础。

（5）旅游开发规划方向及旅游项目创意，这是旅游规划的灵魂和关键。首先确定旅游开发规划方向，即最终要实现的旅游体验类型，如观光型、娱乐型、知识型、度假型等。然后确定能充分达到此种类型旅游体验目标并充分发挥旅游资源优势的旅游项目。旅游项目创意直接关系到旅游项目的经济效益和社会效益，是最能体现规划者水平的部分。

同步业务2-2

美国黄石国家公园案例启示

黄石国家公园（也称黄石公园）是世界上第一个国家公园。它地处美国西部爱达荷、蒙大拿、怀俄明三个州交界处的熔岩高原上。黄石公园自然景观有以石灰石台阶为主的热台阶、大峡谷、瀑布、间歇喷泉与温泉等，栖息着世界珍稀动物北美野牛、灰狼、棕熊、驼鹿、麋鹿、巨角岩羊、羚羊等，因而被美国人自豪地称为"地球上最独一无二的神奇乐园"。

由于异常丰富的旅游资源，黄石公园很快成为旅游者的天堂。在100多年的旅游历史中，有1/3的美国人一生中至少要到黄石公园一次，黄石公园每年接待游客超过400万人次。由于面临周边采矿、伐木、筑路及游客过多等威胁，1995年黄石公园被列入《濒危世界遗产名录》。为此，黄石公园采取了强有力的管理措施，加强经营管理和资源保护方面的联系。此外，来自各个行业的专家、志愿者、合作伙伴、基金会以及黄石公园的赞助商们也提供了帮助。艰苦的努力结硕果，在2003年第27届世界遗产大会上，黄石公园从《濒危世界遗产名录》上被有条件除名。如今，黄石公园被公认为最完美的生态旅游管理成功案例之一。

（6）景区和功能区划分，包括各景区的范围、特点、旅游项目的组织、旅游容量、功能区的作用、各景区之间的隔离及通联、该旅游地内外的旅游线路组织等。

（7）旅游资源保护规划，包括不同等级保护区的划分和制定的保护措施等。

（8）基础设施和旅游接待设施规划，包括旅游接待设施、生活商品供应、给排水、供电、邮电通信、医疗卫生、防灾系统等。

（9）交通规划，包括对外交通系统和区内交通系统。

（10）绿化规划，包括绿化范围、植物品种等。

（11）管理规划，包括实施规划的管理体制、机构设置、立法和执法措施等。

（12）效益分析，包括社会效益、环境效益和经济效益分析，最重要的是经济方面的投入产出分析。

（13）图件，包括旅游资源开发综合规划图，地理区位及客源分析图，土地利用现状图，旅游资源分布图，功能分区及景区划分图，交通规划图，绿化规划图，供电、供水、排水图等。

旅游资源开发规划制定后，由有关专家组成的规划评审委员会对规划进行评审并提出修改意见。规划通过后，需经上级主管部门审批，方可组织实施。

同步业务2-3

关注我国《旅游法》中的有关规定

自2013年10月1日起施行的《旅游法》（2018年10月第二次修正）在总则中明确提出："旅游业发展应当遵循社会效益、经济效益和生态效益相统一的原则。国家鼓励各类市场主体在有效保护旅游资源的前提下，依法合理利用旅游资源。"同时，该法还专门设置"旅游规划和促进"一章，以法律的形式规范各地科学合理利用资源，促进旅游业健康、可持续发展。

4）旅游资源的保护

旅游资源是旅游业发展的客观物质基础。其大多是自然和人类文化遗留下来的珍贵遗产，不但具有易受破坏的脆弱性，还具有难以恢复的不可再生性，因此，保护旅游资源对促进旅游业可持续发展具有重要的意义。

（1）影响和损害旅游资源与环境的因素。

①自然因素。旅游资源及环境是自然界的一部分，它们无时无刻不深受大自然的影响，自然界的发展变化既能塑造旅游景观，也会破坏旅游景观。其主要的破坏影响有两类：一类是灾害性破坏，如地震、火山、飓风、水灾、虫灾等自然界中突然发生的自然灾害所导致的对旅游资源的破坏；另一类是缓慢性破坏，主要是由寒暑变化、风吹雨淋等自然界风化作用、溶蚀作用、侵蚀作用、氧化作用、风蚀作用、流水切割作用、温度变化及生物生命规律等导致的旅游资源的形态和性质的缓慢改变。例如，埃及金字塔表层风化严重，很多大石块几乎完全损坏，台阶上堆积着很厚的碎屑。我国云冈、龙门、敦煌三大石窟也同样受到了自然风化的破坏。

②社会因素。旅游资源的社会影响较自然影响而言，表现更为突出。这里既有人类不合理的生产活动引起的自然界的报复，也有工业"三废"污染造成的旅游环境恶化，还有旅游业本身的发展对环境和旅游景观的破坏，按其破坏的根源可分为建设性破坏和管理性破坏。

建设性破坏是指工农业生产、市政建设和旅游资源开发建设中规划不当导致的对旅游资源的破坏。其主要表现有直接拆毁、占用文物古迹；风景区内工程建设不当，破坏风景区周围景观和谐及意境；工业对旅游区的污染；风景区内开山取石、开山造田、砍伐森林；旅游资源开发规划不当造成的破坏等。

管理性破坏是指管理不善导致的对旅游资源的破坏。其主要表现有大量游客的涌入加速了古迹自然风化的速度；游客踩踏带来破坏；游客素质低，直接破坏旅游资源；游客的进入给生态环境带来污染等。

明德笃行2-1

武汉东湖实现美丽蝶变

背景与情境： 武汉东湖生态风景区是国家5A级旅游景区。走进环绕或穿越东湖的绿道，山、林、泽、园、岛、堤、田、湾八种自然风貌呈现在眼前，这条总长101.98公里的环湖绿道将东湖变成人们亲近自然的城市“生态绿心”。但20世纪末至21世纪初，由于东湖周边污水处理设施缺乏，东湖一度成为武昌、洪山地区的天然污水处理厂，东湖水质曾下降至V类。2009年，获国家发改委批复，东湖治理有了顶层设计，东湖主干污水收集系统逐步建成，东湖全面截污也同步跟进。2017年，东湖水质迎来拐点，主湖水质进入“Ⅲ类时代”。2018年，东湖风景区向子湖的劣质水体宣战、向初期雨水宣战、向不达标尾水宣战、向绿道沿线的湖边塘宣战、向小游船污染宣战，通过消解面源污染、生态系统恢复等生态综合治理，最终实现东湖水质的美丽蝶变。

在东湖绿道的建设过程中，东湖湖泊岸线环境得到了系统改善，建设软质生态驳岸，新增污水管网，修整边坡减少水土流失；打通与主湖分离的水塘，修建堤岸及水系连通桥，增强大东湖水域水体循环流动。绿道全程采用海绵城市的建设理念，运用渗、滞、蓄、净、用、排等多种生态措施改良生态系统。将过去东湖沿线均为垂直驳岸、雨水未经净化过滤直接入湖，转变为现在整个东湖绿道沿线大多使用软质护坡的生态驳岸，雨水可通过绿色植被、水生植物进行再过滤入湖。东湖绿道通过人工植被规划、人工湿地等方式，针对性地净化东湖水体，使东湖水质达到这几年来最优。数据显示，目前的东湖水质为40年来最好。

资料来源　武汉东湖实现美丽蝶变 水质40年来最好［EB/OL］.［2019-07-16］. https://baijiahao.baidu.com/s?id=1639175780828857360&wfr=spider&for=pc.引文经过节选、压缩和改编。

问题： 东湖通过什么方式实现了美丽蝶变？试对东湖规划建设者的做法进行分析。

分析提示：

1）就旅游规划建设中如何确保旅游资源的开发不会破坏当地的生态系统、如何评估并减少对环境的负面影响展开分析。

2）结合网络资料，总结生态友好的旅游规划建设方式，如绿色旅游建筑、低碳旅游交通等。

3）结合国内外先进经验，从技术创新和管理创新的角度，分析如何推动旅游环境可持续发展。

（2）旅游资源保护对策。

①减缓旅游资源自然风化的进程。旅游资源自然风化是由于大气中的光、热、水环境的变化引起的。对于历史文物古迹，完全杜绝自然风化是不可能的，但在一定范围内改变环境条件使之风化进程减缓是完全可能的，如将裸露的长期遭受风吹日晒的旅游资源加罩或盖房子予以保护。

②杜绝人为破坏旅游资源的行为。其一，加强旅游资源保护意识和知识的宣传教育，使民众认识到旅游资源是千百年来自然造化和人类文化遗产的精髓，是人类精神追求的宝贵财富。其二，大力开展旅游资源保护研究。由于旅游资源类型多、分布

广、破坏的原因多，故其保护涉及多门学科、多门技术，其研究应建立在科学的基础上。其三，建立健全旅游资源法制管理体系，逐步完善风景名胜区保护系统。

③修复或恢复已破坏的旅游资源。绝大多数旅游资源一旦遭到破坏，则难以恢复，但有的历史古迹（如古建筑）的文化价值和旅游价值都相当高，因此可采用治理修复措施，重现其风采。历史建筑的修复一定要遵循“修旧如故”的原则。对于一些已消失的著名历史古迹，可以进行仿古重修，但必须保持原有造型和风格，让其重现昔日光彩。

同步案例2-2

塔顶残缺的小雁塔

背景与情境：小雁塔是唐朝都城长安（西安）保留至今的两处重要建筑之一，是一处精美的佛教建筑艺术遗产，也是一座没有顶的“残塔”，其形成与发生在明代的两次地震有关。1487年，陕西发生了6级地震，小雁塔从上到下中间被震开一条一尺多宽的裂缝，可是在34年后（1521年）的又一次大地震中，小雁塔塔身裂缝在一夜之间又神奇地合拢了，只是原本15层的塔身只留下13层及顶层的残迹。中华人民共和国成立后，对小雁塔进行了保护性勘查和修复，解开了小雁塔裂而复合的“神合”之谜，本着“修旧如故”的原则，对该塔进行了多处加固和修复，使其至今仍呈现出遭受地震后的原貌。

问题：结合小雁塔谈谈维修文物古迹为什么要采取“修旧如故”的原则？

分析提示：

1）从“修旧如故”工作意义的角度，思考“修旧如故”工作的理念与原则。

2）分析在修复工作需要注意的事项，可从尊重历史、文化传承、审慎与科学等角度展开。

3）在课堂上讨论文物古迹“修旧如故”对旅游发展的影响，可从对旅游景区、旅游者、当地文化传承等角度展开。

微课程2-3

旅游业的区域影响

2.3 旅游业的区域影响

旅游业带来可观的经济效益，同时拥有良好的发展前景，现已成为全球最具活力的行业，也是各国竞相发展的朝阳产业。随着旅游业的发展，其经济和文化的双重属性决定了系列旅游行为必然带来人员、货币、物质和信息的流动，旅游活动会产生一系列广泛而深远的影响，涉及经济、社会、文化、环境等诸多领域。这些影响是多方面的，既有正面影响，又有负面影响，并且正负两方面影响对不同地区的作用强度是有差别的。因此，要正确认识旅游对区域经济、社会、环境等方面的影响，充分利用旅游业的积极影响，削弱其不利影响。

2.3.1 旅游业的性质与特点

1）旅游业的性质

旅游业是世界新兴产业，是具有服务性质的特殊经济行业。**旅游业**是以旅游资源为凭借，以旅游设施为条件，为满足旅游者的各种需求提供服务的经济性产业。一般而言，旅游业主要由旅馆业、饮食业、交通运输业、旅行社与游览娱乐单位组成，它们在满足旅游活动的需求这一共同目标下组合起来。其主要职能就是向旅游者提供旅游活动所需要的旅游对象、产品和服务。

旅游者从常住地向旅游地移动，再从旅游地返回常住地的整个消费过程，就是旅游服务的消费过程。众所周知，旅游者在进行旅游活动的过程中，有食、住、行、购物和娱乐等需求，这些需求必须有相应的行业为之服务，旅游业就是向旅游者提供旅游活动所需产品和服务的行业。

旅游业所提供的各种服务的价值体现在以下几方面：一是通过服务，它的价值物化或附加在原来的消费品之中，有的甚至能够增加新的价值，如提供给旅游者的美味佳肴等；二是通过服务提供有形产品，如提供给旅游者的纪念品；三是这类服务既不创造有形产品，也不是物化或附加在一种消费品之中，它的生产过程就是服务过程，如导游服务。总之，旅游服务是由各种不同服务组合成的总体，一般应包括饭店服务、导游服务、代办服务、文化娱乐服务、商业服务等。“服务”在旅游业的经济活动中占有重要地位。因此，旅游业从根本上说是通过服务取得经济效益的特殊的经济性产业。

2）旅游业的特点

旅游业是向旅游者的旅行和游览提供旅游产品的综合性产业。提供旅游服务的过程就是旅游商品的生产过程，也是旅游商品的消费过程。因此，它与一般的经济服务行业相比有许多特殊性，概括起来有如下特点：

（1）经济性。旅游业的经济性，是通过产品的生产和经营表现出来的，属于商品经济的一部分。它所提供的产品和服务受商品生产、商品交换等一系列经济发展的客观规律所支配。

首先，旅游产品受商品生产规律支配。作为一种特殊的商品，它既具有商品的两重性，又拥有商品的生产性。前者指它的产品（劳务和风景）具有价值和使用价值两种属性，后者指它具有生产性投入（货币投入和实物投入）、营运（物化劳动的价值转移和新创造价值的增加）和产出（实物产出和价值形态产出）等生产过程。

其次，旅游产品受商品交换规律约束。旅游商品交换的过程，是旅游业为旅游者提供服务（包括交通、住宿、餐饮、娱乐等）、“出售”风光等产品的过程。这种产品和服务与有形的具体商品一样，是劳动的产物，具有活劳动消耗性质，在现实的旅游活动中能同货币交换。旅游者通过消费和购物等形式向旅游经营者支付服务费与观赏费。支配二者之间交换的是商品等价规律，它受市场消费需求状况的制约，并有强烈的竞争性。

（2）文化性。旅游业具有很强的文化性，因为旅游是一定文化背景下的产物，旅游者的动机是寻求高层次的物质和文化享受，在游览、参观、交往、休憩等旅游活动中充分体现了对文化内容的追求。总之，旅游者在食、住、行、游、购、娱等方面的消费，其本质是文化消费，文化作为一条主线贯穿旅游消费的全过程。旅游消费的文化性要求旅游业的经营者向旅游者提供具有一定文化内容的、最佳的、有特色的产品和优质服务，以满足旅游者深层次的文化需要。

（3）综合性。旅游业是集食、住、行、游、购、娱等于一体的综合性行业。旅游活动虽以游览为中心内容，但是为了实现旅游的目的，旅游者必须凭借某种交通工具，并在旅途中购买一定数量的生活必需品和旅游纪念品，必须解决吃饭、住宿等问题。这些都是旅游经营者提供服务的一部分，这不是某一种单项服务，而是相对于一次旅游活动的综合服务。可见，旅游业向旅游者提供的是各种产品和服务的综合。同时，旅游业的产品和服务是众多部门共同作用的产物，是以多种服务表现出来的综合型“产品”。旅游业既涉及国民经济中的一些物质资料生产部门，如轻工业部门、建筑业部门等；又涉及一些非物质资料生产部门，如文化部门、教育部门、科技部门、卫生部门、金融部门、海关、旅游饭店、旅游交通部门、旅游纪念品销售单位等。所以，旅游业是一个横向联系广、综合性强的产业。

（4）连带性。旅游业本身是一个关联带动性很强的产业。其综合性决定了它的连带性，满足旅游者的多重需要这一纽带把众多不同类型的行业联系到一起，各自提供能满足旅游者某一方面需要的产品。发展国际、国内旅游业，必然使直接为旅游者服务的诸多行业首先得以发展，而间接为旅游者服务的诸多行业，如农副产品业、加工业、建筑业和装修业，以及其他如水、电、煤、通信等行业，必然受旅游业发展的刺激而得到相当程度的发展。

（5）敏感性。旅游业的敏感性是指旅游业的发展必然受到多种因素的影响和制约。这些因素可分为内外两方面。内部因素是指旅游业内部各组成部分之间以及与旅游业有关的多个部门、行业之间的比例关系的协调。外部因素是指各种自然、政治、经济和社会因素对旅游业发展所产生的影响，因为一国或地区发展旅游业必然是以各种经济以及非经济的环境为背景的，这些非旅游业所能控制的因素会直接或间接地作用于旅游供给与需求，从而使旅游业在某一特定时期或地区内有很大的波动性。例如，自然因素中的水灾、地震，政治因素中的政变、地区武装冲突、突发公共卫生事件等，都会给旅游业带来影响。

（6）脆弱性。旅游业的脆弱性和敏感性紧密相连，只是更强调外部不良因素的影响，其中又以客源、交通、旅游目的地安全几个方面的不利变化所造成的后果最为严重。例如，大范围的经济危机造成客源市场的急剧萎缩；自然灾害、政治原因等不可控制因素带来交通阻塞，使旅游者不能成行；目的地战争、动乱或其他不安全因素会使潜在旅游客源丧失，给旅游业带来沉重的打击等。除此之外，重大公共卫生安全事件对旅游业的影响也极大。如2020—2022年，旅游业遭遇了有史以来最严重的危机。受全球封锁、广泛的旅行限制和游客需求低迷的影响，国际游客抵达人数（过夜游客）从2019年的14.65亿人锐减至2020年的4.07亿人，仅一年就下降了72%。2021年入境人数略有增加，但仍比2019年低69%。与此同时，国内旅游业在温和反弹。2022年，由于受到抑制的强劲需求和限制的放松，国际旅行开始缓慢复苏，与2021年相比，入境人数增加了一倍多，但仍比2019年低34%。总的来说，2020年、2021年和2022年的国际游客总数减少了26亿人次。国际旅游收入在2020年下降了62%，2021年下降了59%。与2019年（实际值）相比，尽管在2022年有所反弹，但仍比疫情前低34%。在这3年期间，旅游业收入的损失总额达2.6万亿美元。疫情对旅游业的打击是全方位的，这充分反映了旅游业的脆弱性。

旅游从业人员，特别是旅游管理人员必须对旅游行业的脆弱性有充分的认识，对旅游业可能遇到的风险必须做好应对预案，以保证当危机发生时能尽可能控制事态，在危机发生后能把损失控制在一定的范围内。

同步思考 2-2

问题：旅游业如何应对其脆弱性？

理解要点：从预防策略、应急措施以及风险转移等方面展开思考。

2.3.2　旅游业对区域经济的影响

1）旅游业对区域经济的积极影响

旅游业对区域经济的积极影响是从它在区域经济中的作用体现出来的。旅游业在区域经济中的作用主要表现为以下几个方面：

（1）带动地区经济发展。旅游是一种高级消费形式，旅游业是一个综合性的行业，它是由旅行社、交通运输部门、饭店（餐馆）、商场等部门构成的。因而旅游收入的来源十分广泛，涉及众多部门，其总收入相当可观。政府因旅游业而获得的税收总额是财政收入的一部分，这些税收也增加了政府的财政收入。旅游业作为一个服务行业，可以提供较多的就业岗位，让旅游客源地与旅游目的地双赢。

（2）促进市场繁荣与稳定。旅游业在促进市场繁荣与稳定方面的作用有两个：第一，发展旅游业适应了人们日益增长的旅游需求；第二，旅游业的兴起会刺激人们对商品的消费欲望。旅游消费可以比日常消费更多、更快地回笼货币，从而大大减轻由于人们手头货币过多而给市场造成的压力，促进市场的繁荣和稳定。

（3）推动其他行业发展。旅游业需要许多部门的支持配合才能顺利发展，同时，它又带动一系列经济部门和行业的发展。如交通运输、工程建筑、轻工业、商业、饮食服务业、文化教育业，乃至金融财政等各行各业，都会受到旅游业发展的刺激而得到相应发展。在全域旅游时代，“+旅游”形式正在带动其他行业开创新的经营方式，创新发展。

2）旅游业对区域经济的不利影响

（1）有可能引起物价上涨。就一般情况而言，由于外来旅游者的收入水平较高或者他们为了旅游而长期积蓄的缘故，旅游者的消费能力高于旅游目的地的居民，他们能够出高价购买食、宿、行以及以旅游纪念品为代表的各种物质商品。在有大量旅游者来访的情况下，难免会引起旅游目的地物价上涨。这势必损害当地居民的经济利益，特别是在引起衣、食、住、行等生活必需品价格上涨的情况下更是如此。此外，随着旅游业的发展，地价也会迅速上升。而地价上涨，显然会影响当地居民的住房建设与发展。

（2）有可能导致产业结构发生不利变化。在原先以农业为主的国家或地区，从个人收入来看，由于从事旅游服务的收入高于务农收入，因此常使大量的劳动力放弃农业从事旅游业。这种产业结构变化的结果是：一方面旅游业的发展扩大了对农副产品的需求，另一方面却是农副业产出能力的下降，如果再加上前述农副产品价格上涨的压力，就很可能影响社会的安定和经济的发展。

（3）过度依赖旅游业会影响国民经济或地区经济的稳定。一个国家或地区不宜主要依靠旅游业来发展自己的经济，特别是我国这样一个大国更是如此。这主要是因为：第一，由于旅游具有季节性特点，旅游接待国或地区在把旅游业作为主要产业的情况下，淡季时不可避免地会出现劳动力和生产资料闲置或严重的失业问题，从而会给接待国或地区带来严重的经济问题和社会问题。第二，如果客源地经济不景气，其居民对外出旅游的需求势必会下降。在这种情况下，接待地区很难保住和扩大市场。此外，一旦客源地居民对某些旅游的兴趣爱好发生转移，则会选择新的旅游目的地，从而使原接待地区的旅游业衰落——至少是相当长一段时间的萧条。第三，旅游需求还会受到接待地区各种政治、经济、社会乃至某些自然因素的影响。一旦这些非旅游所能控制的因素发生不利变化，也会使旅游需求大幅度下降，旅游业乃至整个经济都将严重受挫，造成严重的经济和社会问题。

2.3.3 旅游业对区域社会的影响

1）旅游业对区域社会的积极影响

（1）旅游是积极的人类外交活动。在国际旅游方面，由于旅游是不同国度、不同宗教、不同信仰以及不同生活方式的人们之间直接交往的手段，因而有助于增进国家间的了解，加强国与国之间的和平友好关系。在这个意义上，旅游在缓和国际紧张局势以及促进国际事务中人类和平共处方面起着非常重要的作用。此外，旅游也是接待国在国内外树立自己良好形象的有效手段。由于旅游者在目的地旅游过程中对该国情况的了解都属第一手的材料，因而可信度较高，外界很少有人对他们的介绍表示怀疑。不仅如此，旅游者对接待国的观感和体会还会通过他们的亲友传递到更大范围。所以，旅游在这些方面所起的作用比传统的外交和宣传手段更有效。

（2）促进民族文化的保护和发展。随着旅游业的开展和接待的外来旅游者越来越多，当地一些原先几乎被人们遗忘的传统习俗和文化活动重新得到开发和恢复，传统的手工艺品市场因需求的扩大重新得到发展，传统的音乐、舞蹈、戏剧等再次受到重视和发掘，濒临湮灭的历史建筑重新得到维护和管理等。所有这些原先几乎被抛弃的文化遗产不仅随着旅游业的开展而获得了新生，而且成为其他旅游接待国或地区所没有的独特的文化资源。它们不仅受到旅游者的欢迎，而且使当地居民对自己的文化增添了新的自豪感。

（3）推动科学技术的交流和发展。一方面，科学技术的发展是旅游产生和发展的前提条件，这一点已为历史的发展所证实；另一方面，旅游也是科学研究和技术传播与交流的重要手段。在旅游发展的各个阶段，都曾有人以科学考察为主要目的，为完成某项研究而参与旅游活动。许多主观上出于其他目的的旅游，客观上也起到了传播和交流知识与技术的作用。现代商务旅游、专业会议旅游以及消遣旅游中的访问同行活动，都使得这种交流的广度和深度得到不断拓展。此外，旅游在发展过程中也不断地对科学技术提出新的要求，尤其是在交通运输工具、通信以及旅游服务设施的建设方面，要求更加快速、便利、舒适和安全，从而推动了有关领域科学技术的发展。如今AR、VR、AI、5G等数字化应用场景已在许多景区、酒店、旅行社等旅游领域普及并应用，为游客出行的各个环节提供个性化、多元化、品质化服务。科技已成为旅游发展的新动能，正在塑造旅游业的未来。

2）旅游业对区域社会的不利影响

（1）降低当地居民的物质文化生活质量。大量旅游者涌入后，势必与当地居民争夺有限的生活空间，致使交通、商店、公共娱乐场所变得拥挤不堪，从而给当地居民的工作和生活带来了诸多不便，使他们产生厌恶情绪。世界上大多数旅游地居民对待外来游客的态度，普遍经历了欢迎—冷淡—不满—厌恶四个阶段的演变。究其原因就是旅游人数的增加，在一定时期会导致旅游地居民的物质文化生活质量下降。

（2）影响当地居民的价值标准和道德观念。来自世界各地的旅游者有不同的政治信仰、道德观念和生活方式，有的可能表现出良好的道德品质和友好的态度，有的可能带来消极的颓废意识和生活方式，这可能会对旅游地居民的价值标准、道德观念和生活方式产生不良影响。

（3）当地文化被不正当地商品化。传统的民间习俗和庆典活动都是在传统规定的时间、传统规定的地点、按照传统规定的内容和方式举行的，但是随着旅游业的开展，这种活动逐渐被商品化了，它们不再按照传统规定的时间和地点举行，为了接待旅游者，随时都会被搬上“舞台”。为了迎合旅游者的观看兴趣，活动的内容亦往往被压缩并且表演的节奏明显加快。因此，这些活动虽然被保留下来，但在很大程度上已经失去其传统上的意义和价值。此外，为了满足旅游者对纪念品的需求，当地会组织人力大量生产，造成很多粗制滥造的产品充斥于市，它们实际上已不再能表现传统的风格和制作技艺。而旅游者误以为他们所购买的就是反映当地传统工艺水平和地方特色的真正艺术品，并将它们带回本地向亲友展示，这样便会大大损害和贬低当地工艺品的形象和价值。

2.3.4 旅游业对区域生态环境的影响

1）旅游业对生态环境的积极影响

旅游的食、宿、行、购、娱活动，若组织管理有方，均会对生态环境产生有利影响。旅游活动的主要项目之一是游，即观光、度假、娱乐，游客总是希望在山清水秀的生态环境中获得“回归大自然”的体验，得到身心的恢复。随着旅游业的发展，现在的景区（点）无论从质量上还是数量上都满足不了游客日益增长的需求，需要开发潜在资源并升级原有资源。从某种意义上说，旅游业的发展对旅游资源的保护和建设提出了迫切的要求，对景区生态环境的治理和建设工作也有新的期待。发展旅游业能够对旅游环境进行合理开发和规划，有助于维护和改善旅游接待地的环境状况，提升综合生态环境质量，改善旅游基础服务设施等。例如，旅游活动中的“行”，即旅游交通，就地面交通而言，是指旅游城市的景区公路。随着景区的建设和完善，公路建设不仅体现在路面级别的提高上，公路两侧的绿化带也得到养护，其美化环境的作用进一步得到发挥。我国一些级别较高的景区，其公路两侧的生态环境质量都有明显的提高。旅游活动的“食”“宿”往往融为一体，在星级宾馆，其内外往往设计有独特的园林，使游客得到良好的生态环境享受。

2）旅游业对生态环境的不利影响

由于我国旅游业的发展跟不上近几年经济迅速发展带来的膨胀性旅游需求，无论是旅游景点还是旅游设施均处于超负荷运转状态，故旅游对生态环境的不利影响表现得相当突出。

（1）旅游交通对生态环境的影响是最为显著的。过量的旅游机动交通工具排出的大量废气和渗漏的燃料污染了大气和水体，同时还带来了噪声污染。这种对生态环境的污染，对生物活动会产生不利的影响。如在繁忙的旅游交通工具的惊吓下，动物的繁殖率呈下降趋势；在油污染的水体中，鱼类的生存会受到威胁；同时，繁忙的旅游交通，尤其是高速公路会成为动物迁徙和移动的阻滞带，影响了自然生态系统的良性循环，从而降低了旅游生态环境的质量。

（2）游客的超量会对旅游景区的生态环境产生不利影响。在级别较高的旅游景区，人满为患，游客的数量远远超过了生态环境的容量，致使景区生态环境质量下降。如北京故宫后花园，由于游客严重踩踏，土壤板结，影响了古树名木正常的根部呼吸和营养吸取过程，使之面临衰败死亡的威胁。在一些生态脆弱带上，生态环境容量极小，少量的游客也会对生态环境产生不利影响，如北极圈内的阿拉斯加地区，由于游人的窥视，影响了北极熊的正常繁殖。

（3）游客素质和旅游管理水平较低也会对生态环境产生不利影响，如旅游景区或旅游城市的垃圾污染。

（4）在旅游资源开发建设中，若规划不当也会对生态环境产生不利影响。如旅游景区建设中常见的“遇山开路、遇水搭桥、就地采石”现象，在景区建设好的同时，生态环境景观的完整性遭到了破坏。又如，景区索道的建设、宾馆的选址及设计风格不当，也会破坏景区景观生态环境的协调性。

同步案例2-3

玉龙雪山景区3条索道的影响

背景与情境：玉龙雪山位于云南省丽江市玉龙纳西族自治县境内，距离丽江古城仅15公里，最高海拔达5 596米，是云南省第二高雪山，仅次于梅里雪山。由于山顶积雪终年不化，如一条矫健的玉龙横卧山巅，有一跃而入金沙江之势，故名“玉龙雪山”。玉龙雪山景区现建有三条登山索道，分别是大索道（冰川公园索道）、中索道（牦牛坪索道）和小索道（云杉坪索道）。其中，最值得体验的便是冰川公园索道，作为世界上海拔最高的索道，它可以从底站（海拔3 500米）直接将游客带到海拔4 605米的雪山之巅。随着这些索道的建设和运营，游客纷至沓来。在满足游客登临雪山之巅愿望的同时，也使亘古冰川遭到破坏，部分冰川开始融化；高山植被和野生花卉被游客践踏、破坏；野生动物的数量急剧减少，最初规划时还存在的珍稀动物，现在已难觅踪迹。

问题：分析该案例，你认为玉龙雪山最大的问题出在哪儿？景区建设应该如何落实党的二十大精神？

分析提示：从自然保护区旅游开发必须遵循的基本原则等方面考虑。贯彻落实党的二十大精神，要坚持以文塑旅、以旅彰文，更加聚焦文旅融合，打开格局和视野，持续推进旅游与传统文化、现代文化、红色文化、体育文化等的融合创新，以文化和旅游深度融合，助力行业高质量发展，为“以中国式现代化全面推进中华民族伟大复兴”作出新的更大贡献。

本章概要

□ 内容提要

旅游是人类在一定地理环境中的特殊活动，人类的旅游活动受地理环境的制约并影响地理环境。旅游的三大要素（旅游者、旅游资源、旅游业）与地理环境息息相关、不可分离。旅游者作为旅游活动的主体，其产生受地理环境中的自然地理因素、文化地理因素、经济地理因素、生态环境因素四方面的影响。旅游者在地理空间上的流动和分布具有明显的规律。旅游资源是激发旅游者产生旅游动机和实施旅游行为的关键因素。各地要合理地利用和开发旅游资源，制定科学的开发规划。旅游业对旅游地区的社会、经济、文化、环境等各个领域都有深刻的影响。这些影响是多方面的，既有正面影响，又有负面影响。

□ 主要概念和观念

▲ 主要概念

旅游资源　旅游业

▲ 主要观念

旅游资源开发与保护　文明旅游促旅游业可持续发展

□ 重点实务

旅游资源调查与评价　旅游资源保护对策

基本训练

□ 知识训练

随堂测 2-1

▲ 复习题

1）旅游者主要有哪些特征？

2）旅游资源开发规划有哪些特点？主要包括哪些内容？

3）旅游资源调查和评价的内容包括哪些？

▲ 讨论题

1）为保证旅游业可持续发展，在旅游资源规划开发中要注意哪些问题？

2）影响和损害旅游资源与环境的主要因素有哪些？应采取哪些针对性措施？

3）在乡村振兴大背景下，乡村旅游发展迅速，主要的乡村旅游资源有哪些主要类型？

□ 能力训练

▲ 案例分析

【训练项目】

案例分析-Ⅱ。

【相关案例】

爱情栈道：青天河云顶玻璃栈道

背景与情境：青天河风景名胜区是世界地质公园、国家重点风景名胜区、国家5A级旅游区、国家水利风景区，被誉为“北方三峡”。青天河景区不仅有壮美的高峡平湖景观，还有能欣赏十万亩红叶、令人紧张刺激的云顶玻璃栈道。青天河云顶玻璃栈道隐藏在新家岭海拔1 200米的悬崖上，路面全部用透明玻璃铺设，透过玻璃向下就能看到垂直的山体，仿佛置身于空中一般。这条栈道全长1 314米，其中玻璃地面长520米，也称爱情栈道，每到红叶漫山的时节，走在玻璃栈道上，眼前和脚下尽是红叶美景，仿佛置身红叶海洋。从长度、悬空高度等方面的对比，以及相关网络旅游平台的口碑评价、公众知名度、网络关注指数等情况来看，青天河云顶玻璃栈道位于中国十大玻璃栈道排名第一位。

作为一种新型旅游体验设施，玻璃栈道（廊道）诞生于2007年美国科罗拉多大峡谷U形观光台，在近几年的旅游景区中十分出彩，受到许多游客的关注和追捧。其独特的视觉效果和体验效果让许多景区的游玩体验指数直线上升，全国各地的玻璃栈道景区也如雨后春笋般出现。

资料来源 佚名. 中国十大玻璃栈道排名［EB/OL］.［2023-05-27］. https://www.maigoo.com/top/433819.html. 引文经过节选、压缩和改编。

问题：请查阅相关资料，了解我国哪些景区建设了玻璃栈道？你如何看待这种现象？玻璃栈道观景有何特点？

【训练要求】

同第1章“基本训练”中本题型的“训练要求”。

▲ 实训操练

【实训项目】

“‘旅游与地理环境’重点实务”知识应用

【实训目的】

见本章“学习目标”中的“职业能力”。

【实训步骤】

1）将班级学生分成若干组，每组确定一人负责。

2）各组学生结合本旅游区或其景点，选取本章“重点实务”之一，根据需要进行角色分工。

3）各组以本章“重点实务”的教学内容（必要时可通过互联网搜索补充相关资料）为操作规范，通过分工与合作，撰写《国内××旅游资源调查与评价报告》或《国内××旅游资源保护对策设计方案》，体验本项目实训的全过程。

4）各组学生总结实训操练的成功经验、存在的问题及解决的办法，在此基础上撰写《“‘旅游与地理环境’重点实务知识应用”实训报告》，并将《国内××旅游资源调查与评价报告》或《国内××旅游资源保护对策设计方案》作为《实训报告》的“附录”。

5）在班级讨论交流、相互点评与修订各组的《实训报告》。

6）在线上平台上展示经过修订并附有教师点评的各组《“‘旅游与地理环境’重点实务知识应用”实训报告》，以供学生相互借鉴学习。

□ 明德笃行

【训练项目】

明德笃行-Ⅱ。

【相关案例】

"民间外交官"的使命与担当

背景与情境：带着金发碧眼的老外在胡同里走街串巷，用多种外语流利地讲述中国的悠久历史和日新月异的发展……这是中青旅外语导游张洋日常工作的场景。张洋是国家级金牌导游和全国特级导游，25年来，他带领近万名外国游客畅游华夏大地，如同'民间外交官'，向他们讲述真实、立体、全面的中国。在张洋的带领下，外国游客乘坐高铁打卡，与显示速度的电子屏合影，对中国制造赞叹不已，赞叹北京的皇家园林、苏州的小桥流水、婺源盛开的油菜花、上海繁华的都市景观等。张洋以其扎实的语言功底和厚重的知识底蕴，获得了外国游客的认可和赞誉。"作为从事跨文化交流的一线外语导游，我深知我们这个队伍是讲好中国故事、推广中国文化、扩大国际影响力不可忽视的力量，是中国旅游业和跨文化交流中肩负重任、名副其实的'民间外交官'。"张洋脸上洋溢着自信的笑容。

资料来源　综合相关资料提炼整理而成。

问题：

1）本案例中的导游张洋作为"民间外交官"展现了怎样的职业素养？

2）通过对上述问题的分析，请进一步思考作为一名导游员张洋的脸上为何总是洋溢着自信的笑容？

【训练要求】

同第1章"基本训练"中本题型的"训练要求"。

第3章 中国旅游资源地理

- 学习目标

3.1 中国地理环境及旅游资源的基本特征

3.2 中国自然旅游资源

3.3 中国人文旅游资源

- 本章概要
- 基本训练

● 学习目标

通过本章学习，应该达到以下目标：

职业知识：学习和掌握中国自然、人文地理环境的基本特征，中国旅游资源的基本特点，中国地质地貌、气象气候与天象、水体、生物等自然旅游资源，中国遗址、遗迹、伟大工程、古建筑、陵墓、园林、宗教、城镇、社会风情等人文旅游资源的理论与实务知识，能用其指导或规范本章认知活动和技能活动，正确解答“基本训练”中“知识训练”各题型的问题。

职业能力：运用本章理论与实务知识研究相关案例，培养在“中国旅游资源地理”的特定情境下分析问题与决策设计能力；通过“自主学习”训练任务，搜集、整理与撰写关于“中国旅游与生物资源保护”文献综述，并在班级开展讨论与交流，培养获取整合信息、文稿撰写与沟通表达等通用能力。

职业素养：结合本章教学内容，依照相关规范或标准，对“明德笃行3-1”专栏和章后“明德笃行-Ⅲ”案例中的企业及其从业人员行为进行分析，强化与案例议题相关的中华文化传承、数字化赋能等方面的价值思考并提升职业素养，促进“立德树人”根本任务的落实。

学习微平台

思维导图3-1

引例：电影《飞驰人生》与新疆巴音布鲁克

背景与情境：2019年贺岁大片《飞驰人生》一上映，其相关话题就迅速霸占了网页热搜和社交朋友圈。在这部以赛车为主题的电影中，拍摄地——新疆巴音布鲁克草原成为整部电影的亮点。被天山雪峰紧密环抱的无际草原、被湖水云影点缀装饰的天鹅故乡、被远山近丘衬托的九曲十八弯，构成一幅“片水无痕浸碧天，山容水态自成图”的天然画卷。导演韩寒在拍摄时就曾说：“我是第一次来这片草原，这里的景色简直太美了，我们的团队几乎跑遍了整个中国，终于寻找到了这片最完美的拍摄地。”果然，电影上映后，巴音布鲁克“只应天上有”的绝色美景就吸引了众多观众，甚至有网友表示想立刻去寻找“这幅人间天堂的画卷”，巴音布鲁克也因此被称为2019年最佳的“网红旅游胜地”之一。

读了该引例，你有何感想？其实能吸引大家外出旅游的不限于巴音布鲁克草原，在我们伟大祖国的大地上，有万千自然的、人文的奇景，都在等着我们去欣赏、去体验、去探究，它们有着一个共同的名字——中国旅游资源。

3.1 中国地理环境及旅游资源的基本特征

微课程3-1

走进美丽中国 概览中国旅游资源

地理环境是人类社会存在与发展的空间和物质基础，它既是人类生存、发展的“环境”，又为其进行生活与生产活动提供各种“资源”。辽阔的地域、悠久的历史、复杂多样的地理环境，直接决定了中国是一个旅游资源大国，同时也为其建设世界旅游强国提供了物质基础。

3.1.1 中国自然地理环境的基本特征

1）优越的地理位置、辽阔的疆域

就经纬度位置而言，中国北起北纬53.5°的漠河黑龙江主航道中心线，南抵北纬3.9°的南海岛礁曾母暗沙，南北纵跨近50个纬度，约5 500公里；西起东经73°附近的新疆维吾尔自治区乌恰县西侧帕米尔高原东缘，东至东经135°附近的乌苏里江汇入黑龙江处的“耶”字碑东南，东西横跨近62个经度，约5 200公里。中国拥有陆地国土面积960万平方公里，其中90%以上的陆地国土位于北纬20°~50°，是一个中纬度的大国，绝大部分地区属亚热带和温带，四季变化分明。

就海陆位置而言，中国位于欧亚大陆东部，东南濒临太平洋，向西北绵延深入欧亚大陆腹地，是一个海陆兼备的国家。其陆地边界长达2.28万公里，直接与朝鲜、蒙古国、俄罗斯、哈萨克斯坦、吉尔吉斯斯坦、塔吉克斯坦、阿富汗、巴基斯坦、印度、尼泊尔、不丹、缅甸、老挝、越南共14个国家接壤；大陆海岸线北起中朝交界的鸭绿江入海口，南到中越交界的北仑河入海口，全长约1.8万公里，隔海与日本、韩国、菲律宾、印度尼西亚、文莱、马来西亚6国相望。根据1994年11月16日正式生效的《联合国海洋法公约》，我国有领海面积22.8万平方公里，加上专属经济区，拥有有主权、可管辖的海域面积300万平方公里，约占中国陆地面积的1/3，含我国近海的绝大部分。

2）复杂多样、地域差异明显的地理环境

辽阔的疆域、独特的地理位置造就了我国复杂多样的自然地理环境。仅就地势地貌而言，西高东低呈三级阶梯下降、地貌类型齐全但以山地为主、地势起伏大高低悬殊是我国的主要特色。因此，我国既拥有“世界屋脊”——青藏高原和“世界第三极”——海拔高达8 848.86米的珠穆朗玛峰，同时也拥有在海拔50米以下的大平原和世界第二低的低地——湖底海拔高程为-154.31米的吐鲁番艾丁湖；地貌类型中不仅山地、高原、丘陵、平原、盆地等常态地貌类型齐全，还有由不同物质组成或由不同外营力造就的丰富多彩的特殊地貌，如红层地貌、岩溶地貌、火山熔岩地貌、花岗岩地貌、风沙地貌、海岸地貌、冰川地貌等，在我国不同地域各放异彩。众多的地貌类型在我国大地上或交错或叠加，每种类型既分布广泛又相对集中，是我国千姿百态、异彩纷呈的旅游景观及地域特色形成的物质基础。

同步思考3-1

问题：珠穆朗玛峰作为一种自然资源，是否具有除“世界第三极”称号以外的价值？

理解要点：可从近些年大热的珠峰旅游和2008年北京奥运会“祥云火炬”接力在珠峰登顶时的文化影响等方面展开思考。

就气候水热条件而言，我国南北跨了寒温带、温带、暖温带、北亚热带、中亚热带、南亚热带、边缘热带、热带和赤道带共9个热量带；东西跨了湿润、半湿润、半干旱、干旱4个干湿区域。众多的热量带与不同干湿区组合搭配，再加上面积大、别具一格的高寒区——青藏高原及各地广泛分布、水热条件垂直变化明显的山地的叠加，使我国既有以高寒为特征的青藏高原气候区，又有以干旱、半干旱为特征的西北气候区，还有以季风气候特别显著而著称于世的东部季风区；同时，以三大迥然不同的气候区为背景，各地水热条件的地域组合与分异极其复杂。而水热条件是生物生存及各种地理过程形成的最直接因素，复杂多样的水热地域组合与分异形成了我国极其复杂多样、地域差异明显的地理环境，直接造就了我国丰富多彩、地域特色鲜明的自然旅游资源。如高寒区内既有大量终年积雪不化的山峰与高寒荒漠，也有景色似江南的河流谷地；干旱区内既有极端缺水的沙漠戈壁，也有生机盎然的绿洲与山地湿岛；季风区内既有老茎开花结果、板根现象明显、层次复杂的热带雨林、季雨林，也有整齐划一、景色单调的寒温带针叶林，还有居于二者之间丰富多彩的过渡景观类型及一山共四季的垂直景观变化。如此复杂多样的自然环境也是孕育我国绚丽多姿的人文旅游资源的基础。

同步业务3-1

珠穆朗玛峰的垂直景观变化

珠穆朗玛的藏语意为“圣母”，珠穆朗玛峰海拔8 848.86米，为世界第一高峰，亦被誉为“世界第三极”。因为高，珠穆朗玛峰山顶终年被冰雪覆盖，峰顶的最低气温常年在零下三四十摄氏度，冰川面积达1万平方公里。但是珠穆朗玛峰南坡降水丰富，1 000米以下为热带季雨林景观，1 000～2 000米为亚热带常绿林景观，2 000米以上为温带森林景观，4 500米以上为高山草甸景观。北坡主要为高山草甸景观，4 100米以下河谷有森林及灌木景观。

3.1.2　中国人文地理环境的基本特征

中华民族在同自然做斗争的数千年历史中创造了独具特色的人文地理环境，并形成了我国丰富多彩的人文景观旅游资源。

1）悠久的历史、古老的文化

中国是人类文明的主要发源地之一。我们的祖先早在远古时代就在中华大地上生活、劳动、繁衍。考古研究表明，170万年前的旧石器时代，中国的史前文化就已经形成了华北和华南两大文化谱系，包括著名的元谋文化、蓝田文化、许家窑文化、丁村文化等。到距今9 000～4 000年的新石器时代，中国形成了旱地农业经济、稻作农业经济和狩猎采集经济三大史前文化区。其中，距今7 000～4 600年的黄河流域的仰韶文化和大汶口文化、长江流域的大溪文化、屈家岭文化、河姆渡文化等，已经显示出该时期农业有了相当程度的发展，较大型的定居村落已四处可见。距今有5 000~3 000年历史的三星堆古蜀遗址，昭示了长江流域与黄河流域一样，同属中华文明的母体。三星堆遗址被誉为"长江文明之源"，被称为20世纪人类最伟大的考古发现之一。

文字的出现是人类文明开始的重要标志。我国在公元前16世纪的商代就出现了甲骨文，并已有了文字记载。周朝形成了以礼、乐为中心的政教系统，并达到鼎盛，及至春秋、战国时期出现了以儒、墨、道、法等为代表的诸子百家争鸣、学术空前繁荣的崭新局面，把我国古代文化推到了高峰，同时使这种文化一直延续并发展，经秦、汉至明、清。

在我国历史的长河中，在不同时期的政治、经济、社会制度背景下，形成了风格各异、内容丰富的历史文化，留下了许多具有不同时代特色的史迹遗风。

2）高度发达且个性鲜明的人类历史文明

中华民族在五千年的文明史中，留下了丰富多彩的文化艺术和古迹，具有很高的史学和美学价值，成为我国人文景观旅游资源的重要内容。

我国文化艺术源远流长，内容丰富。如我国的诗歌，从著名的《诗经》发展到《楚辞》，再经《汉乐府》演变到唐诗，最终形成韵律铿锵、形式严谨的五言、七言律诗。律诗从隽永凝练的内容到长短齐整的形式，显然与西方形式自由、内容偏重率直叙事与浪漫抒情的古典诗歌不同，具有自己的鲜明特色。

我国的绘画最早出现在战国，后来逐渐发展出人物、山水、花卉、禽鸟、虫鱼等画科。中国画在表现技巧上重视笔、墨的运行和线条造型，有工笔、意笔、勾勒、没骨、设色、水墨等技法形式，并运用勾皴点染、浓淡干湿、阴阳向背、虚实疏密和留白手法来谋篇构图、描绘物象、取景布局。同时，中国画与书法篆刻关系密切，又形成了诗、书、画、印相结合的形式，显示出与西洋画完全不同的中华民族特色。

中国医学强调人体的经络分布和气的自然循环组成生命的运动，认为外界因素的影响造成内部器官功能失常和气血不通，是引起疾病的根源。其突出宏观意识，强调人体在与大自然的联系中形成的内部各器官的整体功能，并在长期临床经验的基础上形成了“望、闻、问、切”一整套辨证施治方法。这与西方医学的重微观、强调局部的因果关系和依赖外科手术相比，从理论到实践，都表现出完全不同的思路。

至于我国的园林艺术、陶瓷工艺以及戏曲、音乐、舞蹈、杂技、魔术等，无不以其独创性屹立于世界文化艺术之林。

中华民族不仅创造了伟大的精神文明，还创造了高度发达的物质文明，如万里长城、京杭大运河，都是世界历史上的伟大工程奇迹。此外，我国古代大型水利工程中的引漳十二渠、都江堰、郑国渠、灵渠、坎儿井，以及造纸术、印刷术、指南针、火药等的发明创造，也都是我国劳动人民勤劳智慧的结晶。

3）众多的民族、丰富多彩的民族风情

我国是一个统一的多民族国家，包括汉族在内共有56个民族，统称中华民族。由于所处的地域环境的差异和历史发展过程不同，56个民族在居住、饮食、服饰、生产、交通、婚丧、岁时、家庭、村落、宗教、道德、礼仪、禁忌乃至语言文字、文学艺术等方面，无不表现出鲜明的地域特色和民族风格，所以早在汉代我国就有“千里不同风、百里不同俗”的说法。丰富多彩的民族风情是我国人文地理环境中最富活力的景观，为广大旅游者所向往。

中华传统文化不仅具有鲜明的独特性，而且具有顽强的生命力。在发展过程中，中华文化与外界有过广泛的交往，在近代，甚至还频频受到外国文化的侵略，但是其根基和传统始终未被动摇，始终一脉相承地延续至今。

3.1.3 中国旅游资源的基本特点

中国旅游资源既有旅游资源的一般特征，同时，由于受中国特定的自然地理环境和人文地理环境的影响，又具有其独特的一面，主要表现为：种类的多样性和数量的丰富性、空间分布的广泛性和地域性、时间分布的季节性和共生性、文化内涵的深远性和独特性等。

1）种类的多样性和数量的丰富性

我国幅员辽阔，自然地理环境复杂多样；历史悠久，人文地理环境丰富多彩。在这种地理环境条件下，我国的旅游资源不仅种类齐全，而且数量巨大。山川河流、峡谷瀑布、湖泊泉涌、沙滩礁岛、峰林溶洞、雪原冰川、沙漠戈壁、珍禽异兽、奇花异草、历史古迹、文化遗产、园林建筑、风土民情、工艺特产、风味佳肴等各种旅游资源应有尽有，极其丰富。

2）空间分布的广泛性和地域性

我国旅游资源在空间分布上具有广泛性。无论是从东海之滨到西北内陆，还是从南海礁岛到黑龙江畔，或是从高原到盆地、从高山到峡谷、从城镇到乡野，都有丰富的自然和人文旅游资源。

与此同时，各地自然地理环境和人文地理环境的差异又使得各地旅游资源迥然不同，表现出鲜明的地域性，使东北的冰天雪地、雾凇树挂、滑雪场与海南岛的椰风海韵、阳光海水沙滩、红树林共存；使东海之滨的渔村盐场、城镇园林与西北内陆的沙漠绿洲、草原驼铃相辉映。此外，还有西南的石林、溶洞，江南丘陵的红层丹霞，四川盆地的方山，罗布泊的雅丹，柴达木的风蚀盐湖，五大连池的火山熔岩等多种多样

的自然风景；蒙古族的那达慕大会、傣族的泼水节、壮族的山歌、黎族的打柴舞、高山族的杵歌等人文景观丰富多彩。同是园林，北方皇家园林辉煌奢华、气势雄浑，南方私家园林玲珑剔透、巧夺天工。

此外，我国旅游资源的地域分布还具有相对的集中性。名山大川往往集中了大量的自然与人文旅游资源，如长江中下游地区既有三峡、洞庭湖、庐山、太湖、西湖等自然景观，又有白帝城、秭归、江陵、当阳、赤壁、岳阳楼、武汉、九江、南京、扬州、上海等人文景观。仅黄山风景名胜区，就集中了82峰、36源、24溪、20潭、17泉、14洞、3瀑、2湖、120多处已被命名的怪石、400多种观赏植物、300多种观赏动物等旅游资源。

3）时间分布的季节性和共生性

由于我国大部分国土位于季节变化明显的亚热带和温带地区，所以四季交替，景象更迭：春季阳光和煦、鸟语花香，夏季高温高湿、万象峥嵘，秋季天高云淡、果木飘香，冬季雨雪纷扬、山河骨露。北京香山红叶，只在深秋一现；钱塘大潮，在农历中秋与明月共生。这些都表现出明显的时间性或季节性。

但是，我国由于地域辽阔，南北跨越多个气候带，这就使得在黑龙江冰天雪地、冰雕树挂，人们滑雪、滑冰的同时，海南岛仍然花果飘香，人们游泳潜水、冲浪竞舟。由于受垂直气候变化的影响，我国高山地区也会出现“一山共四季、十里不同天”的现象，喜马拉雅山从山麓到山顶也会更迭出现从热带到极地的景观。

4）文化内涵的深远性和独特性

我国是世界四大文明古国之一，中华文化五千年血脉相承，世代相传，不断发扬光大。我国的历史遗存、文物古迹、风土民情、风味食品、工艺制品、文化艺术乃至自然风景都打上了古老文化的烙印。

在已发掘的古人类遗址中，云南禄丰石灰坝发现的800万年前的古猿化石，是世界上发现的晚中新世到早新世各类古猿中第一个古猿头骨化石。据考证，云南“元谋猿人”距今约170万年；陕西“蓝田猿人”距今约80万年；北京周口店发现的“北京人”遗址距今约60万年，他们已能用火。在我国发现的大量古墓葬群中，长沙马王堆汉墓已有2 000多年的历史；我国的古长城修筑历史延续了2 500余年；京杭大运河始凿于公元前5世纪的春秋末期；都江堰建于公元前256年；河北赵县的赵州桥距今已有1 400多年的历史；园林艺术相传始于轩辕黄帝时代；梅花、菊花的栽培历史都在3 000年以上，盆景艺术始于唐代；养蚕取丝织绸已有4 000～5 000年的历史，古代通往西域的丝绸之路在2 000多年前就已开辟；古老的陶瓷艺术也有5 000年以上的历史；秦始皇登泰山、汉武帝封五岳，都在2 000多年之前；佛教四大名山、道教四大名山，都有近2 000年的历史。这些无不显示出我国旅游资源文化内涵的深远性。

我国的旅游资源还以其独特性而著称于世，如江南的水乡景色、内蒙古的草原风情、东南山区的客家土楼、雄伟的万里长城、辉煌的紫禁城、壮观的秦始皇兵马俑、迷人的苏州园林、丰盛的八大菜系等，无不显示出其独特的魅力。“天涯海角”绝不只是花岗岩上的普通摩崖石刻，它记录的是中华民族对宇宙的朴素认识，更是古代中华文人苦难命运的写照；赤壁的悬崖、寒山寺的钟声，永远向世人述说一种古老的文化，其间充满着奥秘，以至于一些西方人将中华文化称为东方神秘文化。

3.2 中国自然旅游资源

微课程 3-2
“老天爷”的馈赠中国自然旅游资源

自然旅游资源源于自然地理环境，地貌、气候、水体、生物和土壤是自然地理环境的主要构成要素，因此中国自然旅游资源也主要从这几方面进行考察。

3.2.1 地质地貌旅游资源

1）地质地貌旅游资源的旅游意义

所谓地貌，就是地形起伏的外表形态，是构景的基本要素。无论是其宏观格局还是其微观形态，都对旅游具有重要意义。

（1）地貌的宏观格局决定了区域自然景观的基本轮廓。地势的高低起伏及各种地貌类型空间摆布的格局，是区域整体景观的骨架，并在一定程度上决定了区域整体景观的纹理、意境和气势，是山地、平原、盆地、高原等景观特色迥异的基本原因。

同步链接 3-1
党的二十大报告中的旅游资源要点

（2）地貌形态本身可构成各种引人入胜的观赏型旅游资源，如高原的雄浑、平原的坦荡、山地的起伏、峡谷的峻峭无不成景。同是山地，由于形状各异，有的雄，有的险，有的奇，有的奥，有的幽，各有韵味。而微观地貌造型更是奇特，有的为“天生桥”，有的是风动石，有的像棒杵，有的似乌龟，有的如阿诗玛翘首望夫，有的像苏武牧羊，惟妙惟肖，极具观赏、游览价值。

（3）地貌是陆上旅游活动得以进行的物质基础。作为旅游活动的载体，不同的地质地貌条件可为不同的户外体育、探险及康乐活动提供所需的特殊场地，如攀岩必找绝壁，滑雪除了雪被条件外，也需要起伏的地形等。

（4）典型的地貌可成为科考旅游资源。各种特殊的地貌类型及地质构造、古生物化石点、自然灾变遗迹等，往往是地壳发展演化的反映，是人类研究地壳运动历史的依据，因而可成为科普游览、专业考察的对象。

2）主要地质地貌旅游资源类型及旅游价值

（1）常态地貌。地貌按地表起伏形态可划分为高原、平原、盆地、山地、丘陵五类，统称常态地貌。不同的常态地貌类型，旅游的价值也不一样。过于高大的高原，地势高亢，自然条件比较严酷，人迹罕至，具有极大的开发潜力；相对低缓的高原、平原和盆地，一般是人类最早开发的地方，往往交通便利、经济发达、人文景观荟萃，是我国主要的文化旅游目的地和客源地；山地受人类影响较弱，较多地保留了自然的原貌，加之地形起伏大，形态变化丰富，往往是自然旅游资源汇集的地方，因而成为常态地貌中最有现实旅游价值的自然旅游资源，而且不同海拔高度的山地旅游意义也不尽相同。

极高山（海拔5 000米以上）和高山（海拔3 500～5 000米）是登山探险和科学考察的旅游目的地，我国青藏高原及其周围地区集中分布着世界大多数极高山，是勇敢的登山者最向往的地方；中山（海拔1 000～3 500米）和低山（海拔500～1 000米）不仅自然风光奇特迷人，环境幽雅舒适，而且通达条件好，开发较成熟，往往成为人们乐于前往的旅游目的地。在“中国重点风景名胜区”名单中，以山地风光为主的占到一半以上，而且绝大部分属于中低山。

（2）特殊地貌。因岩性及地貌成因的不同所形成的各具特色的地貌统称为特殊地貌，如花岗岩地貌、火山熔岩地貌、丹霞地貌、岩溶地貌、海岸地貌、风沙地貌、山岳峡谷地貌、冰川地貌、流水与重力地貌等。这些地貌形态特征相异，其旅游吸引力也各不相同。

①花岗岩地貌。花岗岩是地球上分布最广、最常见的火成岩，其形成的深度通常在地表以下5～30公里处，故又称为侵入岩。在地质构造运动中，经抬升或风化剥蚀而出露地表的花岗岩，由于本身垂直节理发育，组成矿物中热力系数及抗风化能力的差异大，在太阳辐射、风力吹蚀、流水冲刷等外力作用下，立体风化与球状风化明显。因此，以花岗岩为山体的突出主峰，往往陡峭险峻，气势宏伟；蚀余而成的石蛋则相互叠置，气象万千。中国花岗岩地貌分布广泛，其中以黄山、华山、泰山、三清山最为著名。黄山天下奇、华山天下险、泰山天下雄自古著称于世；江西三清山拥有大面积世界罕有的花岗岩石柱与山峰及丰富的花岗岩造型石，也于2008年被选入了《世界自然遗产名录》。

②火山熔岩地貌。它是火山喷发出的岩浆在地表冷凝所形成的各种地貌的总称，包括火山锥、火山口、熔岩流、熔岩洞、熔岩隧道等。中国火山熔岩地貌主要分布在环蒙古高原带、青藏高原带、环太平洋带，其中又以东北地区最为集中。东北的小兴安岭、长白山，山西的大同，云南的腾冲及台湾大屯都拥有著名的火山熔岩地貌景观。

③丹霞地貌。它是发育在陆相沉积——红层上、主要由红色砂砾岩构成、以赤壁丹崖为特色的一类地貌景观，包括顶平、身陡、麓缓的方山，高大的石墙、石峰、石柱、石窗、石桥等各种形态。它们是各种自然力对巨厚红色砂砾岩层的垂直节理长期侵蚀的结果。由于我国在侏罗纪到早第三纪干热气候条件下，较广泛地发育了一套红色地层，我国成为世界上丹霞地貌的主要分布区。据有关研究，在目前国内外已发现的700多处丹霞地貌中，分布在我国的有650多处。其中，广东丹霞山、福建武夷山和泰宁的丹霞地貌皆已进入世界遗产或世界地质公园的行列。此外，龙虎山、青城山、麦积山、剑门山等国家级名胜和贵州赤水、甘肃肃南的丹霞地貌也非常奇特。

④岩溶地貌。它又称喀斯特地貌，是碳酸盐岩（主要是石灰岩）等可溶性岩类在特定的地质、气候、水文条件下，受地表和地下水的溶蚀、冲蚀作用而形成的山、水、洞三者相结合的奇特地貌景观。其包括石林、峰丛、峰林、孤峰、天生桥、地下河、溶洞等类型，溶洞中又有千奇百怪的钟乳石、石笋、石柱、石幔、石花、石珍珠、卷曲石、石边坝等堆积地貌形态。碳酸盐岩在我国分布的面积达91万～130万平方公里，其中典型的岩溶地貌景观达30万平方公里。滇、黔、桂三省区是世界上岩溶地貌分布最广泛、最典型的地区，其面积约20万平方公里。自古就有“山水甲天下”之誉的桂林，是我国岩溶峰林地貌的突出代表；云南路南以密集而形态独特的岩溶石林著称；贵州同基连座的岩溶峰丛分布广泛。作为地下岩溶的溶洞几乎遍布碳酸盐岩地区，但以桂林芦笛岩、肇庆七星岩、贵州织金洞、浙江桐庐瑶琳仙境、湖北利川腾龙洞最为著名。

⑤海岸地貌。海岸在构造运动、波浪、潮汐、生物及气候因素的共同作用下所形成的各种地貌形态称为海岸地貌。按动力条件，海岸地貌可分为侵蚀与堆积两种类

型。侵蚀地貌是基岩海岸在波浪、潮流不断侵蚀下所形成的，主要有海蚀洞、海蚀崖、海蚀平台、海蚀柱、海蚀蘑菇等，海南岛的天涯海角即典型代表；堆积地貌是近岸物质在波浪、潮流和风的搬移下堆积而成的，其中以砂质堆积海岸旅游价值最高，多适于开发海滨浴场，尤以沙滩坡度较缓、沙质纯净、沙粒粗细相宜的海滩为佳。我国海南岛的大东海、亚龙湾，广西北海银滩，都因拥有宽广、洁白的沙滩而显示出巨大的旅游魅力。此外，广东汕头、福建厦门、台湾基隆、河北北戴河、辽宁大连、山东青岛和烟台等地，也都拥有丰富的海岸地貌旅游资源。

⑥风沙地貌。它是干旱地区由于强劲风力的侵蚀、搬移和堆积作用而形成的地貌类型，包括沙漠、戈壁等。作为自然风光的风沙地貌，主要包括沙丘、鸣沙和雅丹等地貌类型。

沙丘是组成沙漠的基本形态单元，形态多样，其中以新月形沙丘和金字塔形沙丘最为常见，也最具观赏价值。鸣沙即会发声的沙子，故又名响沙或“会唱歌的沙子”。鸣沙现象在世界许多地方都存在，沙子发出的声音也多种多样，有的似狗叫，有的似雷鸣，还有的像哨声、笛声、竖琴声、提琴声、飞机和汽车发动机的轰鸣等。关于沙鸣的原因众说不一，至今还是一个未完全解开的谜。“雅丹”在维吾尔语中意为“有陡壁的小丘”，是已经干涸的古河湖地层经风力“雕琢”而形成的大片呈垄脊、土墩、沟槽、洼地等形态的险峻崎岖的地形。

中国干旱地区广大，西北地区、东北西部、内蒙古中西部、华北北部共有约128万平方公里的国土面积为干旱区，风沙地貌广布。其中，新疆的塔克拉玛干沙漠与内蒙古的巴丹吉林沙漠，分别以沙丘众多、面积广大和沙丘高大而著称；鸣沙以甘肃敦煌月牙泉的鸣沙山、内蒙古鄂尔多斯的银肯、宁夏中卫的沙坡头最为著名；雅丹地貌则以新疆罗布泊、乌尔禾、将军戈壁与青海冷湖最为典型。

⑦山岳峡谷地貌。它是指山地中被水流切割而成的狭窄而深邃的谷地，横剖面呈“V”字形，两坡十分陡峭，景色绮丽。我国的长江上游、雅鲁藏布江等都拥有举世闻名的山岳峡谷地貌景观。

3.2.2 气象气候与天象旅游资源

气象是指地球大气层中出现的各种自然现象，如云、雨、风、雷、电、雪、雾、霜、雹等。气候则是指某一地区多年天气状况的综合特征。气象与气候不仅能直接造景、育景，同时还是旅游环境的重要组成要素，是各类自然和人文旅游资源形成、发育的条件。我国地域辽阔，地形复杂，气候类型多样，各种奇特的大气现象和各地独特的气候条件都可成为重要的旅游资源。

1）气象气候旅游资源

（1）云雨冰雪雾。云雨冰雪雾是大气中水汽运动所产生的气象景观，它们在特定的环境下能给人各种美的意境。如某些中山多见的云海，既波澜壮阔又变幻无穷，令人惊叹；轻雾缥缈的湖面、细雨霏霏中的楼台，使一切原本清晰的景观变得朦胧，令人遐想；至于冰雪，不仅以其银装素裹、晶莹剔透让人感到分外妖娆，而且因其可为滑雪、溜冰、冰球、冰雕、雪塑等冰雪活动提供条件，而成为人们的最爱之一。虽然云雨雾现象到处都有，但能成为旅游资源的云海主要出现在1 500米以上的中山；雾景主要出现在平原湖区、中低山地，山城重庆也以多雾而出名。除一些极高山地外，我国低海拔地区的冰雪景观以东北最为常见，且维持时间最长。吉林市在每年的1—2月份，还会出现玉树琼花的雾凇（又称树挂）奇景，时间长达60余天，为我国四大自然奇观之一。

（2）康乐型气候。康乐型气候即能使人感到舒适、有旅游吸引力的气候条件。如酷暑难当时的凉爽气候、严冬季节的温暖气候、大气质量恶劣时的洁净大气等。夏季在我国大多数平原、盆地普遍高温的时候，江西庐山、浙江莫干山等中山山地，大连、青岛、北戴河等海滨城市，因气候凉爽而成为著名的避暑胜地；反之，在隆冬腊月，温暖的海南岛则是人们躲避严寒的理想之地。目前，人们特别喜欢到山林、海滨旅游，也与这些地方空气洁净、负离子含量高，有利于身体健康有关。

（3）奇特的大气物理现象。它是指光在行进过程中，大气不同组成物质对其进行折射、衍射、漫射、反射时所构成的奇幻景观，如佛光、海市蜃楼等奇景。

佛光又称宝光，以峨眉宝光最为著名。在峨眉山金顶的舍身崖，夏天和初冬的午后，舍身崖下云层中有时会骤然幻化出一个红、橙、黄、绿、青、蓝、紫的七色光环，中央虚明如镜。若此时观者背向偏西的阳光，会发现光环中出现自己的身影，举手投足，影皆随形，十分奇特。其原因主要是太阳、人体与云雾处在一条倾斜的直线上，太阳光经过云雾中的水滴衍射作用而产生七彩光环，而人影正好投射在光环之中。佛光现象在云海常有的中低纬度地区的中高山地较为多见，且往往出现在晴朗无风的早晨或傍晚。除峨眉山外，我国庐山、泰山、黄山也都能见到佛光景观。

同步业务3-2

罕见的“佛光”

“佛光”其实是一种特殊的物理现象，叫作“日晕”。它是在多云天气下，强烈的阳光照射在云层表面时形成的一种衍射现象。由于需要阳光、地形、云海等自然因素的综合作用，“佛光”的出现是罕见的。“佛光”一般发生在白天，出现的时间为半小时至一小时。早晨太阳从东方升起，“佛光”在西边出现，整个上午“佛光”均在西方；下午，太阳移到西边，“佛光”则出现在东边；中午，太阳垂直照射大地，则没有佛光。在我国敦煌、峨眉山、黄山、泰山、庐山、太白山、清水岩、藏佛坑等地，以及德国的布罗肯山、英国的维尼斯山等，人们能经常欣赏到“佛光”的风采。若乘飞机在云彩上飞行，遇到好的天气，眼睛注视飞机影子落在云上的地方或方向，几乎随时都可看到“佛光”。

海市蜃楼是在稳定的晴空条件下，太阳光通过不同密度的大气层发生折射，将远处景物显示在空中或海面上空形成的一种幻影。海市蜃楼常见于海湾、沙漠和山顶。我国山东烟台的蓬莱区、江苏连云港的海州湾、河北北戴河东联峰、浙江普陀山等地都曾有海市蜃楼出现。

“日月并升”素为浙江海盐南北湖风景区的一大奇观。每逢农历十月初的清晨7时许，在南北湖畔云岫山之巅（又称鹰窠顶），可以看到钱塘江水面上“日月并升”变幻莫测的奇景。这种现象似乎与日食有些相像，但又不是日食。有人认为这种现象可能是太阳光线折射造成的，但又无法解释为什么这种折射只发生在有限地带和农历十月初的几天之中，迄今人们对“日月并升”这一奇景还不能作出科学的解释。

2）天象旅游资源

（1）日出与晚霞。日复一日，太阳东升西落，但太阳从地平线喷薄而出时的奇景始终吸引着人们。由于视野及大气条件的缘故，观赏日出往往成为在黄山、泰山、庐山等中山山地及海滨旅游时的重要活动。如黄山由于云海常铺，薄雾如屏，适量的水汽和尘埃能使阳光散射成多种色彩，使遥远天穹中日出的景致瞬息万变、美轮美奂；若在海边观日出，则能观赏到红日从天水相连的浩瀚海面上冉冉升起，映照在波光粼粼的海面上，其色彩渐渐变幻，最终金光万道一跃而起地挂在空中的奇景。同样，当日落西山时，近地平线处的阳光照射云层，群峰与烟云都被披上多彩的霞光，形成瞬息万变的霞海奇观，观赏这一过程无疑也是一种美妙的享受。

（2）月色。在我国浩如烟海的诗词歌赋中，对月亮的描写不胜枚举，无论是中秋的圆月，还是弯弯残月，文人雅士都赋予它生命，表达一种意境，抒发一种情愫。西湖十景中的“平湖秋月”“三潭印月”、燕京八景中的“卢沟晓月”、避暑山庄的“梨花伴月”、无锡的“二泉映月”等，都以月亮为主题，除了让人欣赏月色迷人的自然美外，还反映着造园者寄情于山水日月的情感。到以上景区旅游，赏月成为旅游者感受特有景观、体验造园者文化理念的重要活动。

（3）日食、月食、彗星观测。日食与月食是太阳、地球、月球在运行过程中处于同一条直线上时出现的天象景观。月球居中遮掩了太阳光，月球之黑影从太阳表面穿过并遮挡阳光的现象，即日食；地球居中挡住了太阳光，月球途经地球影子时，全部或部分失去了光明的现象，即月食。在太阳系的成员中，还有众多的彗星及其他流星体，由于运行轨道的原因，彗星大部分时间在极其遥远的地方运行，很少出现在人类的视野中。如著名的哈雷彗星，它公转一周需76年，地球人需76年才能与其会面一次。不论是日食、月食还是彗星的出现，都是不多见或者说罕见的天象奇观，自古以来就引起了人类的关注。在科学发达的今天，人们探索宇宙奥秘的兴趣更趋浓厚。故1986年的哈雷彗星观察、1997年的海尔彗星观察、2008年的日全食观察、2016年三次半影月食观察，都吸引着成千上万的天文爱好者前往最佳观察区域，从而形成了一股特殊的旅游潮。

3.2.3 水体旅游资源

水是自然界分布最广、最活跃的自然要素，是生命存在的前提条件，是使地球生机勃勃的主要因素。水是无形的流体，随着自然界“容器”形态及运行通道的不同，而表现为海、河、湖、泉等多种形式。

1）水体的旅游意义

（1）水本身具有形、声、色、味、影等多样美感。水体可以表现为浩瀚的大海，也可表现为尽收眼底的池塘；可以是咆哮的大江大河，也可以为涓涓细流；水在钱塘江可以成为排山倒海的涌潮，在九寨沟也可以表现为欢呼跳跃的珍珠泉；黄河壶口瀑布跌落深潭，吼声令人震撼；山区泉水叮咚，十分悦耳；大海的水呈蔚蓝色，山区的溪流清澈见底。虽说水本无味，但人们可以感受到山泉的甘冽、海水的咸涩；水中的倒影可造成鱼在云中漫游、鸟在水底翱翔的景象，水的波动能让山影颤抖、幻变，趣味无穷。总之，在不同的环境条件下，水体的形、声、色、味、影各不相同，但都具有动态变化的美感，使人心驰神往。

（2）水体是各类景区的重要构景要素。水是自然界最活跃的因素，若与其他景物结合往往相映成趣，效果奇特。我国自古就有“水随山转，山因水活”“山无水不媚”“山因水而秀”等说法。古往今来，无论是皇家官苑还是私家花园，都采用了“引水凿池”的手段，重视水体在构景中的作用。被人们称为“神话世界”的九寨沟，其最富有魅力的奇丽景观就是众多的海子（湖泊）和与海子连接的瀑布群。

明德笃行 3-1

挖掘水利资源　助推水利文旅经济

背景与情境： 浙江省衢州市按照“建堤不见堤，建堤成风景；走得进绿地、留得住步伐、看得见江景、感受到幸福”的理念，着力提升河堤生态景观，打造美丽岸线。“十三五”期间，随着总投资13.8亿元的衢江治理二期工程的完工，信安湖沿岸的水景观、水文化进一步丰富，喷泉、“儒梦衢州”光影秀、龙吟瀑、浮石古渡水文化公园等一批“网红”美景火爆全国。“十四五”期间，随着钱塘江干流提升工程（信安湖段）和钱塘江源头水生态治理工程的推进，一批新的水景观将陆续呈现。如今的信安湖正成为“美丽河湖”向“幸福河湖”迭代升级的全国典型。依托优质水资源、健康水生态、宜居水环境和优秀水文化，以“千亩大草坪”和“千亩湿地”为支撑的信安湖，连续多年承办国际铁人三项赛、中国滑水巡回赛、环湖衢州马拉松赛、国际垂钓大赛、浙江省龙舟赛等知名体育赛事，高分入选浙江省十大运动休闲湖泊。此外，衢州市水利局通过充分挖掘信安湖治水名人、治水故事、诗词歌赋，出版信安湖诗选，建成浮石水利党建文化展示厅、水情科普馆、水文化主题公园等基地，复建浮石古埠，重建衢州水文站、赵抃纪念馆等文化展示窗口，展示不同时期的衢州水利建设成就，弘扬新时代水利行业精神。通过对环湖文化景点归类整理，整合两岸红色资源，形成“革命信仰”“艰苦奋斗”“红色水路”“千年古城”等红色旅游线路。

资料来源　综合相关资料提炼整理而成。

问题：

1）请对案例中的政府主管部门及企业的行为作出分析。

2）案例中这类文旅产品的开发给类似旅游企业带来了怎样的启示？

分析提示：

1）从生态伦理、绿色环保、中国传统文化挖掘与传承等角度展开分析。

2）可从尊重资源特色、深度挖掘文化、整合红绿资源、洞悉用户需求、做好整合营销等方面展开思考。

（3）水体是最能满足游客参与要求的旅游资源。当今，旅游产品的开发与设计越来越注重游客参与的心理需求。在这方面，水体颇具优势。因为人类本能地喜爱亲近水，游泳、划船、舢板、帆船、冲浪、漂流、潜水、滑水、垂钓等不同形式的玩水，往往是游客喜爱的活动项目。

2）中国水体旅游资源

（1）海洋旅游资源。现代旅游的“三S”所指的阳光、海水、沙滩，实际上是以海洋为中心的。海洋是世界上最大的水体，占地球表面积的2/3以上。但目前海洋旅游还只是在海滨和近海进行。海滨空气清新、环境洁净、舒适宜人，不少海滨都有条件开展各种沙滩及水上、水下运动，还有各种海岸地貌、海水涨落景观和岸上、水下生物景观可供观赏，因此成为理想的旅游场所。

在中国漫长的海岸线上，海岸类型齐全，有旅游吸引力的，除前面已经涉及的基岩侵蚀海岸与沙砾质堆积海岸外，还有珊瑚海岸与红树林海岸，后两者仅分布在我国华南沿海及南海岛屿。由于气候条件及景观的差异，我国北方海滨旅游地多以避暑度假为主，而南方海滨旅游地则可以全年利用。其中，海南岛由于生态环境优越、海岸类型特别丰富、气候终年暖热、热带风光迷人、适宜开展多种水上和水下运动，现已成为颇受国内外旅游者喜爱的国际海滨度假胜地。

另外，波澜壮阔的潮汐景观也具有独特吸引力，其中钱塘江涌潮受杭州湾典型的喇叭形地形的影响，海水从宽100多公里的豁口涌入，最终被推进仅3公里宽的海宁钱塘江水道，潮水后浪推前浪，层层相叠，以至于堆砌成壁立数米的水墙，形成蔚为壮观的涌潮景观，其中尤以每年农历八月十六至八月十八最为壮观。

同步思考3-2

问题：为什么钱塘江涌潮每年农历八月十六至八月十八最为壮观？

理解要点：从潮汐现象产生的原因主要是太阳与月球引潮力（万有引力）对地球水体的作用出发，考察太阳、月亮、地球在这个时段的相互位置关系即可找到答案。

（2）江河旅游资源。

①河岸风光。作为一种旅游景观，江河水流大多是与两岸风光组合成景的，如狭窄的河道、湍急的水流与陡峭的悬崖构成河流峡谷景观，江阔水深与两岸辽阔的田园组成大江巨川景观，甲天下的桂林山水是清澈的漓江水与形态优美的石灰岩峰林的巧妙组合，武夷山美轮美奂的风景则主要由曲折清亮的九曲溪流与形态各异的丹霞奇峰所构成。

②瀑布。它又称河流跌水，是从河床纵剖面陡坎或悬崖处倾泻而下的水流独立形成的景观。因水量、地势的差异，景观各异。如大江水流从断崖蓦然跌下，势若大海倒泻、银河决口，气势恢宏；涓涓溪流从峭壁凌空飞落，状如白绫脱轴，袅袅娜娜，姿态万千；薄层水流从洞上翻崖直下，形若水晶珠帘，垂挂洞前，妙趣横生。其声或雄浑粗犷震撼人心，或轻柔美妙引人遐想；其练呈水色，其珠显白色，其烟映天色，在阳光斜照时，瀑面上还可能出现五色彩虹，因而瀑布是典型的具有形、声、色综合美的动态景观，常构成形、声、色俱佳的动人画卷。

我国河流众多，地形复杂，有许多成瀑条件优越的地方，往往“山中一夜雨，处处挂飞泉”。其中，以秦岭—淮河一线以南、青藏高原东南部及其以东的广大山地、丘陵区最为多见。此外，有江河穿越、地势陡降的区域也多有巨瀑。贵州黄果树瀑布、黄河壶口瀑布和东北镜泊湖吊水楼瀑布以规模宏大、气势磅礴而并称为中国三大瀑布。此外，庐山三叠泉与秀峰瀑布、雁荡山龙湫瀑布、衡山水帘洞瀑布、长白山天池瀑布、云南大叠水瀑布、台湾蛟龙瀑布与乌来瀑布、黄山九龙瀑与人字瀑、潮州百丈瀑、崂山潮音瀑、武陵源百丈峡瀑、武夷山白米落锅瀑、南阳合欢瀑，都是形、声、色皆佳的名瀑。而九寨沟悄悄从静海穿林过滩慢悠悠地流来、凌空而下的诺日朗瀑布，以及从珍珠滩斜面欢呼跳跃而行的珍珠滩瀑布更是瀑中新宠，令人称奇，让人心醉。

③漂流河段。江河水流作为水运条件，在水深、流速及坡度适中的河段，以竹筏、橡皮船、豌豆角似的小木船等为工具，开展漂流活动，可使游客享受顺水漂流的乐趣。我国南方许多山区河流都有适合漂流的河段，目前以福建武夷山九曲溪漂流、湖北神农溪漂流比较著名。

（3）湖泊旅游资源。

①湖泊旅游特色。与浩瀚的大海、奔腾的江河相比，湖泊水体多显得和谐而恬静。湖泊景观多以水面为中心，并与四周的山丘、植被、气象气候景观及人文景观等共同组合成景。由于湖泊所处的地理位置和面积大小不同，周围山地、气候、植被等自然、人文景观要素组合各异，形成的湖泊景观也气象万千。如大湖泊有烟波浩渺之势，小湖面有秀丽娇艳之姿；有的湖水平如镜，有的清波涟漪；环湖景观或青山绿树，或沃野千里，或城郭连片；加之湖中的鱼类及水生植物的花、茎、叶对湖面景观的丰富，各种水产品作为湖区特产可供食用，湖泊风景区已成为人们进行游览观赏和水上娱乐休闲的好场所。

②我国湖泊旅游资源及其地域差异。我国面积在1平方公里以上的湖泊达2 800多个，总面积达8万多平方公里。其分布广泛又相对集中，青藏高原和东部平原是其最主要的分布区；其次是云贵高原，新疆和内蒙古高原、东北地区也有不少湖泊分布。由于各地地理环境及内外营力的差异，不同地域的湖泊景观也不尽相同。

地质构造运动引起的地壳断陷、凹陷、沉陷所形成的湖泊称为构造湖。构造湖在我国的分布很广，各地都有，但以云南高原最为集中，如著名的滇池、抚仙湖、洱海、泸沽湖都属此类。其形多呈长条状，并多与断层陡崖明显的峻峭山地为伴，附近常有涌泉或温泉出露，构成湖光山色相映成趣的动人画面。由火山口积水而成的湖泊称为火口湖；因火山喷发的熔岩壅塞河床、抬高水位而形成的湖泊，称为熔岩堰塞湖。此类湖泊在我国东北地区分布最多，如长白山天池就是著名的火口湖，牡丹江上的镜泊湖与小兴安岭德都五大连池则为典型的熔岩堰塞湖。这类湖泊与火山熔岩地貌共生，有引人注目的瀑布景观和有医疗价值的涌泉，常被开辟为游览观光与疗养胜地。由冰川的刨蚀作用和冰砾泥的堆积堵塞作用而形成的积水洼地，称为冰蚀湖，主要分布在青藏高原与西北的高海拔地区，如九寨沟的长海、阿尔泰山的喀纳斯湖、天山博格达峰的天池等。由易溶性碳酸盐类岩层的溶蚀洼地积水而形成的湖叫岩溶湖，在我国岩溶地貌发育的西南地区比较常见。这类湖泊一般面积不大，水不深且清澈见底，是岩溶景观的重要组成部分。沙漠地区风蚀洼地积水而形成的湖，则称为风成湖，集中分布在我国沙漠地区，多以小型时令湖的形式出现，若底部低于潜水面也可成为长时间不会干涸的湖泊，如被沙丘层层包围的敦煌月牙泉就因此而独具魅力。在沿海河口海湾地区，由不断淤积成长的沙嘴最终封闭，把大片水域与海洋隔开而形成的湖泊称潟湖。其多分布在沿海平原低地，我国著名的风景湖泊——杭州西湖与无锡太湖就是由潟湖演变而来的。这类湖泊一般有群山环抱，绿水盈盈，极富诗情画意。因河流改道而残留的老河道或随河流天然堤形成而伴生的堤间洼地形成的湖泊称河迹湖。这类湖泊大多分布在中国大江大河沿岸，以长江沿岸最多，如荆江河段众多形似牛轭的湖泊、武汉东湖、梁子湖、武湖，以及九江—安庆—大通河段沿江两岸的湖泊都属此类。这类湖泊因环境条件优越，紧邻人口密集、经济文化发达区，多已成为著名的风景区。此外，人们在江河上拦河筑坝而形成的人工湖泊，因湖泊自然风光与雄伟壮丽的水利工程相辉映，也特别受游客的青睐，如长江三峡大坝建成后，大坝工程与高峡平湖交相辉映，很快就成了我国的旅游热点。

（4）涌泉旅游资源。地下水的天然露头为泉。其中，含有一定数量的多种矿物质、微量元素或气体的泉称为矿泉，水温超过当地平均气温的泉称为温泉，事实上许多温泉同时也是矿泉，二者很难绝对分开。

我国是世界上涌泉资源丰富且分布广泛的国家，全国已发现涌泉万余处。涌泉主要分布在山区，尤其是坡麓和沟谷地带。地表径流丰富的地区，涌泉更多，因此我国的涌泉南方明显多于北方。山东济南、福建福州、四川康定等城市因位于断裂带上，泉眼分布密集，都有“泉城”之誉。

由于许多泉水中含有矿物质、微量元素，不少涌泉都具有治疗疾病、强身健体的功能。如黑龙江五大连池的“药泉”中，南、北饮泉可治疗胃炎、消化系统溃疡、高血压、神经衰弱等疾病，翻花泉对治牛皮癣等皮肤病疗效明显；广东从化温泉对心血管、神经系统疾病和皮肤瘙痒症有奇效；鞍山汤岗子温泉对风湿性关节炎、皮肤病等疾病有显著疗效；内蒙古的阿尔山温泉，因医疗作用明显，整个矿泉系统已形同一个综合性医院。这些具有医疗价值的涌泉多被开发为休养、疗养旅游地。

有的涌泉因是品茗、酿酒的佳品而著名，如杭州虎跑泉、镇江中冷泉、无锡惠山泉、北京玉泉、上饶陆羽泉等品茗泉，酿制茅台酒所用的贵州赤水河两岸的清泉、酿制五粮液所用的四川金鱼泉、酿制白沙液所用的长沙白沙井泉水、酿制青岛啤酒所用的崂山矿泉等，也都很有名。

此外，我国还有许多十分奇特的涌泉，也特有旅游吸引力，如安徽寿县闻人喊叫而涌的“喊泉”、安徽无为闻人拍手或欢笑而涌的“笑泉”、四川广元投入石块会悄然隐退的“含羞泉”、湖南石门时有鱼群涌出的“鱼泉”、台湾台南县能点着火的“水火泉”，以及不少地方都有的会冒出串串气泡的“珍珠泉”等。

同步案例3-1

举办国际泉水节 提升城市旅游形象

背景与情境：济南自古有着“泉城”的美誉，泉城人民历来有爱泉、赏泉、弘扬泉水文化的传统。自2013年举办首届国际泉水节以来，济南坚持每年举办国际泉水节，不断强化“泉城”印象。2019年，“济南泉·城文化景观”正式进入《中国世界文化遗产预备名单》。同年9月，第七届济南国际泉水节正式拉开帷幕，以“讲好泉水故事，助力泉城申遗”为活动主题，以聚焦“泉·城申遗”主题为核心，通过一系列精彩纷呈的活动，全方位展示和宣传国际泉水之都的魅力，提升济南泉水在世界上的影响力，为“济南泉·城文化景观”申报世界文化景观遗产进行全方位助力。

2023年9月6日晚，第十一届济南国际泉水节在泉城广场拉开大幕，共有10个大项28项主要活动，是活动数量最多的一年。国际泉水节现已成为全面展示济南城市形象的窗口，成为济南面向全球分发的“城市名片”，同时也是广大市民热情参与其中的盛大城市节日，更逐渐成为助推济南文旅发展的大驱动力引擎。

问题：济南持续举办国际泉水节的意义何在？

分析提示：可从提高济南的国际影响力、提升我国旅游资源的知名度、落实党的二十大报告关于“繁荣和发展文化事业和文化产业”“增强中华文明传播力影响力”“坚守中华文化立场”等方面考虑。

3.2.4　生物旅游资源

人类生存的地球，实际上是一个巨大的生态村落，村民除了人类之外，还有动物、植物和微生物。人类与这些生物相互依存，共同拥有这个家园，生物既是人类的食物来源，又是人类赖以生存的环境因素，同时也是人类审美的对象和情感的寄托。

1）生物与旅游

（1）生物与生态环境。绿色植物对环境有很强的净化功能，是营造良好生态环境的主力军。它通过光合作用，吸收二氧化碳，放出氧气，是名副其实的造氧工厂。有关研究表明，1公顷阔叶林每天可吸收二氧化碳1 000千克，放出氧气750千克；1公顷草地每天可吸收二氧化碳900千克，放出氧气600千克。而1个成年人每天需吸入氧气0.75千克，呼出二氧化碳1千克。据此推论，每人拥有10平方米树林或25平方米草地，就可维持空气永远清新。此外，部分植物还具有吸收二氧化硫、氯化物、氨气及各种含汞、铅的有毒气体和烟尘，杀灭病菌，降低噪声，增加空气负离子含量等功能。所以，植被尤其是森林植被对改善人类生存环境起着重要作用，繁茂的绿色植被、丰富的生物多样性意味着良好的生态环境。在人口往城市集中、生态环境恶化的今天，回归大自然进行森林旅游、绿色旅游、生态旅游已蔚然成风。

（2）生物与构景。生物是自然界最活跃、最富生机的因子，是自然景观的灵气之所在。生物资源种类繁多，形态各异，组合复杂，季节变换明显，可以给人以形形色色的美。如森林密闭有“秀”“幽”之美，山花姹紫嫣红有“艳丽”之美。我国许多山地春有山花烂漫，夏有郁郁葱葱，秋有硕果累累，冬有玉树琼花，故自古就有“山以草木为衣”“山得草木而华”之说。特定的生物可营造特有的氛围，如青松肃穆、兰草素雅，喜鹊叽叽喳喳热闹、黄鹂鸣叫悦耳，不胜枚举。因此，生物既可以独立成景，成为主要观赏对象，又是让景区变得丰富多彩、更富生机的不可或缺的组成要素。

（3）生物的文化意义。人与生物同为大自然的产物，数百万年来休戚相关、和谐共处，并因此形成了种种生物文化。如我国自古把松、竹、梅视为“高洁”的象征，称其为“岁寒三友”，松的坚贞不屈、竹的节高谦恭、梅的孤傲勇敢，令人称道。此外，还用“出淤泥而不染”的荷花象征洁身自好，用兰花象征隐逸君子，用桂花象征才华冠群，用菊花象征谦谦君子，用牡丹象征荣华富贵等。动物中传统的审美含义有：鸽象征和平，龟与鹤象征延年益寿，虎象征王者威严，狮象征勇猛无比，狐象征阴险狡诈，蛇蝎象征狠毒等。

正因为生物中蕴含的独特的文化内涵，动植物在古今中外都是入诗、入画的极好素材。许多国家还把一种或几种特定的动植物定为其“国树”“国花”“国鸟”“国兽”，甚至将其作为国徽或国旗的图案；一些城市还以特定的动植物命名，如“榕城”“鹿城”“鹤城”等。这些又使动植物具有了一种社会、政治、文化的内涵。如龙作为一种图腾式神兽，已经成了中华民族的文化偶像与民族的象征，它的文化内涵与

学习微平台

延伸阅读3-1

古老的中华文化本身一样深远而神秘。当然，这些极具代表性的生物景观必然会成为去当地旅游的重要观赏对象。

2）我国主要的生物旅游资源

我国地域辽阔，生态环境极其复杂，在第四纪冰期冰原地带，保留了较多珍贵的孑遗生物，因此生物资源十分丰富。就维管束植物而言，其种类数目仅次于马来西亚与巴西，居世界第三位，具有很大的旅游开发潜力。从目前的开发情况看，已形成的以生物为主的旅游地主要包括自然保护区、森林公园、动植物园、农业生态景观、奇特的生物景观与人们利用特有生物刻意创办的花节、花市及动物娱乐项目。

（1）自然保护区与森林公园。**自然保护区**是为了保护珍贵的濒危生物、各种典型的生态系统、珍贵的地质剖面，为进行自然保护教育、科研和宣传活动提供场所，并在指定的区域内开展旅游和生产活动而划定的特殊区域的总称。森林公园则是以大面积人工林或天然林为主体而建设的公园。二者都较好地保留了大自然的本色，生态环境优越，因而成为最能满足人们回归大自然愿望的旅游目的地。

（2）动植物园与农业生态景观。与自然保护区和森林公园不同，动植物园与农业生态景观完全是由人工营造的生物景观。动植物园是人们为了对动植物进行研究或者为普及动植物保护知识或为提供娱乐而开辟的动植物人工养殖场所。在人工营造的动植物生态环境中，各地的珍稀动植物可以汇集一地，供人们观赏。有些动植物园还增加了动物表演项目，特别受孩子们的青睐。在我国，动植物园各地都有，但有100多年历史的北京动物园规模最大、珍稀动物最多。此外，我国比较著名的植物园有南京中山植物园、庐山植物园、北京植物园、武汉植物园、贵州植物园、昆明植物园和西双版纳热带植物园等。随着旅游业的发展，各类专项动植物园不断涌现，如海底世界、鸟语林、梅园、樱花园等都颇受人们的欢迎。

在我国广大农村，由人类种植或养殖等农业活动形成的与大自然协调的田园风光，可称为农业生态景观。其良好的生态环境、充满美学价值的人工植被风光，都与城市景观大相径庭，对游客尤其是城市居民具有很强的吸引力。

（3）奇特、珍稀的生物景观。许多动植物因在色、形、规模、品种、类型等方面特色鲜明，或因为特别古老、珍稀等而成为旅游者特别关注的对象。如北京的香山红叶、居庸叠翠、戒台寺的九龙松、碧云寺的三代树、大觉寺的老藤寄柏，黄山的迎客松，福建新会天马村的小鸟天堂，云南西双版纳的独树成林景观，湖北利川的水杉王，陕西黄帝陵的轩辕柏，太原晋祠的周柏，浙江天台山国清寺的隋梅，庐山的三宝树，海面上因某些发光生物产生的奇异现象——海火，以及大熊猫、金丝猴、白鳍豚和白唇鹿等珍稀动物，都因此而成为当地突出的旅游景观。此外，洛阳牡丹文化节、武汉东湖梅花节、广州迎春花市，候鸟在迁徙过程中在新疆天鹅湖、青海湖鸟岛、鄱阳湖、滇池等地云集所构成的胜景等，都是极富旅游吸引力的生物景观。

3）旅游与生物资源保护

生物景观既是旅游资源，又是环境条件，如何合理地加以利用和保护，是悬在人类头顶上的“双刃剑”。有关资料显示：17—19世纪，平均每年有一个物种从地球上消失；20世纪以来，平均每天有一个或几个物种灭绝。其中，虽有物种新陈代谢、自然更迭的原因，但主要还是人类活动造成的恶果，如环境污染、乱砍滥伐森林、过度猎杀动物等。此外，不合理的旅游开发也可能给生物资源带来负面影响，如过于密集的旅游活动可能干扰和破坏原有的生态环境，狩猎旅游和野味品尝可能造成对动物的过度猎杀。因此，保护生物、保护自然环境同样是旅游业发展必须面对的一个重大课题。如在自然保护区内开展旅游业就必须严格限制游客的活动范围和数量。我国的自然保护区大多被划分成核心区、缓冲区和外围区三部分。其中，核心区以保护种源为主，严禁一切干扰，是取得自然本底信息之所在地，也是为保护和监测环境提供评价依据的来源地；缓冲区位于核心区周围，是试验性和生产性的科研基地，也是保护区的主要设施基地和教育基地；位于缓冲区周围的外围区，是一个多用途区，除了开展与缓冲区相类似的工作外，还包括一定范围的生产活动，可有少量居民点和旅游设施。因此，自然保护区的核心区绝对不允许进行旅游开发，缓冲区可开展一些对其环境和功能不会构成损害的游览观赏活动，但吃住一定要安排在外围区，即遵循“游在内，吃住在外”的原则。一般的旅游景区若出现环境容量超载情况，也必须立即采取措施限制游客数量，或实施景区轮休制度，给生物及其环境以休养生息的机会。

同步业务3-3

推进湿地保护，做好生态修复

湿地是自然界最富生物多样性的生态景观和人类最重要的生存环境之一。2023年10月10日，国家林业和草原局发布信息称，我国已将湿地保护纳入林长制、河湖长制考核范围，对于湿地保护，还制定了破坏湿地约谈办法，同时已实现重要湿地疑似问题卫星图片判读全覆盖。我国近两年出台了湿地国家标准2项、行业标准5项，定期发布《中国国际重要湿地生态状况》白皮书，建立了40处湿地生态定位观测站。根据最新调查结果，全国湿地面积约5 635万公顷，包括红树林地、森林沼泽、灌丛沼泽等。目前，全国有82处国际重要湿地、29处国家重要湿地、903处国家湿地公园、13个国际湿地城市，全国湿地保护体系初步建立。国家林业和草原局表示，下一步，我国将继续实施湿地保护修复重大工程，科学编制重要湿地修复方案，优先在30个重点区域实施湿地保护修复工程项目。湿地已日渐成为重要的旅游资源，湿地生态旅游资源保护是湿地生态旅游资源开发和生态旅游业可持续发展的需要。

资料来源　佚名. 各地采取多项措施推进湿地保护与发展，生态保护修复成效显著［EB/OL］.［2023-10-11］. https：//baijiahao.baidu.com/s？ id=1779416920121946292&wfr=spider&for=pc. 引文经过节选、压缩和改编。

学习微平台

延伸阅读3-2

3.3　中国人文旅游资源

3.3.1　遗址、遗迹旅游资源

微课程3-3

“老祖宗”的恩赐中国人文旅游资源

遗址、遗迹是指人类社会在发展过程的不同时期遗留下来的有突出普遍价值的人类活动场所与痕迹，包括古人类遗址、古今战场遗址、近现代重要史迹、名人居留地等。

1）古人类遗址

古人类遗址是指人类发展到有文字记载以前的人类历史遗址。其内容包括古人类生产和生活的方方面面，如原始聚落、生产和生活用具、史前人类建筑、原始艺术和墓葬等。古人类遗址是人类祖先生存的地方，反映了人类发展早期阶段的生存环境及生活和生产状况，是“人类从何而来”这一问题的答案链的组成部分，对现代人具有奇妙而又神秘的吸引力。

根据考古发现，我国古人类遗址分布广泛。其中，反映原始社会初级阶段的旧石器时代的古人类遗址主要有170万～180万年前的云南“元谋人”遗址、80万～115万年前的陕西“蓝田人”遗址、50万～60万年前的北京周口店的“北京人”遗址。此外，还有陕西的“大荔人”、湖北的“长阳人”、山西襄汾的“丁村人”、内蒙古鄂尔多斯高原南部的“河套人”、北京周口店龙骨山“山顶洞人”等遗址。其中，北京周口店龙骨山岩洞是我国发现最早的猿人住所，也是当今世界上发现的古人类遗址中化石数量最多、材料最丰富、最齐全的一处。1987年，周口店北京猿人遗址被列入《世界文化遗产名录》。此外，距今一万年至四五千年的新石器时代文化遗址在我国已发现5 000多处，主要分布在自然地理条件优越的黄河流域和长江中下游地区，尤以黄河流域最为集中，其中著名的有河南渑池的仰韶文化遗址、浙江余姚的河姆渡遗址、陕西西安的半坡遗址、浙江余杭的良渚文化遗址等。

2）古今战场遗址

古今战场遗址主要指在历史上具有重大意义的战争发生的场所，一般地形都十分险要，并流传着许多惊心动魄、发人深省的故事。后人追寻战场遗迹，感受特有环境，解析英雄故事，不仅能抒发思古幽情，还可从中受到教益。如湖北宜昌、江陵和武汉一带，历史上曾是三国时期的古战场，著名的赤壁之战、夷陵之战都发生在这里，留下了诸如张飞在西陵峡口擂鼓的擂鼓台、关羽水淹七军的樊城、诸葛亮借东风的七星台、火烧曹操水军的赤壁、曹操败走的乌林道、赵子龙单骑救幼主的长坂坡、陆逊火烧连营七百里的夷陵等古战场遗址，这些都成为今天“三国”旅游的重要场所。此外，鸦片战争中的虎门，抗日战争中的台儿庄、冉庄，解放战争三大战役的决战战场等，也都成为当地的旅游开发对象。

3）近现代重要史迹

鸦片战争以来，中国人民为争取民族独立和人民解放，同帝国主义、封建主义和官僚资本主义进行了不屈不挠的斗争，留下了许多革命遗址、遗迹和文物。这些遗址对怀念先烈、教育后人起着重要作用，是重要的红色旅游资源，如湖南秋收起义文家市会师旧址、瑞金革命遗址、遵义会议会址、延安革命遗址、上海中共一大会址、重庆和南京八路军办事处旧址、广州农民运动讲习所旧址、广州公社旧址等。此外，还有重要会议会址、烈士墓葬、陵园、纪念碑、纪念塔、革命历史文化名城等。

同步业务3-4

上海红色文化地图于2021年发布

2021年6月，上海市文旅局发布了《上海红色文化地图（2021版）》，其中包括革命旧址195处、革命遗址83处、纪念设施101处。上海红色文化地图主图正面标注了379个点位，背面印制了100个重要点位的图片，附图正面设计了6条红色资源寻访路线。扫描下方二维码，即可查阅电子版上海红色文化地图。

资料来源 佚名. 上海红色文化地图（2021版）发布！6条红色线路等你打卡［EB/OL］.［2021-06-10］. https：//sghexport.shobserver.com/html/baijiahao/2021/06/10/457765.html. 引文经过节选、压缩和改编。

4）名人居留地

在我国有文字记载的历史上，出现过许多对社会、经济、文化发展有贡献、有影响的名人，这些名人的事迹被后人世代传颂。出于对名人的敬仰，其诞生地、故居及有迹可考的重要活动场所，就成了后人瞻仰、凭吊的场所。如“千古一帝”秦始皇曾经出游所到的峄山、泰山、梁父山、芝罘山、琅琊台、碣石、会稽等地，都有记录其行踪的刻石或居住过的离宫等实物资料；三国时料事如神的政治家、军事家诸葛亮，生于山东临沂，曾隐居河南的南阳与湖北的襄阳隆中，后随刘备南征北伐，最后入蜀，为确立三分天下的局面立下了汗马功劳，成为世代相传的神奇人物，现除其诞生地、故居及重要活动场所外，还有为纪念、凭吊而建的武侯祠不下20处；唐代著名诗人李白，成长于四川，25岁出川，先后移居湖北、山东和安徽，全国众多名山大川都留下了他的足迹或有关的脍炙人口的诗文，人们因喜爱他的诗而敬仰他，并追随他的足迹，去寻找他曾有过的感受与体验；近现代伟人孙中山、毛泽东及其他革命领袖人物、英雄或知名人士的故居、比较固定的工作场所，也都是人们乐于前往追忆缅怀的场所。

3.3.2 伟大工程旅游资源

伟大工程指人类历史发展过程中所兴建的与国计民生关系密切、对国家或地方的社会经济发展产生了重大影响的宏伟工程。其中，军事防御工程、水利工程旅游价值较高。

1）军事防御工程

（1）长城。作为旅游资源的军事防御工程首推长城。长城是古代中国在不同时期为抵御塞北游牧民族侵袭而修筑的规模浩大的军事工程的统称，是中国也是世界上修建时间最长、工程量最大的一项军事防御工程，是宇航员在月球上能辨识出的地球上两项人类工程之一。早在数百年前，它就被公认为世界奇迹之一，1987年又成为我国首批进入《世界文化遗产名录》的项目。

我国长城修筑的历史可上溯到公元前9世纪的西周时期，历史上流传的“周幽王烽火戏诸侯”的故事说明当时已有了长城与烽燧的存在。到了春秋战国时期，列国诸侯为了争霸，相互设防，各自在边境上修筑起长城。因此，此阶段的长城各国自成体系，互不连贯。公元前221年秦始皇统一六国后，为了防御北方游牧民族的侵扰、巩固统一帝国的安全和生产的安定，于公元前213年，派大将蒙恬组织军士、民夫、战俘上百万人，通过加固秦、赵、燕三国原有长城、增筑扩建部分新长城，形成了“西起临洮，东至辽东，蜿蜒一万余里”的万里长城。自此以后的汉、晋、北魏、东魏、西魏、北齐、北周、隋、唐、宋、辽、金、元、明等十多个朝代，都不同规模地修筑和加固过长城，其中又以汉、明两朝为高潮。

汉代长城的修筑主要是随着国土的扩展、丝绸之路的开辟，在秦长城的基础上向西扩展到新疆罗布泊，向北延伸到内蒙古居延海，向东伸展至黑龙江北岸，使长城长度达到10 000多公里，是中国历史上最长的长城。该长城的修筑，不仅有效地保卫了国土的安全，而且保障了古丝绸之路的畅通，促进了中西方文化的交流。

明王朝建立后，由于北有刚从中原败退到塞外的元蒙贵族虎视眈眈，东北更有满族的兴起，为保证政权的安全，又一次掀起了修筑长城的高潮。在蓟镇总兵戚继光的统率下，进一步改进了长城的结构：城墙的外廓下部用巨大条石、上部用专用的城砖垒砌；中间充填碎石泥沙并夯实，上铺方砖；城墙顶上增设了敌楼或敌台，以安置巡逻士兵和储存武器、粮草，使之更为难攻易守。最终形成了西起甘肃嘉峪关、东至辽东虎山的万里长城，也是历史上最坚固、防御功能最强的长城。

组成长城的防御工事主要有城墙、关城、敌楼、墩堡、营城、卫所、烽火台等多种类型。其中，城墙是长城的主体，正是它把成千上万个不同类型的防御工事连接成一个强大而完整的防御体系。其布局遵循“因地形，用险制塞”的原则，多沿着高山峻岭或平原险阻之处延伸，并根据地形和防御功能的需要而修建。凡在平原或要隘之处的城墙都十分高大坚固，如在居庸关、八达岭和河北、山西、甘肃等地区的长城城墙，一般高七八米，底部厚六七米，墙顶宽四五米。在城墙顶上，内侧设高1米余的宇墙，外侧设高2米左右的垛口墙，垛口墙的上部设有瞭望口，下部有射洞和礌石孔，极为重要的城墙段顶上还建有层层障墙。而在高山险处，长城则相对低矮狭窄，其中最为陡峻之处甚至只建“山险墙”或“劈山墙”。

关城既是万里长城防线上最为集中的防御据点，又扼交通咽喉，是据守要冲的重地，往往形成“一夫当关，万夫莫开”之势。长城沿线的关城数量很多，其中仅明长城的关城就有近千处，著名的有山海关、黄崖关、居庸关、紫荆关、倒马关、平型关、雁门关、偏关、嘉峪关等。

烽火台也是万里长城防御工程中最为重要的组成部分之一，其作用是快速传递军情。其传递方法是白天燃烟，夜间举火，并以燃烟、举火量的多少来报告敌兵来犯数量的多少。到了明朝，还在燃烟、举火的同时加放炮声，以增强报警的效果，使军情传递顷刻千里。烽火台多布局在高山险处或是峰回路转的地方，而且必须保证相邻的三个台都能相互望见。

总之，长城各组成部分相辅相成，有机地结合成一套严密而完整、进可攻、退易守的庞大的军事防卫体系。

若把中国历史上各个朝代所筑长城的长度加起来，有5万公里以上，工程浩繁，气势雄伟，堪称世界奇迹。在许多外国人的心目中，长城就代表着中国，不到长城不算到过中国。我国现已开放的长城旅游景观主要是明代遗存，其中北京八达岭、慕田峪、司马台、古北口长城，天津黄崖关，河北山海关、金山岭和老龙头长城，山西雁门关，甘肃嘉峪关等，都是著名的长城游览胜地。

（2）城防工程。用以保卫城市的军事防御工程即城防工程。中国古代，上自天子王侯的都城，下至郡、州、府、县的治所，都有城防工程。其城墙与长城的城墙类似，不同之处在于城墙外侧有宽达数米的护城河环绕。险峻的城墙、高耸的城楼与宽阔的护城河相辉映，既具有很强的防御功能，又体现了很高的建筑艺术水平；既显示出雄伟森严的气势，又烘托出恢宏壮观的艺术氛围。许多古老城池还是历史上著名战争或保家卫国英雄史迹的载体，是后来者凭吊英雄、传承爱国精神的场所。我国保存至今的完整城防工程主要有北京故宫紫禁城、西安古城、平遥古城、兴城古城、阆中古城和江陵古城等。

2）水利工程

由于水运是古代运量最大、最廉价的运输方式，而我国季风气候和降水的不稳定性决定了水利是农业的命脉，因此我国很早就开始了水利工程的建设，许多水利工程规模宏大，在历史上起到过巨大的作用。能留存至今并对现代人具有极大吸引力的水利工程主要有京杭大运河、都江堰水利工程、灵渠和坎儿井等。它们是古人因地制宜、科学地利用和改造自然的杰出代表。

（1）京杭大运河。它是世界上里程最长、工程量最大、最古老的运河之一。京杭大运河北起北京，南到杭州，经京、津、冀、鲁、苏、浙六省市，全长约1 794公里。京杭大运河从开凿到现在已有2 500多年的历史。其基本形成过程大致是：肇始于春秋时期，形成于隋代，发展于唐宋，最终在元代成为沟通海河、黄河、淮河、长江、钱塘江五大水系、纵贯南北的水上交通要道。在2 500多年的历史进程中，京杭大运河为古代南粮北运、北盐南运提供了便利，成为我国南北经济文化交流的大动脉，大大促进了沿岸地带经济的繁荣，在运河两岸特别是长江三角洲一带形成了古城镇密集、文物古迹丰富、风景名胜众多的景观特征，成为中华文明荟萃之地。20世纪80年代开发的杭州—扬州古运河旅游线，深受中外游客的喜爱。

（2）都江堰水利工程。它位于成都平原西部都江堰市西侧的岷江上，公元前256年由战国时期的秦国蜀郡太守李冰率众修建，至今已有2 200多年的历史，是世界上迄今为止唯一留存的年代最久的以无坝引水为特征的宏大水利工程。这项工程主要由分水鱼嘴、飞沙堰溢洪道、宝瓶口进水口及输水渠道几大部分和百丈堤、人字堤等附属工程构成。它科学地解决了江水自动分流、自动排沙、控制进水流量等问题，消除了水患，并使成都平原成为“水旱从人”的“天府之国”。都江堰渠首几大主体工程皆位于岷江出山口处，这里群山环抱，大江中流，气势恢宏，景色绝佳，加之堰功人物及相关文物古迹众多，故早已成为游览胜地。2000年，都江堰水利工程被列入《世界文化遗产名录》。

同步案例3-2

全球首个世界遗产山水元宇宙项目落户都江堰

背景与情境：近年来，我国生态旅游持续升温，文旅行业正处在数字化转型发展阶段，基于数字建模与虚幻引擎技术，并且结合5G、虚拟现实（VR）、增强现实（AR）、云计算、大数据等新技术的“文旅元宇宙”成为当下行业发展的热潮。

2022年11月，都江堰市与四川集立方科技签署元宇宙文旅产业合作框架协议，启动了全球首个世界遗产山水元宇宙项目，共同打造都江堰文旅元宇宙平台，用新科技赋能文旅产业数字化变革，推动都江堰世界遗产文旅建设创新升级。据介绍，都江堰文旅元宇宙平台将深度挖掘都江堰文化IP，结合都江堰自身的文旅资源，利用元宇宙技术工具，构建都江堰世界遗产山水元宇宙文旅数字乐园。这是一个集文旅、娱乐、商业为一体的元宇宙生态环境，将促进和带动青城山—都江堰景区传统业态创新升级与持续发展。

资料来源 佚名．全球首个世界遗产山水元宇宙项目落户都江堰，打造文旅数字乐园［EB/OL］．［2022-11-18］．https：//k.sina.com.cn/article_7796920826_1d0bb91fa001017fy6.html.引文经过节选、压缩和改编。

问题：全球首个世界遗产山水元宇宙项目落户都江堰有何意义？

分析提示：

1）分析都江堰旅游景区数字化建设的意义与价值；

2）分析传统景区插上科技的翅膀将会带来怎样的社会反响，思考旅游企业该如何应对科技的挑战，如何保障景区的可持续发展。

（3）灵渠。它又称湘桂运河或兴安运河，在广西壮族自治区兴安县境内，是中国乃至世界最古老的人工运河之一。由于此地横亘湘、桂边境的南岭，山势散乱，湘江、漓江上源在此相距很近，秦始皇统一中国后，遂派史禄在此主持开凿了一段长34公里的灵渠，连通了两江上源，沟通了长江与珠江两大水系。整个工程由铧嘴、分水人字坝、南北渠等组成，并通过多个陡门提高水位，便于船只通行，从而促进了中原和岭南地区的经济文化交流。后经唐、宋、明各代相继修筑，其航行与灌溉系统日臻完善。至当代，其航行功能已风光不再，但以灵渠为主干的灌溉网络已四通八达，加之水流湍急，水色清澈，两岸垂柳成行，景色宜人，又有河渠之上横跨的座座石桥和沿岸众多唐宋以来的碑刻、题词向人们叙说着往日的繁荣，使之成了桂林附近风景秀丽的游览胜地之一。

（4）坎儿井。它实际上是我国干旱区的地下引水工程。在干旱区，山区较之盆地可获得较多的降水，是干旱区的湿岛，也产生了为数众多的溪流，但水流一出山口便进入了戈壁滩，并很快通过渗漏转化为地下水，因此山前戈壁滩地下水丰富。生活在戈壁滩以下土质平原上的人们便利用山前地势的坡度，创造了坎儿井，巧妙地引地下潜流以保证生活用水和灌溉绿洲良田。坎儿井主要由竖井、地下渠道和“涝坝”几部分组成。其中，地下渠道是主体，用来引水；竖井主要用于修建地下渠道时的取土；涝坝用于蓄水。事实证明，以坎儿井引水具有蒸发损耗少、渗漏不大、不易污染、水量稳定、冬季不冻、四季长流等优点。

我国的《史记》中便有关于坎儿井的记载，时称“井渠”。目前，吐鲁番盆地有坎儿井近千条，全长约5 000公里，多为清代以来陆续修建的。走出吐鲁番盆地的绿洲，往远处的雪山方向展望，只见山前戈壁滩上有众多的土圈成条状展布，伸向远方，这便是兴建坎儿井时，通过竖井取土堆积在周围形成的景观，是绿洲生命线在地表的反映。坎儿井以其建造的科学性与景观的奇特性吸引着众多游客。

此外，古代海、河的堤防在保障人民生命财产安全和农业丰产方面都起过重要作用，也是让后人引以为豪的伟大工程。在科学技术水平相当发达的现代，许多水利工程都可称为伟大工程。它们规模巨大，科学技术含量高，功能多而强大，对现代社会经济发展影响深远，所拥有的旅游吸引力与历史悠久的古代水利工程相比毫不逊色。

3.3.3 古建筑旅游资源

古建筑是古代人民运用建筑技术和艺术营造的生产、生活场所，反映了特定历史时期的社会发展和文化意识，是人类文化的物质结晶和凝聚。

1）我国古建筑的特征

我国古建筑以其独特风格和艺术成就，成为东方文化的重要组成部分。其主要特征表现为：

（1）梁柱式的弹性结构体系。中国古建筑把木材、砖瓦各个构件之间以榫卯相吻合，构成富有弹性的框架。这种结构形式使承重与围护结构分工明确，屋顶重量由木构架来承担，墙只起遮挡阳光、隔热防寒和分割室内空间的作用。由于墙壁不承重，这种结构赋予建筑物极大的灵活性，并有利于防震、抗震，是典型的“屋歪而房不垮”的建筑。

（2）具有简明组织规律的平面布局。整体而言，中国古建筑大都采用均衡对称的方式（特别是重要建筑），以庭院为单元，沿着纵轴线与横轴线展开，借助建筑群体的有机组合和烘托，使主体建筑显得格外宏伟壮丽。民居及风景园林则采用“因天时，就地利”的灵活布局方式。

（3）优美而变化多端的艺术造型。中国古建筑以木构架为主要结构方式，整个构架由立柱、横梁、顺檩等主要构件组合而成，整体形式丰富多彩，有方形、长方形、三角形、六角形、八角形、十二角形、十字形、圆形、半圆形、桃形、扇形、日形、月形和梅花形等；建筑屋顶多种多样，有平顶、坡顶、尖顶、圆拱顶等。其中，坡面屋顶变化最为丰富，还可细分为庑殿顶、歇山顶、悬山顶、硬山顶、攒尖顶、盝顶等；就屋顶线条而言，屋顶中直线和曲线巧妙地组合，形成向上微翘的飞檐，扩大了采光面，有利于排泄雨水，而且使建筑物更具美感。

（4）绚丽与雅淡相结合的色彩。宫殿、坛庙建筑以红墙黄瓦衬托着绿树蓝天，显得分外辉煌壮观；屋檐下的阴影部分，室内梁、柱、斗拱及天花板、藻井上绘有精美彩画，使整个建筑光彩悦目。民居、道观和园林，或白墙灰瓦，与青山绿水相掩映；或土墙青瓦，与岩影土色相协调，营造出朴素淡雅、返璞归真的和谐意境。

（5）丰富多彩的雕刻装饰。雕饰是我国古建筑艺术的重要组成部分，比较讲究的古建筑一般都配有各种装饰，梁柱上有木雕，墙壁上有砖雕，台基的栏柱上有石雕，殿、塔上有金雕、银雕、铜雕等。其技法之娴熟、表现形式之多样、内容之丰富，令人叹为观止。

（6）建筑物与环境相协调。中国古代建筑师在进行规划、设计、施工时，不仅考虑建筑内部各组成部分的配合与协调，而且十分注意建筑与周围环境的关系，力求使建筑物的体量、形式、色调、布局与地形、气候、河流、植被相协调。如“依山就势”“远取势、近取质”“框景”“借景”等手法，都是使建筑与环境“天人合一”的成功经验。

2）我国古建筑的主要类型

（1）宫殿。“宫”在秦以前是居住建筑的通用名，秦汉以后，成为皇帝居所的专用名；殿原指大房屋，汉以后成为帝王居所中重要建筑的专用名；此后的“宫殿”成为帝王朝会和居所的专用名。宫殿都具有规模宏大、形象壮丽、格局严谨的特点，是古建筑中最高级、最豪华的类型，通常给人强烈的精神感染，以烘托王权的尊严。

宫殿的形制有一个历史发展过程。殷商时帝王的宫殿呈院落式布局；周和春秋战国时期，始分外朝、内廷，其中外朝为皇家进行政治活动的场所，内廷为其日常起居的场所，以后逐渐发展到“三朝五门”制。如北京故宫，在清代，外朝有三大殿，分别是太和殿、中和殿和保和殿；殿之外有五门，分别是正阳门、天安门、端门、午门和太和门。

宫殿作为一个朝代的建筑精华，加上极其丰富、珍贵的收藏品和作为重大历史事件的发生地，对现代人有着神秘而无法抵御的吸引力。我国至今保存完好的帝王宫殿只有北京故宫与沈阳故宫，它们先后于1987年和2004年被列入《世界文化遗产名录》，是具有世界级旅游吸引力的文物古迹旅游资源。其他时代的宫殿建筑，由于王朝的更替都变成了废墟，留给后人的只是史书上的记载和遗址，供人研究与凭吊。

（2）坛庙。坛庙是祭祀性建筑物，在中国古建筑中占很大比重。其建筑规模之大、建筑造型之精美，达到了相当高的程度。

坛是中国古代用于祭祀天、地、日、月、社稷等的台型建筑。早期，坛除用于祭祀外，也用于会盟、誓师、封禅、拜相、拜师等重大仪式，后来，逐渐成为封建社会最高统治者专用的祭祀建筑，规模由简而繁，体形随天、地等不同祭祀对象而有圆有方，形式多样，并且逐渐发展成宏大建筑群。现北京保留至今的就有天坛、地坛、日坛、月坛、社稷坛与神农坛等。其中，位于北京南端的天坛，是明清两代皇帝每年祭天和祈祷五谷丰登的地方。其严谨的建筑布局、奇特的建筑结构、瑰丽的建筑装饰，被认为是我国现存最精致、最美丽的一组古建筑群，在世界上享有极高的声誉，1998年被列入《世界文化遗产名录》。

庙是中国古代又一类祭祀性建筑，按照祭祀对象大致可分为祭祀祖先的宗庙、祭祀圣贤的庙和祭祀山川神灵的庙三类。在宗庙中，古代帝王的宗庙称太庙，其他宗庙称家庙或宗祠。现北京市劳动人民文化宫就是历史上唯一保存下来的太庙。广州的陈家祠是现存宗庙中特别完整、规模宏大、建筑极为精美的世家宗祠，是19世纪90年代广东省72县陈姓家族的合族祠堂。祭祀圣贤先哲的庙遍及全国，其中以祭祀孔子的文庙和祭祀关羽的武庙最多，孔庙中又以曲阜孔庙最大、历史最久、规制也最高，是我国现存的仅次于北京故宫的巨大古建筑群，为世界文化遗产。祭祀山川神灵的庙要数五岳中的泰山岱庙、华山西岳庙、衡山南岳庙、恒山北岳庙、嵩山中岳庙特别著名，其中尤以岱庙最具影响力，它是历代帝王举行封禅大典和祭祀东岳大帝的地方，庙内东岳大帝神宫——天贶殿与故宫太和殿、曲阜孔庙大成殿并称为我国三大殿。

（3）古民居。古民居是指除宫殿、官署和寺观以外的居住建筑，得以保存至今的古民居不乏建筑精品。我国不同地域的古民居，由于受资源、气候、土质、地形、民族文化和生产力水平等因素的影响，带有明显的地方特色。如以北京民居为代表的北方古民居多为四合院。以安徽民居为代表的江南古民居多有高大的围墙，围墙内多包含若干个相互连通的四水归堂的天井院落，而且梁柱和栏板上雕刻着精美的图案，被建筑学家称为“古民居建筑艺术的宝库”，安徽的西递与宏村是其典型，已被列为世界文化遗产。在闽粤赣三省交界的山地区聚族而居的客家人多建筑“大土楼”式住宅，外形有圆形、椭圆形、方形等多种形式，但都呈环环相套的格局，功能齐全，被誉为“世界民居奇葩”，福建永定土楼是其典型代表，为世界文化遗产。此外，湘鄂西山地以土家族的吊脚楼为代表的古民居，云贵高原白族的“一颗印”式古住宅，黄土高原冬暖夏凉的窑洞式古住宅，西南地区的傣、景颇、壮族用竹、木建成的干阑式古住宅，藏族雕房等，用材、建筑形式及建筑构件的装饰等，都与当地自然环境、人文环境和居住民族的观念、习俗紧密相关，是了解地域自然与文化特色的重要途径。

(4) 其他建筑。其他建筑如亭、台、楼、阁、坊、表、阙、经幢，有的是园林建筑单体，有的是纪念、导向、标志性建筑物。这些各具特色的建筑物多与其他建筑组合成景，起着使景区变得更为丰富多样、既生动活泼又跌宕有序的作用。其中杰出者也可单独成景，具有很强的旅游吸引力，如江南三大名楼——黄鹤楼、岳阳楼、滕王阁就是其中的典型代表。

3.3.4 陵墓旅游资源

陵墓作为旅游资源，从已开发利用状况和未来开发潜力方面分析，可分为帝王及显贵陵寝、先哲圣贤及伟人名人陵墓、葬法独特的陵墓等。

1）帝王及显贵陵寝

我国古陵墓众多，但能够留存至今并成为旅游资源的首推帝王及显贵陵寝。这主要是因为这类人物经济实力雄厚，能够竭尽所能地采用密封、防腐技术，按照我国的传统观念、习俗处理丧葬事宜。

我国自古流行“事死如事生”“厚葬以明孝”等观念，死者最后的归宿——阴宅，在中国建筑史中占有独特的地位。大致自秦始皇起，中国帝王的陵寝开始与其生前的宫殿并行不悖地发展，并且赋予其神圣的意味。据史书记载，秦始皇陵寝的建筑规模与所耗人力、物力之大及规划之周全，简直可与地上之皇宫相媲美。西汉在秦葬制度的基础上，又明文规定以天下贡赋1/3经营帝王陵寝，并首创陵邑制，即在帝王陵区附近，修建一座都邑，称作“陪都”，迁天下富豪于此居住，为帝王守陵。此外，还开创了在陵前神道两侧设置石像生之先河。至国力特别强盛的唐朝，更改以往的“堆土为陵”为“因山为陵”，以使陵寝气势更为宏大壮观。到了宋朝，中国帝王陵墓开始向集中陵区的方向发展。到明清两朝，更是将安排在同一陵区内的多座皇陵，通过统一的神道及墓道相互连通，组成规模宏大而有序的整体，如明十三陵、清东陵、清西陵等。总之，我国历代帝王陵多工程浩大，建造时间长久；用料考究、做工精细；陪葬的珍贵文物极其丰富，地上、地下建筑壮观；而且多选址于形胜壮观、环境优美的“风水宝地”，并长期被划为禁伐区和禁猎区。因而，皇家陵园多林茂草密，空气清新，环境幽雅静谧，融人文景观与自然景观于一体，具有极高的旅游价值。其中，秦始皇陵及兵马俑已于1987年被列入《世界文化遗产名录》，明清两朝的皇陵于2000—2004年先后被列入《世界文化遗产名录》，受到国际、国内旅游者的青睐。此外，汉武帝刘彻的茂陵、唐太宗李世民的昭陵、唐高宗李治与武则天的合葬墓乾陵等，也都因为帝王本身的传奇色彩、高知名度或陵墓中构筑要素的独特价值而极具旅游吸引力。

帝王之外的显贵也都极其重视阴宅地址的选择与建造，陪葬物也十分丰厚，其中不乏文化、历史、科学价值极高者，如湖北江陵马山被誉为我国古代“丝绸宝库”的战国中期的楚墓，随州曾侯乙墓，湖南长沙马王堆一、二、三号汉墓等，都因出土了众多稀世珍品而成为研究当时手工业、科学技术的发展与社会文化生活的极为重要的实物资料，受到国内外人士的高度关注。

2）先哲圣贤及伟人名人陵墓

先哲圣贤及伟人名人包括三皇五帝、昔圣先贤、历代伟人和名人等。这些人的墓葬有的是真人真墓，有的是衣冠墓，有的仅仅是后人根据传说建造的纪念性陵墓。这类墓葬的旅游吸引力主要来源于墓主人在历史上的作用及在人民心目中的地位。

（1）三皇五帝诸陵。“三皇五帝”的具体所指虽在不同史书上说法不一，但都是夏朝及夏朝以前传说中的“帝王”，是中华上古杰出首领的代表。如伏羲、女娲、神农、燧人、祝融、共工等，传说都是在开天辟地、开创人类文明的过程中功不可没的先知；黄帝、炎帝、颛顼、太昊、少昊、帝喾、尧、舜等，则被认为是中华民族的祖先，受到世代人民的顶礼膜拜。至今，陕西黄陵县黄帝陵、湖南炎陵县炎帝陵已成为海内外中华儿女的祭祖圣地。此外，鲁中等地的伏羲、女娲陵，河南淮阳的太昊陵，山西临汾的尧陵，湖南宁远九嶷山的舜陵，浙江绍兴的禹陵等，也都吸引着众多中华儿女前往祭祀拜谒。

（2）圣贤墓地。圣贤是中华民族文化的创造者和继承者，后人仰慕他们的功绩，将其墓地保存至今，世代拜谒。我国古代伟大的思想家和教育家、儒家学派创始人——孔子是世界最著名的文化名人之一。孔子及其家族墓地世代受到保护，规模宏大，现占地3 000余亩，园内古木参天，林中墓冢累累，碑碣林立，石刻成群，其规模与环境氛围在世界家族墓地中少见。此外，曲阜的颜子墓、邹城的孟子墓、嘉祥的曾子墓、滕州的墨子墓、微山湖微山岛上的微子墓和张良墓、枣庄的匡衡墓、苍山的荀子墓等都属此列。

（3）伟人名人墓。在中国历史上出现的伟人、名人，都曾建立过丰功伟绩，人们因此而对其墓地世代保护。如位于山东临淄的辅周灭商的齐国第一代国君姜尚的衣冠冢、辅佐齐桓公“九合诸侯，一匡天下”的管仲之墓、多谋的廉洁贤士的晏子之墓、稷下学宫名家淳于髡之墓、陕西勉县的诸葛亮墓、湖北秭归的屈原墓、陕西西安附近的霍去病墓、陕西韩城的司马迁墓、内蒙古呼和浩特的昭君墓、河南洛阳的关羽墓、浙江杭州的岳飞墓，以及近现代的中山陵、毛主席纪念堂等，都具有很高的旅游价值。

3）葬法独特的陵墓

中华丧葬文化曾受到各种思想流派的影响，但以儒家的影响最大。前面谈到的陵墓皆为土葬，实际上是儒家“入土为安”观念的反映。但在中华56个民族的大家庭中，也曾在某些民族或某些地域流行过其他葬法，如天葬、水葬、火葬、石葬、悬棺葬等。这些葬法奇特的墓葬也极具旅游吸引力。

（1）崖墓。分布在四川宜宾、乐山、彭山一带的崖墓，是沿着山崖处人工凿洞，由墓门、享堂、墓道和棺组合而成的墓，当地人称“蛮子洞”。洞最深达90米，小的约6米，宽达10米左右，高通常为2.8米，为东汉到南北朝时期的产物。墓内外有许多浮雕，如车辇图、牧马图、宴乐图、车骑图，及老莱子、荆轲、孙叔敖的故事图等。

（2）悬棺葬。它是在悬崖高处凿孔，安设木桩，然后将棺木放在桩上的一种墓葬形式，在我国江西龙虎山、四川兴文县和珙县、长江三峡及武夷山九曲溪都有分布。

据说崖墓与悬棺葬是某些少数民族“圣石为护”“圣木为本”观念的反映，但对现代人来说，“古人是如何将棺木置于悬崖高处的”还是一个未解的谜，它较之墓葬本身更具吸引力。

此外，天葬是一种源于崇天观的丧葬形式，其根本思想是“灵魂升天”，是中国藏文化中最高礼节的丧葬形式，这种葬法的神秘性同样吸引了一些旅游者前往探秘。

3.3.5 园林旅游资源

园林是人们模拟自然环境，利用山石、水体、生物、建筑等构景要素，按一定的艺术构思而建成的具有生活、游憩和观赏功能的富有诗情画意的综合建筑艺术景观。我国的古典园林集建筑、雕塑、绘画、书法、文学、金石、园艺等技艺于一体，有自然美与艺术美相互融合的完美境界，与国画、烹饪、京剧一起并称“中国文化四绝”，并享有“世界园林之母”的盛誉。

1）我国的造园历史

我国的园林艺术有着悠久的历史，最早可追溯到公元前11世纪周文王时期所营造的“囿”。它是一个方圆70里，专供帝王狩猎、游乐的天然场所。秦汉时皇室大筑宫苑，并开创了利用人工模拟自然山水的先河，园林由“囿”发展到“苑”或“苑囿”。魏晋南北朝时期，社会动荡，文人士大夫阶层为求精神解脱，多寄情于山林田园，从而使园林艺术从单独模仿自然转变为根据个人的性格和喜好来进行创造。唐、宋时期发达的经济促进了文化艺术的昌盛，我国造园艺术进入成熟阶段，这一时期的园林大都规模空前，并注重自然美与艺术美的巧妙结合，使之浑然天成。至明清时期，我国园林艺术集历代造园艺术之大成，并加以发扬光大，从理论到实践，都达到了炉火纯青的地步，此为我国园林创造的高峰时期。以北京等地的皇家园林为代表的北方园林和以苏州、杭州、无锡、扬州等地的私家园林为代表的江南园林都得到很大的发展，出现了大批园林杰作及一批造园高手和构园专著，其中明人计成著的《园冶》一书，便是我国古代最完整的造园著作，是对我国造园技法和经验的总结。

2）我国古典园林的造园理念与方法

我国古典园林享有“世界园林之母”的盛誉，其原因是造园理念、方法与西方园林迥然不同。西方园林追求人工美或几何美，以大面积平整的草坪、修剪规则的林木和花卉为园林主体，并在鲜明的轴线引导下作前后、左右对称布置，以体现精确，整体简洁而清晰，体现了以人为中心、人力胜自然的思想理念；与之相反，中国园林强调天然美，并试图以象征的方式接近与展示自然的本质，园林以自然变化、曲折为特点，源于自然又高于自然，将人工美与自然美有机结合，从而达到“虽由人作，宛自天开”的境界，形成了自然式山水风景园林的独特风格，体现了“天人合一”以及人与自然和谐共生的思想理念。

3）我国古典园林的特色及地域分异

我国古典园林如按所有者划分，可分为皇家园林、私家园林、宗教园林、公共园林等。由于自然条件及历史的原因，不同园林都有其相对集中分布的地域，就算是广泛分布于各地的同类园林，也因为都以自然山水为蓝本，通过移天缩地去反映大自然之美，而出现北方园林雄浑、江南园林秀美、岭南园林繁盛的明显差异。大体而言，北方园林以皇家园林为主体，以世界文化遗产北京颐和园和承德避暑山庄为典型代表。这类园林的主要特点是：规模宏大，建筑雄伟，风格繁杂，自然景色雄浑有余秀丽不足，充分体现了“北方之雄”的特色；园中功能分区明确，政治活动区往往雕梁画栋，金碧辉煌；在政治活动区以外的“园中园”，则常仿造江南景色或模拟江南名园，或移来塞外风光，甚至体现异域景色，景观类型丰富多彩。江南园林多是达官巨富的私家园林，又名“府宅园林”，集中分布于江浙一带，其中尤以苏州最为集中。江南园林与北方皇家园林相比，由于地处城市，受环境及个人财力、意趣的限制，一般规模较小，但多奇石秀水，玲珑秀丽，构思特别巧妙，营造独具匠心，富有田园情趣及江南水乡特色，充分体现了“南方之秀”的风格特点，可赏、可游、可居等多种功能融为一体，是人类依恋自然、追求与自然和谐相处、美化和完善自身居住环境的一种创造，被人们称为“城市山林”，也是我国园林艺术的典型代表。也正是由于这个原因，1997年苏州园林中的狮子林、拙政园、留园和网师园率先被列入《世界文化遗产名录》，之后沧浪亭、艺圃、藕园、环秀山庄和退思园也先后进入了这一行列。分布于两广及福建一带的岭南园林也多属私家宅院园林，其风格在融合北方园林大气稳重与江南园林秀丽精致的基础上，又吸收了国外的造园手法，因而形成了雅致古朴、精巧秀丽、内外通透、相互呼应的风格。其中，特别著名的有广东番禺的余荫山房、佛山梁园、东莞可园、顺德清晖园，广西的雁园，福建厦门鼓浪屿的菽庄花园等。分布于民族地区的园林，其建筑风格与其他景观要素不仅体现了地方色彩，而且少数民族的文化特色鲜明，如西藏拉萨的罗布林卡，同样拥有殿阁楼台、奇石假山、林木花草、勾栏水池等构园要素，但雪域风光与藏文化特色突出的建筑仍然是其最鲜明的特点。此外，宗教园林全国各地皆有分布，这类园林除具有地方色彩之外，往往都十分注意通过种植银杏、松柏等树木，突出宗教特有的远离红尘、清净肃穆的气氛与色彩。我国寺观园林数量众多，如北京潭柘寺、白云观、社稷坛，承德殊像寺，扬州大明寺，佛山祖庙，以及成都青羊宫等寺观庙坛都有这类园林。

中国古典园林是人文旅游资源中最能反映我国文化特色的一种类型。它以其丰富多彩的文化内涵和意境深邃的艺术手法，创造出世界上独树一帜的园林景观艺术，受到各国人民的喜爱，不少中国著名园林的仿制品已走出国门，在欧美及东南亚国家安了家。

同步案例3-3

20个竹构花园落地成都植物园

背景与情境：2023年7月19日下午，2022年成都公园城市国际花园季暨第五届北林国际花园建造周颁奖仪式在成都市植物园举行。经过近4天紧锣密鼓的现场建造，20个“梦想花园”完美绽放于成都市植物园并向市民开放。

花园是生态之园，是竹藤之梦的寄托。在花的映衬下，一个个或精巧玲珑、或磅礴雄浑、或妙然天成的竹构作品，以艺术的语言阐释美好的生活梦想。这20个“梦想花园”背后，既有对园林学子开拓创新的鼓励，也体现着人与自然和谐相处的生态理念。国际花园季活动以“公园城市 梦想花园”为主题，充分彰显了公园城市的时代价值和梦想花园的引领力量。公园城市是成都的城市理想，梦想花园是市民的心灵归处。中国风景园林学会理事长陈重表示：“我们很欣喜地看到园林人发掘了竹作为设计材料的多种可能性，并结合花卉的运用，表达出对‘公园城市 梦想花园’这一主题的理解，为传承传统文化、坚定文化自信提供了新灵感和新思路。”中国风景园林学会教育工作委员会秘书长、北京林业大学副校长李雄认为，“‘梦想花园’的落地建成，展现了园林学子与行业从业人员出色的设计能力和高质量的建造水平，为彰显公园城市魅力、打造具有影响力的高品质生活宜居地注入了新的活力”。

资料来源 佚名. 20个竹构花园落地成都植物园 为公园城市增绿添彩［EB/OL］.［2023-10-16］. http: //news.gxnews.com.cn/staticpages/20231016/newgx652cf039-21316422.shtml. 引文经过节选、压缩和改编。

问题：20个竹构花园落地成都植物园并向市民开放，此项活动调动了大批园林学子共同参与设计，你如何看待这一现象？

分析提示：可从党的二十大报告提出的“人民至上”思想出发，从“全方位、全地域、全过程加强生态环境保护”“大力推进生态文明建设”方面予以思考。同时，也可以从校政企联合的角度展开思考，课程教学与实践应用的融合值得借鉴。

3.3.6 宗教旅游资源

有着悠久历史的宗教作为一种意识形态，一直深刻地影响着人们的思想、行为，虽然其内核是唯心的，但其中的许多观念、主张对人们德行的修炼、社会的安定起着良好的作用，故至今仍拥有不少信徒。作为一种旅游资源，其旅游吸引力除宗教精神及活动外，更重要的是其所拥有的文物古迹、文化艺术成就及独特的环境。

（1）宗教本身可形成特殊旅游流。宗教旅行是人类最古老的旅行形式之一，很早以前，宗教朝圣就是推动人们外出旅行的重要因素之一。各教派产生地多被视为圣地，教徒们都有到宗教圣地去朝拜的传统；我国的佛教四大名山、道教四大名山及一些著名的寺庙宫观，由于从各地来朝拜的香客络绎不绝，因此每天香火兴旺。与此同时，许多非宗教人士也被宗教这种神秘的人类文化所吸引，出于好奇心而到这些地方旅游。各地宗教节日活动现在大多已演变成群众参与性很强的庙会。

（2）宗教建筑不少就是名胜古迹。首先，不同历史时期修建的著名宗教建筑多为当时建筑的典范，不仅规模宏大，而且可体现当时建筑艺术的最高水平，是所属时代建筑艺术的精华。其次，由于人们对神佛的敬畏，著名的宗教建筑多受到人们自觉的保护，并不断被整修，使之留存至今，历史悠久。最后，宗教建筑多选择自然环境幽雅而形胜之处，宛若仙境。如我国武当山道教建筑群就集中体现了中国元、明、清三代宗教建筑的建筑学和艺术成就，代表了近千年中国艺术和建筑的最高水平；布达拉宫及大昭寺则融合了中国、尼泊尔、印度的建筑风格，是藏式宗教建筑的千古典范；承德外八庙建筑融合了汉、藏、蒙等民族建筑艺术的精华，反映了清代前期建筑技术和建筑艺术的成就。它们都先后被列入《世界文化遗产名录》，成为世界级的旅游资源。

（3）宗教文化艺术不乏瑰宝。除宗教建筑外，宗教文化艺术成就也是极富魅力的旅游资源。各种宗教都有自己的文化艺术表现形式，其涉及的内容非常广泛，包括文学、美术、雕塑、音乐、书法、武术等，其中不乏瑰宝。如我国著名的佛教石窟——敦煌莫高窟的壁画，其绘制时间之长远，累积数量之多，不仅在中国，即使在世界上也是独一无二的，有“世界佛教艺术宝库”之称；我国道教名山——武当山的道教音乐，具有气氛庄严典雅、恬静缥缈，音乐旋律迂回曲折、悠扬婉转等特点，在世界各地巡回演出时，被西方誉为“天籁之音”；至于少林武术，更是世界广为传颂的中国功夫的代名词。因此，到敦煌石窟观赏壁画、到武当山听道教音乐、到少林寺看少林功夫都成了当地宗教旅游的重头戏。

3.3.7 城镇旅游资源

城镇是社会发展到一定阶段的产物。它与乡村的最大区别在于：非农产业与非农人口聚集，商贸及服务业特别发达，且大多是所在区域不同层次的政治、经济、文化中心。

1）城市与旅游

从旅游角度看，大部分城镇都有旅游开发前景，这主要是因为：其一，大部分城市或依山傍水，或位于河、湖、海岸边，再加上绿化、园林布景，以及近郊绿化带建设，都有天然之美。尽管在工业发展过程中，一些城镇受到一定程度的污染，生态环境质量下降，但这一问题的严重性已被人们所认识，城镇在环境整治及绿化、美化、园林化等活动中正变得越来越美好。其二，许多城市历史悠久，保存了一些古建筑及其他历史遗存，人文景观及其文化内涵丰富，往往可以形成独具特色的城市景观。其三，作为地域政治、经济或文化中心，城市交通方便，商业发达，文化娱乐活动丰富多彩，各种服务设施良好，有利于旅游者吃、住、行、游、购、娱目标的实现。

2）我国主要城镇旅游资源

（1）历史文化名城。**历史文化名城**指有悠久历史，在我国历史进程中起过重要作用，或为古代政治、经济、文化中心，或为重大历史事件、革命运动的发生地，现仍有大量历史文物遗存，可体现中华民族的悠久历史、光荣的革命传统与光辉灿烂文化的城市，如我国著名的八大古都，中华文化主体儒学的产生地曲阜，古代对外交流的港口城市广州、泉州、扬州、明州（今宁波），少数民族区域历史文化中心拉萨、大理、吐鲁番、喀什，近代革命圣地延安、遵义，中国近代工业产生地上海等。截至2023年，国务院已公布国家历史文化名城142座，“国家历史文化名城”已成为这些城镇最好的名片，开发与历史文化名城有关的文化旅游资源已成为这类城市旅游开发的重头戏。

（2）特色小城镇。相对于大城市而言，小城镇因为现代化的脚步相对缓慢，更多地保留了地方文化特色，并因此独具旅游特色。如我国最北部的边塞小镇漠河因气候特别寒冷，居民居住在全用木头堆建的“木克楞”里，周围是一望无际的大森林，夏季常出现极光现象，夏至前后还是天然的不夜城，因此以“北极村”的形象吸引着众多游客；山东半岛的蓬莱，史有汉武帝于此寻仙采药筑城的记载，又是海市蜃楼多现之地，加上宜人的海滨环境条件与景观，被旅游者誉为人间仙境；江南水乡同里小镇，因周围有五湖环绕，全镇被纵横交叉的河港分割，人们临水构屋，傍水成街，河街平行，路桥相衔，并保存有宋、元、明、清古桥29座、古园林多处，明清古建筑占全镇建筑的1/3，呈现出一派“水港小桥多，人家尽枕河”的水乡古镇风貌，深得旅游者的喜爱。

同步思考3-3

问题：在文旅融合不断深化的背景下，特色小城镇如何抓住发展机遇，提升旅游竞争力？

理解要点：应全面贯彻落实党的二十大关于新型城镇化战略决策部署，从特色资源挖掘、体验项目设计、赋能城镇人居幸福等角度展开思考。

（3）现代化都市。现代化都市一般应具有下列条件：①经济发达，市场集聚，扩散和影响力大；②城市基础设施完善，具有强大的交通枢纽功能、服务功能、金融功能和信息功能；③第三产业发达，在三次产业中占据最重要的地位；④劳动者的素质、人均总产值和人均消费水平较高；⑤教育发达，人力资源雄厚，科技成果转化速度快；⑥高水平的社会管理和高质量的城市生态环境。

3.3.8 社会风情旅游资源

1）社会风情及其旅游资源

社会风情泛指一个地区的民族在特定的自然、社会环境下，在生产、生活和社会活动中所形成的风俗习惯，包括民间节庆活动、生活习俗、行业习俗、社交礼俗、民间艺术形式与风格、普遍存在的观念与心态等。其中，参与性、观赏性、娱乐性很强的民间节庆活动、社交礼仪、民间艺术表演及独具特色的生产方式与产品，都是极富旅游吸引力的旅游资源。即使由普遍存在的观念与心态所形成的社会风尚，也可对旅游业产生巨大的影响。试想一个以温文尔雅、友好诚信、公平竞争、积极向上为社会风尚的国度或地域，一定能为旅游者提供最优质的服务，让旅游者的身心在旅游过程中得到最彻底的放松，心灵得到最大程度的净化；反之，若社会风尚不理想，就算其他旅游吸引物十分突出，也可能因旅游过程中发生的某种不快使旅游者扫兴而归。所以社会风情是最活跃的、能给旅游者带来全方位体验的综合旅游资源。

2）我国各地社会风情的主要特征

我国是多民族国家，每个地域、每个民族在长期的历史发展过程中，受自然环境、社会发展阶段及文化传统的影响，都形成了自己特有的风俗习惯，因此到不同的地域旅游可观赏、体验到迥然不同的社会风情。

我国北方，以蒙古族、满族、达斡尔族、鄂伦春族、鄂温克族、赫哲族等游牧或渔猎民族为代表，粗犷豪放是他们共同的民族性格，特别突出的民俗活动有蒙古族的摔跤、赛马、长调民歌和一人在演唱时能同时发出两个高低不同声音的歌唱艺术——呼麦，鄂伦春族的狩猎，鄂温克族的驯鹿拉爬犁，赫哲族的冰下捕鱼、狗拉爬犁和鱼皮制作工艺。此外，以农耕为主的朝鲜族敬老爱幼的风尚和独具一格的农乐舞也分外耀眼。西北地区的少数民族多具有豪放爽朗的性格和丰富多彩的文化生活，其颇具特色的民俗活动有维吾尔族的木卡姆艺术、手鼓舞、沙巴依舞，哈萨克族的姑娘追、叼羊，锡伯族的射箭活动，甘肃的花儿会等。青藏高原藏族全民虔诚信奉藏传佛教的行为风范，《格萨尔》史诗传统，神奇的藏戏、酥油雕塑、堆绣等都独放异彩。西南地区少数民族众多，民俗多姿多彩，极富情调，主要民俗活动如侗族大歌，壮族的赛歌会，傈僳、白族等民族的火把节，苗族的蜡染，傣族的泼水节，白族的三月街、蝴蝶会和绕三灵等。汉族地区突出的民俗活动有岁末年三十夜守岁、春节贴对联与年画、拜年、舞龙、耍狮子、踩高跷，正月十五观灯、猜谜语、吃元宵，端午节门前插艾条、食咸鸭蛋、喝雄黄酒、赛龙舟、吃粽子，八月十五赏月、登高、吃月饼等。这些民间节日及有关活动都有着深刻的文化内涵。此外，汉族各地域的地方戏也丰富多彩且特色鲜明，如昆曲、越剧的温文尔雅，花鼓戏的俏皮与诙谐，川剧变脸的奇特，粤剧的典雅平和，秦腔的悲壮苍凉等，都可以给旅游者带来完全不同的享受。

3）我国主要特色饮品

饮食是旅游六要素中的基本要素，也是旅游地重要的旅游资源。品尝旅游目的地的风味食物，体验其中的文化内涵，往往是旅游必不可少的内容之一。我国素有“烹饪王国”“美酒之乡”“世界茶叶之国”之誉，在我国古老的历史和文化中，饮食文化是重要的组成部分。

（1）茶。饮茶在我国与西方饮咖啡一样普遍，我国饮茶已有4 000多年的历史，早在西汉，茶就已经成为群众性饮料。唐代陆羽著有世界第一部茶叶专著《茶经》，人们奉他为茶圣。我国拥有在世界上享有很高声誉的名茶珍品，并形成了富有中国特色的茶文化。我国的茶大致可分为绿茶、红茶、乌龙茶、白茶、花茶、紧压茶六大类，每类都有名品。杭州西湖龙井、太湖碧螺春、黄山毛峰并称我国三大著名绿茶，红茶以祁红茶与滇红茶最为著名，乌龙茶的主要品种有武夷岩茶、安溪铁观音茶、凤凰单枞茶、台湾乌龙茶等，白茶主要有白毫银针茶、白牡丹茶等，花茶以扬州、杭州、苏州的茉莉烘青最为有名，紧压茶中以普洱茶和六堡茶为名品。

（2）酒。我国是酒的故乡。中美考古学家最新的合作研究表明，我国在8 600多年前已开始酿酒，传说夏禹时的仪狄和周朝的杜康是酿酒的名师。我国美酒数量在世界上首屈一指，品种主要有黄酒、白酒、果酒、配制酒和啤酒，其中著名的有：贵州茅台，山西汾酒、竹叶青，四川五粮液、剑南春、泸州老窖特曲，安徽古井贡酒，青岛啤酒等。贵州怀仁的茅台酒是世界三大名酒之一，素有“国酒”之称。

同步案例3-4

茅台+咖啡跨界联名出圈

背景与情境：2023年9月4日，“瑞幸咖啡×贵州茅台”战略合作启动仪式暨“酱香拿铁”产品发布会在厦门市中山路瑞幸咖啡旗舰店举行。出席活动的领导嘉宾手持“美酒加咖啡，就爱这一杯”的标语，高喊口号，共同举杯，标志着茅台与瑞幸咖啡战略合作正式启动，标志着“酱香拿铁”正式上市。

“酱香拿铁”再一次以全新的“酱香”打开方式，顺应年轻化、个性化、时尚化消费新趋势，积极构筑“美酒、美生活、美链接”和多元化的茅台产业生态。“酱香拿铁”一经推出便成为爆款产品。这对意想不到的组合上线当天，其销售额便破亿元，刷新了咖啡品牌方的单品销售纪录。虽然好喝与否众说纷纭，但网络话题量和销售的火爆程度确实是一骑绝尘，跨界营销的合作双方都赚足了眼球。跨界合作产品希望达到以下目标：以酒为体，构筑茅台美生态；以创为要，满足消费新期待；以美为向，创领高品质生活。

资料来源 孟宪鑫.“瑞幸咖啡×贵州茅台”战略合作启动“酱香拿铁”正式发布［EB/OL］.［2023-09-04］. https：//www.moutaichina.com/maotaigf/xwzx2/gsxw14/565695/.引文经过节选、压缩和改编。

问题：“酱香拿铁”的火爆出圈给我们带来了怎样的思考？

分析提示：可以从传播酒文化、洞悉个性需求、产品创新发展等方面来思考。

4）我国主要风味佳肴

我国物产丰富，人们利用丰富的动植物原料，加工成各种风味美食，创造了独具一格的饮食文化，品尝风味佳肴已成为旅游者体验异域风情与文化的重要内容之一。现在我国许多旅游城镇都兴建了“食品街”或“风味小吃街”，以集中展示地方佳肴特色，颇受旅游者青睐。

我国菜肴以色、香、味、形、器俱全为特色，科学性和艺术性并重，能给人以味觉、嗅觉和视觉多方面的享受与满足，是东方菜肴的杰出代表。我国明显的地域差异，使各地菜肴的用料与做法大不相同，形成众多的菜系，其中以历史上早就闻名的四大菜系或八大菜系特别受人推崇。

四大菜系是指鲁菜、川菜、粤菜和苏菜。鲁菜是北方菜的代表，还曾传进宫廷成为御膳的主体，其特点是浓少清多，醇厚不腻，十分讲究用汤；川菜以麻、辣、鱼香、味广、味重著称，近年来集中了川菜精华的四川火锅风靡全国；粤菜以用料广泛，讲究鲜、嫩、爽、滑和营养价值为特色，蛇、鼠、猫、狗、虫、中草药、鲜花均可入菜，对鱼虾、禽畜、野味的烹制各有专长，素有“食在广州”之说；苏菜口味平和、咸甜适中、原汁原味、浓而不腻、淡而不薄，并具有酥、烂、鲜、香的特色。

八大菜系则是在四大菜系的基础上加上了浙菜、闽菜、湘菜和徽菜。浙菜以用料广博，配料严谨，刀工精细，形状别致，火候调味适度，清鲜嫩爽，滋、味兼得为特色；闽菜以福州菜为代表，素以制作细巧、色调美观、调味清鲜著称；湘菜的特点在于制作精细，用料广泛，品种繁多，油多、色浓，讲究实惠；徽菜在烹调方法上擅长烧、炖、蒸，具有重油、重色、重火功的特点。

除佳肴以外，我国各地都有著名的地方风味食品，其中又以北京的炸酱面、全聚德烤鸭、东来顺涮羊肉，天津的“狗不理”包子，山西的刀削面和猫耳朵，陕西的羊肉泡馍，新疆的烤羊肉串和手抓饭，南京的板鸭和盐水鸭，常熟的叫花鸡，苏州的东坡肉，无锡的肉骨头，浙江的金华火腿，宁波的猪油汤团和年糕，广东的腊肠，昆明的过桥米线，四川的担担面，武汉的热干面、三鲜豆皮等最受旅游者的追捧。

同步思考 3-4

问题：2023年11月，浙江省文化和旅游宣传推广信息中心、浙江省旅游协会、浙江省餐饮行业协会公示了拟发布的“味美浙江·百县千碗”1 000道风味美食名录。浙江省开化县有15道美食入选该美食名录。请查阅相关资料，谈谈开化菜登上美食名录的意义。

理解要点：“民以食为天”，创新美食不仅反映社会的发展进步，更为人民生活幸福提供保障，也丰富了当地的旅游资源。

5）其他特产

其他特产主要指丝、瓷等工艺品。这些实物中凝结着民族文化，其悠久的历史和独特的工艺无与伦比，受到世人赞誉，中国有“丝绸王国”和“瓷器王国”的美称。

（1）丝绸与刺绣。养蚕取丝，织成锦缎，是我国最古老的发明之一，已有4 000~5 000年的历史。我国丝绸品种繁多，外观形态千变万化、花纹复杂，很早以前就有绸、缎、绫、罗、锦、绮、绡、纱、绉、缟、绨、绒、素、绢14大类，每类又有许多种。丝绸是我国古代劳动人民的伟大创造，目前仍是我国外贸出口的主要商品。中国刺绣驰名世界，其中苏绣、湘绣、蜀绣和粤绣合称为中国“四大名绣”。此外，北京的京绣、温州的瓯绣、上海的顾绣、福建的闽绣、开封的汴绣也很有名。

（2）陶瓷。陶瓷在我国已有6 000～7 000年的历史。仰韶文化中的彩陶、大汶口文化中的红陶、龙山文化中的黑陶、秦汉时期的陶人陶马，以及唐三彩和宋紫砂陶，均是我国古代陶文化的代表。瓷器的制作始于商代前期，到东汉、魏、晋时已成熟。它是中华祖先在烧制陶器的启示下，用高岭土做原料，在器表面施釉，用比烧陶高几百度的温度烧制而成的。至宋朝，瓷器才从我国沿海传入欧、非、美各洲及亚洲其他国家。今天，陶瓷业遍及全国，其中以陶瓷之都景德镇的瓷器最为著名。湖南醴陵、河北唐山、山东淄博、广东枫溪等地的瓷器也不逊色。此外，江苏宜兴生产的紫砂陶具有“红而不艳，紫而不姹，绿而不嫩，黄而不娇”的特色，品种达2 000多个，有“陶都”之美称。

（3）其他工艺品。在悠久的文化背景下，我国历史上出现了许多艺术大师和能工巧匠，创造了许多巧夺天工的稀世工艺珍品。其中，雕塑是工艺美术品中最多的一类，按制作用材可分为象牙雕、玉雕、石雕、木雕、砖雕、贝雕、煤精雕、泥塑、面塑等类型；还有利用金、银、铜、锡等金属，分别采用掐、錾、点釉、烧制品镶嵌等技艺制成的金属工艺品，如景泰蓝、花丝、金银首饰及摆件、镶嵌饰品等都属此类。此外，还有纺织工艺品、漆器工艺品、玻璃工艺品等。

3.3.9 其他人文旅游资源

其他人文旅游资源主要指现代人造旅游吸引物，包括以博物馆、展览馆、美术馆、体育馆为代表的现代文体设施及现代人造旅游景观。

1）现代文体设施

现代文体设施是最能给旅游者以文化艺术享受的场所。其中，博物馆因为可以将有关的历史文化或科技最集中、最系统地向旅游者展示，使旅游者从中获得丰富的知识、开阔视野，达到提高全民文化素质的目的，而成为重要的人文旅游资源。我国的博物馆按展品内容可分为综合性博物馆和专题性博物馆。综合性博物馆如北京的首都博物馆和各省、市的博物馆。专题性博物馆如历史博物馆、革命博物馆、自然博物馆、天文博物馆、地质博物馆、航空航天博物馆、工业展览馆、农业展览馆、军事博物馆、丝绸博物馆和茶叶博物馆、盐业博物馆、恐龙博物馆、园林博物馆、陶瓷博物馆、航海博物馆等。最著名的体育设施莫过于北京的奥运场馆“鸟巢”与“水立方”了，其造型及所用材料的新颖独特、文化寓意的深远、科技与艺术的完美结合，让人震撼，刚建成就成了当年全球最新十大建筑之一，现除了承办各种重大体育赛事外，还是北京旅游必不可少的景点。此外，各地的广播电视塔、现代化大剧院，以及城市标志性建筑等也是旅游者喜欢光顾之地。

2）现代人造旅游景观

现代人造旅游景观指为了发展旅游业而兴建的各类模拟景点、微缩景观等。其起点是荷兰的马杜拉丹“小人国”，最成功的典范是美国洛杉矶的迪士尼游乐园。除此之外，现代人造旅游景观还包括各类模型城、梦幻世界、艺术宫、蜡像馆、科幻电影城等。近年来，我国各地都有建造人造旅游景观之举，其中比较著名的有：深圳“锦绣中华”“民俗文化村”“世界之窗”，香港迪士尼乐园、海底世界，昆明世界园艺博览园，上海世博园、上海迪士尼乐园等。

本章概要

□ 内容提要

我国疆域辽阔，自然地理环境复杂多样；中华民族历史悠久，多民族团结统一，拥有古老的文明和丰富的文化。特定的自然和人文地理环境造就了我国类型丰富且特色鲜明的旅游资源；我国是一个旅游资源大国，这是我国成为旅游强国的重要物质保证。

□ 主要概念和观念

▲ 主要概念

自然保护区　伟大工程　历史文化名城　社会风情

▲ 主要观念

中国自然旅游资源　中国人文旅游资源

□ 重点实务

不同类型旅游资源的开发、利用方式　具体旅游资源的开发设计　具体旅游资源开发的保护措施

基本训练

□ 知识训练

▲ 复习题

1）我国自然与人文地理环境有何主要特征？

2）我国旅游资源具有哪些突出的特色？

3）应如何有效保护旅游资源？主要有哪些措施？

随堂测 3-1

▲ 讨论题

1）在自然旅游资源开发中，有哪些不当的做法可能会对其造成损害？应该采取何种措施加以规避？

2）在人文旅游资源开发中，有哪些不当的做法可能会对其造成损害？应该采取何种措施对其进行保护？

□ 能力训练

▲ 案例分析

【训练项目】

案例分析-Ⅲ。

【相关案例】

“互联网+”时代下的文化传承

背景与情境：从“把老祖宗留下的文化遗产精心守护好，让历史文脉更好地传承下去”，到“树立保护文物也是政绩的科学理念”，再到“保护文物功在当代、利在千秋”，习近平总书记念兹在兹的文化、文物情结，令人动容。不论是展现新石器时代文化的良渚古城遗址，还是诉说中国千年艺术成就的敦煌莫高窟，或是体现多元文化融合的鼓浪屿，都是国之瑰宝、世界文化遗产，也是我国千百年来传承与保护的中国文化。保护文化遗产既是对历史的尊重，也是增强文化自信的重要体现。

在“互联网+”时代的洗礼下、在世界的潮流与科技的发展中，中国人民大胆地推出了一条传承文化遗产的新型道路，将文化遗产与当代科技相联系，在传承中创新。例如，“数字敦煌”资源库全面上线，敦煌石窟30个经典洞窟的高清数字资源实现全球共享，更多的敦煌文化艺术信息、文化服务产品、文化创意活动搭上了互联网的快车道而得到广泛传播。这个“技术型文化遗产”的传承方式充分体现了保护文化遗产的重要性，彰显了历史底蕴，展现了文化自信的底气。

资料来源　中央广播电视总台. 习近平这样谈国之瑰宝［EB/OL］.［2019-08-22］. https://www.sohu.com/a/335425302_100170731.引文经过节选、压缩和改编。

问题：

1）在“互联网+”时代，文化遗产传承和创新有哪些机遇和挑战？

2）如何将科技与文化遗产完美结合，请举例说明有哪些做法。

3）“互联网+”时代下的文化传承有何意义？

【训练要求】

同第1章“基本训练”中本题型的“训练要求”。

▲ 自主学习

【训练项目】

“中国旅游与生物资源保护”知识更新。

【训练目的】

见本章“学习目标”中的“职业能力”。

【训练步骤】

1）以班级小组为单位组建训练团队，每团队确定一人负责。

2）各团队根据训练项目的需要进行角色分工。

3）各团队通过校图书馆或互联网，查阅“文献综述格式、范文及书写规范要求”和近三年关于“中国旅游与生物资源保护”研究的前沿学术文献资料。

4）各团队综合和整理“中国旅游与生物资源保护”研究的前沿学术文献资料，依照“文献综述格式、范文及书写规范要求”，撰写《“中国旅游与生物资源保护”最新文献综述》。

5）在班级交流各团队的《“中国旅游与生物资源保护”最新文献综述》。

6）在线上平台上展出经过修订并附有教师点评的各团队《“中国旅游与生物资源保护”最新文献综述》，供学生相互借鉴学习。

□ 明德笃行

【训练项目】

明德笃行-Ⅲ。

【相关案例】

“网红”景点变“长红”经典

背景与情境：泉州蟳埔女话题抖音播放量破14亿，“泉州兔兔”话题点击量超3亿次，上榜中国“十大旅游向往之城”……2023年，泉州凭借多个“现象级爆品”在社交媒体出圈，成为短视频平台霸屏的“常客”，收获大批流量和游客，新晋网红城市成为泉州的新名片。

在如此火热的背景之下，泉州积极应对，主动出击，力争打造“长红”经典景区，构建了“1148”文旅发展体系，即：

聚焦“1”个目标，打造世界遗产保护利用典范城市、全国最具烟火气旅游城市、世界海丝多元文化旅游目的地；打响“1”个品牌，以世界遗产超级IP为统领，以“宋元中国·海丝泉州”为主题，擦亮“宋元中国看泉州”品牌；做热“4”大板块，包括世界遗产旅游、滨海休闲旅游、山地生态旅游、工业研学旅游；开展“8”个专项行动，实施古城+、非遗+、演艺+、数字+，以及讲解提升、住宿提升、业态提升、服务提升等专项行动，构建一个从资源到产品，到市场培育再到服务保障的完整体系。

文化铸魂，产业培基。泉州正以“小步快走”的方式，向古文化历史街区、海丝起点观光带、海丝旅游综合体迈进。

资料来源　综合相关资料提炼整理而成。

问题：

1）泉州能成为新晋网红城市，相关从业人员表现出哪些值得学习与借鉴的职业素养？

2）泉州构建的“1148”文旅发展体系体现了哪些思政元素？

【训练要求】

同第1章“基本训练”中本题型的“训练要求”。

第4章 中国旅游交通地理

- 学习目标

4.1 旅游交通概述

4.2 中国旅游交通概况

- 本章概要
- 基本训练

学习微平台

思维导图4-1

学习目标

通过本章学习，应该达到以下目标：

职业知识：学习和掌握旅游交通的概念与组成、地位与作用、特点，旅游交通运输的主要类型与特点，铁路、公路、航空、水运、特种等旅游交通的发展变化与空间格局等理论与实务知识，能用其指导或规范本章认知活动和技能活动，正确解答“基本训练”中“知识训练”各题型的问题。

职业能力：运用本章知识研究相关案例，培养在特定业务情境中分析问题与决策设计能力；通过“‘中国旅游交通地理’重点实务知识应用”的实训操练，训练学生的专业操作技能，培养整合资料信息、文稿撰写与沟通表达等通用能力。

职业素养：结合本章教学内容，依照相关规范或标准，对“明德笃行4-1”专栏和章后“明德笃行-Ⅳ”案例中的企业及其从业人员行为进行分析，强化与案例议题相关的环境伦理、企业社会责任等方面的价值思考并提升职业素养，促进“立德树人”根本任务的落实。

引例：感受中国铁路的巨变

背景与情境：“加快建设交通强国”，这是习近平总书记在党的二十大报告中提出的要求。党的十八大以来的10年，全国铁路的营业里程从2012年的9.8万公里增长至2021年的15万公里，其中高铁就超过4万公里，发送旅客262亿人次，完成货物发送量317.2亿吨。装备水平不断攀升，客车由原来的5.77万辆增长至现在的7.8万辆，其中复兴号实现了31个省区市全覆盖，拥有货运列车96.6万辆。这10年，我国铁路网越织越密，高铁速度不断提升，人民群众对美好生活的向往也更加强烈。

中国高铁从无到有，并由“追赶者”一跃成为世界铁路的“领跑者”。党的十八大以来，我国高铁发展进入快车道，年均投产3 500公里，发展速度之快、质量之高令世界惊叹。中老高铁、雅万高铁、匈塞高铁等多条线路作为中国高铁全方位走出去的先行者，一步步走向海外，正在成为一张张金灿灿的名片，让世界更多的人分享中国高铁发展成果。到2035年，全国铁路网运营里程将达到20万公里左右，其中高铁7万公里左右；20万人口以上的城市实现铁路覆盖，50万人口以上的城市高铁通达。

资料来源　兰雅茹．学习党的二十大精神，感受中国铁路巨变［EB/OL］．［2022-11-29］．http：//review.sxgov.cn/content/2022-11/29/content_12884324.htm？from=groupmessage. 引文经过节选、压缩和改编。

不仅是铁路，党的十八大以来，中国的交通运输业迅速发展。交通是兴国之要、强国之基。党的二十大报告提出加快建设交通强国，这是统筹推进交通强国建设的战略升级，更为今后我国交通运输业的发展提供了根本遵循。

在旅游行业，便捷的旅游交通能够极大地缩短旅游客源地与目的地之间的通行时间，使原本相隔千里的两地旅游变得十分方便，从而大大促进了两地及沿线地区旅游业的发展，显示了旅游交通在旅游发展中的重要性。

本章将介绍有关旅游交通的基本概念、内涵、作用以及中国旅游交通概况。

4.1 旅游交通概述

4.1.1 对旅游交通的基本认识

旅游是人们出于某种非营利性目的，暂时离开常居地到异地作短暂旅行与居留的一种消费活动。在“时间就是金钱、时间就是生命”的当代，旅游者要实现从常居地到异地以及从一个景区到另一个景区的空间位移，离不开快捷的交通条件。所以说，**旅游交通**就是为旅游者由客源地到旅游目的地的往返，以及在旅游目的地景区或景点之间实现空间位移而提供的交通设施及服务。它是旅游者进行旅游活动的必要前提。

同步链接4-1

深入学习贯彻党的二十大精神 长沙“硬核”交通助旅游业大发展

与通用交通一样，旅游交通主要由旅游交通路线、交通工具及终始港站三部分组成，包括航空、铁路、公路、河运、海运等多种形式。实际上，旅游交通中使用最广泛、最频繁的是通用交通中的客运设施，如民航班机、普通客车（火车或汽车）、客轮、市内公共交通（包括汽车、无轨或有轨电车、高架铁路、地下铁路、出租汽车），以及有关线路、港站设施等。虽然也有一部分线路、设施为旅游交通所专有，如通往景区的专用线、专用游船及游船码头、登山索道等，但如果我们将这些专用旅游交通设施看成整个交通运输系统专门对旅游者服务的延伸，那么，旅游交通是同整个交通运输系统紧密联系在一起的，它是整个交通运输网络的一个特殊组成部分。其特殊之处主要在于它的服务对象是旅游者。

4.1.2 旅游交通在现代旅游业中的地位和作用

旅游交通是现代旅游业的一个重要组成部分，在整个旅游业的发展过程中占有十分重要的地位，发挥着巨大的作用。

1）旅游交通是旅游业产生和发展的先决条件

旅游业是为旅游者提供食、住、行、游、购、娱的综合性产业，旅游交通与旅行社、旅游饭店一起并称为旅游业的三大支柱产业。这主要是因为旅游者要旅游，首先必须解决客源地与旅游目的地之间及景区、景点间的空间位移问题，而旅游交通则是解决该问题、使旅游行为得以实现的先决条件，也是旅游业得以产生和发展的先决条件。

2）旅游交通费用是旅游业经济收入的重要组成部分

在旅游活动中，吃、住、行三项费用是旅游者最基本的旅游消费，旅游交通服务又是旅游活动过程中旅游者使用最频繁的服务。随着豪华邮轮、豪华专列、流动旅馆汽车、家庭旅游大篷车、卧铺汽车的相继出现，旅游交通服务甚至具有包容其他两项服务的能力。所以，旅游交通费用是旅游业总收入的重要来源，而且旅游目的地距离客源地越远，旅游者旅游活动的空间范围越大，旅游交通收入在旅游业总收入中的优势就表现得越明显。

3）旅游交通运输业的状况决定着旅游业的规模与发展速度

旅游交通的建设布局和运力投入决定和影响着旅游业的规模、发展速度。旅游交通建设步伐加快，运力设备投入量加大，旅游业的发展速度也会加快；反之，旅游交通建设跟不上，运力设备投入不足，则会减缓甚至制约旅游业的发展。如在经济发达国家和地区，旅游交通往往对旅游业起着推动和促进作用；相反，在经济不发达国家和地区，交通线路稀少，等级不高，运力不足，对旅游业往往起着限制作用。我国西部地区在西部大开发以后，由于交通等基础设施迅速改善，旅游业得到了迅速发展。

4.1.3 旅游交通的特点

旅游交通是直接为旅游者服务的，它既同整个交通运输系统联系在一起，又是旅游产品的重要组成部分。由于旅游行为的特殊性，旅游交通不能完全等同于普通公用交通。它除具有普通公用交通所拥有的准时、安全、快捷及“商品”的无形性和不可储存性等特征外，还具有自身的特点与要求。

1）在快捷、准时等方面比通用交通要求更高

现代旅游行为的基本特征是行为尺度的大型化和行为成员的大众化，而追求旅游效益的最大化是游客的普遍要求。由于旅游就其实质而言，“旅”是手段，“游”才是目的；又由于人们往往是利用有限的休假时间、花费比平时多得多的费用外出旅游的，当然希望“物”有所值，所以追求“旅”与“游”的时间比尽可能小就成了旅游

的基本要求，即要求交通尽可能快捷，而且希望在有限的时间内“旅”和“游”有严密的连贯性，不希望无谓地消耗时间。因为任何一站的误点或滞留都会影响下一站的活动，轻则会由此发生一系列经济责任事件，如房费、餐费和交通费的结算问题；重则还可能引发一定的涉外事件，如有些入境旅游者因不能按时出境返回本地而被业主解雇等。因此，旅游交通的日程和时间安排必须周密，计划一经制订，就必须完全服从。这时各种交通工具之间的配合与衔接就显得格外重要，除非出现恶劣气候、地震等人力不可抗拒的原因引起的交通阻塞，否则不允许出现延误和变更。从根本上讲，旅游交通计划安排与执行的准时是旅游服务质量提高和旅游业发达的重要标志。

2）追求“旅”过程的娱乐性

由于旅游交通的服务对象是旅游者，因此，它在功能上与通用交通存在较大的差异。旅游属于高层次消费，除了探险之类的特种旅游外，旅游者大多追求享受，特别是“旅”的各个环节，旅游者大都会有较日常生活更高的要求。旅游交通除了应具有运载旅游者实现空间位移的基本功能外，旅游者在旅游运输工具的结构、性能、运行规律以及专线线路的选择与设计方面也有更高的要求，希望旅游交通具有比普通公用交通更高的安全系数与舒适性，在某种程度上，还应具备能够满足旅游者游览、娱乐等需求的功能，如行进过程中能进行赏景、看电视、唱卡拉OK、跳舞、游戏等娱乐活动，以使“旅”的过程也成为一种享受。特别是现代旅游交通，满足旅游者娱乐、享受、观览需求的功能应该上升到第一位，乘坐或驾驭这种交通工具应成为旅游地一项极具吸引力的旅游活动。

3）具有较明显的不均衡性

旅游交通的不均衡性表现为季节的不均衡性、方向的不均衡性和时期的不均衡性。首先，由于气候、景观出现的时间性，人们带薪假期的集中性等原因，不少地区的旅游业都具有明显的淡旺季。在旅游旺季，旅游交通运力十分紧张；反之，则运力过剩，设备闲置。其次，由于旅游者都追求旅游效益的最大化，一般不愿走重复路，所以旅游路线往往具有方向性，并构成客流的单向流动。这一特性与客源方向的不均衡性相结合，往往造成客流方向的不均衡性。同时，旅游业还是敏感性很强的行业，易受突发事件的影响而剧烈起伏，因此在不同时期，旅游交通需求会出现很大差异。如1994年发生在千岛湖的恶性抢劫杀人案件曾给当地旅游交通乃至整个旅游业带来巨大的损失，故旅游交通必须与通用交通紧密结合，在经营管理方面应具有较强的应变能力。

4.1.4　旅游交通运输的主要类型及其特点

根据交通线路和交通工具的不同，旅游交通可分为公路、铁路、航空、水运和特种交通等类型。每一种运输方式都有各自的特点，在现代旅游交通中起着不同的作用。

1）公路旅游交通

公路旅游交通是以汽车为主要运输工具、以公路为交通线路、以汽车站为始终停靠站的一种运输方式。它是最重要和最普遍的中、短途客运方式。其突出的优点是自由、灵活、方便，有较大的独立性，对自然条件的适应力强，能够深入到旅游点内

微课程 4-1

智慧建设的公路交通

部，实现“门到门”的运送，途中旅游者可自由停留和任意选择旅游地点。另外，此种旅游交通方式还具有速度快、建设投资少、工期短、见效快等优点。其缺点是运载量小、受气候变化影响较大、能耗大、安全性相对较差，其事故发生率在几种通用交通方式中是最高的，而且汽车尾气对大气的严重污染问题尚未得到解决。随着高速公路的发展、私人小汽车的普及，以及旅居合一的房车的出现，公路交通在旅游活动中的优越性越来越明显。目前，公路旅游交通约承担了世界上一半以上的国际旅游者运输量。

同步案例4-1

全国首条跨海高铁正式通车　标志着中国高铁开始向深海领域发展

背景与情境： 2023年9月28日上午9时15分，随着G9801复兴号列车从福州南站准时发出，由中交二航局参建的我国首条跨海高铁——宁波至广州高铁福州至厦门、漳州段（简称福厦高铁）正式全线开通运营。

福厦高铁是世界首条时速350公里的跨海高铁，是继京张高铁、京雄城际铁路后我国建成投用的又一智能高铁，标志着中国高铁开始向深海领域发展，并在智能化领域的探索上又向前迈进了一步，为智慧型交通建设注入了新的动力，是中国高铁技术继续领跑世界的又一闪亮名片。

福厦高铁位于福建省沿海地区，起自福州南站，经福建省莆田市、泉州市、厦门市、漳州市，接入漳州站。该线路全长277.4公里，设计时速350公里，是我国“八纵八横”高速铁路网中沿海通道的重要组成部分。由中交二航局承建的FX-6标段是全线施工难度最大的标段，项目起于泉州市台商投资区，跨越泉州湾进入石狮市、晋江市，线路全长27.5公里。该标段内以桥梁施工为主，包括6座桥梁（含3座特大桥）、2座隧道和1.2公里路基。其中，全线重点关键控制性工程——泉州湾跨海大桥全长20.3公里，海上桥梁长8.96公里，主桥长800米、主跨400米，为双塔双索面钢混结合梁半漂浮体系斜拉桥，是国内首座跨海高速铁路桥。

福厦高铁的开通运营，将东南沿海城市群串联起一条“黄金旅游带”，厦门、漳州、泉州等地形成“半小时交通圈”，将极大地便利沿线人民群众往来，对促进区域经济社会协调发展具有十分重要的意义。同时，作为京福高铁的重要延伸，福厦高铁建成后，福建省6个城市可以实现“高铁进京”，有效解决了中国东南沿海地区铁路“瓶颈”制约问题，对促进福建省快速融入全国高速铁路网、发挥沿海高速客运通道也具有重要意义。

资料来源　张翀．全国首条跨海高铁正式通车［EB/OL］．［2023-10-01］．https：//www.chinaxiaokang.com/caijingpindao/hongguanjingji/20231001/1461398.html. 引文经过节选、压缩和改编。

问题： 福厦高铁的修建有何意义？

分析提示： 可从创新性、便捷性、安全性与管理水平、大国自信等方面来思考。习近平总书记指出，我国自主创新的一个成功范例就是高铁。

微课程4-2

举世瞩目的铁路交通

2）铁路旅游交通

铁路旅游交通是以旅客列车为主要运输工具、以铁路为交通线路、以铁路客运车站为始终停靠站的一种运输方式。铁路旅游交通具有客运量大、运价低、速度快、安全性高、对环境污染少、受气候的影响小、基本能够保证全天候运行等优点。由于受铁路铺设及地形起伏等影响，此种交通方式同时也存在着灵活性差、投资大、建设周期长、占用土地较多等缺点。长期以来，铁路旅游交通在运输业中一直占据重要地位，特别是在国内中、长途旅游客运中所占比重较大。由于受铁路线的制约，使用这种交通方式入境的国际旅游者并不太多。

3）航空旅游交通

航空旅游交通是以民用客机为主要运输工具、以航空交通线为线路、以机场为始终停靠站的一种运输方式。其优点是快捷、安全、舒适、能跨越地面各种天然障碍。因此，航空旅游交通比较适合中、远途旅行，特别是在洲际旅游和国际旅游中能起主要作用。其不足之处是运载量较小、运输成本较高、受天气条件的影响较大。另外，由于飞机起落时噪声污染较大，机场一般选择建设在离市中心有一定距离的郊区。为此，在机场和市区之间还需修建快速的高等级公路，以方便乘客。目前，世界上1/3以上的旅游者使用这种交通方式。

微课程4-3
条件优越的水运交通

微课程4-4
独具特色的特种交通

4）水运旅游交通

水运旅游交通是以各类船舶为交通工具、以水运航路为交通线路、以港口码头为始终停靠站的一种运输方式。水运旅游交通按航线的特点可划分为内河、沿海与远洋三种交通方式。其优点是运载量大、运价低、投资少；其缺点是运行速度慢、时间长、受自然条件影响较大、灵活性较差。因此，目前水运旅游交通主要在两岸旅游资源十分丰富的河段（特别是适合漂流的河段）、风景湖泊、沿海岛屿旅游地以及水路较陆路相对短许多的沿海旅游地之间起作用。因为在这样的情况下，旅游者乘船航行的过程实际上就是游览欣赏的过程，这是其他旅游交通方式所难以达到的。

学习微平台
延伸阅读4-1

同步案例4-2

首都航空“大学生特色旅游产品”开售

背景与情境：2023年，一种新的旅游方式逐渐升温——“大学生特种兵式旅游”。正值海航航空旗下的首都航空成立13周年，首都航空以感恩之心回馈旅客，贴合现代消费者需求，设计推出“大学生特色旅游产品”。

“大学生特色旅游产品”是首都航空根据大学生群体的出行特点研发设计的特惠机票产品，旨在满足喜好利用空闲时间进行短期旅游的青年人的出行需求。

旅客可通过产品销售渠道进行航班查询及预订，产品适用范围内的航线共计43条往返航线，涉及北京、西安、杭州、丽江、广州、海口等多个旅游城市。该产品为48小时往返机票产品，即旅客在产品适用航线内，须选择预订往返程间隔不超48小时（含）的机票。

同时，旅客需要提前3天（不含起飞当天）完成出票，如2023年6月15日可预订2023年6月18日（含）之后的航班。每个适用航班的可预订名额有限，先订先得，兑完即止。

首都航空拥有丰富的航线网络，主运营基地为北京大兴国际机场，已建立海口、杭州、西安、丽江、青岛、南京、广州、沈阳、重庆过夜基地，成立三亚分公司；执飞国内外航线129条，其中国内航线117条、国际航线12条，航线网络覆盖全国一、二线主要城市及欧洲、北美洲、大洋洲、日韩、东南亚等地区。空客A330宽体客机运营能力覆盖中远程洲际航线，“商务舱+经济舱”的两舱布局能满足所有客户的出行需求。

资料来源 佚名. 首都航空“大学生特色旅游产品”开售［EB/OL］.［2023-05-19］. https://finance.sina.com.cn/jjxw/2023-05-19/doc-imyuipar1340542.shtml? cref=cj. 引文经过节选、压缩和改编。

问题：根据材料，分析近两年航空旅游有何趋势？航空旅游应该如何优化调整？

分析提示：从旅游产品创新、个性化服务、更新设施等方面展开分析。

5）特种旅游交通

特种旅游交通是指除人们通常用的旅游交通方式以外，为满足旅游者的某种特殊需求而产生的对旅游交通方式起补充作用的交通运输方式。一般而言，特种旅游交通除具有一般的交通功能以外，还具有娱乐、新奇、惊险、趣味等特色，按其功能可分为三种类型：第一类，景点、景区或旅游区内的专门交通工具，如观光游览车、电瓶车、渡船等；第二类，在景区或景点内的某些特殊地段，为旅游者的安全或辅助病、老、残、幼旅游者节省体力而设置的交通工具，如缆车、索道等；第三类，带有娱乐、体育、特色体验和特种欣赏意义的旅游交通工具，如滑竿、轿子、羊皮筏子、独木舟、橡皮艇、索桥、栈道、马匹、骆驼等。

同步思考4-1

问题：对于有特种旅游交通工具的旅游景点，景区在管理上应注意什么？

理解要点：从预防、维护、事故处理等方面分析。

4.2 中国旅游交通概况

中华人民共和国成立以来，经过70多年的建设和发展，我国交通运输业已发生了举世瞩目的变化，铁路、公路、航空和水运等交通方式的运输线路长度增加，客运量不断增长（见表4-1），交通运输紧张的状况有了明显的缓解，对国民经济发展的“瓶颈”有了明显改善，已经形成了初具规模的全方位、立体化的交通体系。这些交通体系彼此之间又形成了一种互相竞争和互相补充的关系，在结构上呈现出此消彼长的态势，并且已接近“基本适应国民经济和社会发展需要”的目标。

4.2.1 铁路旅游交通的发展变化与空间格局

1）铁路旅游交通的发展变化

我国铁路建设始于1876年，到1949年中华人民共和国成立时，全国铁路通车运营里程仅有1万公里，而且只分布在东部地区，特别是沿海一带。到20世纪五六十年代，中国的铁路资源仍然稀缺，筹资渠道非常单一且发展缓慢。改革开放后，我国的铁路建设迅猛发展，尤其是高铁的发展为世界所瞩目。我国铁路运营里程自2011年开

表4-1　中华人民共和国成立以来我国主要交通方式客运量变化　单位：万人次

年份	铁路	公路	内河	民航
1952	16 352	4 559	3 605	2
1965	41 245	43 693	11 369	27
1970	52 455	61 812	15 767	22
1980	92 204	222 799	26 439	343
1990	95 712	648 085	27 225	1 660
2000	105 073	1 347 392	19 386	6 722
2010	167 609	3 052 738	22 392	26 769
2015	253 500	1 619 100	27 100	43 618
2016	281 400	1 542 800	27 200	48 796
2017	308 379	1 456 800	28 300	55 156
2018	337 495	1 367 720	28 000	61 174
2019	366 002	—	—	65 993
2020	220 349	689 425	14 987	41 776
2021	261 171	508 693	16 337	44 055
2022	167 296	354 643	11 627	25 171
2023	385 450	565 560	25 765	61 946

资料来源　根据交通运输部及民航业统计公报整理。

始逐年增长，至2023年年末，全国铁路运营里程达到15.9万公里。在铁路运营里程中，复线率达60.3%，电气化率达75.2%（如图4-1、表4-2所示）。目前，我国已经拥有全球规模最大、运营速度最高的高速铁路网，运营里程占世界高铁运营里程的60%以上，稳居世界高铁里程榜首。在国内，高铁“合纵连横”，人口50万以上的城市基本上被高铁网络覆盖；在海外，我国铁路“步履坚实”地走出国门，先后与俄罗斯、美国、印度尼西亚、老挝、泰国等国签订了合作协议。中国高铁版图不断延伸，满足了民生需求，促进了经济增长，更隐喻着“中国号”快车不断自我超越。

面对航空和公路等运输方式的激烈竞争，我国铁路交通也进行了一系列卓有成效的改革：一是出现了“精品列车”“城际列车”和旅游专列，使铁路客运的舒适程度和服务质量大大提高。二是列车全面提速。自1997年4月至2007年4月，我国铁路已经进行了6次大提速，快速运行的列车已覆盖了全国所有的铁路线，火车的平均时速已由过去的30～40公里提升到120～150公里；2009年以后陆续投入运营的高速客运

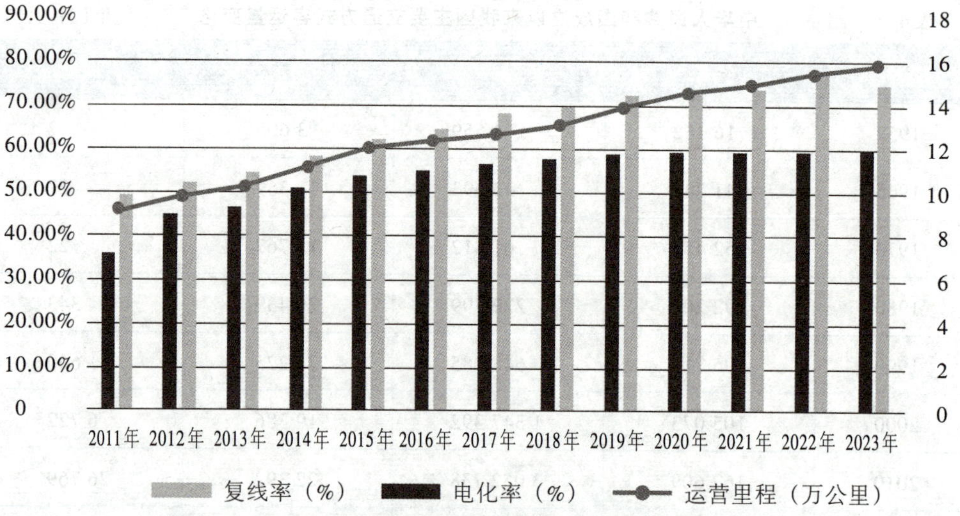

图 4-1　2011—2023 年全国铁路运营里程、复线率及电化率

表 4-2　2011—2023 年全国铁路运营里程、复线率及电化率

年份	运营里程（万公里）	复线率（%）	电化率（%）
2011	9.3	41.90	49.50
2012	9.8	44.90	52.00
2013	10.3	46.60	54.40
2014	11.2	50.90	58.00
2015	12.1	53.70	62.00
2016	12.4	54.90	64.80
2017	12.7	56.50	68.20
2018	13.1	58.00	70.00
2019	13.9	59.00	72.80
2020	14.6	59.50	72.80
2021	15.0	59.50	73.80
2022	15.5	59.60	79.80
2023	15.9	60.30	75.20

资料来源　根据交通运输部资料整理。

专线运行时速可达350公里；截至2023年，我国铁路运营里程已达近16万公里。列车的全面提速，极大地缩短了旅游者外出旅行的时间，使人们旅游活动的范围也得以扩展，同时还为列车车次的增加创造了条件，缓解了火车票一票难求的局面。三是在火车提速的前提下，调整了列车始发时间，在各大城市之间开行了“夕发朝至”的夜

行列车，使游客“旅”与必要的睡眠时间结合，一觉醒来就抵达了千公里以外的旅游目的地，把可以利用的全部时间都用在“游”上面，获得了无穷小的“旅”“游”时间比，也使利用双休日到千公里以外旅游成为可能。随着2006年7月1日青藏铁路全线建成通车及其他新铁路线的不断涌现，我国已“消灭”了最后一个铁路空白省，铁路的空间布局日趋合理。高铁系统的不断完善，大大方便了人们的出行，改变了人们的日常生活格局[①]。

同步案例4-3

中国高铁儿童购票新规

背景与情境：2023年1月1日，12306对高铁、火车票的购买实施了新规，新规最大的变化是关于儿童的。儿童票的新规包括：使用实名制购票方式，以年龄为标准，年龄在6周岁以下的，可免费乘坐高铁、火车，但一位成人只能携带一名6周岁以下的儿童；如果携带多名，那么多出的人数是需要购买儿童票的。此外，免费乘车的儿童不能占用座位，需和大人用一个席位。年龄在6~14周岁的儿童，需要购买儿童票。儿童票是公布票价的半价，而不是软件上显示折后票价的半价。14周岁以上的，需要购买成人票或学生票。有身份证的儿童，需要使用身份证进行购票及进站；没有身份证的儿童，需要使用成人身份证（2023年7月20日开始，购买儿童票必须使用儿童本人的有效身份证件）进行购票，进站时需要走人工通道，出示户口本等能证明儿童身份的证件。免票儿童在购票时需要提前申明，不管是线上还是线下，都要进行填写申明，或告知购票工作人员。线上申明一般在购票时进行，会要求填写免票儿童的资料。购买儿童票时，需要填写或添加儿童的相关身份信息。卧铺票还是跟之前的标准一样，儿童占用一个床席的话，需要购买全价卧铺票。

资料来源　佚名. 2023年1月1日起高铁新规［EB/OL］.［2023-02-08］. https：//www.icauto.com.cn/chuxing/80/808638.html.引文经过节选、压缩和改编。

问题：中国高铁关于儿童的新规说明了什么？

分析提示：可从制度规范、标准完善等方面来思考。

2）铁路旅游交通的空间格局

目前，我国铁路旅游交通的空间格局基本上形成了以“四横六纵”为骨干、以北京为中心的四通八达的铁路旅游运输网。

（1）四条横线。

①京包—包兰线：从北京向西经张家口、大同、集宁、呼和浩特到达包头的铁路线为京包线；从包头向西经银川到兰州的铁路线为包兰线。该线是联系华北地区与西北地区的重要铁路干线。

②陇海—兰新—北疆线：东起黄海之滨的连云港，经徐州、郑州、洛阳、西安、宝鸡、天水、兰州、玉门、哈密、吐鲁番、乌鲁木齐、昌吉、乌苏至阿拉山口，横贯我国东、中、西三个地带，把经济发达的东部沿海地区与西北边疆地区连接起来。同时，它还是“第二欧亚大陆桥”的组成部分。该线对加强我国沿海与内地的经济联

① 推荐观看《快速发展的中国高速铁路》视频。网址：https：//v.qq.com/x/page/y01669vqry1.html。

系、开发建设西北地区有着极为重要的意义。

③沪杭—浙赣—湘黔—贵昆线：东起上海，经杭州、鹰潭、株洲、怀化、贵阳至昆明，横贯我国江南地区，与北方的陇海铁路和长江航线并行，组成我国东西向的三大运输干线。这条铁路线对加强华东、中南和西南地区的经济联系，开发西南地区的丰富资源，具有重要的作用。

④南昆线：西起昆明，东至南宁，北接贵州红果，全长898.7公里，于1997年11月建成通车。南昆铁路沿线地形险峻，地质情况复杂，工程艰巨，技术标准高，南昆线的建成标志着我国铁路修建技术的一个重大突破，一些建造技术已达到国际领先水平。南昆铁路沿线是我国最典型的岩溶地貌区，也是我国完成脱贫攻坚的地区。南昆线的建成对开发沿线地区的旅游资源、带动山区人民持续增收、促进当地的经济发展具有重大意义。

（2）六条纵线。

①京沪线：北起北京，经天津、德州、济南、兖州、徐州、蚌埠、南京、无锡、苏州，南达上海，纵贯北京、天津、河北、山东、安徽、江苏和上海七省市，跨越海河、黄河、淮河和长江四大水系，全长1 463公里，是我国东部沿海地区的南北交通大动脉。该线沿途大多为沿海经济发达地带，因此成为我国目前最繁忙的铁路干线之一。为了缓解运输压力，已建成运营与该铁路走向大体并行的高速铁路，时速达350公里。

②京哈线—京广线：京哈线自北京起，经唐山、秦皇岛、沈阳、长春等城市至哈尔滨，全长1 388公里。京哈线连接我国华北与东北地区，是关内外铁路网相连的主要干线，也是东三省的核心铁路干线。京广线北起北京，经石家庄、郑州、武汉、长沙、株洲等城市，南达广州，横贯我国中部，经过河北、河南、湖北、湖南、广东等省，跨越海河、黄河、淮河、长江、珠江五大流域，连接华北平原、长江中下游平原和珠江三角洲，全长2 324公里。京广线是我国综合运输网的中轴，在我国南北经济联系、东西物资运转和其沿线产品交流、资源开发等方面起着重要作用。

③京九线：北起北京，经天津、河北、山东、河南、安徽、湖北、江西、广东，南至香港九龙，纵贯9个省级行政区，全长2 381公里，是一条纵贯我国中部的铁路干线。京九铁路的建设对完善我国铁路网布局、缓和南北铁路运输紧张状况、带动沿线地区资源开发、推动革命老区经济发展、加强全国各地与港澳地区的经济文化交流和旅游活动，以及促进港澳地区的稳定繁荣，具有十分重要的意义。

④焦枝—枝柳线：焦枝线自河南省焦作经洛阳、南阳、襄阳到湖北省枝城，全长772公里，于1971年7月建成通车。此线纵跨豫、鄂两省，穿越豫西丘陵、南阳盆地、湖北荆山、江汉平原，沿途有许多工矿业城市和历史名城。枝柳线北起湖北省枝城，南达广西柳州，全长885公里，于1978年12月建成通车。枝柳铁路沿线居住着土家族、苗族、侗族和壮族等少数民族，对促进当地经济发展具有重要意义。1987年年底，两铁路线联通，形成了平行于京广铁路的南北交通大动脉。

⑤宝成—成昆线：北起陇海线上的宝鸡市，经成都、攀枝花等城市至昆明，全长1 764公里。沿线地形复杂，气候多变，有数百处隧道、上千座桥梁，隧道和桥

梁总长度达510多公里，工程之艰巨，为世界铁路建筑史上所罕见。该线对促进西南地区的经济建设与旅游业的发展，加强西北、西南地区和全国的联系具有重要意义。

⑥青藏线：东起青海省西宁市，西至西藏拉萨，全长1 956公里。其中，西宁—格尔木段长814公里，1979年建成，1984年投入运营；格尔木—拉萨段长1 142公里，2006年7月1日全线通车，成为世界上海拔最高、线路最长的高原铁路，沿途经过青海湖、昆仑山、可可西里、三江源、藏北草原、布达拉宫等中国乃至世界著名的景区（景点），是一条充满神秘色彩的顶级旅游风景线。目前青藏铁路还开通了豪华旅游专列，车内设有套房、酒吧、氧吧等，为游客提供“星级宾馆”式的服务。

明德笃行4-1

用党的二十大精神描绘铁路新画卷

背景与情境： 中国国家铁路集团有限公司工作会议强调，要全面贯彻落实党的二十大精神，为全面建设社会主义现代化国家开好局起好步贡献铁路力量。这要求全路干部职工坚持在全面学习、全面把握、全面落实上下足功夫，用党的二十大精神描绘铁路新画卷，让党的二十大精神在铁路生产一线开花结果。

部署上把握一个“先”字，描绘“先学一步、深学一层”的新画卷。党的二十大胜利闭幕后，国铁集团党组迅速带领全路干部职工掀起学习宣传贯彻党的二十大精神的热潮。一时间，全路各地都是铁路人以学促思、以思促行的身影。国铁集团宣讲团的步伐遍及万里铁道线，切实将党的二十大精神的思想伟力传递到工作一线，激励各地铁路职工以学习宣传贯彻党的二十大精神为动力，奋力谱写新时代铁路高质量发展新篇章。

推进上把握一个“实”字，描绘“真抓实干、落地生根”的新画卷。新时代十年，我国铁路事业取得了历史性成就，铁路服务惠及千家万户，高铁网四通八达。一组组耀眼的数据背后，凝聚着铁路部门勠力同心、接力奋斗的汗水与付出。在新征程上，铁路广大干部职工继续埋头苦干、砥砺奋进，以全面贯彻落实党的二十大精神、进一步增强高质量推进铁路建设的使命感与责任感，扎实推进铁路高质量发展各项工作，勇当服务和支撑中国式现代化建设的“火车头”。

落实上把握一个“真”字，描绘“拼搏奉献、矢志为民”的新画卷。长期以来，铁路部门以实际行动深入践行人民铁路为人民的宗旨，全力以赴服务人民群众出行、助力经济发展。在党的二十大精神的指引下，铁路人始终带着初心、温情和梦想坚守岗位、矢志奉献，为广大旅客提供各类个性化暖心服务，不断提高人民群众的满意度和获得感，用心绘就万里铁道的美好画卷。

资料来源　李景亮. 用党的二十大精神描绘铁路新画卷［EB/OL］.［2023-05-10］. https://finance.sina.com.cn/jjxw/2023-05-10/doc-imytfvhc7899469.shtml.引文经过节选、压缩和改编。

问题： 从思政角度谈谈铁路部门在贯彻党的二十大精神上是如何积极作为的？

分析提示： 党的二十大报告强调要加快建设交通强国、数字中国。在新时代新征程上，铁路要发挥综合运输体系骨干作用，当好中国现代化的开路先锋，为全面建设社会主义现代化国家、全面推进中华民族伟大复兴作出更大贡献，最紧要的是深刻领悟“两个确立”的决定性意义，增强“四个意识”、坚定“四个自信”、做到“两个维护”，自觉在思想上、政治上、行动上同以习近平同志为核心的党中央保持高度一致。铁路部门要积极践行“先”“实”“真”，用心绘就美好画卷。

同步思考4-2

问题： 上网查询，京张高铁实现智能化的具体举措有哪些？京张高铁为什么要实现智能化？

理解要点： 党的二十大报告强调，要加快建设交通强国、数字中国，要围绕智慧铁路、智慧公路、智慧航道等领域加快推进交通新基建，掌握未来交通创新发展主动权。《数字交通“十四五”发展规划》明确提出交通要全方位向“数”融合。可从高效服务、旅游体验性、国际影响力等方面思考。

4.2.2 公路旅游交通的发展变化与空间格局

1）公路旅游交通的发展变化

与铁路交通类似，中华人民共和国成立时，公路资源也十分稀缺，而且级别低，许多地方交通闭塞，距公路十分遥远。到了20世纪五六十年代，我国公路建设速度加快，在50年代就克服了重重困难，将公路修到了青藏高原。改革开放以来，公路建设速度进一步加快，许多地方已经做到了村村通公路，且高速公路发展极为迅速。自1988年10月，长度为18.5公里的上海至嘉定高速公路建成通车，实现了中国高速公路“零”的突破以后，我国高速公路的建设如火如荼，发展迅猛。1999年我国高速公路总里程突破1万公里；2003年年底超过2.9万公里，位居世界第二；2014年年底超过11万公里，跃升世界第一；2016年我国又新增高速公路6 000多公里，总里程突破13万公里，稳居世界第一；此后高速公路里程逐年增加，继续稳居世界第一，2023年总里程达18.36万公里（见表4-3）。

表4-3 **近30多年来我国高速公路建设情况表** 单位：万公里

年份	1990	1999	2003	2005	2007	2010	2014	2015	2016	2017	2018	2019	2020	2021	2022	2023
高速公路长度	0.05	1	2.9	4.10	5.39	7.41	11.19	12.35	13.00	13.65	14.26	14.96	16.1	16.91	17.73	18.36
在世界的排名	4	3	2	2	2	2	1	1	1	1	1	1	1	1	1	1

资料来源 根据交通运输部、中国高速公路、中经数据、国家统计局资料整理。

从分布来看，高速公路已经不再局限于东中部经济发达或比较发达的地区，而是覆盖了全国广大地域；高速公路不仅把我国各大中城市连为一体，而且伸向国外，与邻国大城市相连。如1999年12月开工、2003年8月建成，东起陕西省榆林市榆阳区芹河乡孙家湾村、西至陕西省靖边县新农村乡石家湾村的榆靖高速公路，总里程为134公里，是我国第一条通过沙漠地区的高速公路；2005年4月正式通车的云南思茅至西双版纳傣族自治州小勐养的高速公路，是我国第一条经过热带雨林的生态高速公路，它也是昆明至曼谷国际大通道的重要组成部分；2005年10月建成通车的广西南宁至友谊关的高速公路，全长180公里，是我国第一条通往东南亚国家的高速公路；

2015年12月建成通车的陕西西咸北环线高速公路，被交通部列为全国“生态环保示范工程”，是国内首条以建筑垃圾为主要筑路材料建设的高速公路，使高速公路的建设更为绿色环保。

同步业务4-1

“中国最美公路”独库公路

被誉为“中国最美公路”的独库公路一直备受自驾者的喜爱。独库公路，即217国道独山子至库车段，是连接新疆南北的国道217线南段，因横穿天山，又称天山公路。独库公路全长561公里，一半路段海拔在2 000米以上，最高处的铁力买提达坂海拔在3 400米以上。

独库公路沿途经过峡谷、冰川、湖泊、草原、森林、戈壁等多种景观和名胜景区，向旅客展现“一日游四季、十里不同天”的壮美奇景，是从新疆北部到南疆旅游的最佳线路。受天山山区冬季降雪、结冰等影响，一般每年11月初到次年5、6月，独库公路会进入“冬眠期”。

高速公路网的建成，大大缩短了我国各地及与邻国间的时间距离，促进了各地的经济联系，方便了人们外出旅行。如广西南宁至友谊关的高速公路建成后，从广西南宁到越南河内的行车时间由8小时缩短为4小时，使到越南旅游变得更加便捷。

此外，公路旅游交通的发展还表现为旅游客车种类与数量不断增多，档次不断提高。截至2024年年底，全国拥有公路营运汽车1 212.24万辆，载客汽车56.54万辆、1 665.47万客位。

同步业务4-2

取消高速公路省界收费站　实现不停车快捷收费

中国交通部门于2019年出台方案，提出在2019年年底前基本取消全国高速公路省界收费站，实现不停车快捷收费。此举并非取消高速公路收费，而是通过技术手段实现不停车快捷收费。车辆的身份识别、路径记录和不停车收费主要依靠不停车电子收费系统（ETC）来实现。

取消省界收费站，意味着节省通行时间、降低成本，有利于经济发展，有利于彻底解决高速公路省界收费站拥堵的问题，进一步提升高速公路的通行效率；有利于节能减排，降低车辆的运营成本，减少尾气排放；有利于降低高速公路的管理运营成本，提升高速公路的用户体验。

资料来源　李琳．中国年底前基本取消高速公路省界收费站 实现不停车快捷收费［EB/OL］．［2023-12-30］．https：//news.cri.cn/20190510/d1059fd3-2f43-e308-218d-c735fd5121d6.html．引文经过节选、压缩和改编。

2）公路旅游交通的空间格局

目前，我国以北京为中心，由国道、省道和一般公路组成，联系各省、自治区、直辖市的全国公路网已经形成。其中，2007年完成的以高速公路为主的“五纵七横”12条国道主干线总长约3.5万公里，极大地改善了我国公路交通运输条件。目前我国公路总里程已达484万多公里，正向500万公里迈进，无论是高速、国道还是农村公路建设，近年来都取得了显著成就。318国道、连霍高速堪称中国最长国道、中国最长高速。2014年12月31日，连霍高速全线通车，成为重要的交通大动脉。此外，还有著名的312国道、065国道、京藏高速、沈海高速等。庞大的公路交通网络为旅游提供了极大便利。

同步思考4-3

问题：公路自驾旅游为何备受青睐？

理解要点：从出行环境匹配、个性需求响应、旅游体验等方面展开思考。

4.2.3 航空旅游交通的发展变化与空间格局

1）航空旅游交通的发展变化

我国自1920年开始航空客运业务，至1950年中华人民共和国民航初创时，仅有30多架小型飞机，仅开辟了天津—北京—汉口—重庆、天津—北京—汉口—广州两条国内航线和以北京为中心的3条国际航线，年旅客运输量仅1万人次。至1980年，全国民航也只有140架运输飞机，且多数是载客量20多人或40多人的小型飞机，机场仅79个，民航全年旅客运输量仅343万人次。近年来，我国民航业快速发展，机场建设如火如荼，机场管理日趋科学。截至2016年年底，我国共有颁证民用航空机场218个，其中定期航班通航机场216个，定期航班通航城市214个，年旅客吞吐量达到100万人次以上的通航机场有77个，年旅客吞吐量达到1 000万人次以上的通航机场有28个。此外，我国机场不断扩大，航线越来越多，截至2018年年底，我国共有定期航班航线4 945条，按重复距离计算的航线里程为1 219.06万公里，按不重复距离计算的航线里程为837.98万公里。我国与其他国家或地区签订双边航空运输协定126个，其中亚洲有44个（含东盟）、非洲有27个、欧洲有37个、美洲有11个、大洋洲有7个。根据国际民航组织的统计，自2005年起，我国的航空运输总周转量在世界的排名已超过了德国，是仅次于美国的世界第二航空运输大国。2024年，全行业完成旅客运输量73 021.33万人次，比上年增长17.9%。国内航线完成旅客运输量66 465.78万人次，比上年增长12.6%，其中，港澳台地区航线完成旅客运输量958.08万人次，比上年增长43.3%；国际航线完成旅客运输量6 555.55万人次，比上年增长125.6%（如图4-4所示）。

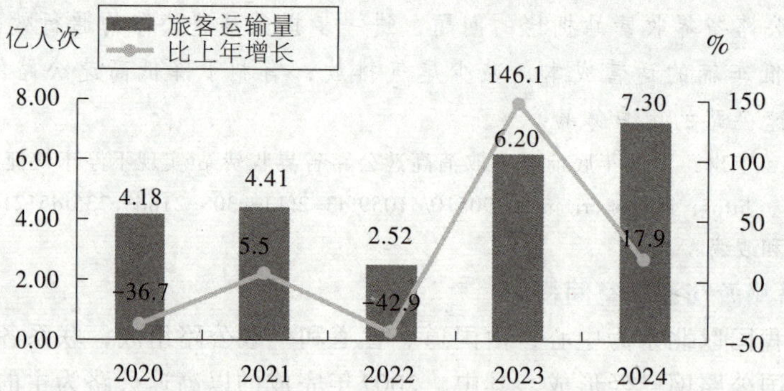

图4-2 2020—2024年民航旅客运输量

资料来源 根据2024年民航行业发展统计公报整理。

2）航空旅游交通的空间格局

经过多年的建设和发展，目前我国航空交通已经形成了以北京、上海、广州三大航空枢纽为中心，以一类航空口岸为基础，机场遍布全国的格局（见表4-4）。未来，我国民航将依托京津冀、长三角和珠三角地区城市群的发展，大力构建以北京首都机场和大兴机场、上海浦东机场和虹桥机场、广州白云机场等为中心的机场群，打造多个大型国际航空枢纽。同时，围绕“一带一路”建设，提高昆明、乌鲁木齐、福州等机场的门户枢纽功能，加快重庆、成都、西安等机场的区域枢纽建设步伐，努力把通用航空培育成国家新的经济增长点。

表4-4　**我国一类航空口岸一览表（截至2024年）**

地区	航空口岸	地区	航空口岸
北京	2个：北京、大兴	河南	2个：郑州、洛阳
天津	1个：天津	湖北	2个：武汉、襄阳
河北	1个：石家庄	湖南	3个：长沙、张家界、岳阳
山西	1个：太原	广东	6个：广州、深圳、湛江、汕头、梅州、揭阳
内蒙古	2个：呼和浩特、海拉尔	海南	2个：海口、三亚
吉林	2个：长春、延吉	广西	3个：南宁、桂林、北海
黑龙江	4个：哈尔滨、佳木斯、齐齐哈尔、牡丹江	四川	1个：成都
上海	2个：上海虹桥、上海浦东	重庆	1个：重庆
江苏	9个：南京、无锡、徐州、盐城、淮安、扬州、南通、连云港、常州	贵州	1个：贵阳
浙江	3个：杭州、宁波、温州	云南	4个：昆明、西双版纳、丽江、德宏
福建	4个：福州、厦门、武夷山、泉州	甘肃	1个：兰州
江西	1个：南昌	陕西	1个：西安
山东	4个：济南、青岛、烟台、威海	新疆	2个：乌鲁木齐、喀什
安徽	2个：合肥、黄山	西藏	1个：拉萨
辽宁	2个：沈阳、大连		

资料来源　根据文化和旅游部网站相关资料整理。

4.2.4 水运旅游交通的发展变化与空间格局

1）水运旅游交通的发展变化

我国河湖众多，海岸线漫长，有发展水运交通的优越条件。我国也是世界上河流最多的国家之一，河流总长约43万公里，有利于发展内河航运；我国大陆海岸线长达18 000多公里，有许多优良港湾，便于与沿海航线连接开展河海联运。20世纪50年代以来，我国水运交通业有了很大的发展，全国内河航道通航里程逐年增加。

我国内河航道基本建成了以长江干线、西江航运干线、京杭运河、长三角和珠三角高等级航道网为主体，干支衔接、通江达海的内河航道体系。2022年年底，全国内河航道通航里程12.8万公里，等级航道通航里程6.75万公里，占内河航道通航里程的52.7%，其中三级以上达到1.48万公里。长江是内河航运主通道，长江水系14省市内河航道占全国内河航道的50%、港口码头泊位占90%，是全世界运量最大、通航最繁忙的河流。作为全国规划“四纵四横”高等级航道中的“纵二”，江淮运河于2023年9月16日全线试运行，实现了长江、淮河两大水系连通的世纪梦想。

2）水运旅游交通的空间格局

我国水运建设按照生产力布局和水资源“T”形分布的特点，重点建设了贯通东南沿海经济发达地区的海上运输大通道和主要通航河流的内河航道。同时，重点发展了“两纵三横”共5条水运主通道：“两纵”是沿海南北主通道、京杭运河淮河主通道；“三横”是长江及其主要支流主通道、珠江及其主要支流主通道、黑龙江松花江主通道。

同步案例4-4

湖南智慧水运升级“新智慧”

背景与情境：2022年6月，湖南智慧水运综合监管平台2.0版本通过验收并上线运行，该平台涵盖行政检查、交通态势图、船舶热力图、水运数据综合展示等14个功能模块。湖南省水运事务中心根据用户需求和实际业务场景需要，不断优化完善平台功能及使用体验，新增了以下模块：运砂船管理模块，可实现辖区运砂船数据实时查看和超航区航行监控等；进出港监管模块，可实现进出港船舶实时检查及港口货物分析等；危险品船舶监管模块，可实现危险品船舶洗舱情况、异常行为监测及靠泊信息管理等；渡口智能监测模块，可实现渡口航次信息及渡运量统计分析、渡口异常事件监测管理、渡口违法事件统计分析等。此外，还新增了船舶过闸数据统计功能，为全省水运监管工作提供了更加便捷高效的信息化手段。

资料来源　佚名. 升级“新智慧”！湖南智慧水运综合监管平台业务培训在长沙举办［EB/OL］.［2023-06-14］. http：//jtt.hunan.gov.cn/jtt/xxgk/gzdt/tzdt1/202306/t20230614_29375667. html. 引文经过节选、压缩和改编。

问题：湖南推出智慧水运综合监管平台有何意义？

分析提示：从便捷性、完整性、水运旅游的支持等方面来分析。

（1）内河航运。我国内河航运水道主要由长江、珠江、黑龙江、京杭大运河、淮河以及它们的各支流水系组成，2022年年底全国内河通航里程达12.8万公里。其旅游通道主要分布在河系主干道及旅游资源富集的支流河段。

①长江旅游主要通道。长江发源于青海各拉丹冬雪山，横贯我国大陆中部，流经11个省市区，注入东海，全长约6 300公里，是我国第一大河。长江河道长，支流多，流域面积广，水量充沛，具有发展航运的优越条件。沿江大港主要有重庆、宜昌、武汉、九江、安庆、芜湖、马鞍山、南京、镇江、上海等。长江所流经的四川盆地和长江中下游平原地区不仅是我国经济最发达的地区之一，而且是我国旅游资源丰富和集中的地区，沿途风景如画，名胜古迹众多，许多河段如长江三峡、长江第一湾、虎跳峡、金沙江三江并流河段、长江下游河段等都是知名度很高的旅游河段，其支流多漂流河段。因此，长江不仅是一条"黄金水道"，也是一条黄金旅游线，未来，其干流主通道必然成为重点建设对象，相关的航运基础设施、运输工具、安全保障及后勤服务将得到全面的优化与完善。

同步案例4-5

以大交通带动大旅游

背景与情境：高铁4小时可通达全国80%的重要城市，黄金水道通江达海，中欧班列辐射40个国家，客货航空直航5大洲，开放的湖北连接全国、通达全球。打造新时代"九省通衢"，打造内陆开放新高地，打造新时代"祖国立交桥"，建设国内大循环重要节点和国内国际双循环重要枢纽。湖北依托"铁水公空"现代立体交通网络，塑造新的气质、拥抱新的梦想。

旅游业是经济增长的重要引擎、转型发展的重要动能、强省富民的重要支撑。湖北这架通达的桥，在加快构建"大旅游"格局、促进文旅深度融合、加快推动旅游业高质量发展中，具有不可替代、不可或缺的作用。湖北要成为世界知名、全国一流的文化旅游目的地，需要以大交通带动大旅游，以"四通八达"迎"四海宾客"。

湖北明确提出构建"一核引领、一带串珠、三圈联动、多极支撑"的文旅深度融合发展新格局。这是对湖北文旅资源的深度梳理，对湖北文旅融合的深入谋划，对湖北文旅发展的深刻部署。一核、一带、三圈、多极的梯次分布，引领、串珠、联动、支撑的功能协同，需要交通"先行官"发力奔跑，跑出加速度、迈上新台阶。

近年来，城市休闲游、乡村微度假、户外露营等备受欢迎，人们的出游需求不再停留于从一地到另一地的空间移动，更包含沉浸式、全过程的深度体验。点与点之间无缝衔接，路与路之间高效连接，交通工具转乘深度对接，需要打通"新动脉"、畅通"微循环"，让人们在路上各得其所、各美其美、相得益彰。

交通与旅游不是简单相加，而是整合资源、联动发展，产生"1+1>2"的效果。进一步构建快进慢游的交通网络，完善近悦远来的配套体系，用"通达的桥"把"美丽的画""厚重的书""激昂的诗""丰饶的园"串成大旅游新图景，串出向文化旅游强省跃升的新活力，湖北才能成为更多人向往的"诗与远方"。

资料来源　周晓燕. 以大交通带动大旅游［EB/OL］.［2023-10-05］. http://news.cnhubei.com/content/2023-10/05/content_16727252.html.引文经过节选、压缩和改编。

问题： 湖北旅游交通建设为旅游发展提供了哪些助力？请继续查阅资料，梳理湖北的旅游大交通布局。

分析提示： 探讨交通与旅游发展的相互关系、交通在保障可进入性方面以及适应“说走就走的旅行”方面的贡献。

②珠江旅游主要通道。珠江是西江、北江和东江的总称，是我国华南地区的主要河流和交通大动脉。其通航里程1.6万多公里，航运价值仅次于长江，居全国第二位。旅游客运以三江合并以后的珠江段及其支流漓江的桂林至阳朔段最发达，乘游船可观赏珠江发达的城市景观和桂林奇山、漓江秀色。其他支流也不乏美妙的风景河段，多已成为旅游吸引物。珠江口伶仃洋海域内的港珠澳大桥是中国境内一座连接香港、珠海和澳门的桥隧工程，以其超大的建筑规模闻名世。港珠澳大桥于2009年12月15日动工，2018年10月24日通车运营，全长55公里，集桥、岛、隧于一体，连接香港大屿山、澳门半岛和广东珠海，珠海至香港的车程由3个半小时缩短至半小时。港珠澳大桥旅游于2023年12月15日开通试运营。

③黑龙江旅游主要通道。黑龙江干流全长4 440公里，有一部分河段为中俄界河，河流平缓，水量充沛，通航条件较好。黑龙江最大支流松花江发源于长白山，干流总长约2 000公里，通航里程约1 500公里，是东北地区的主要水运干线。特殊的地理位置使其河道两边多国际旅游口岸。虽然这些河流每年结冰期较长，影响了航运价值，但由于冰层厚，可开辟冰上通道，其实对运输不会造成影响，而且河流冰面可用来开辟冰雪运动，反而成为游客聚集的场所。

④京杭大运河旅游主要通道。京杭大运河北起北京，经津、冀、鲁、苏等省市，南到杭州，沟通了海河、黄河、淮河、长江、钱塘江五大水系，全长1 794公里，是世界上最长的人工河道。历史上，京杭大运河曾是我国东部沟通内河、联系海港的南北水运干线。后来，由于黄河改道，内河河床逐渐被淤塞，加上年久失修等原因，故近代以来京杭大运河有近百年全线断航。20世纪50年代以来，经过对运河的整治，山东济宁至浙江杭州段河道恢复通航，至2016年通航里程达1 400多公里。1981年4月，我国新开辟的古运河扬州、无锡、苏州至杭州段水上旅游线，引起了国内外游客的极大兴趣，游客乘船可欣赏两岸的江南风光以及古运河的风采，被称为京杭大运河黄金旅游线。

（2）海洋航运。其建设的重点是沿海一线，是我国水运“两纵三横”格局中的“两纵”之一。

①沿海旅游主要通道。它以沿海城市到附近海岛的旅游线路及海港城市间的旅游客运线路为主，如上海、宁波等港口城市至舟山群岛，福州至马祖，厦门至金门等旅游通道，以及大连至烟台、香港至澳门、中国北海至越南下龙湾等旅游线路。远洋航线中距离较近的也具有旅游意义，如我国大连、上海至韩国仁川、日本神户等。此外，随着我国邮轮母港的开发建设、各豪华邮轮的频繁停靠，新的远洋航线将不断涌现。

②主要海港。海港是位于海陆交接之处的港口城市，由于旅游交通发达，又有优美的海滨风光与发达的城市景观，因而常成为旅游集散地和旅游目的地，如我国海港城市中的上海、天津、大连、厦门、青岛、宁波、福州、广州、三亚、海口和香港等

都是久负盛名的旅游目的地，也是区域旅游最主要的集散地，其中不少还设有邮轮母港，是豪华邮轮停靠、补给之地。

同步业务4-3

邮轮旅游与邮轮母港

邮轮是海上漂浮的度假村，邮轮上除了有酒吧、咖啡厅、免税商店、夜总会、健身中心、图书馆、会议中心外，还设有豪华赌场、游泳池、高尔夫球练习场、保龄球馆、篮球馆、排球馆、滑浪池、攀山墙、滑冰场等大型设施，供游客尽情享用；晚间还有盛大的晚宴，各色酒吧、演出剧场都向游客开放。邮轮旅游是乘坐邮轮到海上或海滨的一个或多个旅游目的地的旅游方式，属于旅游的高端产品，也是一种特别优雅、闲适、自由的旅游方式。邮轮母港是邮轮的基地，具备供多艘大型邮轮停靠、进出所需的综合服务设施设备条件，邮轮在此停靠，进行补给、废物处理、维护与修理。邮轮公司通常在母港所在地设立地区总部或公司总部，邮轮母港的经济收益一般是停靠港的10～14倍，对所在区域的经济具有较强的推动作用。

4.2.5　特种旅游交通及其空间格局

尽管特种旅游交通多种多样，按使用的动力类型可将其分为机械动力类、自然动力类、畜力类、人力类等，每一种类型又可以按动力的具体来源或使用工具的特征不同分为若干种类，但就旅游者的感受而言，众多的特种旅游交通大致可以分为两类：一类是使旅游者旅行更舒适、更方便的交通工具，如邮轮、索道、游览车、旅居两用汽车等；另一类是具有旅游资源性质、地方特色十分明显的交通工具。前者大多没有地域限制，哪里有条件、有需要就可以使用；而后者则是地域自然环境与人文历史环境的产物，有着明显的地域性。特种旅游交通在我国的空间分布大致呈如下格局：

1）地处偏远的民族地区特种旅游交通特别丰富

由于历史的原因，我国大多数少数民族都居住在远离中原的西部、北部及西南部。这些地区自然环境条件与中原差异明显，其物产及人们的经济生活方式各不相同，社会发展相对缓慢，人们较多地保留了适应当地自然环境条件、借助自然力的交通方式，包括借助畜力、人力、水力、高差势能等各种自然动力的交通方式；又由于各地自然环境条件及可以借助的自然动力类型各不相同，因而产生了丰富多彩的特种旅游交通类型，表现出明显的地域性。这类古老而独特的交通方式对适应现代生活方式的旅游者来说，无疑是具有吸引力的，旅游者不仅会用好奇的眼光去观赏，而且往往有参与体验的冲动，因而这类特种旅游交通具有旅游开发的价值。

2）北方少数民族以各种畜力类特种旅游交通为特色

我国长城以外的北方地区历来是以畜牧业为主的经济区，畜力资源丰富，各地根据当地自然环境条件及畜力类型发展了独特的交通方式，受到了旅游者的青睐。

东北地区利用当地冬季千里冰封的日期长、冰面光滑、摩擦力小的特点，创造了爬犁和雪橇，并使用多种畜力作为动力，形成了马拉爬犁、牛拉爬犁、驯鹿拉爬犁及狗拉雪橇等多种特种交通形式，其中驯鹿是鄂温克族定居前唯一的役畜。狗拉雪橇则是赫哲族现在仍常用的冬季特种交通形式。通常一个狗橇套2～9条狗，冬季每日可行100多公里，很适合远行。

内蒙古草原则多用马匹做动力，马与车自古以来就是当地居民最主要的交通工具。若要运大量物资，则用一种被称为“勒勒车”的双轮木制大车，车身小而车轮高大，直径约1.7米，以便在没有路的草原上涉水过溪，转场搬迁。人们有时把七八辆车贯连起来，在前车的带动下缓缓而行，蔚为壮观。

在西北沙漠地区，交通运输离不开骆驼，因此骆驼自古即被誉为“沙漠之舟”，是古代丝绸之路的主要交通工具。现在帕米尔地区和甘肃、宁夏等地的沙漠地区，骆驼仍是当地各族人民的重要交通运输工具。骑骆驼在沙漠中行进是到西北旅游的人们最期望的体验之一。在西北绿洲从事农业的维吾尔族人在运输中多用骡和驴，而在南疆村镇，“阿凡提”骑的小毛驴几乎成为当地交通工具的特殊象征物，一头小毛驴不仅可以驮一个人，而且可以拉动一辆坐着十几人的大车，实在让人称奇。

牦牛被誉为“高原之舟”，是高寒地带的特有牛种，人们常把它和藏族及青藏高原联系在一起。牦牛是一种强壮有力、憨厚耐劳的牧畜，可以驮载重物到达一般牲畜到不了的高海拔地区，还可以作为乘骑，藏族牧民转场搬迁时牦牛是主要运输工具。

北方河流中行驶的特种船只往往也与牲畜有不解之缘，如西北地区回族常用的羊皮筏、藏族常用的牛皮船等。羊皮筏以圆木棍做筏的骨架，把9～12个充气的整羊皮固定在木架上，气包朝下放入水中，物品或人载乘其上，便可放行，羊皮筏随波逐流，轻捷便当，靠岸后，一人便可轻松地扛筏而归。牛皮船则是用木材做骨架、外面用数张牦牛皮缝制而成的，载人载物、横渡江河，十分轻巧；船形似方似圆，无首尾前后之分。

此外，东北地区的鄂伦春等少数民族以树条为骨架，将春天桦树出浆时剥下的大块树皮整张地包在船架外而制成的桦皮船，也像羊皮筏和牛皮船一样轻便好用。鄂伦春族使用的特种交通工具滑雪板、满族使用的溜冰鞋早已成为人们日常的娱乐工具，滑雪与溜冰也已成为冰雪旅游不可或缺的内容。

3）西南民族地区的特种旅游交通以种类繁多的桥为特色

我国西南民族地区位于亚热带湿润区，地势高低起伏，崎岖不平，尤其是云南省横断山区，山高谷深，水流湍急，峡谷两岸地势陡峭，一般不易架设桥梁。为了过河，人们便创造出了诸如溜索、索桥、藤网桥等各式各样的“桥”。

溜索，是一种古老而原始的“桥”，或者说是一种最为独特的渡河方法，以藏族地区，云南怒江傈僳族、怒族地区和四川岷江上游羌族地区最为著名。过去，溜索主要由竹缆、溜壳组成。竹缆是用竹篾编制而成的碗口粗的竹索，两端固定在岸边的石柱或大木桩上，起着承重和渡河通道的作用；溜壳用一节30多厘米长的木筒合在竹缆上做成，起着滑动套的作用。渡者以皮带或麻绳紧束腰间，悬在溜索下方，手拉足推由高向低飘然滑去。中华人民共和国成立之后，有些地方的溜索换成了钢丝绳和滑轮，更为便捷安全。

索桥，是在溜索的基础上发展起来的。羌族的索桥是在河两岸砌石为洞门，门内立石础或木柱，将几根或十多根粗大的竹绳或铁索拴在石础或木柱上，形成并列的跨河索排，上铺木板，两旁拉上几根竹绳当护栏扶手即可通行。岷江与杂谷脑河交汇点上的威州大桥，相传始建于唐代，全长100多米、宽1.5米，南北共立24根大木柱，上系粗壮的竹绳，雄伟壮观。著名的大渡河泸定铁索桥也有羌族人的勤劳与智慧凝聚其中。

藤网桥，多见于云南独龙族地区，主要由十至数十根首尾衔接的竹子做的桥面、以藤条编成的两侧护网及固定在两岸桩子上的篾绳所组成，将撑开的藤网与桥面构成四五十度的夹角，吊在篾绳上即成。行人在不足一尺宽的桥面上行走，两臂需向上伸开把扶住吊藤网的篾绳。人走在桥上时，桥上下左右晃荡，桥下深谷中的流水翻滚咆哮，胆大的游客豪情满怀，胆小的游客不免胆战心惊，极具刺激性。另外，彝族地区也有类似的网桥，但护网多以粗竹条编成；西藏地区也有藤网桥，其底部以竹竿为经、以藤条为纬编成浅槽状，两旁的护网用直径2米左右的大藤圈竖立捆在桥面和网上，站在桥头看藤网桥像条长长的网洞，更为奇特。

藏族的传统木桥也很壮观，其中最著名的是澜沧江上游的昌都云南桥。它的桥堍筑于遥相对峙的岩石上，由二三十层圆木垒起，中间填满石子。桥堍上半部的木料依次向江心延伸，形成桥拱的基部。两个桥堍间约有16米宽的空间，用大松木横梁铺成桥面，腾空飞架固若金汤，显示了藏族工匠的高度智慧。

云南阿佤山区佤族的竹桥在国内也是独一无二的。阿佤人将竹竿交叉斜插在水中，竹竿一根架一根由此岸直通彼岸，形成一个“X”形的竹道，在竹竿交叉的槽底铺上直径约15厘米的树干，树干朝上的一面砍平，一根接一根铺过去，构成桥面。叉开的竹竿上方，有数根绳索起吊索作用，将竹竿头弯过来拴挂在索上即成，人们过桥时可伸手把扶竹竿保持平衡，往往有惊无险。瑞丽江上傣族的竹桥以许多相隔一定距离的粗大竹竿为支柱，支柱之间架竹子，当中铺以用竹篾拴扎在一起首尾相连的竹板，构成桥面。因竹子具有柔韧性，走在上面虽颤悠但基本上也是有惊无险。

学习微平台

延伸阅读4-2

此外，湘、桂、黔地区侗族的风雨桥是侗族的主要标志之一。这是一种桥与楼亭相结合的独特桥梁，有交通与休闲纳凉等多种功能。傣族的独木舟、泸沽湖摩梭人的猪槽船、南方山区特有的滑竿也都是受旅游者喜爱的特种旅游交通工具。

本章概要

□ 内容提要

旅游交通是旅游业产生和发展的先决条件，旅游交通收入是旅游业经济收入的重要组成部分，旅游交通的发展对旅游业的发展起着重要的促进作用。改革开放以来，我国的旅游交通无论是从数量、质量还是空间布局上都有了很大提高，发生了举世瞩目的变化，全国统一的、全方位、立体化的综合运输网络体系已初具规模。交通网络体系的不断完善将极大地推动旅游业继续向前发展。

□ 主要概念和观念

▲ 主要概念

旅游交通 特种旅游交通

▲ 主要观念

旅游交通在现代旅游业中的地位与作用 中国旅游交通的空间格局

□ 重点实务

国内具体旅游线路的旅游交通组织与设计 国内景区景点特色旅游交通的设计

基本训练

随堂测 4-1

□ 知识训练

▲ 复习题

1）旅游交通与通用交通的关系如何？与通用交通相比，旅游交通有何突出特点？

2）旅游交通有哪些主要类型？各有哪些特点？

▲ 讨论题

1）旅游交通可能出现的不可预料的情况有哪些？当这种情况出现时，旅游企业与游客该如何正确处理？

2）以南京到海南六日游为例，设计一个旅游交通方案，设计者应重点考虑哪些因素？

□ 能力训练

▲ 案例分析

【训练项目】

案例分析-Ⅳ。

【相关案例】

5G+智慧旅游

背景与情境： 到2025年，我国旅游场所5G网络建设基本完善，5G融合应用发展水平显著提升，产业创新能力不断增强，5G+智慧旅游繁荣、规模发展。

持续加强5G网络建设。旅游景区、度假区、休闲街区、夜间消费集聚区等重点旅游场所5G网络覆盖水平不断提升，鼓励有需求的重点旅游场所实现5G网络高质量覆盖。

5G+智慧旅游应用场景逐步丰富。5G+智慧旅游在旅游服务、管理、营销、体验等场景下应用路径不断明晰，建立起5G+智慧旅游典型应用场景体系。打造一批5G+5A级智慧旅游标杆景区和5G+智慧旅游样板村镇，培育一批5G+智慧旅游创新企业和创新项目。

智慧旅游产业生态环境初步形成。建成跨部门、跨行业、跨领域协同联动机制，研制形成5G+智慧旅游相关行业标准，培育一批5G+智慧旅游解决方案供应商，落地30个5G+智慧旅游应用解决方案。

资料来源 杨紫莹．5G+智慧旅游，信息量很大！[EB/OL]．[2023-04-12]．http://news.sohu.com/a/666124312_121124603.引文经过节选、压缩和改编。

问题：5G+智慧旅游将为未来的旅游业带来哪些机遇与挑战？

【训练要求】

同第1章“基本训练”中本题型的“训练要求”。

▲ 实训操练

【实训项目】

“‘中国旅游交通地理’重点实务”知识应用

【实训目的】

见本章“学习目标”中的“职业能力”。

【实训步骤】

1）以班级小组为单位组建训练团队，每团队确定一人负责。

2）各团队学生结合本旅游区或景点的具体情况，选取本章“重点实务”之一，根据需要进行角色分工。

3）各团队以本章“重点实务”的教学内容（必要时可通过互联网搜索补充相关资料）为操作规范，通过分工与合作，撰写《国内××具体旅游线路的旅游交通组织与设计方案》或《国内××景区景点特色旅游交通的设计方案》，体验本项目实训的全过程。

4）各团队学生记录本次实训的主要情节，总结实训操练的成功经验、存在的问题及解决办法，在此基础上分别撰写《“‘中国旅游交通地理’重点实务知识应用”实训报告》，并将《国内××具体旅游线路的旅游交通组织与设计方案》或《国内××景区景点特色旅游交通的设计方案》作为《实训报告》的“附录”。

5）在班级讨论交流、相互点评与修订各团队的《实训报告》。

6）在线上平台上展出经过修订并附有教师点评的各团队《实训报告》，供学生相互借鉴学习。

□ 明德笃行

【训练项目】

明德笃行-Ⅳ。

【相关案例】

践行文明从“景区包揽”到“人人参与”

背景与情境：河南新乡南太行八里沟景区提升服务，疏堵结合治理乱扔垃圾等不文明旅游乱象。“绿色银行”（垃圾银行）垃圾兑换活动将垃圾的“末端清扫”变为“源头减量”，鼓励游客更加积极地参与环保行动。游客只需在景区内主动捡满一袋垃圾后，即可前往垃圾存放点换取礼品兑换券，凭礼品兑换券返程至礼品兑换点后兑换各种文创礼品；每个游览区检票口和垃圾存放点均设有服务点。来自五湖四海的游客对景区做法表示认可，并积极参与进来，他们主动拿着垃圾袋、夹子等工具清理景区内垃圾，用实际行动践行绿色环保理念。此外，景区内“蜘蛛侠”悬崖峭壁捡垃圾文明引导活动让游客目睹扫山工的艰辛与付出，唤起大家主动捡拾垃圾的环保自觉。景区一系列创新举措触发更多游客把文明出游内化于心，外化于行，进一步营造了一个文明、健康、绿色的旅游环境。

资料来源　综合相关资料提炼整理而成。

问题：

1）请对案例景区的做法进行分析。

2）案例景区在践行绿色生态、文明旅游方面给同类景区带来了哪些启示？

【训练要求】

同第1章“基本训练”中本题型的“训练要求”。

第5章 京畿要地

——燕赵文化旅游区

- 学习目标
- 5.1 旅游地理环境特征及其对旅游业的影响
- 5.2 旅游业概述
- 本章概要
- 基本训练

● 学习目标

通过本章学习，应该达到以下目标：

职业知识： 学习和掌握本旅游区的自然与人文地理环境、旅游业发展概况、主要旅游景点及旅游线路等理论与实务知识，能用其指导或规范本章认知活动和技能活动，正确解答“基本训练”中“知识训练”各题型的问题。

职业能力： 运用本章理论与实务知识研究相关案例，培养在本旅游区特定情境中分析问题与决策设计能力；通过“自主学习”训练任务，搜集、整理与撰写关于“燕赵文化旅游区旅游人文地理环境变化及其对旅游业的影响”文献综述，在班级开展讨论与交流，培养获取整合信息、文稿撰写与沟通表达等通用能力。

职业素养： 结合本章教学内容，依照相关规范或标准，对“明德笃行5-1”专栏和章后“明德笃行-V”案例中的企业及其从业人员行为进行分析，强化与案例议题相关的“两山理论”、乡村振兴等方面的价值思考并提升职业素养，促进“立德树人”根本任务的落实。

学习微平台

思维导图5-1

引例：京津冀签署协议，推动文化旅游市场一体化发展

背景与情境：我国旅游业在经历了景点竞争、线路竞争、城市竞争之后，已经进入资源重组、差异化发展的区域旅游一体化阶段。

2023年9月5日，京津冀文旅协同专题工作组在京召开工作会，三地文旅部门联合签订了《京津冀协同发展文旅营销战略合作框架协议》和《京津冀地区信用+旅游协同共建合作协议》，并发布了10条京津冀文旅科普体验线路。《京津冀协同发展文旅营销战略合作框架协议》提出，三地要共同开发旅游线路、进行产品推介，联手开展文旅宣传、举办数字营销活动，推动京津冀文化旅游市场的一体化发展，加快形成“协同管理、优势互补、形象共树、客源共享”的良好格局。

会上还发布了部分京津冀文旅协同发展成果。作为全国第一个区域性自驾相关服务标准，《京津冀自驾驿站服务规范》的出台为京津冀区域房车露营产业规范、健康、快速发展奠定了良好基础。目前，北京已授牌北京蜗蜗牛自驾驿站、北京世园公园自驾驿站、北京白河湾旅游带自驾驿站为“京津冀自驾驿站服务规范试点单位”，2023年将授牌10家驿站。

资料来源　李洋．京津冀签署协议，推动文化旅游市场一体化发展［EB/OL］．［2023-09-06］．https：//wap.bjd.com.cn/news/2023/09/06/10555046.shtml.

同步链接 5-1

加快建设京津冀协同发展典范城市

通过以上案例可以看出，京津冀三地不仅地缘相接、地域一体，而且“京津冀区域旅游一体化”的新格局已逐步显现，是一个名副其实的旅游区。下面我们将从旅游地理环境、旅游资源、旅游业及其发展等方面来了解该旅游区。

5.1 旅游地理环境特征及其对旅游业的影响

燕赵文化旅游区包括北京、天津、河北二市一省，土地面积21.6万平方公里，其中北京是本旅游区所依托的中心城市。区域内自然旅游资源多样，历史文化悠久，燕赵文化特色鲜明，经济繁荣，交通发达，加之北京是我国首都，也是全国政治、经济、科教文化和国际交往的中心，该旅游区历来是我国的旅游热点区之一，在我国旅游业中占据重要地位。

5.1.1 旅游自然地理环境

1）多样的地貌类型、丰富的自然旅游资源

燕赵文化旅游区位于华北平原北部，东临渤海，西依太行山地，南接中原，北连内蒙古高原。其地势具有由东南部广阔平原逐渐向西部、北部丘陵山地及高原过渡的特点。其中，华北平原依山临海，面积广阔；在平原向高原过渡的地带，丘陵、山地起伏，垂直变化明显。全区高原、山地与平原的比例是1：5：4，并拥有640公里的海岸线。多样的地貌营造了种类丰富、地域特色鲜明的自然旅游资源。

（1）山地、高原多避暑场所和峡谷、关隘。燕赵文化旅游区的山地主要有北部的燕山、西部的太行山和位于西北角、连接燕山与太行山的军都山。这些山地由于处于平原向高原过渡的地带，海拔都不太高，一般为1 000～1 500米，少数可达2 000米以上，如位于河北省涿鹿县和蔚县交界的小五台山（海拔2 882米）、涿鹿县的灵山（海拔2 420米）、北京市的东灵山（海拔2 303米）和海坨山（海拔2 241米）等。燕

山以北属于本区的坝上高原，海拔最高在1 200米左右，清代的“木兰围场”就在这里，面积约1万平方公里。这些山地、高原降水丰沛，清泉萦绕，河流纵横，植被茂盛，生机盎然，夏季凉爽宜人，是集游览、避暑、疗养为一体的旅游胜地。

在河流横截山地之处则形成险峻峡谷风貌，如拒马河的十渡、清水河的龙门涧，皆属此类景观。位于燕山、军都山的峡谷自古以来就是华北平原通向塞外的重要通道，并多有著名的关隘分布，如居庸关、古北口、喜峰口、马兰关、二道关等。

(2) 丘陵、山地与平原相接处多风景名胜。在山地与平原相接处，常见有孤山、低岗和沙丘等，地形变化多端，自然景观层次丰富，气候条件好，植被茂盛，多有泉水出露。这些都是形成风景名胜的物质基础，因而景点多集中于此。如太行山东北端接近华北平原一带的低山和丘陵，称为“北京西山”。由于地势起伏，山水交映，集中分布了北京历代名园、名寺，颐和园、圆明园、玉泉山、卧佛寺、碧云寺、八大处、法海寺均位于此。离北京城稍远的山地中有潭柘寺、戒台寺、北京猿人遗址、石景山、上方山、云水洞、石花洞、万佛堂、十渡、龙门涧等，这些也都是极具吸引力的风景名胜区。

军都山东南侧山前地带，北倚高山，南临沃野，形胜极佳，故各代帝王陵墓多选址于此。如明十三陵就被评为国家级重点风景名胜区，并与其他明清皇家陵园一起被列入《世界文化遗产名录》。

燕山伸入平原的支脉——盘山，享有“京东第一山”的盛誉，著名风景点如东西联峰山、碣石山及其东西五峰、玉泉山、白龙潭、黑龙潭、清东陵等也都位于燕山的余脉。

(3) 平原多湖泊水体。太行山以东、燕山以南为河北平原。它东临渤海，是华北平原的一部分，主要由黄河、海河及滦河等水系冲积而成，地势低平，大部分地域洼地与缓岗交错分布，河网洼淀星罗棋布。著名的白洋淀就由上百个水体组成，是平原上的一处大型淡水湖泊群，目前已经开发为湖泊风景旅游区。北京北海、中南海、什刹海也都是在平原洼淀的基础上经人工开凿而成的湖泊；龙潭公园、北京游乐园、紫竹院公园、玉渊潭、稻香湖天然公园、颐和园、天津水上公园也都因湖泊而有游趣。

(4) 海滨多为避暑度假之地。渤海沿岸地区大多为淤泥质海岸，海拔高度在4米以下，洼地众多，其地下水受海水影响明显，水质较差，植被覆盖率低，自然景观单调。而滦河口以北的海岸地段为砂砾质海岸，且海滩平缓、气候温和，盛夏之时气温往往比北京低好几度，是避暑、疗养的绝佳选择。如秦皇岛市北戴河、南戴河，昌黎黄金海岸都已成为我国著名的避暑度假胜地。

同步思考5-1

问题： 为什么海滨多为避暑度假胜地？

理解要点： 从海陆热力差异所造成的气温差异、有益于健康、利于开展运动等诸因素及观赏价值等方面考虑。

2）典型的大陆性季风气候、明显的旅游业淡旺季

燕赵文化旅游区地处中纬度的欧亚大陆东岸，具有典型的暖温带大陆性季风气候特征，春旱多风，夏热多雨，秋高气爽，冬寒少雪。春秋短而冬夏长，冬冷夏热，对比悬殊，降水量年平均340~800毫米，偏少且集中于夏季。春夏秋三季自然景观丰富多彩，而冬季略显单调。因此，本区旅游业淡旺季明显。

4—5月为本区的春季，此时霜期结束，气温回升较快，平均气温13℃~21℃，温和宜人，山清水秀，花木万紫千红，此时为旅游旺季。但是春季短暂，干旱少雨，风沙天较多，春夏之交还有干热风等灾害性天气出现，可能对旅游活动产生不利影响。

6—8月为本区的夏季，炎热多雨，平均气温24℃~26℃，平均湿度56%~86%，降水量占全年的70%~80%。山体植被茂盛，飞瀑流泉尽显风采，可观性强，适合避暑度假，备受旅游者青睐。

9—10月为本区的秋季，天高气爽，平均湿度70%~76%，冷暖适中，平均气温13℃~21℃，风和日丽，红叶似火，景色宜人，常能出现连续的晴朗天气，是一年中旅游的黄金季节。

11月到次年3月为本区的冬季，长达5个月之久，天气晴朗寒冷，干燥少雪，平均湿度22%~56%，平均气温-3.4℃~6℃，其中1月平均气温在0℃以下。一些海港封冻，草木凋零，只有松柏等少数针叶树保持常绿，景观显得比较单调。旅游活动不如其他季节方便，因而形成旅游淡季，只有在难得的大雪纷飞之时，才会出现一个短暂的旅游小高潮。

5.1.2 旅游人文地理环境

1）京畿要地，古韵新风魅力无穷

京畿要地即国都及其附近的地区，该区域在一国之中占有十分重要的地位，故得此名，在本教材中具体指以北京为核心的天津、河北一带。该地域在70万年前就有北京人生活在周口店附近，此后各历史阶段都有文化遗存，是人类发展史的博物馆。历史上的辽、金、元、明、清等朝代均以北京为都城，现在又是新中国的首都，因而人文旅游资源甚多，对国内外旅游者都有很强的旅游吸引力。

（1）文明之源，遗址文物引人入胜。距今70万年以前，生活在太行山与华北平原交界的低丘地带的北京猿人在这里留下了不同时期的古人类化石、原始工具及其他文物、遗物。其中，周口店北京人遗址是世界上最具有代表性、资料最丰富、最完整的古人类遗址，现已被列为世界文化遗产。河北省临漳县有春秋战国时的邺城遗址，其后各个时期的遗迹和保留下来的建筑、文字、壁画、塑像等更多，为发展考古专项旅游准备了物质条件。

（2）重关要守，伟大工程闻名于世。位于本区的伟大工程有燕山长城，京杭大运河通惠河段、北运河段，卢沟桥，赵州桥及北京古观象台。它们是我国古代人民智慧和汗水的结晶，是历史的载体和见证，是科技发展的成果和标志，具有很高的旅游价值。燕山长城是明代遗存，也是长城中质量最高、科学性最强的一段，著名游览点有八达岭长城、金山岭长城、古北口长城、慕田峪长城、黄崖关长城和山海关长城，是国内外旅游者的神往之地，也是世界文化遗产——中国长城的重要组成部分。卢沟桥坚固、壮观，赵州桥构思精巧，古观象台集中体现了我国古代杰出的天文成就。

同步案例5-1

纪录电影《爱我长城》

背景与情境：《爱我长城》是我国第一部全景式4K高清、展现以老红军王定国为代表的老一辈和在其感召下几代人进行长城保护真实故事的纪录电影，场景恢宏，荡气回肠。影片首次披露了长城保护的许多精彩细节，如邓小平、习仲勋为长城保护题词、"爱我中华　修我长城"大规模捐款活动、首部航拍纪录片《万里长城》诞生、山海关老龙头长城修复、我国最东端长城——虎山长城确定、王定国99岁重走长征路、中国首部长城百科全书《中国长城志》出版等，这些细节展开了一幅新时代社会各界保护长城、宣传长城的生动画卷。

该片已获中加国际电影节最佳纪录片展映单元，入围意大利米兰国际电影节最佳纪录片、美国亚洲影视节优秀影片、第十五届中美电影节金天使奖、波兰东欧国际电影节纪录片长片单元、第六届旧金山国际新概念电影节长片单元并获提名奖。该片为献给新中国成立70周年的独特厚礼，并在全国长城沿线和各大学展开巡映，以在青少年中大力弘扬长城和长城精神。

资料来源　王天译.纪录电影《爱我长城》在东北大学秦皇岛分校举行全国大学首映礼［EB/OL］.［2020-10-15］. https://baijiahao.baidu.com/s?id=1649007769966030428&wfr=spider&for=pc.引文经过节选、压缩和改编。

问题：观看《爱我长城》，谈谈为什么要"爱我长城"？什么是"长城精神"？

分析提示：从长城在中国历史上的作用及在现代中国和世界的文化地位等方面去思考。

（3）数朝古都，皇家建筑叹为观止。北京有800多年的都城历史，其中600多年是作为首都而存在的，并相对集中于明、清两朝。明朝定都北京后，曾在统一规划下，集全国的财力、物力和能工巧匠，花了15年的时间完成了都城建设。全城分为内城、皇城和宫城，城墙宏伟高大，城门、城楼、角楼一应俱全；建筑宏伟壮丽，包括皇家宫殿、各种坛庙及后来建的皇家陵园等。清朝全盘接受了明北京城的总体布局，并进行了整修和扩建，扩充最多的是规模宏大、数量众多的皇家园林。明清两朝处于我国封建社会的最后阶段，在以后的战争年代北京又得到了很好的保护，使得这些类型齐备、数量众多的皇家建筑历经数百年还完整保存，从而使京畿要地及古都风貌特色得以充分展示。

本区现存的皇家建筑主要有皇家宫殿——故宫，皇家坛庙——太庙、社稷坛、天坛、地坛、日坛、月坛、先农坛、承德避暑山庄外八庙等，皇家园林——承德避暑山庄、颐和园、圆明园、畅春园、静宜园（香山）、静明园（玉泉山）、北海、中南海、什刹海等，皇家陵园——明十三陵、清东陵、清西陵等，其中不乏世界文化遗产。

同步思考5-2

问题：本区的皇家建筑中有哪些被列入了《世界文化遗产名录》？它们为什么能被列入《世界文化遗产名录》？

理解要点：网上搜索"中国世界文化遗产"目录及简介。

（4）人文荟萃，宗教建筑缤纷齐集。作为人文荟萃之地，本区佛教、道教、伊斯兰教、基督教都有古建筑遗存。历史上本区曾有佛教寺庙2 000多座，现在留下的著名佛教寺庙有卧佛寺、碧云寺、八大处、广济寺、法源寺、大钟寺、独乐寺等。其中，法源寺设有中国佛学院，广济寺是中国佛教协会所在地。此外，本区还有佛教石窟如响堂山石窟，以及众多佛塔，如广安门外的天宁寺塔、阜成门外的慈寿寺塔、大正觉寺金刚宝塔等。北京的白云观是全国最大的道观，为中国道教协会所在地，在全国享有盛誉。本区有伊斯兰教清真寺50多座，其中北京的牛街清真寺、东四清真寺有很高的知名度。金碧辉煌的雍和宫则是一座保存完整、规模宏大的喇嘛庙。承德的外八庙也是一组少数民族庙宇。这些宗教建筑都具有历史悠久、规模宏大的特点，同时又把我国多民族、多宗教信仰的特征表现得十分突出，对旅游者有很大的吸引力。其中，承德的外八庙与避暑山庄一道被列入《世界文化遗产名录》。

（5）革命源头，故居遗址永留教益。本区是近代革命的发源地和名人聚居地，所以革命遗址、遗迹、纪念地很多，如北大红楼，毛泽东、鲁迅、宋庆龄故居等。河北保定市清苑区的冉庄、北京顺义区焦庄户等地还有地道战遗址，参观这些地方可对我国近代革命有更深刻的了解。

（6）祖国心脏，都市新貌繁盛可喜。作为我国的首都和历史上著名的古都，北京是古都风貌与现代大都市风貌交融的城市。市中心是古都风貌最浓烈的区域，越向外围，其现代大都市风貌越强烈，现代建筑群高高耸立，如20世纪50年代的十大建筑，70年代的地铁，80年代的数十座立交桥和风格各异的宾馆、饭店，90年代的亚运村、世纪坛、世界公园、密云国际游乐场，21世纪初的奥运场馆等，都是都市新貌的体现。

此外，北京还是全国的科教文化中心，拥有国家重点实验室79个（2016年），有北京大学、清华大学、中国人民大学、北京师范大学等高等院校90多所，有各类博物馆176个（2021年），有全国藏书最多的中国国家图书馆，有包括北京协和医院、北京大学人民医院、中日友好医院等著名医院在内的各类医院1 000多所，这些都可变成旅游资源，吸引人们前来参观访问、求医问诊。

天津作为环渤海城市群的经济中心、北方的综合工商业城市、全国主要港口城市、沿海对外开放城市，城市建设在20世纪80年代突飞猛进，现代大都市风貌明显。此外，石家庄、唐山、邯郸等一批区域中心城镇也具有一定的现代大都市风貌。整个京津唐地区是我国重要的工业基地和城镇聚集区，城市现代化水平都比较高。

本区著名的商业街区有北京的王府井、西单、大栅栏、东单、西四和东四，天津的和平路、估衣街、滨江道、食品街等，这些地方也是购物、旅游的好地方。

（7）节事纷呈，奥运盛会全球瞩目。**节事活动**，*即为节日和特殊事件而组织策划的活动，包括盛大的传统节日、精心策划的博览会及各种文化娱乐、体育赛事活动等*。京畿之地，其各种传统的节事活动原本就较其他地区盛大，同时也是现代高级别的国际文化体育活动的重要举办地，如北京已成功举办亚运会、奥运会和2019年中国北京世界园艺博览会，2022年北京—张家口联合举办冬奥会与冬残奥会。至于各种国际文化艺术节、中国·天津妈祖文化旅游节、中国吴桥国际杂技艺术节等更是不胜枚举。这些活动不仅规模宏大、档次级别高，足以吸引八方游客，可形成一时之盛况，而且为举办这些活动所精心打造的景观、场馆已成为知名度特别高的旅游吸引物，不少活动已常规化。

同步案例5-2

北京成为第一个承办冬夏两季奥运会的城市

背景与情境：继2008年奥运会成功举办以后，北京又与张家口联合申办2022年冬奥会，使北京成为第一个承办冬夏两季奥运会的城市。冬奥会在两城市举办将成为该地区旅游业协同化、一体化发展的催化剂，对区域旅游协同发展会产生深远影响：一是冬奥会将带动3亿人参与冰雪运动，带动体育产业、服务业、休闲旅游业三大领域先行示范发展，形成京张体育文化旅游带和世界冰雪旅游胜地；二是冬奥会将促进形成由航空、高铁、高速公路构成的区域一体化交通设施体系，如2019年完工的京张高铁因冬奥会将时速提升至350公里，使北京到张家口太子城站全程仅50分钟，直接将张家口拉入首都"一小时经济圈"；三是冬奥会将实现京津冀区域发展理念向国际水平的整体拉升，与正在实施的京津冀协同发展战略相互催化，有利于增强区域整体竞争力，推动京津冀世界旅游目的地的建设。

资料来源　中国社会科学院旅游研究中心. 2015—2016年中国旅游发展分析与预测［M］. 北京：社会科学文献出版社，2016.

问题：2022年北京—张家口冬奥会的筹办及举行对本区旅游业产生哪些影响？

分析提示：可结合党的二十大报告中提到的"成功举办北京冬奥会、冬残奥会，青年一代更加积极向上，全党全国各族人民文化自信明显增强、精神面貌更加奋发昂扬"等内容来思考冬奥会给旅游人才带来的影响。

2）燕赵故土，文化艺术一枝独秀

在燕赵文化旅游区，太行山、燕山层峦叠嶂，绵亘千里；万里长城蜿蜒于崇山峻岭之间；辽阔坦荡的华北平原南接中原，直趋江淮，东临渤海；海河支流——北运河、永定河、大清河、子牙河和南运河呈扇状汇集于天津，注入渤海。在这种环境条件下孕育出来的燕赵文化，无论是从武术到地方戏曲，还是从民间艺术到风情民俗，都体现出了粗犷、豪放、激越、慷慨的雄风侠骨。其纷繁的文化艺术、丰富的旅游商品和纪念品也备受青睐。

（1）燕赵戏剧激越慷慨。金、元杂剧即先盛于此而后沿京杭大运河南下，传入江南吴越之地。本区戏剧家层出不穷，像关汉卿、王实甫、马致远、纪君祥等均为燕赵人士。近代以来，独具燕赵风韵的戏剧有京剧、评剧、河北梆子。

京剧乃我国国粹，是19世纪中期融合了徽剧和汉剧，并吸收了秦腔、昆曲、梆子、弋阳腔等艺术的优点，在北京形成的。其表演精致细腻，处处入戏；唱腔委婉，声情并茂，武戏文唱，脸谱特色鲜明。京剧形成后，首先在清朝宫廷内得到了空前的繁荣，而后流行于全国。2010年京剧被列入《人类非物质文化遗产代表作名录》。

评剧是唐山地区流行的民间演唱形式"莲花落"与关外的"二人转"相结合，并吸取河北梆子、京剧、皮影戏等艺术营养而形成的，有百余年的历史，现在北京、天津、沈阳、哈尔滨等地都有评剧院。2006年评剧被列入我国《第一批国家级非物质文化遗产名录》。

河北梆子兴起于清朝道光年间，盛行于光绪初年，有传统剧目500多个，如《杜十娘》《秦香莲》等常演常新，经久不衰。高亢、激越、慷慨、悲忍是河北梆子唱腔固有的风格特点，听来能使人有热耳酸心、痛快淋漓之感。2006年河北梆子被列入我国《第一批国家级非物质文化遗产名录》。

（2）燕赵武术威震四海。燕赵之地是中华武术的摇篮和发祥地之一，是“南拳北腿”之“北腿”的故乡。自春秋战国以来，这里尚武成风，名将辈出。战国时期的乐毅、廉颇，东汉后期的刘备、张飞、赵云，宋太祖赵匡胤，都是这一地域人士。中华人民共和国成立前，本区还出现了一批挫败洋人、长中国人志气的优秀拳师，如河北沧州全能武术家王子平、孟村丁发祥、河间县（今河间市）张占魁、天津静海区迷踪拳师霍元甲等。

这种尚武的传统一直延续至今，仅河北省就有70余个县开展武术活动。沧州地区自2009年开始了武术进学校的活动，至2021年，沧州市区的学校全部开设了武术课，泊头市六合拳、海兴县功力拳、孟村回族自治县八极拳进中小学普及率达到80%。

（3）民间艺术享誉中外。本区民间艺术丰富多彩，有杂技、马戏、吹歌、舞蹈、美术、皮影、剪纸、石雕、泥人、草编、陶瓷等。杂技以吴桥县最为著名，现在吴桥是已实现了杂技演出、杂技训练、杂技研究、杂技经济、杂技旅游和杂技文化建设的一体化。吹歌是一种独具风采的民间乐器演奏形式，有2 000多年的历史。逢年过节，吹歌演奏者用唢呐、管子、笛子、笙、锣鼓等奏出十分欢快、热闹的曲调，响遍燕赵大地。燕赵舞蹈绚丽多姿，如徐水狮子舞，冀东地秧歌和跑驴，石家庄的井陉拉花，沧州落子，赵县扇鼓、战鼓、挎鼓及景县的七巧灯舞等。其中，狮子舞流传最广，以徐水狮子舞最为有名。

美术以河北武强木版年画最为有名，其质朴、粗犷、有力、色彩艳丽，富有北方乡土特色和浓郁的农家生活气息。此外，唐山皮影、蔚县剪纸、曲阳石雕、白沟泥人、沧州草编、彭城陶瓷等，皆为国内外的人们所赏识。

1996年10月，文化部对“中国民间艺术之乡”命名，河北省有7个县（市）获此殊荣，即拉花之乡——井陉县、地秧歌之乡——昌黎县、杂技之乡——吴桥县、皮影之乡——乐亭县、吹歌之乡——永年区、民间故事之乡——藁城耿村、木版年画之乡——武强县。这些命名明显提高了本区人文旅游资源的知名度。

（4）旅游商品备受青睐。本区生产的民间工艺品和特种工艺品都是很有特色的旅游商品和纪念品。这些工艺品历史悠久，做工精细，风格独特，因而深受广大旅游者的欢迎。其主要品种有玉雕、牙雕、景泰蓝、金漆镶嵌、料器、雕漆器、内画壶、地毯、抽纱、绒绢制品、宫灯、剧装、首饰、贝雕画、羽毛画、风筝、杨柳青年画、泥人张彩塑、金石篆刻等。

名菜和风味小吃有北京烤鸭、仿膳宫廷菜、谭家菜、北京涮羊肉、北京烤肉、灌肠、烧卖、豆面糕、蜜饯果脯、小窝头、茯苓饼、天福号肘子、六必居酱菜、冰糖葫芦、萨其马、天津狗不理包子、桂发祥大麻花和耳朵眼炸糕等，都深受中外游客的喜爱。

3）经济命脉，对外交通四通八达，三地一体化格局基本形成

自2014年“京津冀一体化”作为重大国家战略提出并逐步实施以来，三地交通基础设施进一步完善。以高速公路为例，以高速公路为例，截至2022年年底，北京通车里程为1 174公里，分布密度为6.91（全国排名第三）；天津通车里程为1 296公里，分布密度为11.78（全国排名第二）；河北通车里程为7 775公里，分布密度为4.13（全国排名第十二）。同年，京津冀三地列出了“十四五”时期高速公路发展目标，强化对城市副中心、北京大兴国际机场等重点区域的发展支撑，加强北京市与天津市、河北省交通基础设施衔接，疏解北京地区过境交通流量。到2025年，京津冀三地高速公路总里程将分别达到1 300公里、1 360公里与9 000公里。截至2022年年底，京津冀三省市铁路营业里程达10 848公里，其中高铁22 575公里，实现铁路对20万人口以上城市全覆盖。高铁覆盖所有地级市，快速推进半小时、1小时城际交通圈，“双城生活”成为现实。大兴国际机场建成投运，与首都国际机场形成“双枢纽”格局，并与天津滨海机场、石家庄正定机场等加快打造京津冀世界级机场群。目前，京津冀地区多节点、网格状的区域交通网络基本形成，相邻城市间基本实现了1.5小时通达。基本建成了北京、天津、石家庄、唐山、秦皇岛5个全国性综合交通枢纽，新建或改扩建综合客运枢纽，使不同运输方式之间换乘时间不超过10分钟。运输服务一体便捷，推动了不同运输方式之间客运联程联运，主要城市之间实现了交通“一卡通”。

学习微平台

延伸阅读5-1

5.2 旅游业概述

5.2.1 旅游业现状特征

根据对本旅游区及京津冀各行政区近年有关旅游接待设施、旅游接待人数、旅游收入等方面的数据分析，不难得出本旅游区旅游业两个最主要的特征。

1）本旅游区整体在全国各旅游区中的优势地位明显提升

由表5-1可知，2023年本区旅游业在全国所占比重的变化，与2021年相比，可以明显看出本旅游区在全国的优势地位明显提升，仅在A级旅游景区略有降低。2023年，全国旅游总收入大幅提升，本区旅游总收入也显著提升。

表5-1　2023年本旅游区旅游业基本情况

项目 地区	星级饭店				A级旅游景区			旅行社	
	营业收入（亿元）	饭店总数（家）	其中		总数（家）	其中		机构数（家）	营业收入（千元）
			五星级	四星级		5A	4A		
全国总计	1 601.09	7 245	777	2 326	15 721	318	4 863	39 580	444 272 900
北京	181.57	294	54	97	215	8	70	2011	65 335 710
天津	14.23	49	12	21	103	2	33	443	18 784 934
河北	51.04	251	27	101	516	11	152	1585	2 173 454
本区合计	246.84	594	93	216	834	21	255	4039	30 834 639
2023年本区占全国	15.42%	8.20%	11.97%	9.42%	5.31%	6.60%	5.24%	10.20%	19.42%
2021年本区占全国	13.70%	9.00%	7.00%	9.29%	5.35%	6.86%	5.76%	8.91%	16.60%

资料来源　中华人民共和国文化和旅游部. 中国文化文物和旅游年鉴2024［M］. 北京：国家图书馆出版社，2024.

同步案例5-3

陆海联通　链接全球——燕赵大地全方位对外开放活力澎湃

背景与情境：燕赵大地加快构筑了陆海联通、链接全球的对外开放新高地，步伐铿锵，活力澎湃。近年来，河北全方位对外开放新图景吸引了越来越多的目光，与50多个国家的城市建立友城关系，中欧班列年开行量从起初的10余列激增至2024年的800多列，港口货物吞吐量首次超过14亿吨，汽车出口值和出口量排在全国前列，进出口规模跃上6 000亿元台阶。外宾连声惊叹雄安这座面向世界和未来打造的开放之城，唐山港孙中山先生铜像见证着“北方大港”百年梦圆，渤海之滨的黄骅港中欧班列满载“河北制造”驶向全球。

向海发展，向海图强。拥有487公里海岸线、三大港口、四个自由贸易试验区片区和六个综合保税区的河北，始终坚持以开放促改革，稳步扩大制度型开放，全面提高对外开放能力和水平，开辟更多联通全球的集装箱航线，加快海港、陆港、空港与自贸区、保税区联动发展，积极融入高质量共建“一带一路”倡议，完善国际产能合作机制，打通陆海双向物流通道，进一步打造对外开放新高地。

资料来源　陈忠华，闫起磊，白林. 陆海联通　链接全球——燕赵大地全方位对外开放活力澎湃［EB/OL］.［2025-06-26］. https://www.xiongan.gov.cn/20250626/1e6daf5579ed410ba9c27cda22b9f615/c.html . 引文经过节选、压缩和改编。

问题：请分析燕赵大地全方位对外开放对旅游业的意义。

分析提示：从游客来源、旅游产品创新、旅游目的地吸引力等角度予以思考。

2）在京津冀一体化的强力推动下，旅游业发展的内部差距缩小

长期以来，由于具备特殊的政治经济地位、旅游吸引物，以及基础设施及交通条件突出，北京旅游业在京津冀三地中一直遥遥领先。2010年，北京的国际旅游入境人数与外汇收入分别为天津的2.95倍与3.55倍，为河北的5.01倍与14.37倍。但随着多年来三地旅游协同发展及三地一体化的推进，内部差距已发生了巨大变化。以2021年为例，三地景区接待游客总人次和旅游总收入分别为：北京2.55亿人次、4 166.2亿元，天津1.79亿人次、1 968.81亿元，河北4.28亿人次、4 424.42亿元。原本位居最后的河北反超天津、北京，与接待人次和总收入最低的天津的比例关系仅为2.39倍及2.25倍。由此可见，在一体化的大力推进下，旅游业确实逐渐实现了同频发展。

5.2.2　主要的旅游地及旅游线路

1）北京游览区

北京游览区包括北京市及其周边地区的相关景点。北京作为我国古代都城和现代政治、文化中心所在地，是一个以众多高质量的世界文化遗产与现代政治、文化中心的大都市风貌为旅游核心吸引力的游览区。其特色旅游线路及景区、景点繁多，现择其重要的介绍如下：

（1）传统内城区皇家建筑游。北京二环路以内是传统的内城区，区内分布着天坛、天安门、故宫、景山、北海公园、恭王府、鼓楼等明清皇家建筑，还有大量皇城根下的四合院和胡同，是老北京风情最为浓郁的地方。

①天坛。其占地273万平方米，始建于明永乐十八年（公元1420年），是明清两代帝王祭天祈谷之所。天坛的魅力在于其独特而神化的建筑艺术。它将建筑学、几何学、美学、神学、声学、园艺学交融于一体，是我国古建筑之杰作和世界文化遗产，为国家5A级旅游景区。

在天坛布局主体建筑的轴线上，从北到南依次排列着祈年殿、皇穹宇、回音壁、圜丘。其建筑平面图皆为圆形，而内外两道坛墙的外廓则明显呈北“圆”南“方”的形态，反映了我国古代“天圆地方”的宇宙观。绮丽雄伟的祈年殿和天安门一样，经常被当作北京的象征。祈年殿殿高32米，殿顶琉璃瓦采用象征天空的深蓝色。整个大殿全用木料造成，没有大梁长檩，没有墙。殿中有28根大柱，象征着28星宿。其中，中央4根龙井柱象征着春夏秋冬4季，中层12根金漆柱象征着1年12个月，外层12根檐柱象征着1天12个时辰，中外层共24根柱表示24节气。皇穹宇内供有“皇天上帝”牌位。其外围圆墙巧用声波反射原理，形成了著名的回音壁，是我国四大回音建筑之一。圜丘是当年祭天的主祭坛，站在其最高的天心石上呼喊，会听到从四面八方传来的响亮的回音，堪称一呼百应。

②天安门城楼及广场。天安门广场是北京的中心、祖国的心脏，面积44万平方米，可容纳100多万人集会。天安门广场每天早上举行的庄严隆重的升国旗仪式已成为中华人民共和国“第一景”。

广场北端是天安门城楼，城楼高34.7米，红色城墙、金黄琉璃瓦。登临天安门城楼，可将天安门广场上的景物尽收眼底。城台下方的五个拱形门洞与门前五座玉石雕栏的金水桥对应，桥外美丽的华表和威严的石狮雕刻精美绝伦。

人民英雄纪念碑正对着天安门城楼。碑座上镶嵌着八幅大型浮雕，再现了近代中国人民的斗争历程。纪念碑的南面是毛主席纪念堂，广场东侧是中国历史博物馆和中国革命博物馆，西侧是人民大会堂，皆为新中国不同时期的代表性建筑。

③故宫。它旧称紫禁城，位于北京中轴线的中心，是明清两个朝代24位皇帝的皇宫，以气势恢宏、布局有序、工艺精巧著称，是中国最具代表性的帝王宫殿、世界文化遗产，现已被辟为故宫博物院，为国家5A级旅游景区。

故宫始建于明永乐四年（公元1406年），宫墙周长6公里，占地72万平方米，有大小宫殿70多座，建筑面积约15万平方米。其内部分为“前朝”和“内廷”两部分。前朝以太和、中和、保和三大殿为中心，以文华、武英两殿为翼，是封建皇帝举行大典、召见群臣和行使权力的主要场所；内廷中轴线上有乾清宫、交泰殿、坤宁宫和御花园，两侧分列东西六宫，是封建皇帝处理日常政务及后妃、皇子们居住、游玩的地方。环绕故宫的宫墙四角是“九梁十八柱七十二条脊”的角楼，风格奇特。

故宫建筑群从布局、规模到形式，都有严格的等级区别，集中体现了皇权至尊的观念和我国古代建筑艺术的传统风格，是我国古代建筑艺术的精华。

此外，作为世界五大博物馆之一，故宫拥有许多世界之最，它是世界上收藏中国文物最丰富、最珍贵的一座宝库，拥有文物藏品180多万件，其中珍贵文物168万余件。世界各地的博物馆藏品几乎都是金字塔形的，塔尖是镇馆之宝、珍贵文物，塔身是量大面广的一般文物，塔底是待研究的资料。故宫的藏品结构却是倒金字塔形，珍

学习微平台

延伸阅读5-2

贵文物最多，占藏品总数的90%以上。

明德笃行5-1

北京出台帐篷露营地发展意见 “野景点”禁止露营

背景与情境：北京市文化和旅游局发布了《关于规范引导帐篷露营地发展的意见（试行）（征求意见稿）》（以下简称《征求意见稿》），对以帐篷为主要休闲和住宿设施的露营活动进行规范。《征求意见稿》提出，帐篷露营地应不占用现状耕地、自然保护地核心保护区等地，不破坏生态环境，避免对生物多样性保护产生不利影响，“野景点”禁止露营。

《征求意见稿》提出，帐篷露营地应选择在安全区域，远离森林防火区、防洪区、地质灾害易发区、饮用水水源保护区和野生动物生息繁衍区，并严格遵守户外用火防火和环境卫生等有关规定。

具体要做到不占用现状耕地、不占用自然保护地核心保护区及自然保护区缓冲区、不占用饮用水水源一级保护区、不改变土地现状用途、不固化现状地面、不破坏生态环境、不影响植被生长和野生动物繁殖和栖息，不建设固定设施。应建立定期轮换制度，避免过度踩踏植被，避免对生物多样性保护产生不利影响。

资料来源 赵婷婷. 北京出台帐篷露营地发展意见 “野景点”禁止露营［EB/OL］.［2023-02-09］. https：//www.360kuai.com/pc/92a3180a121ecae25？cota=3&kuai_so=1&refer_scene=so_3&sign=360_da20e874.引文经过节选、压缩和改编。

问题：该案例体现了怎样的行业规范？其法律依据何在？

研判提示：参看《关于规范引导帐篷露营地发展的意见（试行）（征求意见稿）》及自然资源保护法。

④景山。它原为明末开挖周围洼地成湖时堆土而成的山丘，经建设成为明、清皇家“后苑”。其最高处建有万春亭，登临该亭，可南望巍峨的故宫，北顾绮丽的钟鼓楼，西眺北海的湖光山色，颇有气象万千之感。此外，景山还是明末李自成攻入北京城时崇祯皇帝自缢之处。

⑤北海公园。它位于北京故宫西北侧，与中海、南海并称三海，原是辽、金、元代的离宫，明清时为御苑，是我国最悠久的皇家园林之一，亦是世界上建造最早、迄今保存最完好的皇家御苑。其总面积70多公顷，其中水面占一半以上。位居水体中南部的琼岛是全园的游览中心，岛上楼台亭阁、轩堂廊榭掩映于幽邃的山石与绿树浓荫丛中，颇有琼楼玉宇、蓬莱仙居之趣；建于琼岛之巅的藏式白塔为北海的标志。北海南端小岛上的团城是个椭圆形城台，团城的承光殿内有一尊用整块玉石雕成、镶有宝石的玉佛和用一整块黑玉石雕成的周长5米、容量3 000升的特大玉瓮——“渎山大玉海”，它是我国现存时代最早、形体最大的传世玉器与珍贵文物。此外，园中还有简练大方的濠濮涧、小巧玲珑的镜清斋、清净幽雅的画舫斋，皆为北海的“园中之园”。

⑥恭王府。它是清道光帝第六子恭亲王奕䜣的府第，前身是乾隆时大学士和珅的宅第。恭王府前半部分是富丽堂皇的府邸，后半部分是精美幽雅的花园。恭王府花园（萃锦园）环山衔水，曲廊亭榭，疏密相间，布局自然，融北方宏伟建筑形式与南方

精湛造园艺术于一身，沉雄华丽中蕴含着幽雅，富丽堂皇中透露着书卷气，堪称私家园林的上乘之作。恭王府为国家5A级旅游景区。

（2）西北城区皇家园林游。其主要包括颐和园、圆明园、大钟寺、北京动物园等景区景点。

①颐和园。它始建于乾隆初期，是清朝皇家的避暑行宫。颐和园的建造融汇了国内众多著名园林的传统造园艺术风格，集众家之长，将殿堂轩馆、亭台楼阁、廊榭桥石巧妙和谐地点缀在湖光山色和绿树花草中。再借远处西山群峰和玉泉山塔的佳景，扩展了空间，使园林看上去无限深远。它是世界上造景最丰富的皇家园林、世界文化遗产，为国家5A级旅游景区。

颐和园主要由昆明湖和万寿山组成，总面积达290公顷，水面约占3/4。昆明湖仿杭州西湖，建有3座湖中小岛和两堤六桥，两堤将湖面分成三部分，其中南湖岛以十七孔桥与东堤相连，使各景点互为呼应，浑然一体。昆明湖北部的苏州河蜿蜒700余米，有“水上长廊”之称。苏州河两岸有苏州街，是当年的宫市。“河”与“街”隐于万寿山后，借万寿山之隔和参天古林之围，形成具有江南水乡特色的“世外桃源”。

佛香阁位于万寿山前山半山腰，是颐和园最引人注目的建筑景观。东宫门以仁寿殿为中心的建筑群是当年帝后朝见大臣、处理政务的政治活动区；乐寿堂、玉澜堂、宜芸馆和德和园是帝后的生活区。万寿山前有一条728米的长廊连接前山各景点，与从云辉玉宇牌楼到山顶的中轴线相接。万寿山后山以四大部洲（一组藏式建筑喇嘛庙）为中心，以穿山幽径贯穿东西对称分布的各建筑。谐趣园处于后山东角，是仿无锡寄畅园而建的“园中之园”。

②圆明园。它曾是我国历史上最完善、最华丽、最辉煌的皇家苑囿，号称“万园之园”，由主园圆明园和附园长春园、绮春（万春）园组成。园内金碧辉煌的殿堂楼阁、亭榭轩廊数以百计，包括许多仿制的江南胜景和欧式宫苑，且水面广阔，奇花异木繁茂。但1860年英法联军入侵北京后，圆明园被劫掠一空并付之一炬，辉煌的圆明园化为焦土，仅有遗址以供凭吊，并激发人民奋发图强的爱国热情。圆明园为国家5A级旅游景区。

③大钟寺。它因有明朝永乐年间铸成的大钟而得名。永乐大钟采用纯铜铸造，高6.75米，重46.5吨，钟身内外布满铭文共计22.7万余字。钟声可远传15～20公里，尾音可持续2分钟以上，堪称“世界钟王”。

④北京动物园。它是中国最大的动物园之一，也是一个世界知名的、最古老的动物园。其前身是1906年开放的“万牲园”，亦属皇家园林，现占地86公顷，展出动物约500种、5 000余只，海洋鱼类及海洋生物500余种、10 000多尾，每年接待国内外游客600多万人次。

（3）北部城区现代体育场馆游。其主要包括亚运村、奥林匹克公园等。

①亚运村。它是为1990年在北京举行的第11届亚运会而修建的，占地31.5公顷，是一组设计新颖、布局和谐、设备先进的现代化建筑群，也是一处交通方便，集会议、展览、办公、居住、美食、娱乐和旅游购物于一体的“城中城”，现为北京国际会议中心。

②奥林匹克公园。奥林匹克公园地处北京城中轴线北端，北至清河南岸，南至北土城路，东至安立路和北辰东路，西至林翠路和北辰西路，面积约11.59平方公里，包括北部森林公园区、中部中心区和南部中华民族园及预留地三大部分。北部森林公园面积达6.8平方公里，既是城市的生态屏障，也是奥运会赛时各国运动员、教练员和奥组委官员的休闲后花园。园内有四季滑雪场、网球中心、射箭场、曲棍球场等大型运动场馆。其中，四季滑雪场占地约20 000平方米，包括大众滑雪区、专业滑雪区、越野滑雪、滑圈道和综合休闲服务区，拥有适合各类滑雪人群的滑雪道，是亚洲最大、雪道种类最多、设置最专业的四季滑雪场；网球中心、曲棍球场及射箭场也曾为奥运会的比赛场地，相关设施专业完备。奥林匹克公园中心区除著名的“鸟巢”与“水立方”等奥运主要场馆外，还有南北贯通长约2.7公里的龙形水系、琳琅满目的雕塑作品、各式精心设计的花卉图案和具有古今交融时空意境长达700米的下沉花园。目前，奥林匹克公园已成为国家5A级旅游景区和北京全民健身运动基地。

同步业务5-1

“鸟巢”与“水立方”景点推介

2008年北京奥运会最引人注目的场馆“鸟巢”与“水立方”，位于北京奥林匹克公园核心部位，分别矗立于北京传统中轴延长线的东、西两侧。前者为椭圆形，形态如同孕育生命的“巢”；后者为简单的长方形。一圆一方的两座场馆，共同表达了我国古代“天圆地方”的宇宙观念。两座场馆科技含量都很高，充分体现了“科技、绿色、人文”的奥运理念。

2009年入选世界10年十大建筑之一的“鸟巢”，主体结构分为三大部分：外围是钢结构编织成的鸟巢，内部是混凝土结构的“碗状”看台，二者立于相互连接的底座上。“水立方”广泛地采用了高科技新型材料，如建筑外围采用世界上最先进的环保节能ETFE（四氟乙烯）膜材。其有效的热学性能和透光性与相关技术结合，可使场馆内每天利用自然光的时间长达9.9小时，且冬季保温、夏季散热，使空调和照明负荷降低了20%～30%，还能避免建筑结构受到游泳中心内部环境的侵蚀。其外表呈凹凸不平的泡状细胞结构，具有独特的视觉效果。更神奇的是，如果ETFE膜有了破洞，只需打上一块补丁，便会自行愈合，完全恢复原貌。“水立方”外面铺的是可透水的地砖，降雨时地面不会出现积水；3万平方米屋顶可使雨水的收集率达到100%，相当于100户居民一年的用水量。“水立方”设有奥林匹克比赛大厅、水立方热身池、多功能大厅、戏水乐园、水滴剧场、水立方探秘馆、纪念展厅，以及拥有多种休闲娱乐设施的商业区等，能满足国家游泳中心的多功能要求。

“鸟巢”与“水立方”现已成为北京最具旅游吸引力的景点，同时也是具有国际水准的大型活动主办场所与健身运动中心。

微课程5-1

闻名中外的万里长城

（4）远郊长城及明清皇陵游。其主要指北京郊县及河北境内的清代皇家陵墓群，包括长城各旅游景点、明十三陵、清东陵、清西陵等。

①长城各旅游景点。位于本游览区内的长城游览点主要有八达岭、慕田峪、金山岭、司马台等。其中，八达岭长城是我国最早开发的长城旅游景点，那里山峦重叠、形势险要，作为居庸关的“锁钥”，素有“居庸之险不在关而在八达岭”之说。关城居庸关筑在八达岭南一条峡谷内，有“一夫当关，万夫莫开”之势，历来为兵家必争之地。峡谷内森林繁茂，“居庸叠翠”是著名的燕京八景之一。金山岭长城位于北京密云县，以建筑之艰、形式之多、构思之巧和艺术之精居长城之最。慕田峪长城位于北京怀柔区，以险、特、秀见长。其中，北京八达岭—慕田峪长城旅游区为国家5A级旅游景区。

②明十三陵。它位于北京昌平区北天寿山下，是明朝16位皇帝中的13位皇帝及其后妃的陵墓组成的皇家陵墓群，为国家5A级旅游景区。整个陵区方圆40平方公里，三面环山，向南开口，南端有蟒、虎二山对峙，形成天然屏障。长7公里的主神道沿途布置着石牌坊、大宫门、碑亭、享殿、石兽、石人，直达全园规模最大、位处最北端的长陵，它是明成祖朱棣和皇后徐氏的合葬陵园。其他十二陵则以长陵为中心，散布于四周。其中，定陵已于1956年开掘，是十三陵的主要游览点。定陵是明神宗朱翊钧及其皇后的陵寝，其地宫是拱券式石结构建筑，由前中后左右5座殿堂组成。定陵出土文物3 000余件，其中最为珍贵的有金冠、凤冠、百子衣、龙袍、玉碗、织绣等。

③清东陵。它位于北京以东125公里外的河北省遵化市，是清代最大的皇陵，南北长125公里、东西宽20公里，有帝陵5座、后陵4座、其他陵寝6座，共葬有5帝、14后、136妃嫔。地面建筑宏伟壮丽，地宫殉葬品价值连城，其中裕陵、定东陵、景陵已开放。裕陵是乾隆皇帝的陵寝。其地宫豪华、独具风格，是石雕刻和石结构的典型建筑，地宫内有丰富繁多的石雕佛像、经文和装饰图案，布局得当，技法精湛，浑然一体，为我国罕见的地下石雕艺术宝库。定东陵是咸丰皇帝和慈安皇后、慈禧皇太后的陵寝，慈禧陵在清东诸陵中建筑艺术水平最高、最为华丽。其隆恩殿石料全用汉白玉，殿前巨大的龙凤陛石采用透雕手法，与其他帝后龙凤陛石的不同之处在于凤在上、龙在下。殿内用于贴金的黄金多达4 500多两。清东陵为国家5A级旅游景区。

④清西陵。它位于京西120公里外的河北省易县，有帝陵4座、后陵3座、其他陵寝7座，“末代皇帝”溥仪的骨灰亦入土在此。陵区金顶玉柱，碧瓦红墙，还有百余座精雕细刻的石雕、石建筑物散布在苍松翠柏之中。清西陵为国家5A级旅游景区。

（5）西郊名山古寺游。其主要包括香山公园、八大处、潭柘寺等景区景点。

①香山公园。它位于北京西北郊小西山山脉东麓，距城区20公里，占地160公顷，是一座著名的具有皇家园林特色的大型山林公园，园内主峰香炉峰海拔557米。公园地势险峻，峰峦叠翠，泉沛林茂。园内有各类树木26万余株，其中古树名木5 800多株，约占北京城区的1/4，森林覆盖率高达98%，为北京负氧离子最高的地区之一。这里春日繁花似锦；夏时凉爽宜人；霜秋则有遍山黄栌，如火如荼，为“北京新十六景”之一；冬有燕京八景之一的“西山晴雪”。香山公园文物古迹不少，有集明清两代建筑风格的寺院“碧云寺”，有国内仅存的木质贴金“五百罗汉

堂”，有迎接六世班禅的行宫“宗镜大昭之庙”，有颇具江南特色的古雅庭院“见心斋”，有毛泽东主席和中共中央进驻北平最早居住和办公的地方——双清别墅，有孙中山先生灵柩暂厝地——碧云寺金刚宝座塔、孙中山纪念堂及孙中山衣冠冢。碧云寺层层殿堂依山叠建，松柏参天，浓荫蔽日，素有“万峰围殿阁，碧色净如云”之赞。

②八大处。它亦称“八大刹”，是分布在翠微、平坡、卢师三山中的八座古刹。这些寺庙历史久远，历尽沧桑，名称亦多变，但各寺大都有各自的特色，如长安寺的“树”，灵光寺的“塔”，三山庵的“石”，龙王堂的“泉”，香界寺的“殿”，宝珠洞的“洞”，证果寺的“铜钟、石屋”，大悲寺的“罗汉、翠竹”等，都是享有盛誉的景致，加上这里松峦叠翠，溪泉潺流，春看杏林花雨，夏聆泉水叮咚，秋览红叶层层，冬赏松峦晴雪，素有“三山八刹十二景”之称，是北京西山一带著名的风景区，现已被辟为森林公园，供人们游览。

③潭柘寺。它位于北京门头沟区潭柘山山腰，是始建于晋代的古刹，自古就有“先有潭柘寺，后有幽州城”之说。潭柘寺地势险峻，殿堂依山势而建，成阶梯状层层升高，环境幽雅，规模宏大，是北京郊区最大的寺庙。寺内外山石峥嵘，泉水淙淙，僧塔如林，松竹成荫，是游览的好去处。

（6）西南远郊古迹、山水风光游。其主要指北京西南远郊及与河北相邻区域的景区、景点，包括卢沟桥、周口店、十渡、野三坡等。

①卢沟桥。它始建于金大定二十九年（公元1189年）六月，明昌三年（公元1192年）三月建成，桥全长266米、宽7.5米，是我国古代北方最大的石拱桥。卢沟桥共有11孔，造型十分优美，特别是分立在桥身两侧石栏柱上的485个石狮殊形异态、栩栩如生，十分有名。桥两端各有华表4根，高约4.65米，同桥浑然一体，既壮观又优美。桥东的碑亭内立有清乾隆皇帝题写的两块御碑。每当天刚破晓时，桥下水流滚滚，远方西山起伏绵延，拂晓的弯月映得桥身银光一片，此即燕京八景之一的“卢沟晓月”。此外，卢沟桥还是著名的历史见证地。1937年7月7日，日本侵略者在此挑起了“卢沟桥事变”，中国驻军二十九军奋起抵抗。“卢沟桥事变”也是中华民族进行全面抗战的起点。

②周口店。周口店北京猿人遗址位于北京市房山区西南的龙骨山上。龙骨山为奥陶纪石灰岩低丘，山中众多溶洞在数万年以前是“北京猿人之家”，并因此留下了极其丰富的文化遗存。自1921年开始挖掘以来，人们在方圆2平方公里内的26个化石点中，发现了北京猿人（直立人阶段）、新洞人（古人阶段）和山顶洞人（新人阶段）三个不同发展阶段的古人类化石。这一遗址是迄今为止世界人类遗址中代表性最全面、发掘历史最长久、资料最丰富和最完整的一个，是我国最著名的世界文化遗产之一。

③十渡。它位于北京市房山区拒马河中上游。十渡之名源自拒马河蜿蜒形成的十个渡口，由于拒马河在此横截群山穿流而出，因此两岸奇峰叠峦，山石嶙峋，刀削斧劈般的峡谷和宽阔河谷相间，河水清澈见底，人称“京郊小桂林”。其古朴自然、宁静恬雅的山村风光亦为游人称道。

④野三坡。它位于河北省涞水县，以雄、险、奇、幽而闻名，拥有保持着原始自

然风貌的白草畔，水浴、沙浴、日光浴相结合的天然浴场，以及历史悠久的龙门峡摩崖石刻、大龙门城堡等文物古迹，并保留了有古老民族风情的民族风情苑，是一个值得游人细细体验与品味的好去处，为国家5A级旅游景区。

同步业务5-2

以京城为始终点的当地经典一日游线路设计

清早6点在指定地点集合，乘车前往北京延庆，沿途浏览北京城郊风光，到达世界文化遗产地明十三陵后，用2小时参观唯一对外开放的地下宫殿定陵，中午在景点附近品尝老北京农家菜；餐后乘车经居庸关长城至世界文化遗产、中华民族的精神象征——八达岭，用约3小时游览雄伟的八达岭长城，登上888米的好汉坡，在烽火台上瞭望长城内外壮观图景；傍晚时分回到北京城，用2小时左右的时间游览奥林匹克公园，尽情观赏2008年奥运主会场“鸟巢”和梦幻“水立方”迷人的夜景，以及公园中众多寓意深刻的雕塑和下沉花园中各种典型中国元素。

2）天津游览区

天津地处华北平原东北部、环渤海湾的中心，东临渤海，北依燕山，中心城区距北京120公里。天津地域相对狭小，但作为历史文化名城，不乏丰富多彩且独具特色的自然与人文景观。

（1）城区都市风光游。天津城区作为拱卫京畿的要地和门户历史久远，其间不乏有吸引力的旅游景点。

①文庙。它又称孔庙，位于天津城市中心地区的南开区，是明清两代地方官祭祀孔子的庙宇，也是天津学宫所在。文庙始建于明正统元年（公元1436年），是天津市规模最大、保存最完整的明清建筑群，占地1.3万平方米，由牌坊、礼门、泮池、棂星门、大成门、大成殿、崇圣祠和配殿等建筑组成。庙内供有孔子、孟子、颜回等圣哲的牌位，1991年被辟为博物馆后，陈列有《大成殿复原陈列展》及祭孔乐器舞具，每年定期举办的“祀孔大典暨乐舞主题表演”已成为天津市影响深远的旅游文化品牌。

②天津古文化街。以“津门故里”著称的天津古文化街是天津城市发展的原始中心、津门十景之一。古文化街长687米，以海神庙——“天后宫”为核心，分为宫南、宫北大街和宫前广场三部分，街内有近百家店铺，原汁原味的天津民间艺术——杨柳青年画、泥人张彩塑、魏记风筝、刘氏砖刻及全国各地的景泰蓝、牙玉雕、双面绣、中西乐器、艺术陶瓷等上万种名优工艺品，以及各种文物古玩、图书字画等，在这里均有经营，“中国味，天津味，文化味，古味”是其突出特色，是全国首批5A级旅游景区。此外，街内还有广东会馆，附近有天津鼓楼等重要景点。

③天津小洋楼。其位于天津城区中心的“五大道”地区，是历史风貌建筑和近代历史名人故居的集中分布地，沿途有英式、法式、俄式、意式、德式等近千幢小洋楼，曾是一些西方人士及清朝、民国时期达官贵人的“小公馆”和别墅，现已成为天津文化的一个组成部分，和北京的四合院一样，被视为天津城市最重要的标志。

④水上公园。其位于天津城区的西南，是天津市内最大的综合性公园，也是津

门十景之一。园内有3湖13岛，总面积160多公顷，岛和岛之间以造型精美的拱桥、曲桥和桃柳堤相连，沿湖有亭、榭、轩、楼、廊点缀。公园以水取胜，兼有江南风貌和北国情趣。公园以北是天津主要的大学园区，南开大学、天津大学等都在附近。

（2）北部文物古迹游。位于天津市北部的蓟州区是天津市著名文物古迹集中分布的区域，其中特别著名的有盘山、黄崖关、独乐寺等。

①盘山。位于蓟州区的盘山在北京正东面90公里。盘山是燕山余脉，主峰挂月峰海拔864米，属花岗岩山体，山上奇石众多，林木郁蔽，泉水清澈，环境幽雅，其中“上盘之松、中盘之石、下盘之水”为盘山三胜。此外，盘山还有五峰、八石、七十二观、十三宝塔以及众多亭台楼阁、历代名人题刻等名胜古迹，史称“京东第一山”，为国家5A级旅游景区。

②黄崖关。它亦称小雁门关，是万里长城中一个十分完整严谨的防卫单元、世界文化遗产，位于蓟州区最北部，地处北京、天津、唐山、承德的正中间，自古即扼北部之敌进犯京都的要冲，为兵家必争之地。其主要景点包括瓮城、关城的城墙，东西南北四座城门楼，以及角楼、门洞、水门、水关、牌坊、八卦街、陷马坑、提调公署和城外的凤凰楼等。

③独乐寺。它又称大佛寺，为我国第一批国家级重点文物保护单位，位于蓟州区西街，始建于唐代，现存主要建筑重建于辽圣宗统和二年（公元984年）。其中，山门带鸱尾饰物的屋顶是我国现存最早的庑殿顶，观音阁是我国现存最古老的木结构高层楼阁，观音阁内高16米的11面观音菩萨像与寺内辽代彩塑胁侍菩萨及明代壁画，都是我国古代文化珍品。

（3）滨海度假休闲游。作为我国的主要港口城市，天津拥有长153公里的海岸线，海滨一带既遗留下来大沽口炮台等历史文化遗存，又为今天滨海度假旅游的发展创造了条件。

①大沽口炮台。它位于塘沽区海河与渤海的交汇处，是抵御列强海上入侵的产物，始建于明朝嘉靖年间，清嘉庆后又不断增修加固，至道光二十一年（公元1841年）已建成有大炮台5座、土炮台12座、土垒13座的炮台群，形成了较为完整的军事防御体系，并在抵御英法联军侵华的军舰时启用过，是天津历史文化名城不可或缺的组成部分，被誉为“海门古塞”，也是“津门十景”之一。

②潮音寺。它位于塘沽区海河西岸的西大沽境内，始建于明永乐二年（公元1404年），初为民众集资兴建，名“南海大寺”，明嘉靖皇帝曾下令重修，并御笔题匾“潮音寺”。旧时潮音寺曾是塘沽经济、贸易、文化和民俗活动的中心，现因近河、海，盛产鱼虾，成为游客度假休闲的好去处。

③邮轮旅游发展实验区。2010年6月26日，位于天津港东疆港区南端的天津国际邮轮母港正式开港；2013年，天津滨海新区设立了中国邮轮旅游发展实验区。目前，已有世界三大国际邮轮公司——嘉年华、皇家加勒比、歌诗达国际邮轮公司以其为邮轮母港开展邮轮旅游业务。国际豪华邮轮的抵达与离去，每次都可带来数以万计的旅游消费者，滨海新区中国邮轮旅游发展实验区将建设成为天津极具旅游吸引力的新景区。

3）冀北游览区

冀北游览区是一个以承德—秦皇岛为核心，以山地、海滨等自然风光与皇家园林为主要内容的游览、避暑、疗养区。其主要游览路线是：塞罕坝国家森林公园—承德避暑山庄—外八庙—山海关—北戴河—昌黎海岸。

（1）承德避暑山庄与外八庙。它位于承德市中心区以北，这里夏无酷暑，冬无奇寒，相对湿度小，是我国北方内陆难得的避暑胜地，为国家5A级旅游景区。

避暑山庄的建设历经康熙、雍正、乾隆三朝，是清代皇帝避暑消夏、行围狩猎、比武操练、处理政务、接见来使的离宫。避暑山庄占地546万平方米，宫墙周长10公里，是我国规模最大、保存最完整的皇家园林。避暑山庄在我国皇家园林建筑艺术中别具一格，在设计上很好地继承、发扬了中国古典园林"自然天成地就势，不待人力假虚设"的造园理念，按照地形地貌特征进行选址和总体设计。整个避暑山庄分为宫殿区和苑景区。宫殿区位于避暑山庄最南面的平坦地带，其殿宇和围墙多采用青砖灰瓦、原木本色，古朴典雅，与其他皇家宫殿的辉煌壮丽形成鲜明对照。苑景区由南向北又分为湖泊、平原、山峦三部分。湖泊区水面开阔，亭台楼阁集我国南北造园艺术之大成，风格多样，长堤、桥梁连接湖心小岛，意境含蓄深远，曲折多变；平原区地势开阔，有万树园和试马埭，碧草茵茵，林木茂盛；山峦区山峦起伏，峡谷深邃，并有殿阁、寺庙点缀其间。避暑山庄中景点众多，其中由康熙、乾隆题名的就有72处。

围绕在避暑山庄东面和北面的外八庙是清朝康熙、乾隆年间为接见前来觐见的各少数民族的王公贵族而修建的规模庞大的寺庙群，原有寺庙12座，由于分为八处管理，且地处塞外，故称"外八庙"。其建筑凝聚了汉、蒙、藏等多民族建筑风格和艺术的精华，是清代维系统一的多民族大帝国的历史见证，也是我国多民族文化交流、融合和民族团结的标志。

（2）山海关。它北依燕山，南临渤海，地势险要，是东北、华北的咽喉要冲、兵家必争之地，素有"京都锁钥"之称，为国家5A级旅游景区。它是由关城、东西罗城、南北翼城和威远城、宁海城共七个城堡组成的古代城防建筑群，结构严谨。明代著名书法家萧显手书的原匾"天下第一关"悬于城楼之上。

（3）北戴河。它是我国著名的海滨游览避暑胜地，早在清光绪二十四年（公元1898年）就已正式被辟为避暑区。北戴河海岸线长15公里，弯曲环转，海水清澈，潮平浪静，沙细滩缓，是一处理想的海滨浴场；加之雨量充沛，气候宜人，岸外峰峦起伏，松柏葱郁，极适合避暑和疗养。其主要游览景点有南天门、通天洞、老虎石、莲花石公园等名胜古迹共24景和5个海滨公园。

（4）塞罕坝国家森林公园。塞罕坝国家森林公园位于河北省承德市坝上地区，原属清朝著名的皇家猎苑——"木兰围场"的一部分。该公园总面积141万亩，其中森林景观106万亩、草原景观20万亩，森林覆盖率为75.2%，是中国北方最大的森林公园、国家5A级旅游景区，有"水的源头，云的故乡，花的世界，林的海洋，休闲度假的天堂"之誉。人们到这里旅游，除了可以享受美丽的自然风光外，还可以感受和学习塞罕坝林场建设者的精神风貌。20世纪60年代以来，塞罕坝林场三代建设者不畏艰苦，克服重重困难，孜孜不倦地植树造林，创造了荒漠变森林的奇迹。2017年联合国授予他们环保最高荣誉——地球卫士奖，同年，塞罕坝林场建设者集体获得我国“2017年度感动中国人物”的荣誉。

4）冀南游览区

冀南游览区主要包括河北省省会石家庄、历史文化名城保定、正定、邯郸，以及苍岩山、嶂石岩国家级重点风景名胜区。本游览区以山水风光及桥梁、石窟等为主要景观，主要旅游路线是：白洋淀—苍岩山—赵州桥—嶂石岩—响堂山石窟。

（1）白洋淀。白洋淀位于河北省中部，南距石家庄189公里，北距北京162公里，东距天津155公里，为国家5A级旅游景区。它由形状各异、大小不同的100多个淀泊和3 700多条沟壕组成，水域面积366平方公里，是北方少见的水乡泽国。区内交通线路交错，阡陌纵横，村庄星罗，气候宜人；淀中水域辽阔，藕白蟹肥，资源丰富；水中白帆点点，岸边垂柳丝丝，田间欢声笑语，构成一幅十分诱人的北方水乡图。

（2）苍岩山。苍岩山位于河北省井陉县，总面积180平方公里，旅游资源丰富，气候宜人，是著名的风景名胜区。景区内群峦积翠、怪石嶙峋、古柏横空、白檀茂密、崖危壁峭，禅房古刹、碑碣夹道、殿阁楼台引人入胜，有岩关锁翠、风泉漱玉、虎影仙迹、孤石古柏、炉峰夕照、空谷鸟鸣等16处著名景观和白鹤泉、观日峰等72处景观点。

此外，苍岩山景区还有北魏至清代的千佛洞石窟寺，宋、金时期的柿庄墓群壁画，以及杨庄古长城等古代文化遗址。

（3）赵州桥。赵州桥亦称安济桥，位于河北省赵县县城西南2.5公里的洨河上。桥长64米，宽9米，由隋代工匠李春设计并主持建造。赵州桥是世界上现存最早的一座大型单孔敞肩石拱桥。其独到之处是在桥的拱肩上各设有两个小拱，不仅造型轻盈优美，更重要的是能减轻大拱券和地脚的载重，而且扩大了洪水期间的过洪量，减少了洪流阻力，为世界桥梁史上的一大创举。

（4）嶂石岩。它位于河北省赞皇县，以雄伟、奇特、壮观的山岳地貌为主，奇峰怪石林立，山崖如刀劈斧削，最高峰海拔达1 774米，体现了太行山岳的风格与气魄。天然巨型回音壁弧长310米、高120米，闻名遐迩。

（5）响堂山石窟。它位于河北省邯郸市，因在洞内拂袖即发出铿锵之声而得名。景区内共有石窟16座，大小造像4 300余尊；石窟构思巧妙，石像栩栩如生。石窟附近有众多寺院，多规模宏大，雄伟壮观。它是我国古代佛教、建筑、雕刻、书法及绘画艺术的珍贵遗产。

5）贯穿整个旅游区的红色旅游线

红色旅游主要是指以中国共产党领导人民在革命和战争时期建树丰功伟绩所形成的纪念地、标志物为载体，以其所承载的革命历史、革命事迹和革命精神为内涵，组织接待旅游者开展缅怀、学习、参观等的主题性旅游活动。京津冀旅游区是全国12个重点红色旅游区之一。其旅游路线是：人民英雄纪念碑—中国国家博物院—北京新文化运动纪念馆—宋庆龄故居—西柏坡（中共中央旧址）—李大钊故居和纪念馆—冉庄地道战遗址—周恩来邓颖超纪念馆—平津战役纪念馆。

（1）人民英雄纪念碑。它位于北京天安门广场中心。人民英雄纪念碑通高37.94

米，正面（北面）碑心是一整块花岗岩，长14.7米、宽2.9米、厚1米、重60.23吨，镌刻着毛泽东同志1955年6月9日所题写的“人民英雄永垂不朽”八个金箔大字。它是中华人民共和国成立后首个国家级公共艺术工程，也是中国历史上最大的纪念碑，会聚了郑振铎、吴作人、梁思成、刘开渠等一大批当时中国最优秀的文史专家、建筑家、艺术家。1961年3月4日由国务院公布为第一批全国重点文物保护单位，位列革命遗址及革命纪念建筑物项，序号为33号。

（2）中国国家博物院。它位于北京市中心天安门广场东侧、东长安街南侧，是代表国家收藏、研究、展示、阐释能够反映中华优秀传统文化、革命文化和社会主义先进文化代表性物证的最高机构，是国家最高历史文化艺术殿堂和文化客厅。中国国家博物馆坚持“以人为本”的科学发展理念，以“贴近实际、贴近生活、贴近群众”为宗旨，把优秀历史文化、革命文化和当代中国先进文化保护好、传承好、展示好、发展好，赓续民族血脉、弘扬民族精神是中国国家博物馆的光荣使命。同时，中国国家博物馆也展示世界优秀文明成果。

（3）西柏坡（中共中央旧址）。它位于河北省平山县中部，是解放战争后期中央工委、中共中央和解放军总部的所在地。目前，对外开放的有毛泽东、刘少奇、朱德、周恩来、任弼时、董必武等同志的旧居，解放军总部旧址，中国共产党七届二中全会会址，九月会议会址以及中共中央接见上海人民和平代表团和苏共中央代表米高扬的旧址等。1982年，国务院公布西柏坡中共中央旧址为全国重点文物保护单位，现在是全国著名的革命纪念地和全国爱国主义教育示范基地，同时也是国家重点风景名胜区和国家5A级旅游景区。

（4）李大钊故居和纪念馆。李大钊故居位于河北省乐亭县大黑坨村，是一座典型的冀东穿堂院，也是李大钊幼年成长和婚后长期居住的地方，1988年被确定为全国重点文物保护单位。李大钊纪念馆位于河北省乐亭县新城区，主体建筑设有图书室、阅览室、会议厅等。其建筑风格融地方特色、民族风格与现代建筑格调于一体，朴实、大方、简明、庄重。

（5）冉庄地道战遗址。它位于河北保定市清苑区冉庄。在抗日战争和解放战争时期，冉庄人民积极开展地道战，神出鬼没地打击敌人，致使敌人“宁绕黑风口（张登），不从冉庄走”。由于冉庄人民开展地道战功绩卓著，曾荣获“抗日模范村”的光荣称号。冉庄地道战遗址是冀中人民在极端残酷的战争环境中为夺取抗日战争的胜利作出重大贡献的一个典型实例。

（6）周恩来邓颖超纪念馆。它位于天津风景秀丽的水上公园北侧，是一座园林式的建筑群。馆内环境幽雅，气氛庄重；藏品丰富，文物价值弥足珍贵。

（7）平津战役纪念馆。它位于天津市红桥区平津道8号，由胜利广场、主展馆和多维演示馆组成。主展馆陈列内容包括战役决策、战役实施、人民支前、伟大胜利、英烈业绩等部分；多维演示馆运用声、光、电等高科技与多元化视听艺术手段，再现了平津战役的历史画面。

本章概要

□ 内容提要

燕赵文化旅游区位于古今京畿要地，有众多世界绝无仅有的优势人文旅游资源，以及有利的交通条件、良好的旅游接待设施，是我国不可或缺的重要旅游区。如何进一步发挥京畿要地的特殊区位优势，将北京这个核心游览区的客源吸引优势与其他温冷区的民俗风情旅游资源优势结合起来，将是本区旅游业得到全面发展的关键。

□ 主要概念和观念

▲ 主要概念

京畿要地　节事活动　红色旅游

▲ 主要观念

燕赵文化旅游区自然与人文旅游地理环境　燕赵文化旅游区主要旅游地及旅游线路

□ 重点实务

燕赵文化旅游区旅游产品开发　燕赵文化旅游区景区景点导游讲解　燕赵文化旅游区旅游线路组织设计

基本训练

随堂测5-1

□ 知识训练

▲ 复习题

1）燕赵文化旅游区的自然与人文地理环境有何主要特征？

2）作为京畿要地的燕赵文化旅游区，具有哪些独具优势的旅游资源？

▲ 讨论题

1）据你所知，本区保护、开发伟大工程与皇家建筑旅游资源采取了哪些行之有效的举措？你还有哪些建议？

2）近年来，本区在节事活动旅游开发和红色旅游景区推广等方面有哪些值得他区借鉴的创新之举？你对此有何高见？

□ 能力训练

▲ 案例分析

【训练项目】

案例分析-V。

【相关案例】

文化赋能乡村振兴

背景与情境：2023年10月13日，第34届北京农民艺术节“乡村大舞台”丰台区专场展演暨村支部书记论坛（文化振兴）在北京市丰台区举行。这次活动通过主题展演、农人宣讲、非遗展示、村支部书记分享等多种形式，集中展示了丰台区乡村产业振兴、生态振兴、人才振兴、文化振兴、组织振兴取得的成果。

这次活动在中华名枣园举行。仲秋季节，白枣、冬枣、葫芦枣已经缀满枝头。舞台上，小车会、老北京叫卖、三皇炮捶拳、舞龙、杂技、空竹、中幡……传统非遗元素以现代表演手法重新包装、串接，拉开了演出的序幕。

在非遗展示区，毛猴、北京灯彩、彩塑京剧脸谱等丰台区非遗特色产品纷纷亮相。在乡村市集区，农村集体经济组织现场展销特色农产品。在农耕节气展示区，科普不同节气的农事活动，并呈现不同节气的农产品，传播农耕文化。

资料来源　朱冠安．文化赋能乡村振兴　北京农民艺术节“乡村大舞台”丰台区专场展演举办［EB/OL］．［2023-10-13］．http：//news.cnr.cn/local/dftj/20231014/t20231014_526450987.shtml.引文经过节选、压缩和改编。

问题：根据本案例谈谈你对“经济长远发展离不开文化支撑”这句话的理解。

【训练要求】

同第1章“基本训练”中本题型的“训练要求”。

▲ 自主学习

【训练项目】

“燕赵文化旅游区旅游人文地理环境变化及其对旅游业的影响”知识更新。

【训练目的】

见本章“学习目标”中的“职业能力”。

【训练步骤】

1）以班级小组为单位组建训练团队，每团队确定一人负责。

2）各团队根据训练项目需要进行角色分工。

3）通过校图书馆或互联网，查阅“文献综述格式、范文及书写规范要求”和近三年关于“燕赵文化旅游区旅游人文地理环境变化及其对旅游业的影响”研究的前沿学术文献资料。

4）各团队综合和整理“燕赵文化旅游区旅游人文地理环境变化及其对旅游业的影响”研究的前沿学术文献资料，依照“文献综述格式、范文及书写规范要求”，撰写《“燕赵文化旅游区旅游人文地理环境变化及其对旅游业的影响”最新文献综述》。

5）在班级交流各团队的《“燕赵文化旅游区旅游人文地理环境变化及其对旅游业的影响”最新文献综述》

6）在线上平台上展出经过修订并附有教师点评的各组《“燕赵文化旅游区旅游人文地理环境变化及其对旅游业的影响”最新文献综述》，供学生相互借鉴学习。

□ 明德笃行

【训练项目】

明德笃行-Ⅴ。

【相关案例】

冰天雪地也是金山银山

背景与情境：北京冬奥会为全国人民作了一次冰雪产业的普及，推动了体旅融合，加快了冰雪旅游的发展进程。特别是在冬奥会中黑龙江省的冰雪运动成绩斐然，树立了黑龙江省冰雪产业形象，更多人关注冰雪，参与冰雪。值得一提的是，哈尔滨的冰雪旅游，围绕着冰雪核心主题，政府、企业、市民，同心、用心、创新，全力推动了哈尔滨冰雪旅游的火爆出圈，充分展现了优质冰雪资源的独特魅力，成为全国顶流冰雪旅游目的地。这不仅带动了全市冰雪经济整体提质增效，极大地拉动了全社会各个领域消费，更是把“哈尔滨市冰雪旅游”这块金字招牌擦得更亮，全力打造了

"冰雪文化之都"，真正把"冰天雪地"变成了"金山银山"，践行了总书记的"两山理论"。

发展冰雪旅游已经在黑龙江省上下形成共识。在哈尔滨市火爆出圈的同时，黑龙江省的其他城市也在大力发展冰雪经济，将其作为新的经济增长点。

资料来源　综合相关资料提炼整理而成。

问题：

1）哈尔滨冰雪旅游火爆的背后，旅游企业及从业人员体现了哪些优秀的职业素养？

2）哈尔滨是如何将当地文化特色与冰雪体育运动相结合，打造独特冰雪文化品牌的？

【训练要求】

同第1章"基本训练"中本题型的"训练要求"。

第6章 林海雪原
——关东文化旅游区

- 学习目标

6.1 旅游地理环境特征及其对旅游业的影响

6.2 旅游业概述

- 本章概要
- 基本训练

学习微平台

思维导图6-1

学习目标

通过本章学习，应该达到以下目标：

职业知识：学习和掌握本旅游区的自然与人文地理环境、旅游业现状和特征、主要旅游地及旅游线路等理论与实务知识，能用其指导或规范本章认知活动和技能活动，正确解答“基本训练”中“知识训练”各题型的相关问题。

职业能力：运用本章知识研究相关案例，培养在本旅游区特定业务情境中分析问题与决策设计能力；通过“‘关东文化旅游区’重点实务知识应用”的实训操练，训练学生的专业操作技能，培养整合资料信息、文稿撰写与沟通表达等通用能力。

职业素养：结合本章教学内容，依照相关规范或标准，对“明德笃行6-1”专栏和章后“明德笃行-Ⅵ”案例中的企业及其从业人员行为进行分析，强化与案例议题相关的传统文化传承、绿色生态理念等方面的价值思考并提升职业素养，促进“立德树人”根本任务的落实。

引例：北国好风光　美在黑龙江

背景与情境：2023年8月8日，《中国文化报》"今日头版"以《北国好风光 美在黑龙江——黑龙江推动旅游产业高质量发展纪实》为题，报道了黑龙江通过项目引领、品牌推动、创新支撑、文旅融合等方式，推动旅游产业大发展、大繁荣的经验。近年来，黑龙江对旅游发展进行了顶层设计，创建了全省旅游工作联席会议制度，成立了推动旅游经济高质量发展工作专班，出台了《黑龙江"十四五"文化和旅游发展规划》《黑龙江省促进旅游业发展条例》，编制了《黑龙江省全域旅游发展总体规划》，为旅游产业发展指明了方向。

在文旅融合方面，黑龙江节庆活动丰富突出，哈夏音乐会、五大连池火山圣水节、中俄文化大集、讷河市瑟宾节等上百个知名节庆活动吸引八方游客涌入黑龙江。同时，黑龙江文旅系统近年来积极开展群文进景区、非遗进景区、展览进景区、艺术进景区等系列文化进景区活动，为各地景区增添了浓郁的文化氛围。黑龙江省文化和旅游厅产业发展处一级调研员吕士军表示，黑龙江全力推动文旅融合，让文化为旅游铸魂的同时，不断增添新业态、打造新场景、释放新活力。

资料来源　张建友. 北国好风光　美在黑龙江［N］. 中国文化报，2023-08-08.引文经过节选、压缩和改编。

东北地区的振兴，旅游业将承担重任。关东文化旅游区冬季寒冷漫长的气候特征和其独特的地理环境及人文环境使本区拥有广阔的森林和火山熔岩地貌景观、多彩多姿的地方文化和民族风情。让我们一起走进关东文化旅游区。

6.1　旅游地理环境特征及其对旅游业的影响

关东文化旅游区包括黑龙江、吉林、辽宁三省，位于我国东北部，西起大兴安岭，东达长白山地，北自黑龙江，南抵辽东半岛，总面积近80万平方公里。全区少数民族占一成多，主要包括满族、蒙古族、朝鲜族、鄂伦春族、赫哲族、锡伯族、达斡尔族、回族等，是我国少数民族较多的区域。林海、雪原、黑土地的天然魅力，农耕、渔猎文化交织的民族风情，使本区旅游特色特别鲜明，是我国旅游业发展潜力很大的区域。

同步思考6-1

问题：你知道"闯关东"吗？它反映了怎样的历史史实？

理解要点：从"关东"这一地理名词的来历以及历史上中原人到关东谋生存这一历史史实两个方面思考。

6.1.1　旅游自然地理环境

1）冷湿性温带季风气候，气候旅游资源优势突出

（1）冬季寒冷漫长，冰雪旅游资源丰富。本区临近蒙古冷高压（北半球冬季最强大的冷高压）、东西伯利亚的上扬斯克—奥伊米亚康地区（北半球的寒极）、鄂霍次克海（太平洋"冰窖"）三个冷中心，整个地形呈多层半环状向海凸出，外围水（黑龙江、乌苏里江、图们江、鸭绿江）绕边界，中层山体（大、小兴安岭山地，长白山

地）隆起，内层平原（松嫩平原、辽河下游平原）低陷，三江平原则成为打破环状连续性的一个缺口。山地多为海拔500～1 000米的低山，不足以阻挡冷空气的入侵。

本区为温带季风气候，除辽东半岛附近为暖温带外，大部分地区属中温带，大兴安岭北端则属寒温带。较高的纬度位置和三个冷中心的影响，使本区冬季寒冷漫长，各地1月平均最低气温在-20℃以下，黑龙江畔的漠河极端低温曾达-52.3℃（1960年2月13日）。各地冬季多在半年以上，大兴安岭更长达8个月。这形成了本区壮观奇特的"千里冰封、万里雪飘"景象，而雪期长、雪量大、雪质好的特点与这里山地高度适中、坡度平缓且有变化的地形条件相结合，使本区成为我国最有条件开展高山速滑和越野滑雪活动的区域，众多的滑雪基地应运而生。除此之外，本区还有被称为中国四大自然奇观之一的雾凇景观。**雾凇**俗名"树挂"，是气温在0℃以下，大雾弥漫或细雨蒙蒙的气候条件下，雾滴附着在低温物体上迅速冻结凝成一层毛茸茸的乳白色外壳而构成的玉树琼花的特殊景观。这种景观在东北地区各地几乎都能出现，但出现最频繁、维持时间最长的是吉林市，每年大概能出现60余次，主要集中在1—2月份。

同步思考6-2

问题：吉林雾凇为何一枝独秀？

理解要点：从雾凇形成的两个必要的自然条件——低温和水汽两方面去思考。

本区冬季自然冰封的河川、湖泊也是可供利用的旅游资源。一般情况下，辽河每年封冻时间长达3个月，这些天然的冰场不仅可以开展滑冰、冰球、冰帆、冰橇、冰陀螺、狗拉爬犁等体育、娱乐活动，而且可以行驶汽车等大型交通工具，使得客货运输更为便捷。

（2）夏季温暖短促，避暑胜地众多。以冷湿为特征的温带季风气候决定了本区夏季气温不高，即使在最热的7月，平原南部也不过24℃，平原北部的哈尔滨仅22.5℃，大兴安岭北端则更低，不到18℃，是长冬无夏、春秋相连的区域。本区避暑旅游胜地广泛分布，其中又以海滨城市大连、滨江城市哈尔滨、"北极村"漠河及各山地风景名胜区最为有名。

同步业务6-1

黑龙江两地入选"2023避暑旅游优选地"

2023年6月26日上午，《中国避暑旅游发展报告》发布会在湖北恩施州利川市举行，共有20个地级市、20个县级市被授牌"2023避暑旅游优选地"，黑龙江省哈尔滨市、五大连池市分别代表地级市、县级市入选。

黑龙江省气象服务中心主任陈农以《服务避暑旅游，畅赏清凉龙江》为题作经验交流发言，分享了打造"清凉龙江，避暑小镇"这一避暑旅游IP的成功经验。他指出，1981年以来的气象数据显示，黑龙江省夏季体感温度均在25℃以下，十分凉爽舒适。黑龙江省气候适宜，适合发展避暑旅游，打造避暑旅游产业。

资料来源　佚名."2023避暑旅游优选地"出炉，黑龙江两地入选［EB/OL］.［2023-12-30］. https：//baijiahao.baidu.com/s？id=1769774768066933037&wfr=spider&for=pc.

（3）"北极村"漠河的"白夜"奇景。由于太阳直射点的南北移动，每到夏至日

（6月22日）前后，北半球纬度达66°30′以上的地区就会相继出现日不落的极昼现象。我国的最北点黑龙江漠河的纬度已达53°28′，每到夏至前后，一天中太阳在地平线上逗留的时间可达16.5小时以上。就是在太阳下山后和东升前的这段时间里，黑夜也不会真正降临，而是整个夜晚都像平日黄昏时那样，当地人兴奋地将其称为“白夜”，并以各种各样的传统方式欢度这样美妙的夜晚，同时也吸引了大量喜爱探索大自然奥秘的游客前往。

2）黑土地上的茫茫林海，生态旅游地域广阔

冬寒长、夏暖短的气候条件为冷湿性植被的生长提供了极好的条件，也为土地腐殖质的积累创造了前提，形成了以腐殖质层深厚而著称的各类土壤，人们将这片肥沃的土地称为“黑土地”。在这里，整齐的兴安落叶松林、挺拔的红松林、次生的白桦林以及以红松、冷杉为主的针阔混交林等生长繁茂，野生的紫貂、梅花鹿、熊、东北虎、马鹿、麝、狍及各种鸟类自由活动、嬉戏，呈现出一派天然野趣。在生态旅游已成为一大趋势的今天，这无疑是发展本区旅游业的又一资源优势。

3）火山熔岩地貌奇观荟萃，观景、科考、康疗皆宜

本区位于太平洋板块向欧亚大陆板块的俯冲地带，深大断裂发育，火山活动频繁，是我国火山熔岩地貌类型最丰富、数量最多、分布最广的区域。全区有火山锥230座，组成了20多个火山群，集中分布于吉林和黑龙江两省，其中小兴安岭西南侧的五大连池是世界上保存最完整、最典型、时代最新的火山群，被誉为“中国火山博物馆”。火山口周围还布满了火山弹与浮石，被熔岩流堰塞的河流则成了五个串珠状湖泊，即五大连池。1980年五大连池火山群被确定为我国第一个火山群自然保护区。2004年五大连池被列入《世界地质公园网络成员名录》，成为首批世界地质公园之一。另外，牡丹江上的镜泊湖是我国最大的火山熔岩堰塞湖，长白山天池则是我国面积最大、水最深的火口湖，著名的吊水楼瀑布与长白瀑布分别位于镜泊湖和长白山天池的水流下泻之处。由于熔岩对地下水道的堵截，火山熔岩地区往往多泉水出露，而流经熔岩地层的泉水又多含有一些地表比较缺少的微量元素，具有医疗价值，因而火山熔岩地区往往成为观景、科考、康疗皆宜的旅游胜地。

同步思考6-3

问题：为什么要建世界地质公园？

理解要点：从人与地球、过去与未来、保护与探索等角度来思考。

6.1.2 旅游人文地理环境

无论就其民族数量还是就其生产方式而言，关东文化旅游区都是一个典型的多元文化复合区。其民族以汉族为主体，包括满族、蒙古族、朝鲜族、回族、锡伯族、达斡尔族、鄂温克族、赫哲族等多个少数民族；按其生产方式不同划分，既有汉族、朝鲜族等传统的农耕民族，也有达斡尔族、鄂伦春族、鄂温克族等以狩猎为主的民族。我国仅有的两个以捕鱼为主的少数民族中的一个——赫哲族也在本区，还有曾经以游牧为主，后来逐渐转向农耕的满族等。众多的民族及多样的生产和生活方式既互相融合，又各自保持一定的特色，从而形成了本区复合型的民族风情。

1）多元文化复合的民俗风情

（1）冰雕艺术。哈尔滨充分利用松花江晶莹透明的冰资源并将其作为材料，运用雕塑技艺，加工成多姿多彩的艺术雕塑品；同时，利用冰雕辅以五彩缤纷的灯光，构成了晶莹剔透、独具北国特色的冰雪园林。

哈尔滨制作冰雕、冰灯及冰塑的传统在清代就有，但每年定期展出雄伟壮观的大型冰雕艺术群却始于1973年。现在每年1—2月，松花江畔的兆麟公园就成了欣赏神奇冰雕艺术的殿堂。自1983年起，在举办冰灯游园活动期间，哈尔滨又创办了冰雪节，增加了丰富多彩的冰雪体育、娱乐活动，吸引了国内外大量游客，变寒冷的冬季为旅游热季。

（2）二人转。极具东北乡土气息的民间艺术“二人转”至今已有200多年的历史。**二人转**是东北土生土长并受到广大群众，尤其是当地农民欢迎的一种民间说唱艺术，一般由一男一女手拿扇子、手绢，以边说边唱、载歌载舞的形式出现，唱腔高亢粗犷，唱词诙谐风趣。其舞源于大秧歌，又汲取了古今中外的各种舞蹈，甚至现代的“迪斯科”。这种艺术虽有些粗糙，但适合关东农民的欣赏情趣，能表现他们直率、豪爽的性格，地方特色突出。

（3）桦树皮制作。桦树皮文化是东北民间艺术的重要组成部分，这种文化形式主要集中在鄂伦春、鄂温克、赫哲等少数民族中，这几个民族都生活在茫茫的桦树林中，他们根据生活需要，利用桦树皮制作了各种制品，主要有帽子、鞋子、背篓、水桶、水盆、婴儿车、针线盒等，这些器物上都雕刻有丰富的图案，做工精细，堪称艺术精品。从民族文化的角度看，桦树皮文化在少数民族日常生活中意义重大。

（4）鱼皮工艺。长期劳作在乌苏里江上的赫哲族人，是我国少有的靠打鱼为生、使用狗拉爬犁的民族，人口仅5 000多人。他们世世代代在水上劳作，对各种鱼类的习性有惊人的洞察能力，能根据鱼在水中游动的波纹，判断水下鱼种和鱼的行踪，叉鱼技术举世罕见，冬季凿冰洞、下铃铛网捕鱼的巧妙方法也颇有奇趣。另外，赫哲族人用鱼皮制成鱼皮窗户、鱼皮窝棚、鱼皮船帆、鱼皮门帘、鱼皮包袱、鱼皮球、鱼皮护身符等，形成了独有的文化特征。

同步案例6-1

二人转应随着观众喜好和时代变迁而改进

背景与情境：二人转作为一种典型的具有东北地域文化特点的表演艺术，其内容和形式都十分契合东北人的气质和性格——火热奔放、无拘无束，因此深受东北人乃至全国人民的喜爱。二人转作为一门说唱艺术，它的教化、感染功能是显而易见的，在说口上的体现尤为突出。二人转在东北三省遍地开花的年代，由于文化市场管理缺乏应有的准备，一时“低俗”“粗俗”“庸俗”成为悬在头上的三把“刀”，阻碍了这门民间艺术登上更高层次。所以，如果二人转要继续得以发展，就要坚决剔除那些“三俗”表演，彻底净化。经过东北艺人们的努力，二人转于2006年6月入选国家首批非物质文化遗产，同年国庆节，赵本山团队带着二人转登上北京人民大会堂舞台。

我们必须坚持文化创新，不断促进二人转艺术的自我完善，加快人才培养，推出更多更好的艺术精品，才能保障二人转艺术得到进一步的繁荣与发展。总之，对于二人转，我们必须随着观众喜好和时代变迁而改进，使之不断适应社会、不断创新、不断吸收融合其他艺术门类，适应历史现实。

资料来源 佚名.二人转作为东北民间艺术之宝，应该怎么传承下去？怎么为世人所熟知？[EB/OL].［2020-10-25］. https://zhidao.baidu.com/question/1837077388631644260.html.引文经过节选、压缩和改编。

问题：我们在利用民间文化艺术发展旅游业时，要特别注意哪些问题？

分析提示：根据党的二十大报告中提出的“传承中华优秀传统文化，满足人民日益增长的精神文化需求”，从如何保持民间文化艺术的真实性并推动其健康发展等方面思考。

（5）林海雪原中的游猎风情。长期生活在东北大森林中的鄂伦春族、鄂温克族，狩猎经验十分丰富。他们对各种野兽的习性和生活规律了如指掌，判断野兽行踪的能力令人惊奇。他们能用桦树皮做的鹿哨捕野鹿，用狍哨诱杀狍子，他们吃兽肉、穿兽皮、骑烈马、坐驯鹿拉的雪橇，生活充满了原始气息。每当他们结束一天的林中追逐奔波之后，便围着篝火烧烤猎物，吃肉喝酒，兴致起时则唱起豪迈的狩猎歌，跳起彪悍的“哈莫舞”，并伴以“哈莫!”“哈莫!”的吼声，把独特的游猎风情表现得淋漓尽致。

同步业务6-2

百度百科中的多义词——“林海雪原”

“林海雪原”是东北自然面貌的真实写照，但是从百度百科里查多义词“林海雪原”，还可以看到六个词条：（1）林海雪原：曲波创作的小说；（2）林海雪原：李文歧执导的电视剧；（3）林海雪原：刘沛然执导的电影；（4）林海雪原：动作角色扮演游戏；（5）林海雪原：徐克执导的3D电影；（6）林海雪原：朱文顺执导的电视剧。

以上影视剧的故事都源自曲波的长篇小说《林海雪原》，小说描写的剿匪故事就发生在东北的林海雪原中，其中的《智取威虎山》在我国有很高的知晓度，该小说还曾被翻译成英文、日文等多种文字。

2）独特的发展历史与受多种文化影响的建筑艺术

从历史文化发展的进程来看，东北在明清以前，主要受少数民族游牧文化的控制，同时也受中原文化的影响；从明代开始，河北、山东等地的大量农民迁往关东，掀起了汉文化和当地游牧文化融合的高潮。因而各地文化遗址既富有游牧民族的风格特色，又可发现其中与中原文化的联系，如吉林省集安市与辽宁省桓仁满族自治县境内汉魏时期的高句丽古建筑、古墓群和壁画，黑龙江省宁安市上京龙泉府遗址及留存下来的八宝琉璃井和南大庙等古迹，辽宁省境内现存的多处近代佛塔，黑龙江省哈尔滨市阿城区金代的都城——上京会宁府遗址等。

1896年，沙俄通过与清政府签订不平等条约进入黑龙江省，以哈尔滨为据点输入欧洲文化；日本于1931年发动“九·一八”事变，后以武力形式侵占了东北三省，实行殖民化统治。因此，这段时期东北三省留下了大量的欧式及日式或多种文化融合式的建筑，使本区城市建筑风貌呈现出与关内截然不同的风格，其中最典型的是哈尔滨。沙俄将其殖民化后，有30多个国家的10多万人进入该市，所以其早期建筑多为欧洲典型建筑，素有“东方莫斯科”“东方小巴黎”之称。现保存下来的有代表性的早期建筑有500多座，绝大部分为欧式建筑，其中不乏俄罗斯式建筑索菲亚教堂、中世纪拜占庭式建筑东正教堂、典型的哥特式建筑尼埃拉依基督教堂等优秀建筑作品。这些欧式建筑与中国古典式建筑、日本式建筑及现代大厦交织在一起，构成了哈尔滨城市风貌的一大特色。

此外，位于长春市内的伪满洲国皇宫，乍看似中国宫殿，但实际上包含了日本式风格，是中日混合、古今相杂的建筑物。大连市集中于中山广场周围的低层庭院式住宅区，也是记录该市历史文化的良好载体。

6.2 旅游业概述

6.2.1 旅游业现状特征

1）旅游特色鲜明，冰雪旅游开发突出

关东文化旅游区旅游的地方特色主要在于：①以北国风光、冰雪资源为物质基础的丰富多彩的体育、艺术、娱乐活动及赏景活动；②以避暑气候条件及林海、山地风景名胜、辽东海滨为物质基础的登山、狩猎、游览、休养及海滨活动；③以火山熔岩地貌及温泉为物质基础的游览、疗养活动；④以农耕与游牧文化交融的民族风情和东西方文化汇聚的建筑艺术为物质基础的乡村或都市旅游活动。其中尤以冰雪旅游开发最具优势，已形成了一系列极具吸引力的旅游项目，如哈尔滨的冰灯游园活动及吉林市的雾凇景观活动长盛不衰，名扬世界；黑龙江亚布力、吉林北大湖等滑雪基地已享誉国内外，各种冰雪娱乐、体育活动蓬勃发展；沈阳也因成功举办国际冰雪节而一举成名，成为受旅游者欢迎的旅游目的地城市。总之，冰雪旅游资源的成功开发已使东北寒冷的冬季成为旅游的旺季。

学习微平台

延伸阅读6-1

微课程6-1

翩若惊鸿的中国雪乡

同步业务6-3

奇特的“中国雪乡”景区简介

“中国雪乡”位于黑龙江省牡丹江市境内的大海林林业局辖区内的双峰林场，占地面积500公顷，海拔1 500米左右。受海洋暖湿气流和贝加尔湖冷空气的影响，每年10月瑞雪飘飘，雪期长达7个月，积雪厚度可达2米左右，而且雪质好、黏度高，积雪可从房檐悬挂到地面形成独特的“雪帘”、树挂；林区百余户的房屋犹如一座座相连的“雪屋”，房顶积雪可厚达1米，皑皑白雪在风力的作用下还随物具形，其形似奔马、卧兔、神龟、巨蘑……千姿百态。夜晚，雪乡人喜欢在自家门前挂起大红灯笼，洁白如玉的白雪在大红灯笼的照耀下，宛如天上的朵朵白云飘落人间，幻化无穷。由于这里从初冬冰花乍放的清晰到早春雾凇消流的婉约，无时无刻不散发着雪的神韵，因此得名——中国雪乡。

2）旅游产业初具规模，区内差异仍然明显

东北三省旅游业经过多年的发展，已基本形成了食、住、行、游、购、娱六要素基本配套的局面。旅游产品开发除原有的自然景观、人文景观与旅游、观赏活动得到充实外，还建设了一批有特色的旅游度假区和滑冰、滑雪基地，举办了多个特色鲜明的节庆活动，如大连国际啤酒节、哈尔滨冰雪节、长春电影节、吉林雾凇节、长白山人参节等，形成了一大批参与性、娱乐性很强的专项旅游和特种旅游项目。旅游交通除了较早形成的以铁路为骨干，包括公路、航空、内河航运及海上运输在内的对内、对外交通网络外，还增加了一系列高速公路与高速铁路。海运有大连港，环绕区域周边及深入平原内部的各条河流也具有直接连接国外的功能。无疑，如此发达的立体交通网络为旅游业的发展奠定了坚实的基础。表6-1显示了2023年东北三省旅游业的基本情况。

表6-1 2023年东北三省旅游业基本情况

项目 / 地区	星级饭店				A级旅游景区			旅行社	
	营业收入（亿元）	饭店总数（家）	其中 五星级	其中 四星级	总数（家）	其中 5A	其中 4A	机构数（家）	营业收入（千元）
全国总计	1 601.09	7 245	777	2 326	15 721	318	4 863	39 580	444 272 900
辽宁	33.85	216	22	55	582	6	151	1154	2 376 902
吉林	8.19	59	3	23	303	7	90	570	1 317 582
黑龙江	9.77	89	5	28	438	6	120	863	1 514 522
本区合计	51.81	364	30	106	1226	19	361	2587	5 209 006
2023年本区占全国	3.24%	5.02%	3.86%	4.56%	8.42%	5.97%	7.42%	6.54%	1.17%

资料来源　中华人民共和国文化和旅游部．中国文化文物和旅游年鉴2024［M］．北京：国家图书馆出版社，2024.

3）入境旅游者构成中以外国人为主，其中又以日、韩、俄罗斯三国最多

来辽宁的入境旅游者中，日、韩、俄三国旅游者在外国人中占较大比重，远远超过了全国平均水平。造成这一现象的主要原因是本区紧邻日、韩、俄，远离港澳台地区的特殊位置。这种位置使得居我国客源国前列的日本、韩国及俄罗斯与本区的经贸、投资及旅游往来十分方便，相反港澳台地区则由于与本区相距较远，经贸及投资活动远不如在东南沿海一带活跃。这种区域构成差异在一定程度上也体现了地理位置及历史因素的影响。

同步链接6-1

以党的二十大报告为引领助力沈阳现代化都市圈文旅融合发展

6.2.2 主要旅游地及旅游线路

1）黑龙江游览区

本区以省会、历史文化名城哈尔滨为中心，以国家重点风景名胜区五大连池和镜泊湖为两翼，是一个以冰雪、林海等自然景观为主，以人文历史景观为辅的游览娱乐区。游览区内拥有5A级旅游景区6个，即哈尔滨太阳岛景区、黑河五大连池景区、牡丹江镜泊湖景区、伊春汤旺河林海奇石景区、漠河北极村旅游区以及虎林虎头风景区。

（1）冰城哈尔滨。哈尔滨夏宜避暑，冬宜观灯和开展冰上运动，是有名的冰城，同时也以独具特色的西方早期建筑众多而闻名。其特色游主要有：

①文物古迹游。其包括文庙、极乐寺、七级浮屠塔、东北烈士纪念馆等。

②异国情调游。市内有东正教堂（拜占庭式建筑）、基督教堂（哥特式建筑）等典型的欧式建筑，还有中央大街的索菲亚教堂及南岗秋林公司一带的俄式建筑，异国情调十分浓厚。

③观光疗养游——哈尔滨太阳岛景区。太阳岛在夏季是国内的避暑胜地，在冬季则是一座冰雪乐园，有“哈尔滨明珠”之称。春夏时节漫步于松花江畔，江风拂面，绿树婆娑，繁花竞放，其乐融融。

④冰雪活动游。每年自1月5日起，哈尔滨都会举办历时1~2个月的“国际冰雪节”，其中兆麟公园的冰灯游园会尤其引人入胜。市内冰场星罗棋布，松花江上冰橇、冰帆别具风格，其冰天雪地之中的冬泳运动更构成一道独特的风景。

（2）以火山熔岩地貌、湖光山色为主的天然奇景旅游线路，主要包括镜泊湖、五大连池、漠河等景区景点，同时可顺游镜泊湖附近的古渤海国上京龙泉府遗址，最适宜夏季游览，可度假疗养。

①镜泊湖。牡丹江镜泊湖景区位于黑龙江省宁安市西南，总面积90平方公里，是我国最大的熔岩堰塞湖。景区内还有吊水楼瀑布、大孤山和小孤山、白石砬子峭壁、城墙砬子等八景，其中以吊水楼瀑布最为有名。

②五大连池。黑河五大连池景区位于黑龙江省五大连池市西北，是我国唯一的以火山地貌及生态系统为保护对象的自然保护区，有“火山地貌博物馆”之称，入选了世界首批地质公园名单，兼有山秀、石怪、水幽、泉奇四大特色。由于火山活动，这里的地下水富含各种对身体有益的矿物质，一向以“药泉”而著称。

③漠河。漠河北极村旅游区位于黑龙江西北端，被称为中国的“北极村”。它以夏季“白夜”、冬季严寒、极光，以及金矿、原始森林而著称。其夏至日白昼长达20个小时以上，人称“不夜城”，夏至前后可见到神奇的北极光；冬季最低气温可达−52.7℃。

（3）伊春汤旺河林海奇石景区。该景区距伊春市中心区120公里，行车需2小时左右，距国家一类对俄口岸嘉荫100公里。石林平均海拔436.6米，总面积163.57平方公里，分为石林景观区和山水风光游览区。其中以小兴安岭奇石景观区内的地质遗迹形成的各类拟态奇石和繁茂的植被为特色，展示了国家地质公园和国家森林公园特有的风韵，同时它还是中国青少年科学考察探险基地。2013年汤旺河林海奇石景区晋升为国家5A级旅游景区。

（4）虎头风景区。该景区位于黑龙江省虎林市，为国家5A级旅游景区。该景区拥有大界江、大湿地、大冰雪、大森林等塞北自然风光，以及战争遗址、历史文物等旅游资源，被专家称为黑龙江省唯一一处“非城市中心型旅游资源集合区”。天下第一虎雕塑高达20.60米，体量巨大，是世界铜锻虎雕之冠，被载入“上海大世界吉尼斯纪录”。

2）吉林游览区

吉林省位于日本、俄罗斯、朝鲜、韩国、蒙古国与中国东北部组成的东北亚几何中心地带。吉林游览区内的国家5A级旅游景区有长春市伪满皇宫博物院、长白山景区、长春市净月潭景区、长春市长影世纪城旅游区、敦化市六鼎山文化旅游区、世界雕塑公园和高句丽文物古迹景区。吉林游览区主要游览线路如下：

（1）吉中古迹和秀水寒冰旅游线，主要包括伪满皇宫、净月潭、电影城、松花湖等景区景点。

①伪满皇宫。其位于长春市，原为伪满洲国皇宫，现辟为吉林省博物馆。其主要建筑分为内廷、外廷和御花园。

②净月潭。其位于长春市东南，分为潭北山色、潭南林海、月潭水光和潭东村舍四个景区。整个景区以水景为主，有山林衬托。此外，潭东山村中还有金代古墓两处，已被长春市列为文物保护单位。

③电影城。长春电影制片厂是我国东部最早向旅游者开放的电影制片厂。在长影旧址博物馆，旅游者可参观长影电影艺术馆、长影摄影棚展区、长影电影院、长影音乐厅和配套的长影文化街区等。

④世界雕塑公园。它位于长春市主干道人民大街南端，占地约92公顷，是一个融汇当代雕塑艺术、展示世界雕塑艺术流派的主题公园，是集自然山水与人文景观于一体的一座现代城市雕塑公园。2017年2月17日，世界雕塑公园正式成为国家5A级旅游景区。

⑤松花湖。松花湖位于吉林市，是丰满水电站大坝截流而形成的人工湖。冬季沿江十里长堤上的雾凇景观为国内所罕见，是一大特色。区内青山雪场景区是我国高山滑雪运动基地。湖内有40多种鱼类和其他水族生物，茫茫林海栖息着约140种野生动物和160余种野生经济植物，盛产“东北三宝”。此外，景区内还有“西团山文化”遗址、原始公社遗址等历史古迹。

（2）长白山山水文物旅游线，主要包括通化、集安、长白山、延吉、珲春等地的景区景点。

①通化城区。通化城区位于吉林省南部浑江江畔，东临长白山。登上市中心的玉皇山山顶俯瞰，山下一江碧水，对岸山冈上是靖宇陵园。通化是“关东三宝”——人参、貂皮、乌拉草的主要集散地之一，旅游者可参加神秘的“人参之路”旅游。

②集安市。集安市是高句丽王朝的遗迹，被列入《世界文化遗产名录》。在集安市周围的平原上，有一万多座高句丽时期的古墓，这就是闻名海内外的“洞沟古墓群”，其中太王陵、将军坟和千秋墓等规模宏大。将军坟有“东方金字塔”之誉，墓基每边长31.58米、高12.4米，墓体呈方锥形，共有7级阶梯，全部采用精琢的巨型花岗岩石条砌筑而成，墓室顶部用整块巨石覆盖。墓体建筑雄伟，造型庄严。将军坟是高句丽时期石造建筑艺术的杰作。

③长白山。它号称“东北第一山”，以独特的火山地貌、秀丽的天池风光、壮丽的长白瀑布、茂密的原始森林、珍贵的“长白三宝”以及动人的传说故事而闻名于世。长白山天池镶嵌在终年积雪的山顶上，是著名的火口湖。湖面海拔2 189米，是我国东部海拔最高的湖泊之一，面积约9.8平方公里，是地跨中朝两国的界湖，也是松花江的发源地。长白林海素有“自然博物馆”的美誉，是进入国际生物圈保护区网络的自然保护区。

④延吉市。它是延边朝鲜族自治州的首府。朝鲜族人民能歌善舞，以“长鼓舞”“扇子舞”“顶水舞”最为知名。其大众化体育运动如摔跤、跳板和荡秋千等独具风

情。2009年，中国朝鲜族农乐舞入选世界非物质文化遗产。

⑤敦化市六鼎山文化旅游区。它位于敦化市南郊3公里处的牡丹江南岸，规划面积52平方公里，由中国旅游设计院规划设计。该旅游区重点开发佛教文化、清始祖文化、渤海文化等人文旅游项目。2015年，敦化市六鼎山文化旅游区成为国家5A级旅游景区。

⑥珲春市。珲春市水环山绕，景色宜人，有著名的“仙峰云笠”“龙泉灵境”等八景，最吸引游人之处是能“昼看三国河山貌，夜闻世界鸡犬声”的边陲小村——防川村。

3）辽宁游览区

辽宁省是中国重要的重工业基地、教育强省、农业强省，是中国工业门类较为齐全的省份，也是中国最早实行对外开放政策的沿海省份之一。作为新中国工业崛起的摇篮，辽宁为中国改革开放作出了重要贡献，被誉为“共和国长子”。截至2020年年初，辽宁省共有国家5A级旅游景区6个，分别是沈阳市植物园、大连老虎滩海洋公园、大连金石滩景区、鞍山市千山景区、本溪水洞、盘锦市红海滩风景廊道景区。该游览区还拥有国家4A级旅游景区135个。辽宁游览区主要游览线路如下：

（1）古都遗存与名山胜水中心旅游线，是辽宁旅游核心吸引力之所在。

①沈阳市。沈阳是历史文化名城，是清朝前期的都城和入关后的陪都，曾名盛京和奉天，拥有沈阳故宫、盛京三陵等世界文化遗产。

沈阳故宫始建于1625年，是清朝入关前清太祖努尔哈赤、清太宗皇太极建立的皇宫，清朝入主中原后改为陪都宫殿和皇帝东巡行宫。沈阳故宫位于沈阳老城的中心，占地6万平方米，现有古建筑114座，按照建筑布局和建造先后顺序可分为三路：东路为努尔哈赤时期建造的大政殿与十王亭；中路为皇太极时期续建的大中阙，包括大清门、崇政殿、凤凰楼以及清宁宫、关雎宫等；西路包括乾隆时期增建的文溯阁等。

盛京三陵，即昭陵、福陵、永陵，是开创清王朝基业的祖先陵墓。昭陵坐落在沈阳市北端，是清太宗皇太极及其皇后的陵墓，在盛京三陵中规模最大、结构最完整。福陵位于沈阳市东端，是清太祖努尔哈赤与皇后的陵寝，其建筑风格与昭陵类似。永陵坐落于辽宁新宾满族自治县城西21公里处的永陵镇，在盛京三陵中规模最小，但列三陵之首，因陵内葬着努尔哈赤的六世祖、曾祖、祖父、父亲及伯父、叔父以及他们的福晋，是清王朝皇族的祖陵。

沈阳市植物园于2007年被评为国家5A级旅游景区，又称沈阳世博园、沈阳世界园艺博览园，是集绿色生态观赏、精品园林艺术、人文景观建筑、科研科普教育、娱乐休闲活动于一体的多功能综合性旅游景区。

同步案例6-2

2023中国沈阳国际旅游节秋季游启动

背景与情境：由沈阳市人民政府主办，沈阳市文化旅游和广播电视局及各区、县

（市）人民政府承办的2023中国沈阳国际旅游节“秋韵情意浓”秋季系列活动于9月6日全面启动。

本次活动围绕文化沈阳、历史沈阳、山水沈阳三条主线，突出历史文化、红色文化、工业文化、民族文化，结合秋月、秋景、秋收、秋味等特色，市区两级联动，沈阳现代化都市圈7市1区合力，推出35条沈阳现代化都市圈秋季游精品线路、10条沈阳秋季游精品线路，举办“佳期沈阳”“欢聚沈阳”“丽音沈阳”“丰收沈阳”“多彩沈阳”五大主题300余项丰富多彩的活动。

为让游客“食之爽心”“住之安心”“行之顺心”“游之舒心”“购之称心”“娱之开心”，沈阳市在提升旅游服务管理的精细化、便捷化、满意度上下功夫，并推出免费旅游巴士、旅游服务驿站，部分景区延时关闭、门票优惠，邀请在沈大学生共度佳节等惠民举措。

资料来源 唐晓瑭，李明辉. 2023中国沈阳国际旅游节秋季游启动［EB/OL］.［2023-09-26］. http：//www.ln.xinhuanet.com/20230926/c6356ffa83f4481d951570eb8a83fd84/c.html.引文经过节选、压缩和改编。

问题：2023中国沈阳国际旅游节的策划有哪些值得借鉴的地方？

分析提示：可从旅游节的主题、活动形式、营销方式等方面展开思考。

②抚顺市。抚顺是我国的煤都，多种工业发达。抚顺市望花区有雷锋墓及塑像和纪念馆。

③本溪市。本溪水洞景区在2015年被评为国家5A级旅游景区。本溪水洞景区位于本溪市东北35公里处，是至今发现的世界第一长地下充水溶洞，被誉为“钟乳奇峰景万千，轻舟碧水诗画间；钟秀只应仙界有，人间独此一洞天”。其主要景点有水洞、旱洞、鳄鱼园、本溪地质博物馆、太子河漂流、温泉寺、汤沟、关门山、铁刹山、庙后山。本溪水洞景区有长达3 000米的暗河，水流终年不竭，洞顶和岩壁有钟乳石；旱洞也可以看到形态各异的钟乳石；在鳄鱼园可以看到惊险的驯鳄表演；温泉寺景区的泉水有较高的医疗价值；铁刹山为东北道教发祥地；庙后山古文化遗址是我国东北地区旧石器时代早期洞穴遗址……

④千山风景名胜区。它是国家级重点风景名胜区，位于鞍山市东南距市区20公里处，交通便捷，自古为“辽东一胜”，由于有999座山峰，座座似莲花开放，故亦称“千朵莲花山”。奇峰、岩松、古庙、梨花为千山四大著名景观。

⑤医巫闾山。其位于北镇市城区西北5公里处，自古是幽州的镇山，山形奇特，回环掩抱，竟然有六重之多，在东北诸多名山中久负盛名。医巫闾山的山神庙是我国目前仅存的一座较为完整的大山神庙。

（2）海滨风景名胜旅游线。以兴城、大连、丹东为中心城市，众多国家重点风景名胜区沿海排开，主要包括兴城海滨风景名胜区，大连海滨风景名胜区（包括旅顺口、金石滩、庄河冰峪沟等），丹东鸭绿江、凤凰山等景区景点。

①兴城。兴城依山傍海，古城、温泉、山、海、岛为兴城“五宝”。兴城是著名古战场“宁远卫城”故址，是我国保存完整的四座古代城池之一。古城始建于1428年，呈正方形，周长3公里，城墙高约9米，城内有鼓楼、魁星楼、文庙等古建筑。古城以东的首山拔地而起，秀木环绕。此外，城内还有古烽火台和朝阳寺古刹等。

兴城温泉水储量丰富，可治疗多种疾病，被蒙古族牧民视为“南海圣水”。兴城海滨浴场绵延10余公里，沙细滩缓，潮稳波清，亭台楼阁掩映于绿树丛中，被誉为“第二北戴河”。

②大连海滨与旅顺口风景区。大连海滨景区海岸线长达30余公里。星海公园内花团似锦，亭亭相连，海水浴场长达千米，是北方著名的海滨浴场。

大连老虎滩海洋公园·老虎滩极地馆，是中国最大的一座现代化海滨游乐场。公园内建有“浓缩极地世界，展现海洋奇观”的极地海洋动物馆、海兽馆，还有中国最大的珊瑚馆、标志性建筑虎雕可供观赏，乘坐跨海空中索道、海上游艇，可欣赏大海风光和虎滩乐园的全貌。

旅顺口区距大连市中心35公里，是我国历史上著名的海上门户，地形雄险壮阔。游旅顺，感受自中日甲午战争以来旅顺被日军侵略、沙俄强租、日俄战火摧残等辛酸历史，旅游者的内心会大受震动。旅顺口内群峦叠翠，旅顺口外礁岛棋布，自然风光绮丽多彩。旅顺口以西的小龙山岛毒蛇遍布，是著名的蛇岛。

③大连金石滩景区。金石滩景区位于大连市区东北部，全区陆地面积62平方公里，在2011年被评为国家5A级旅游景区。作为国家级风景名胜区、国家级旅游度假区、国家级地质公园，金石滩景区曾被美国CNN评为中国40个最美景点之一。金石滩景区凝聚了3亿~9亿年地质奇观，有“神力雕塑公园”之美誉。金石滩景区主要景点有黄金海岸、金石园、滨海地质公园、金石蜡像馆、生命奥秘博物馆、发现王国主题公园等。

明德笃行6-1

夜游黑龙江三道关国家森林公园

背景与情境：三道关国家森林公园位于黑龙江省牡丹江市的西北部、张广才岭安纺山脉之末，距市区20多千米，公园总面积8 000公顷，隶属牡丹江市三道林场。公园群峰高耸，森林、奇石、河溪、怪峰等自然景观独特，动植物资源丰厚，林地面积占总面积的85%以上。

公园以现有自然景观为依托，以“雾溪秘境”为主线，新建沉浸式夜游景观带，运用声、光、电等现代科技手段，设计步入唐风、幻影森林、电音广场、七彩长廊、雾溪秘境、雾溪仙境等特色主题，让灯光秀成为可看、可赏、可玩的沉浸式夜间景观新业态。另外，引进全息投影等技术，增加互动，游客置身其中可以充分体验从“只闻其声”到“身临其境”梦幻美妙的过程转换，享受从“只见其影”到“亲力亲为”怡然自得的角色转换。同时，将休闲、体验、娱乐、美食巧妙融入其中，打造集文化、游览、消费于一体的时尚潮流艺术夜游空间和网红打卡目的地。

资料来源 综合相关资料提炼整理而成。

问题：

1）案例中，该森林公园是如何打造夜游文旅项目的？

2）请对案例景区的旅游企业及从业人员行为进行分析。

分析提示：

1）可从对接游客需求，强化沉浸式体验，巧妙利用科技赋能等方面展开思考；夜游项目打造需关注安全保障、环境保护、文化传承、游客体验、景区管理、技术创新等。

2）该景区旅游企业及从业人员行为体现了秉持生态文明理念、弘扬大美中国、不断开拓创新等优秀的思政素养。

④庄河冰峪沟。其位于庄河市西北，山峰挺秀，林海茫茫，流水潺潺，既有北国的粗犷豪迈，又有南国的妩媚清秀，是北国大地上一处桃花源式的景区。

⑤丹东鸭绿江。自浑江口至大东港之间210公里长的鸭绿江段，是著名的风景名胜区。景区内有东北最大的水库水丰水库、明长城的东端起点虎山长城、抗美援朝的“凯旋门”鸭绿江大桥、鸭绿江入海口东港和太平湾水电站5个景点，附近有18 000年前的丹东前阳人古洞穴遗址、汉代辽东郡西安平县遗址、明代万里长城遗址以及现代水电、桥梁、园林工程等。

⑥凤凰山。其位于丹东凤城市，最高峰攒云峰海拔836米，为辽东名山，与朝鲜妙香山隔江呼应。凤凰山集雄、险、幽、奇、秀于一身，奇峰、怪石、清泉、古松、幽兰、深洞各有千秋，与明清古刹、碑刻、摩崖相映生辉，素有“自然盆景”之美誉。

⑦红海滩。红海滩国家风景廊道坐落于辽宁省盘锦市大洼区赵圈河镇境内，总面积20余万亩。景区依托浩瀚的芦苇荡和退海湿地的先锋植物碱蓬草构成了红绿相间的天下奇观，由北至南分布了依水云舟、卧龙湖码头、小岛闲情、踏霞漫步、岁月小栈、向海同心、廊桥爱梦、稻梦空间、情人岛、爱情宣言廊道10处景点。每年均有大批游客齐聚于此，感受红海滩魅力，领略湿地大美风光。

同步案例6-3

在青山绿水黑土间唱响红色旅游

背景与情境：东北地区拥有森林、湿地、湖泊等丰富的生态资源，生态避暑游和冬季冰雪游一直是其吸引游客的重要旅游项目。近年来，在青山绿水之间，东北地区逐步形成了独具黑土地特色的红色旅游项目。黑龙江推出了“中国抗联英雄林海雪原”红色之旅作为精品主打旅游线路。位于吉林八景之首的长白山景区作为当年抗联的根据地，将发掘红色文化与自然景观相结合。坐落在长白山脚下、鸭绿江沿岸的临江市围绕长白山、鸭绿江流域设计出的鸭绿江漂流等生态游品牌，和红色旅游有机结合，每年吸引20多万人次前来观光。在青山绿水的自然景观之外，高科技的运用也为东北地区的红色旅游增添了新意。在吉林市革命烈士纪念馆，国内利用自然光源建造的最大一处复原景观——东北抗联长白密营，让人亲身体验令人震撼的抗战历史；位于辽宁锦州的辽沈战役纪念馆则巧妙地运用幻影成像、景观复原等声光电多媒体展示手段，再现宏大战争场面，其《攻克锦州》全景画馆是中国第一座全景画馆，被誉为全国博物馆界的经典之作。

资料来源　刘毅非，徐扬，王春雨．东北：在青山绿水黑土间唱响“红色旅游”[EB/OL]．[2020-06-30]．http：//news.xinhuanet.com/politics/2011-06/30/c_121605447.htm.引文经过节选、压缩和改编。

问题：东北红色旅游应从哪些方面进行挖掘？如何做才能使红色旅游可持续

发展？

分析提示：从打造复合型旅游资源、结合现代科技手段使传统红色旅游重新焕发青春等角度出发进行思考。

本章概要

□ 内容提要

关东文化旅游区拥有茫茫林海、莽莽雪原、良好的避暑气候条件、奇特的火山熔岩地貌、乡土气息醇厚的关东文化、中西方文化交融的城市建筑等特色旅游资源。以此为基础开发出的滑雪、冰灯艺术及冰上娱乐活动已在旅游人群中引起了强烈反响。充分利用本区各类旅游资源，开发出更多适销对路、受广大旅游者欢迎的旅游产品，是构建本区旅游业发展的坚实物质基础的关键。

□ 主要概念和观念

▲ 主要概念

关东文化旅游区　雾凇　二人转

▲ 主要观念

关东文化旅游区旅游资源与旅游环境特征 民间文化艺术的旅游开发

□ 重点实务

关东文化旅游区旅游产品开发 关东文化旅游区旅游活动策划

基本训练

□ 知识训练

随堂测6-1

▲ 复习题

1）本区自然旅游地理环境有何重要特征？

2）本区主要国际旅游客源市场有哪些？原因何在？

3）简略介绍下列旅游中心城市及旅游地：大连市、哈尔滨市、吉林市、沈阳市、五大连池、长白山地、镜泊湖。

▲ 讨论题

1）在民间文化艺术的旅游开发中，我们应该如何正确处理保护与开发的关系？

2）与其他文化旅游区相比，关东文化旅游区有哪些独具优势的旅游产品？应该如何把这些旅游产品进一步做大做强？

□ 能力训练

▲ 案例分析

【训练项目】

案例分析-Ⅵ。

【相关案例】

亚布力滑雪场能实现成为世界冬奥会主赛场的梦想吗？

背景与情境：亚布力滑雪场位于哈尔滨市东南方向195公里处的张广才岭北麓，海拔1 374米，占地面积2 255公顷，是中国目前最大、功能最全的综合性滑雪场。这里年平均气温2℃~10℃，积雪期长达170天（11月至次年4月），积雪最深可达1米以上，雪质丰厚，硬度适中。在清朝，这里作为皇家狩猎的专场，长期禁止百姓入林垦荒、狩猎，生态环境保持良好。因此，世界旅游组织官员、法国滑雪场规划专家认为这里是中国建设滑雪场最好的地方。2009年第24届世界大学生冬运会在哈尔滨成功举行，这里是大学生冬运会的主赛场，除单板滑雪和冬季两项以外，所有其他雪上比赛项目均在这里举行。但东北的冰雪之都哈尔滨曾多次申办冬奥会，均告失败。2022年冬季奥运会举办地为北京—张家口，亚布力滑雪场能实现成为世界冬奥会的主赛场的梦想吗？

问题：

1）你了解哈尔滨申办冬奥会的历程吗？

2）如果梦想成真，你认为应如何利用这个机会发展本区的旅游业？

【训练要求】

同第1章“基本训练”中本题型的“训练要求”。

▲ 实训操练

【实训项目】

“‘关东文化旅游区’重点实务”知识应用

旅游线路策划：为某客群策划设计旅游线路。

【实训目的】

见本章“学习目标”中的“职业能力”。

【实训步骤】

1）将班级同学分成若干“实操训练”训练团队，每队确定一人负责。

2）各团队根据实操训练项目的需要进行角色分工与任务分配。

3）根据本区旅游资源禀赋以及旅游业发展水平，在充分了解各类旅游资源特性和当地旅游接待能力的基础上，自行确定某个旅游客群，为其“设计专享旅游线路”。通过图书馆或互联网获取相关资料，并撰写“旅游线路策划方案”。

4）各团队以抽签的方式在班级进行“旅游线路策划方案”PPT汇报交流，师生开展互动点评

5）在线上平台展示经修订并附有教师点评的各团队“旅游线路策划方案”，以供学生相互借鉴学习。

□ 明德笃行

【训练项目】

明德笃行-Ⅵ。

【相关案例】

葫芦古镇：中国葫芦文化的一张名片

背景与情境：葫芦古镇，是全国唯一以葫芦文化和原生态关东民俗文化为主题的旅游景区，位于辽宁省葫芦岛市东北部渤海岸边、天角山下。该景区始建于2001年，现为国家4A级旅游景区、国家文化产业示范基地、全国农业旅游示范点、全国首批五星级休闲农业与乡村旅游示范园区、国家级青少年户外营地和北京电影学院教学创作实践基地。

走进葫芦古镇，葫芦形象和“福禄”寓意四处萦绕，步入充满关东风情的民国小

镇更有穿梭时空之感。古镇以关东民俗文化和中国葫芦文化为主线，是集文化旅游、休闲度假、生态农业、传统文化教育、青少年教育、爱国主义教育于一体的国家4A级旅游景区。这里汇聚关东风情小镇、葫芦文化公园、岁月葫芦海湾及特色农耕文化和关东民俗雪乡。游客在这里可以领略到丰富的民俗文化，深入了解葫芦的独特文化内涵，感受到古老小镇的宁静与神秘。

资料来源　综合相关资料提炼整理而成。

问题：

1）请对葫芦古镇的旅游经营者进行分析。

2）该案例中的古镇文化传承与旅游形象塑造，有哪些做法值得推广与借鉴？

【训练要求】

同第1章“基本训练”中本题型的“训练要求”。

第7章 中华民族摇篮

——中原文化旅游区

- 学习目标
- 7.1 旅游地理环境特征及其对旅游业的影响
- 7.2 旅游业概述
- 本章概要
- 基本训练

● 学习目标

通过本章学习，应该达到以下目标：

职业知识：学习和掌握本旅游区的自然与人文地理环境特征、旅游业现状和特征、主要旅游地及旅游线路等理论与实务知识，能用其指导或规范本章认知活动和技能活动，正确解答“基本训练”中“知识训练”各题型的问题。

职业能力：运用本章理论与实务知识研究相关案例，培养在本旅游区特定情境中分析问题与决策设计能力；通过“自主学习”训练任务，搜集、整理与撰写关于“中原文化旅游区人文地理环境变化及其对旅游业的影响”文献综述，并在班级开展讨论与交流，培养获取整合信息、文稿撰写与沟通表达等通用能力。

职业素养：结合本章教学内容，依照相关规范或标准，对“明德笃行7-1”专栏和章后“明德笃行-Ⅶ”案例中的企业及其从业人员行为进行分析，强化与案例议题相关的弘扬中华优秀传统文化、开展跨文化交流与合作等方面的价值思考并提升职业素养，促进“立德树人”根本任务的落实。

学习微平台

思维导图7-1

引例：祭祀大典

背景与情境：祭祀大典是指一个国家或民族为对祖先或圣人表示追悼、敬意而举行的盛大隆重的典礼。中原之地历来是我国举行祭祀大典的主要场所，其中又以在陕西省黄陵县黄帝陵前举行的祭祀黄帝大典与在山东省曲阜市举行的祭孔大典最为盛大隆重。

公祭黄帝的活动始于部落时代，春秋时期成为有组织、有规模、有等级的大型公共活动，唐朝始将每年清明节在陕西省黄陵县黄帝陵前祭祀黄帝的活动列为国家祭典，自此世代相传，绵延不绝。2006年5月，国务院公布《第一批国家级非物质文化遗产名录》，将黄帝陵祭典列入我国八大祭典活动之首。每年清明节，万余名海内外中华儿女的代表满怀虔诚与崇敬之情来到黄帝陵前，举行隆重的祭祀轩辕黄帝大典。每次大典都于上午9时50分开始，寓意“九五之尊”，表达中华民族对初祖轩辕黄帝的至崇至敬。典礼共有7项内容，有击鼓鸣钟、唱黄帝颂、敬献花篮、恭读祭文、向轩辕黄帝像行三鞠躬礼、乐舞告祭、龙飞华夏。其中击鼓鸣钟是击鼓34下、鸣钟9响，34下鼓声象征全国34个省级行政单位（包括港澳台），9响钟鸣代表中华民族崇敬始祖的最高礼数。场面最壮观的是祭祀乐舞，它气势恢宏、震撼人心。整个祭祀歌舞分为：“云纪”篇，表现黄帝的恩德像雨露一样；“夔鼓”篇，表现黄帝部落的征战操练以及中华民族的最后统一；“瑞德”篇，表现黄帝时期人们耕作以及幸福的情景；“驭龙”篇，表现中华民族永远祭奠黄帝，希望海外华侨和全世界华人能团结在一起，赞扬中华民族生生不息的精神与对黄帝的崇敬之情。

祭孔大典是华夏民族为了尊崇与怀念至圣先师孔子，于孔子诞辰（农历八月二十七）期间在孔庙举行的隆重祀典，其表现形式主要为集乐、歌、舞、礼于一体的综合艺术。祭孔大典不仅有成千上万的海内外中华儿女参加，还有联合国教科文组织的官员及外国朋友前来拜谒，其影响力已超出了我国的范围。2006年5月20日，祭孔大典被列入我国《第一批国家级非物质文化遗产名录》。

此外，本旅游区还有在黄帝出生地河南新郑举行的祭祖大典、在山西临汾洪洞县举行的中国洪洞大槐树寻根祭祖大典等。

如此众多的祭祀大典在中原文化旅游区举行，源于本区承载的深厚历史文化与人文气息，因此厚重的历史人文色彩是本区旅游的最大亮点。除此之外，本旅游区还有哪些地理环境与旅游业的发展有重大关系呢？你可通过对本章的学习找到答案。

7.1 旅游地理环境特征及其对旅游业的影响

中原文化旅游区包括山东、山西、陕西、河南4个省，面积共68.58万平方公里，人口总量约27 500万，是中华民族和华夏文化的重要发祥地。

7.1.1 旅游自然地理环境特征

1）以平原、高原为主的地表形态结构，以雄险为特色的山地丘陵

中原文化旅游区地貌以平原、高原为主，但不乏雄奇险峻的中低山地，其中，由黄河、淮河、海河冲积而成的黄淮海平原与黄土高原占据本区绝大部分。平原位于东

部，地势低平，海拔在50米以下，水源充足，物产丰富；风积而成的**黄土高原**北起长城，南达秦岭，西抵祁连山，东至太行山，总面积达58万平方公里，是世界上黄土分布最广阔、最深厚也最典型的黄土地貌区。其海拔800～1 200米，黄土覆盖厚度多在100～120米，在半湿润或半干旱的气候条件下，很适合旱地作物的栽培。

在距今约180万年前，我们的祖先即在这里繁衍生息，逐步创造了繁荣的华夏文明，并给这里的自然环境打下了深深的人文烙印。如过度开发造成水土流失，形成了塬、墚、峁、沟等多种黄土地貌形态；同时，泥沙的搬运堆积，在黄河下游造成了"悬河"奇观。

在高原、平原中拔地而起的山地丘陵，由于其突出于地表的挺拔形象，历来成为古人顶礼膜拜的对象，并形成了众多以山岳为主体的风景名胜区。如在我国著名的五岳中，就有四岳——东岳泰山、西岳华山、北岳恒山、中岳嵩山分布于本旅游区。此外，还有五台山、崂山等宗教名山及其他众多风景名山。这些山地大多不超过2 000米，多为花岗岩山地，垂直节理特别发育。山地在形成演化过程中，岩体往往沿着节理隆升或滑落，形成刀削斧砍般的峭壁悬崖，显得十分雄奇、险峻。

2）暖温带大陆性季风气候，海滨避暑度假胜地不断涌现

中原文化旅游区属于典型的季风气候区，由于南北跨度和距海远近差异较大，各地热量水平与干湿差异比较明显。除陕南、豫南属北亚热带湿润气候、山东半岛沿海属暖温带湿润气候、陕西长城沿线为温带干旱气候外，其余大部分地区都属暖温带–温带半湿润半干旱季风气候，气候的大陆性特征明显。夏季气温较高，温暖期较长；冬季气温较低，寒冷期也较长；春、秋两季短促，全年降水不多，雨热同期，集中分布于年内几个时间段。这种气候特征造成本区旅游淡旺季比较分明。春季短促，多风沙，时有倒春寒现象出现；冬季漫长，枝叶凋零，景色黯淡，虽也有白雪飘飞、雪景宜人的时候，但积雪时间不长，所以冬、春季均为淡季。夏季温度比较适宜，山地景观迷人；秋季天高气爽，风和日丽。夏秋季均为旅游黄金时期。其中，山东省有漫长的海岸线，由于海洋的调节作用，盛夏时气温低于内陆地区，加之许多地方金沙柔软，是理想的避暑度假之地；随着海滨城市青岛、烟台、威海等地海滨旅游度假区的不断建设与完善，不少海滨景区已成为人们越来越喜爱的避暑度假胜地。

7.1.2 旅游人文地理环境特征

中原文化旅游区自古以来气候温暖，土地肥沃，适于人类生存繁衍。我们的祖先在100多万年前的旧石器时代即在此生存发展，并开创了华夏文明，使之成为中华民族的摇篮。经考古发掘，人们发现了旧石器时代距今约180万年的山西芮城西侯度村遗址、80万～115万年前的陕西蓝田猿人遗址、10万～20万年前的陕西大荔猿人遗址。其中，西侯度村遗址是迄今中国发现最早的人类活动遗址。至于仰韶文化、大汶口文化、龙山文化等新石器时代的遗址则星罗棋布。其中，仰韶文化最早发现于河南渑池仰韶村，后经考古证明，这一文化广泛分布于黄河中下游地区，特别是关中盆地、晋东南—豫西北一带；龙山文化最早发现于济南章丘区龙山镇，它与大汶口文化都主要分布于黄河下游鲁东南地区。

相传父系氏族社会的首领炎黄二帝就曾活动于黄河中下游地区，黄帝部落最终定居中原，故陕西黄帝陵、河南黄帝出生地新郑都成为中华民族祭奠祖先的主要场所。

黄帝之后，尧、舜、禹及其部落也在这一带活动，自夏以来的奴隶社会，到春秋五霸、战国七雄，除楚、吴、越等少数诸侯国占据长江流域外，绝大多数诸侯国都集中于黄河中下游地区。

几千年悠久的历史、深厚的文化积淀，形成了今天蔚为壮观的文物古迹，具体表现为“四多”：①古都名城多。我国8大古都本区占5个（西安、洛阳、开封、安阳、郑州）。此外，咸阳、太原、临淄、商丘、曲阜等城市，都曾有过作为都城的历史。国务院第一批公布的24个历史文化名城中本区占1/4（西安、开封、洛阳、大同、曲阜、延安）；第二批公布的38个历史文化名城中本区占7个（平遥、济南、安阳、南阳、商丘、榆林、韩城）；第三批公布的37个历史文化名城中本区占11个（新绛、祁县、青岛、聊城、邹城、临淄、郑州、浚县、咸阳、汉中、代县）。这些古都名城大都已开发成为本区重要的旅游目的地。②重要陵墓与地下文物多。从黄帝、尧、舜、禹直至唐、宋的历朝皇陵，数目众多，规模庞大，已发掘的大量石雕等艺术珍品与出土文物极大地吸引着海内外游客。其中，以再现秦始皇浩荡大军的秦始皇兵马俑坑最为著名，它已被列入《世界文化遗产名录》。秦始皇陵、乾陵、昭陵等尚未挖掘的皇家陵墓则给人们留下了遐想的空间，是本区旅游潜力之所在。③宗教遗存多。我国佛教祖庭白马寺，四大宗教艺术石窟中的云冈石窟、龙门石窟，宗教名山五台山、嵩山、恒山、崂山等都聚集在四省范围内，成为本区旅游的重要吸引物。④文化古迹多。从登封的周公测景台与告成的元代观星台到郑国渠、西安碑林、古长城遗址等，数不胜数，亦是本区旅游吸引物的重要组成部分。

同步思考7-1

问题：为什么中原地区会出现如此多的古都？

理解要点：从古人生存、生活必需的自然条件和中华民族发展史等方面去思考。

中原文化旅游区作为中华民族的摇篮,我国几千年文明发生、发展的主要地区，文化根基极其雄厚。**儒家文化**就是由本区春秋时期鲁国的文化巨匠——孔子所创，经过2 000多年封建社会“罢黜百家，独尊儒术”的推动及近现代的调整与发展，一直是中华文化的主流，在整个文化传承体系中占有特别重要的地位。历史上儒家文化的传播对整个东南亚地区都产生了深远影响，在当代，“孔子学院”更是遍布世界各国。孔子已成为中华民族的一个文化符号，每年的祭孔大典则成为举世瞩目的文化盛典和展示国家形象的文化品牌。此外，在本区产生并发展起来的齐鲁文化、三秦文化、三晋文化都是我国最主要的区域文化。

本区人民世代受儒家文化的熏陶，形成了浓厚的文化氛围，不仅山东曲阜每年农历八月二十七孔子诞辰之日要举行授五经、学六艺、瞻像谒墓及儒家经典学术讨论等各种文化传承活动，其他各地独具特色的民间文化艺术活动也不胜枚举。如河南宝丰县的“马街书会”、陕西的民歌、山西的锣鼓、河南和山东的武术等都是地域性特别鲜明的文化活动。其中，延续了700多年并于2006年被列入《第一批国家级非物质文化遗产名录》的“马街书会”，是中国北方民间最大的说唱会。每年农历正月十一至十三，马街村旁应河岸边都会出现人山人海、丝弦声声的景象，这是当地及来自全国各地的成百上千的民间曲艺艺人聚集在此说书会友、弹唱亮艺而形成的曲艺盛会。每当此时，方圆上百里的群众都前来听书，感受“一日能看十台戏，三天能读万卷书”的喜悦。书会高潮过后，艺人们还会相互交流，品评演技，并评出当年的“书状元”，其中不少艺人会被民间“写”走，继续在乡村巡回演出。其他文化活动更是常年活跃在民众的日常生活中。如陕西民歌即陕西各地的民间说唱音乐，是世世代代劳动人民在生产实践和社会实践中，与各种艺术形式不断融合发展、流传下来的，民歌或豪情奔放，或婉转柔美，构成了陕西独具特色的民间艺术；蕴含了古老黄河文化的山西锣鼓种类繁多，包括威风锣鼓、花敲敲、瞪眼家伙、牙鼓、花鼓、转身鼓、扇鼓、黄河锣鼓、五虎爬山、太原锣鼓等，其总体风格以节奏强烈明快、场面壮阔见长，具有粗犷、彪悍、雄奇、自然的地域特色，表现了黄河儿女淳朴、率直、豪迈的情怀；而在河南、山东等地，人们习武的风气千载未衰，其中的少林拳、陈氏太极拳堪称中华武术瑰宝，是人们强身健体的首选。

此外，还有高密“三绝”——扑灰年画、泥塑、剪纸，地方戏曲秦腔、豫剧，山东大鼓与快书等民间艺术。其中，起源于陕西关中地区的秦腔风格高亢激越，反映了黄土高原及关中平原上的人们所具有的开阔、豪放、慷慨、激昂的气质；豫剧曲调优美，唱腔朴实，表演细腻生动，富有生活气息；山东大鼓与快书语言明快，节奏感强，散发出齐鲁之地的豪放、粗犷之气。

本区的民间工艺精品也种类繁多，如嵌银漆器、仿古铜器、木版年画、玉雕、羽毛画、泥玩具、风筝、汴绸、贝雕画、古碑帖拓片、唐三彩、鲁砚等，让人目不暇接。其中，山东潍县的杨家埠木版年画与天津杨柳青、苏州桃花坞的年画并称为三大民间年画；潍坊风筝色彩艳丽，图案简练，笔法细腻，形态逼真，每年举办的“潍坊国际风筝节”吸引着五洲四海的风筝爱好者前来参观、竞技。

如何将这些民间文化艺术活动转化为文化旅游吸引力，进而将其转变为旅游参与者的愉悦感，是本区旅游业者正着力完成的重要任务。

同步案例7-1

马街书会的过去、现在与未来

背景与情境：河南省宝丰县的马街书会是一个民间曲艺文化盛会。每年农历正月十一至十三为马街书会的会期，正月十三为书会正日，俗称“十三马街会”。届时会有来自河南省内和外省市的成百上千名曲艺艺人负鼓携琴，汇集于马街村北应河岸边，他们或一二结伴，或三五为组，在河坡处、山冈上、麦地里、小路旁扎起摊子，打起简板，拉起琴弦，以天当幕，以地为台，说、拉、弹、唱，展示技艺，即“亮书”；四方群众则扶老携幼，沿着乡间公路或村边小路潮水般涌来观赏评价，评出当年的“书状元”后，观众还会像相亲一样，把自己中意的艺人请回村中痛痛快快地说唱几天，即“写书”，因此马街书会也是我国曲艺行当的民间交易盛会。

马街书会始于元代，盛于明、清，清同治二年（公元1863年），到会的艺人曾达2 700多人；在20世纪八九十年代也曾很火爆，1996年到会艺人有1 800多名；进入21世纪后，随着人民文化生活的丰富，马街书会不断萎缩，2005年到会艺人已不足500人。2006年5月20日，马街书会被列入《第一批国家级非物质文化遗产名录》。

为抢救、保护、传承和发展马街书会的民俗传统，河南省政府启动了“河南省濒危民俗文化抢救工程”，通过扩展会期、引入竞拍机制、保证艺人利益等措施，使得一度萎缩的马街书会重现盛况，2009年参会艺人达1 000多名，听书者达20多万人次。2012年当地又建成了书会主题广场及名人雕塑苑、中华曲艺展览馆等“马街书会曲艺文化园”项目工程。2018年，以马街书会为主线的河南原创方言剧《老街》进京展演，一鸣惊人。2019年，马街书会盛况空前，到会艺人达1 336人，艺人摊位数达460个，听书者更达30多万人。马街书会期间有多家电视台进行全程录制，并分别通过网络、电视台向全国乃至全球播出。

问题：你认为马街书会的吸引力在哪里？为了让其可持续地传承下去，我们该如何做？

分析提示：党的二十大报告中提到“中华优秀传统文化得到创造性转化、创新性发展”，做好文化可持续传承可从政府与民间、艺人与观众等多方面思考。

同步链接7-1

专访二十大代表方勤　中国优秀传统文化应创造性转化和创新性发展

7.2 旅游业概述

7.2.1 旅游业现状特征

1）旅游基础条件良好，旅游业发展前景乐观

改革开放以来，特别是经过西部大开发、中部崛起以来的大力建设，本区旅游接待设施与旅游景区的建设不断迈上新台阶，截至2023年年底，全区旅游接待的整体条件与收入已经超过全国平均水平（见表7-1）。随着我国高速公路及高铁网络的不断完善，以陆路为主的四省旅游交通大为改善，四省与全国各省区的时间距离明显缩短，同城游的范围明显扩大，旅游交通瓶颈基本被打破；同时，由于本区海上航运有烟台、威海、青岛等不冻港，航空方面已有济南、青岛、烟台、威海、郑州、洛阳、西安、太原八大一类口岸，为方便国际游客的直接进入创造了条件。这一切都为本区旅游业的进一步发展打下了良好基础，旅游业发展前景乐观。

表7-1　中原文化旅游区2023年旅游业基本情况

项目 地区	星级饭店				A级旅游景区			旅行社	
	营业收入（亿元）	饭店总数（家）	其中 五星级	其中 四星级	总数（家）	其中 5A	其中 4A	机构数（家）	营业收入（千元）
全国总计	1 601.09	7 245	777	2 326	15 721	318	4 863	39 580	444 272 900
山西	25.5	164	11	42	390	10	141	1031	2 713 687
山东	112.48	409	41	158	1229	14	232	2772	7 421 757
河南	40.89	316	21	81	724	15	234	1180	2 656 136
陕西	45.02	268	16	49	563	12	162	1156	8 310 873
本区合计	223.89	1157	89	330	2906	51	769	6139	21 102 453
2023年本区占全国	13.98%	15.97%	11.45%	14.19%	18.48%	16.04%	15.81%	15.51%	4.75%

资料来源　中华人民共和国文化和旅游部．中国文化文物和旅游年鉴2024［M］．北京：国家图书馆出版社，2024.

2）旅游业发展不平衡，山东省明显高于其他三省

区内四省由于地理位置及经济发展水平的差异，旅游业的发展极不平衡。其中，山东省由于拥有较长的海岸线，邻近我国主要客源国——日、韩，并与日、韩有相对密切的经济往来，省域经济相对发达，其旅游基础条件及旅游业发达程度都明显高于其他三省，旅游基础设施量及旅游营业收入占全区总量的35%～50%。

7.2.2 主要旅游地及旅游线路

1）晋北游览区

晋北游览区包括山西北部的大同、朔州、忻州，主要景点有云冈石窟、悬空寺、五台山、北岳恒山、应县木塔、华严寺以及九龙壁、善化寺、崇福寺等，是一个以佛教古建筑文化为特色的旅游区域。

（1）云冈石窟。它是世界闻名的石刻艺术宝库，位于大同西郊武周山北崖，是我国规模最大的古代石窟群之一。据文献记载，该石窟的开凿始于北魏和平年间（公元460—465年），首先由当时知名的昙曜和尚主持开凿佛教石窟5所，即现存的云冈第16窟至第20窟。其后开凿的洞窟，也大多完成于北魏太和十八年（公元494年）孝文帝迁都洛阳之前，距今已有1 500多年的历史。石窟依山开凿，东西绵延1 000米，现存主要洞窟45个，大小窟龛1 200多个，石雕造像5.1万余尊，大佛最高者17米，最小者仅几厘米。云冈石窟的雕刻一方面吸收和借鉴了印度佛教艺术风格，另一方面有机地融合了中国传统艺术风格，在世界雕塑艺术史上具有十分重要的地位。云冈石窟于2001年12月被联合国教科文组织列入《世界文化遗产名录》，成为中外游人倾慕和向往的旅游胜地。

（2）悬空寺。它又名玄空寺，位于山西浑源县，距大同市65公里。悬空寺始建于北魏后期，已有1 500多年的历史。其建筑特色以奇、悬、巧著称，整个寺院为木质框架式结构，上承危崖、下临深谷、背岩依龛，建造者依照力学原理，因地制宜，充分利用峭壁的自然状态布局，半插横梁为基，巧借岩石暗托，梁柱上下一体，廊栏左右紧连。因此远望悬空寺，像一幅玲珑剔透的浮雕，镶嵌在万仞峭壁间；近看悬空寺，大有凌空欲飞之势。

（3）五台山风景区。它位于山西省忻州东北部五台县境内，海拔1 000米以上，最高点北台叶门峰海拔3 058米，被称为“华北屋脊”。因五峰如五根擎天大柱，拔地崛起，巍然矗立，而峰顶平坦如台，故名五台山。又因山上气候多寒，盛夏仍不知炎暑，故又称清凉山，是一个融自然风光、历史文物、古建筑艺术、佛教文化、民俗风情、避暑休养于一体的旅游区，为国家5A级旅游景区。

五台山是驰名中外的佛教圣地，是文殊菩萨的道场，山上的寺庙始建于东汉，由于历史悠久和规模宏大而居佛教四大名山之首，在日本、印度、斯里兰卡、缅甸、尼泊尔等国都享有盛名。在唐代，因“文殊信仰”的繁盛，五台山寺院达360多处。清代，随着藏传佛教的传入，五台山出现了各具特色的青、黄二庙。现五台山有寺院48处，僧尼数百人。其中，始建于北魏的碧山寺，是五台山最大的十方禅院。

2）晋中游览区

晋中游览区即以山西省省会太原为中心，包括周边景区景点的旅游区域。其精华景点有晋祠古典园林、天龙山佛教石窟、龙山道教石窟、交城玄中寺、乔家大院、平遥古城等，是一个以晋商及民俗文化为特色的游览区。

（1）晋祠。其始建于北魏，为纪念周武王次子而建。这里殿宇、亭台、绿树互相映衬，构成一座大型祠堂式古典园林，被誉为山西的“小江南”。祠内有圣母殿、侍女像、鱼沼飞梁、难老泉、周柏等景点，其中的周柏、难老泉、侍女像被誉为“晋祠三绝”。圣母殿建于北宋天圣年间，在晋祠中处在中轴线后隅，前临鱼沼，后拥危峰。殿前廊柱上有木雕盘龙8条，传说为宋代遗物。大殿的四周围廊为我国现存最早的木结构建筑之一。殿内有宋代彩塑43尊，主像圣母端坐在木制神龛内，凤冠蟒袍，神态端庄，侍从手中各有所奉，为宫廷生活写照。整个晋祠是国内规模较大的一座宋代建筑，具有很高的历史价值、科学价值和艺术价值。

（2）乔家大院。它是清代著名商业金融资本家乔致庸的宅第，始建于清乾隆二十年（公元1755年），以后有两次增修，后来成为一座宏伟的全封闭的城堡式建筑群，集中体现了我国清代北方民居的独特风格。全院布局严谨，建筑考究，砖瓦磨合，斗拱飞檐；砖雕、木雕、石雕图案丰富，工艺精湛，寓意深刻，具有较高的历史、艺术价值和深厚的文化内涵，被誉为“北方民居建筑史上一颗璀璨的明珠”。1986年乔家大院被辟为祁县民俗博物馆，陈展5 000多件珍贵文物，集中反映了以山西晋中一带为主的风俗民情，包括农俗、人生仪礼、岁时节令、衣食住行、商俗、民间工艺。此外，还有乔家史料、乔家珍宝、影视专题等的陈列。旅游者在这里不仅可以尽情欣赏晋地优秀建筑艺术，而且可以较系统地了解明清时期晋中一带的民间风俗和乔家经商史。1990年乔家大院获“国家级文物先进单位”称号，2001年被国务院公布为全国重点文物保护单位，2009年被国家文物局评定为“国家二级博物馆”，2014年乔家大院文化园区入选国家5A级旅游景区（2019年被摘牌）。

同步思考7-2

问题：通过网络查阅，了解乔家大院被摘牌的原因。

理解要点：根据《中华人民共和国文物保护法》与《历史文化名城名镇名村保护条例》进行分析。

学习微平台

延伸阅读7-1

（3）平遥古城。它位于山西省平遥县境内，保存有中国最完整的古城墙和17—19世纪的古民居、古店铺、古庙宇、古街道、古县衙。城为方形，高12米左右，外表全部砖砌，城墙上有垛口，墙外有护城河，深广各4米。城墙周长6.4公里，辟门六道，东西各二，南北各一。东西门外又筑瓮城，以利防守。城墙上原有敌楼多座，城门上有城楼，四角处还有角楼，后大多已残坏，唯城墙依然如故。城内街道、市楼、商店等也保留原有形制，是研究中国政治、经济、文化、军事、建筑、艺术等方面历史发展的活标本。1997年，平遥古城被列入《世界文化遗产名录》。

同步业务7-1

平遥日升昌票号景点推介

在清朝，平遥西大街曾集中了数家大规模票号，有“大清金融第一街”之称，其中最著名的要数日升昌票号。日升昌票号创建于1823年，是中国第一家专营存款、放款、汇兑业务的私人金融机构。它在国家外患内乱不断的恶劣环境下产生、发展，结束了我国现银镖运的落后局面，开辟了中国金融业的新纪元。在100多年的经营历史中，其经营网点几乎遍布整个中国，曾年汇兑金额高达3 800万两白银，不仅以“汇通天下”而盛名远播，而且形成了一整套让西方优秀管理学家都叹服的管理制度。日升昌票号现已开发成中国票号博物馆，共设有20余个展厅，包括史料展示和原貌展示两部分，重现了近代中国民族银行业的发展轨迹。其一整套经营管理制度蕴含了适应市场、灵活经营、注重信誉、锐意创新等观念，是现代企业制度改革和发展的重要历史借鉴。

3）晋南游览区

晋南游览区包括山西南部的临汾、运城、晋城，是中华文明的发祥地之一，文物遗存丰富。其主要景点有丁村遗址、尧庙、永乐宫、临汾洪洞大槐树公园、铁佛寺、东岳庙、小西天、壶口瀑布、运城关帝庙、普救寺、蒲津渡、黄河铁牛等，是一个以中华根源文化为特色的游览区。

(1) 丁村遗址。它位于山西省襄汾县丁村附近的汾河两岸，1953年被初次发现，出土人牙3枚，旧石器2 005件，哺乳动物化石——梅氏犀、披毛犀、野马、纳玛象、斑鹿、方氏鼢鼠、原始牛等28种；1976年又发现了一块小孩的右顶骨化石，因发现于丁村，故名丁村人。丁村人的形态介于现代人和猿人之间，其门齿具铲形特征，与现代蒙古人种相近，而与白种人相差较多。遗址出土的石器较为粗糙，以直接打击法打制而成，主要有砍斫器、刮削器、尖状器、石球等。其中，三棱大尖状器是丁村文化中最富有特色的器物。丁村文化是中国旧石器时代中期文化的主要代表，丁村遗址是中国最重要的旧石器时代文化遗址之一。

(2) 永乐宫。它位于山西省芮城县城北3公里，是全国重点文物保护单位，相传是“八仙”之一的吕洞宾的出生地。永乐宫在金代曾毁于火，后重建扩充为道观，元代又扩充为“大纯阳万寿宫”，存有元代壁画960平方米。其中，三清殿的西、北、东三壁上4米多高的神仙群像，描绘了群仙朝谒元始天尊的情景。画面中的300多个神像个个栩栩如生，其面部表情、衣着和神态因身份、性格而各具特色，他们朝着同一个方向行进，形成了一道朝圣的洪流，气氛神圣、庄严。画像线条简洁，每个神像大都只是寥寥几笔，通过浓淡粗细“一笔过”的长线变化，准确地表现了衣纹转折及肢体运动的关系以及质感的动势，艺术价值极高。

(3) 小西天。它位于山西省隰县城西凤凰山顶，原名千佛庵，是一座佛教寺院。小西天始建于明崇祯二年（公元1629年），距今已有近400年的历史。小西天以明代彩色悬塑艺术而闻名，其精华保存于大雄宝殿内。殿内除佛坛上的五尊主佛外，墙壁、檩柱、屋椽上还布满了数以千计的彩塑。这些彩塑造型生动、姿态各异、多而不乱、繁而不杂，高者达3米多，小者仅有拇指大小，是我国少见的艺术群塑，具有很高的历史和艺术价值。更为奇特的是，殿内梁架上的彩绘是用沥粉贴金制作而成的，近似宫廷规制的龙凤和玺，这种属于皇家彩绘的彩绘艺术造价昂贵，在此偏远山区发现，实为罕见。

(4) 壶口瀑布风景名胜区。该景区主要由黄土高原、秦晋峡谷、黄河、瀑布等组成，呈现出苍茫、厚重、粗犷、雄浑的特点。壶口瀑布是景区的核心，位于山西省吉县和陕西省宜川县之间狭窄的石谷河槽中，素以排山倒海的壮观气势著称于世。由于独特的地形地貌，河槽骤然由300余米宽收束为50余米，滔滔黄河水被束缚在狭窄的石谷中，奔腾怒啸，形如巨壶沸腾，然后又从20余米高的断层石崖飞泻直下，跌入30余米宽的石槽之中，形成“山飞海立”“旱天惊雷”“雷首雨穴”“彩桥通天”“水底冒烟”“冰峰倒挂”“万丈龙槽”“晴空洒雨”等动态奇观。除此之外，景区内还有孟门夜月、壶口冰桥等自然奇观，以及明代码头、同治长城、四铭碑亭、龙门飞渡、唐太宗带兵征战的挂甲山、宋元年间的坤柔圣母殿等人文景观。全景区面积约100平方公里，为国家重点风景名胜区。

（5）云丘山景区（国家5A级旅游景区）。该景区拥有丰富的自然资源、人文景观和文化遗产，是晋南地区少有的集旅游观光、休闲娱乐、度假养生、民俗体验、文化交流等功能于一体的综合性旅游景区。云丘山峰岭叠翠，景色秀丽，素有“姑射最秀峰巅”“河汾第一名胜”的美誉。崇山、险峰、奇石、飞瀑、沟堑、清泉、溪流应有尽有，拥有国内最大规模的自然冰洞、风洞群，国内最大面积的天然红叶景观。《乡宁县志》这样描绘云丘山：春树葱茏、夏林苍翠、秋风丹染、冬松傲雪，四时山花吐香，常年流水潺潺。

（6）皇城相府（国家5A级旅游景区）。该景区位于山西省晋城市阳城县北留镇。皇城相府又称午亭山村，总面积3.6万平方米，是清文渊阁大学士兼吏部尚书加三级、《康熙字典》总阅官、康熙皇帝35年经筵讲师陈廷敬的故居。其由内城、外城、紫芸阡等部分组成，御书楼金碧辉煌，中道庄巍峨壮观，斗筑居府院连绵，河山楼雄伟险峻，藏兵洞层叠奇妙，是一处罕见的明清两代城堡式官宦住宅建筑群，被专家誉为“中国北方第一文化巨族之宅”。2007年，皇城相府成为5A级游景区。2012年4月，皇城相府获得全国文明单位评选冠军。

4）关中游览区

关中游览区主要包括关中平原及其周边的旅游景区，是以西安为旅游集散中心、以文物古迹游为特色的一个游览区。

（1）西安历史文化名城。西安是我国著名的古都，自公元前11世纪到公元10世纪初，先后有周、秦、汉、唐等13个王朝在此建都。现丰京、镐京，阿房宫，汉长安城、未央宫，唐大明宫等周、秦、汉、唐四代古都遗址犹在，大雁塔、小雁塔、西安碑林、西安城墙等古物尚存，更有发掘出的原始社会母系氏族公社完整村落——半坡仰韶文化遗址和集中珍藏了陕西地区出土的37万余件珍贵文物、中国最现代化的国家级大型博物馆——陕西历史博物馆。这些都为人们了解中国史前文化和大半个中国古代史提供了系统、丰富而翔实的实物资料。大雁塔·大唐芙蓉园景区与城墙·碑林历史文化景区为国家5A级旅游景区。

（2）骊山风景名胜区。它位于西安市以东30公里处的临潼区，由骊山、华清池、秦始皇陵、秦兵马俑博物馆、秦陵地宫展览馆、临潼博物馆、鸿门宴遗址等景点组成。区内以秦始皇陵的陪葬坑（秦始皇兵马俑坑）与华清池最为有名。

秦始皇兵马俑坑位于秦始皇陵东侧1 500米处，包括成品字形排列的一、二、三号坑。其中，一号坑最大，面积13 260平方米，以车兵为主体，车兵、步兵成矩形联合编队。军阵主体面向东，在南、北、西边廊中各有一排武士面向外，担任护翼和后卫；东面三排武士为先锋；其间则是由战车与步兵组成的庞大而整齐的主体军阵。秦俑以兵种划分，分为步兵、车兵、骑兵三类；从职务上分，有将军俑、武官俑、武士俑。俑高1.8米左右，有的披铠甲，有的穿战袍，神态各异，个个精神焕发；出土的陶马，高1.7米，身长2米多，匹匹昂首扬尾，威武雄壮。纵观一号坑内的秦俑军阵，英姿勃发，大有所向披靡、攻无不克之态势。二号坑面积6 000多平方米，由步兵、弩兵、骑兵、车兵四个方阵构成曲尺形军阵。三号坑面积500多平方米，为指挥俑坑。一位西方国家首脑参观了秦始皇兵马俑博物馆后评价："秦俑坑是世界的奇迹。不看金字塔，不算真正到过埃及；不看秦俑坑，不算真正到过中国。"1987年，秦始皇陵及兵马俑坑被列入《世界文化遗产名录》。

华清池又名华清宫，以3 000年的皇家园林史和6 000年的温泉利用史而享誉海内外，是以温泉汤池著称的中国古代离宫，有唐玄宗和杨贵妃的爱情故事及白居易的《长恨歌》流传于世，是全国重点文物保护单位。秦始皇兵马俑博物馆与华清池景区皆为国家5A级旅游景区。

（3）长安古寺庙名胜区。西安市长安区以名刹古寺众多而闻名，在佛教八大宗派中，法相、净土、律宗、华严四大宗派的开山祖师和发展地都在长安区。区内有佛教寺院40多座，比较著名的有唐玄奘墓地兴教寺、中国佛教净土宗发源地香积寺、中国佛教密宗发源地大兴善寺和对日本佛教颇有影响的青龙寺等，在这里可以窥见中国佛教的大半部历史。

（4）咸阳帝王陵墓名胜区。咸阳是一座古老的历史文化名城，在渭北黄土高原上，分布着汉高祖长陵、汉武帝茂陵、汉景帝阳陵、唐太宗昭陵、唐高宗乾陵等27个帝王的陵墓和256个陪葬墓。举目望去，陵冢累累，一字排列，形成了极其壮观的陵墓群。现茂陵、昭陵、乾陵和已发掘的唐永泰公主墓、章怀太子墓、懿德太子墓均已对外开放，更宏伟的咸阳五陵旅游景区正处于规划建设之中。

（5）宝鸡法门寺名胜区。法门寺位于宝鸡市东部的扶风县，素有"关中塔庙之祖"的称誉，始建于东汉，后成为唐代的皇家寺院，因珍藏释迦牟尼之真身指骨舍利和大量珍贵文物而举世闻名。1985年，工作人员在清理塔基时意外发现了地宫和真身舍利，后重建了寺塔，整修了寺院，并按唐代法门寺塔式样修建了法门寺珍宝阁，修复并保留了地宫，现已成为陕西的旅游热点。此外，景区内还有反映新石器时代文化的北首岭遗址、规模宏大的先秦雍城遗址、隋唐帝王避暑行宫——九成宫遗址、园林胜景凤翔东湖，以及岐山周公庙、宝鸡市钓鱼台等景点，为国家5A级旅游景区。

（6）华山风景名胜区。西岳华山距西安120公里，素以"险、奇、峻、绝、幽"而名冠天下，为国家5A级旅游景区。"自古华山一条道"是对华山特点的最好写照，指的是华山道路仅有南北一条，约20公里，逶迤曲折，艰险崎岖，不少地方都是"一夫当关，万夫莫开"的险道。景区内著名景点有玉泉院、青柯坪、回心石、千尺幢、百尺峡、老君犁沟、长空栈道和东、西、南、北四峰及全国重点文物保护单位华山西岳庙。古往今来，险峻的华山吸引着无数勇者前往，在领略自然风光的同时，感悟生命、挑战自己、证明自己。

明德笃行7-1

特色文化街区“中原棋遇记”

背景与情境：荥阳是全国象棋之乡会员单位、中国象棋文化之乡、象棋文化策源地。多年来，荥阳市致力于象棋文化的挖掘、保护和传承，“共建世界象棋文化之都”成为全社会的共识。首届中国象棋文化节、首届亚洲象棋嘉年华、首届楚河汉界世界棋王赛均在荥阳举办。

“中原棋遇记”以秦汉之时的“天下名都”造一条街，以楚汉之争的“楚河汉界”造一条河，以上古文明的“嫘祖始蚕”造一中心，以今日荥阳的“棋遇之旅”造一个梦，以楚河汉界及嫘祖为创意布局商业街区，围绕荥阳城市文化脉络，植入了地方代表性文化“织机洞遗址、郑氏祖地、丝绸起源、象棋文化、诗词文化”等文化元素，增加了文化展示趣味性及娱乐商业性，辅以“白+黑”全时段运营模式，拥有艺术装置20多个，主题演艺20多个，特色商铺150余家。

该项目由河南棋遇记文化旅游有限公司倾力打造，是荥阳市城市更新项目“郑上文脉活力带”城市公园综合体的重点项目，创新打造城市文化博物馆式商业综合街区，围绕荥阳极具特色的在地文化IP打造了集“特色商铺、主题演绎、互动打卡、休闲娱乐、新潮游乐”等功能于一体的创新型唐风汉韵新国潮商业街区。2024年初该项目开业，开园首日人气爆棚突破15万人，仅十天客流就已超百万。

资料来源　综合相关资料提炼整理而成。

问题：案例中的旅游企业及从业人员行为体现了哪些优秀的思政素养，请进行思政研判。

研判提示：可依据《关于实施中华优秀传统文化传承发展工程的意见》的相关规定进行思政研判，从挖掘当地传统文化、弘扬地方特色文化、树立文化自信、产品融合创新等角度进行多元表征。

5）陕北游览区

（1）延安“三黄一圣”名胜区。“三黄”是指黄河壶口瀑布、黄帝陵、黄土风情；“一圣”是指革命圣地延安，拥有中共中央书记处旧址——枣园、中央军委旧址——王家坪及杨家岭、宝塔山等重要革命纪念地，为国家5A级旅游景区。黄河是中华民族的象征，千百年来孕育了华夏文明，而壶口瀑布集中体现了黄河的气魄，展现了中华民族之魂。黄帝陵是中华始祖轩辕黄帝的陵寝，千百年来受到中华儿女的顶礼膜拜，为国家5A级旅游景区。黄土高原千沟万壑，深深打上了中华民族发展的烙印。位于延安市北部的安塞区是保留、传承黄土高原古老优秀民间文化最集中、最具有代表性的区域之一。安塞的绘画、剪纸、腰鼓、民歌无一不是与黄土地相契合、充溢着生命原动力的民间艺术，曾先后被文化部门命名为“民间绘画之乡”“剪纸之乡”“腰鼓之乡”“民歌之乡”。安塞还曾是陕甘宁边区的一部分，抗日战争和解放战争时期，有20多个中央直属机关设在安塞，是党中央重要的后方基地。毛泽东主席在安塞居住期间，曾指挥了青化砭、蟠龙、羊马河三大战役，发表了《关于西北战场的作战方针》和《蒋介石政府已处在全民的包围中》两篇光辉著作。

同步业务7-2

以西安为始发地的延安“三黄一圣”二日游线路设计

第一天清早从西安出发，乘车向北沿延西高速行走190公里赴黄帝陵，用2小时游览炎黄先祖陵庙——黄帝陵与轩辕庙，午餐后继续向北，至309国道转向东，共行走230公里至延安宜川县黄河壶口瀑布，用1小时观赏黄河壶口瀑布的壮美图景，体会“天下黄河一壶收”的意境，然后入住酒店食宿。第二天早餐后乘车从壶口出发，约2.5小时车程到达延安，在延安延河大桥上远观宝塔山，用1小时参观中共七大会议旧址——枣园、中央大礼堂、毛主席等领导人的故居杨家岭，用40分钟参观中央书记处旧址——王家坪，品味革命圣地风貌，领略革命领袖战争年代的风采；午餐后顺延西高速返回西安，沿路尽情欣赏塬、墚、峁等黄土地貌景观。

（2）榆林塞上风光区。榆林位于黄土高原和毛乌素沙漠的交界处，古为农耕与游牧民族争夺的边关要塞。境内有明代古长城、红石峡、红碱淖、白云山等主要景区。明代古长城呈东北—西南走向，斜贯榆林的府谷、神木、横山、靖边和定边等地，其中榆林至神木段虽历遭自然与战乱破坏，仍断续分布，一脉相连。沿线墩、台、堡、寨大部分完好，气势雄伟，犹如一条巨龙绵延于大漠之间，十分壮观。距榆林城5公里的明长城口榆溪河谷中有红石峡。峡分南北两段，北峡上部是榆溪河汇聚而成的天然湖泊，清流溢出湖面穿石而下，造成飞流瀑布，水石相击，颇有情趣；南峡两壁有明成化以来大小摩崖石刻字幅185块，为我国大型摩崖石刻群之一。位于神木市尔林兔镇的红碱淖是中国最大的沙漠淡水湖，水面面积达67平方公里，其景区面积有100多平方公里，包括周围的林木、草原与沙丘。景区内有候鸟聚集的鸟岛、湛蓝的湖水、洁白的沙滩、辽阔的遛马场和供食、住、娱乐的红石岛，夏季是天然的避暑胜地，冬季则是天然的大型滑冰场。位于佳县城南5公里的白云观，始建于明万历年间，道观依山而建，因山借势，突出了道家之“玄”，为全国七大道教圣地之一。观内有1 500余幅彩色壁画，皆为古代陕北民间艺术佳作。每年农历四月初八为白云山庙会日，从内蒙古、豫、晋、甘、宁等地赶来的香客、游客或商人最多时一天达10万余人。

同步案例7-2

飞越黄河的启示

背景与情境：1997年6月，香港特技演员柯受良驾车飞越黄河壶口瀑布成功，成为亚洲第一飞人，极大地提高了黄河壶口瀑布在世界上的知名度，迎来了壶口瀑布的旅游高潮，使之成为国内外游客向往的风景名胜地之一。1999年6月20日上午，吉县青年农民朱朝辉成为驾驶摩托车飞越黄河的第一人。2014年10月28日，香港魔术师郭安迪带着两人飞越黄河，再度让国内外旅游者趋之若鹜。此外，华夏第一走——杨云横跨壶口走钢丝，九州第一漂——张志强乘密封舱漂壶口，以及每年一次的壶口瀑布漂流月等活动，都产生了轰动效应，使壶口瀑布旅游更加兴旺。

问题：由此案例你获得了何种启示？

分析提示：开展引人注目的创意活动，可突出、强化旅游景观本身蕴含的旅游吸引力。

6）豫中沿黄河游览区

沿黄河一线是河南省古都名城集中分布、旅游资源富集、旅游业最为发达的地带，旅游中心城市有郑州、洛阳、开封。

（1）郑州市。郑州是河南省省会、首批中国优秀旅游城市、国家级历史文化名城，是河南旅游的第一目的地和第一客源地。早在3 600多年前，商汤就在这里建都，是我国现已考证的最早的都城。全市拥有国家级重点文物保护单位83处，旅游景区景点100多处。嵩山胜景、少林功夫、黄河风光、黄帝故里成为郑州市最具影响力的旅游品牌。

①嵩山少林景区。它位于登封市西北，由太室山和少室山组成，东西绵延约60公里，为国家5A级旅游景区。景区内群峰挺拔，气势磅礴，是"五代同堂"的天然地质博物馆，其中以由峰、谷、洞、瀑、泉、林等自然景色构成的嵩门待月、箕阴避暑、石淙会饮等中岳十二景最为著名。嵩山是历代帝王封禅览胜之地，佛、儒、道三教在此融为一体，人文景观丰富。"天下第一名刹"少林寺坐落在少室山北麓，我国现存最早的天文建筑周公测景台和元代观星台、宋代四大书院之一的嵩阳书院、国内最大的道教庙宇建筑群中岳庙等也在这里。少林寺始建于北魏，是佛教禅宗的祖庭，寺内的塔林现存佛塔240多座，是目前我国最大的古代佛塔群。"武以寺名，寺以武显""天下功夫出少林"，赫赫有名的少林功夫就诞生于此。近些年，少林寺仿照历史上的僧兵体制组建了武僧团，通过表演少林武术达到了弘扬传统武术文化、宣传少林禅宗的目的。这一举措已使少林武术走向世界，成为发扬光大传统文化的一个典范。

同步案例7-3

少林功夫演艺品牌产业化历程

背景与情境：少林功夫历史悠久，是少林寺旅游景区独有的特色。为了强化特色、推出品牌，少林寺景区走上了少林功夫演艺品牌产业化的道路。1988年，少林寺首次公开对外表演功夫，开辟了演出市场产业化发展的道路。次年，少林寺组织少林武僧团开始走出去进行国内外访问演出，陆续出访了中国香港、中国台湾及日本、韩国、美国、俄罗斯、英国、德国、西班牙、澳大利亚、加拿大、泰国、马来西亚、新加坡、阿拉伯联合酋长国等30多个国家和地区。这种大范围的文化交流活动，大大提高了少林功夫及少林寺的知名度，培养了旅游潜在市场，也开阔了旅游管理人员的视野，学会了品牌保护及营销方式。1998年，少林寺正式成立公司，开始了武馆、武术基地的建设。如今，少林武馆遍布海内外，成了少林寺品牌在当地推广的重要依托。此外，少林寺还整合社会各方资源，开展广泛的社会活动和多媒体联动，让少林寺的品牌影响力得到进一步提升。如通过影视剧、舞台剧不断推广少林寺旅游品牌。2006年，大型生态实景演出《禅宗少林·音乐大典》在嵩山山坳亮相；2008年，36集电视连续剧《少林僧兵》在奥运会前夕播出。此外，少林寺还和英国古典剧院联合推出了由当代欧美最著名的现代舞编导和作曲家、舞美联合创作的舞台剧《箴言》。这些举措都大大深化了少林功夫的舞台形象，使少林功夫演艺品牌在产业化的道路上越走越稳。

微课程7-1

独步天下的少林功夫

资料来源　佚名．少林寺的旅游产业是怎么"成功"的［EB/OL］．［2020-08-31］．http://www.sohu.com/a/113041363_481540.引文经过节选、压缩和改编。

问题：推动知名旅游品牌产业化可采用哪些方法？

分析提示：从如何保持特色、提高品牌知名度、使之形成规模等方面思考。

②郑州黄河风景区。黄河郑州段具有宽阔、雄浑、一望无际的特点。黄河风景区距郑州市区30公里，南依岳山、广武山，东西长约5.5公里，南北宽约5公里。立于景色壮美、文化意蕴丰厚的黄河岸边，可以通过目睹奇特的悬河景观、欣赏黄河中下游分界线，感受母亲河的伟大；可以登极目阁、浮天阁或乘索道和气垫船全方位地游览黄河。景区内大河村遗址是黄河流域中原地区古文化发展的一个缩影；"黄河大观"大型主题文化公园展现了黄河流域人文、自然风光和黄河沿岸九省名胜；有中原灿烂文化"橱窗"之称的河南省博物馆收藏了12万件文物，可让人们真实感受中原文化的源远流长、博大精深。

③黄帝故里。在郑州市南30公里处，传说是黄帝的出生地，有关建筑始建于汉魏，后历代都有修复。大殿内设置黄帝中年坐像，四壁有描绘黄帝功德的壁画，东西两厢分别供奉着黄帝的两个妃子嫘祖和嫫母。这里一年四季香火不断，寻根朝圣者络绎不绝。

（2）洛阳市。洛阳位于河南省西部，因地处洛河之阳而得名，是我国首批历史文化名城和中国八大古都之一，素有"九朝古都"之誉。沿洛河排列的夏、商、周、汉魏、隋唐五大都城遗址举世罕见，被誉为"五都荟洛"，保存丰富实物的龙门石窟、白马寺、邙山古墓葬群及一年一度的洛阳牡丹花会、小浪底风景区都对游客具有极大的吸引力。

①龙门石窟。它位于洛阳城南12公里处，始开凿于北魏孝文帝迁都洛阳前后，历经东魏、西魏、北齐、北周、隋、唐、宋等几个朝代，连续大规模营造达400余年之久，现存石窟1 300多个，密布于伊水东西两山峭壁上的窟龛共2 345个，南北延伸达1公里，包括佛像9.7万余尊、题记和碑刻3 600余块、佛塔50余座、造像10万余尊。其中，最大的佛像高达17.14米，最小的仅有2厘米。造像内容丰富，造型精美，充分体现了我国古代劳动人民高超的艺术造诣，并为研究我国古代历史、佛教、绘画、雕刻、服饰、乐舞、书法和建筑等提供了大量的珍贵资料。2000年龙门石窟被列入《世界文化遗产名录》，为国家5A级旅游景区。

②白马寺。它位于洛阳东郊12公里处，创建于东汉永平十一年（公元68年）。史载，永平十年，汉使梵僧以白马驮载佛经、佛像返回洛阳，翌年建寺，为纪念白马驮经之劳，故取名白马寺。白马寺是佛教传入我国后第一座由官府建造的寺院，是我国佛教早期的传播和活动中心，历来被尊为中国佛教的"祖庭"和"释源"，有"中国第一古刹"之称。建成之后，又经宋、元、明各朝重修，才形成今日的规模和布局。

③邙山。它又名北芒，横卧于洛阳北侧，为崤山支脉，东西绵亘190余公里，海拔250米左右。山虽不高，却是古代洛阳北面的天然屏障，也是军事上的战略要地。俗谚说："生在苏杭，死葬北邙。"这是因为邙山分布有自东周以来由诸朝皇陵组成的古墓葬群，现已出土珍贵文物40余万件，并建有我国最早的古墓博物馆。古时邙山树木森列，苍翠如云，是人们出游的好去处，唐代诗人张籍诗云："人居朝市未解愁，请君暂向北邙游。"登阜远望，伊洛二川之胜尽收眼底，傍晚时分，万家灯火，如同天上繁星，"邙山晚眺"被称为"洛阳八大景"之一。

④洛阳牡丹花会（又称洛阳牡丹文化节）。洛阳牡丹素以色彩丰富、雍容华贵而名甲天下，已有1 500多年的栽培史，现有500多个品种。自古以来，每年谷雨前后，

“花开花落二十日，一城之人皆若狂”。1983年以来，一年一度的牡丹花会以其独特的神韵和魅力，吸引着无数中外客商和游人，形成花如海、人如潮，流光溢彩、蔚为壮观的场景。

⑤小浪底风景区。它位于洛阳城区以北40公里处，主体景观由小浪底水库蓄水后所形成的大量半岛、孤岛、险峰及曲折蜿蜒的河湾组成，水库大坝上游20公里处的黄河三峡是小浪底水库与王屋山所孕育的精华，黄河三峡中的孤山峡鬼斧神工，壁立千仞；龙凤峡盘龙走蛇，曲折迂回；大峪峡开阔舒展，气象万千。水库周边还有隋唐古栈道、陈谢大军黄河渡等自然与人文景点60余处，是我国北方少有的可以与长江三峡媲美的山水景观。

⑥老君山。它原名“景室山”，位于洛阳栾川县城东新区，面积58平方公里，海拔2 217米。老君山于明万历十九年（公元1591年）被颁赐老君山道经诏谕，封为“天下名山”。老君山因道家始祖老子归隐而得名，是一个融山水经典与道家文化为一体，集伏牛山世界地质公园、国家级自然保护区、国家级5A景区、国家标准化景区等诸多荣誉为一体的综合型旅游景区。

同步案例7-4

观念一变天地宽，满目新景入画来

背景与情境：近年来，随着老君山旅游景区的快速发展，游客的年龄结构发生了重大变化，80后、90后、00后占比达到79%，特别是00后占比达到34%，游客年轻化态势日益突出。

为顺应旅游新发展趋势，满足年轻消费者的需求，老君山景区打破传统经营思维，通过理念创新，不断丰富旅游内涵，开展年轻化旅游项目，加快景区由传统型、观光型旅游向体验式旅游的“华丽转身”。从增强游客，特别是年轻人的旅游体验出发，老君山景区先后打造了花海紫云幔、金顶灯光秀、十里画屏、观光云梯等网红打卡点；开发了《知道·老君山》天宫剧场演艺、大型实景剧本杀、流浪星球露营地、夜爬老君山、汉服旅拍等多种沉浸式文旅新场景项目，变原来的“观山看景”为现在的“身临其境”，增强游客的旅游体验感；结合老君山的历史文化，推出了国风舞蹈、古琴舞剑、说唱曲艺、茶艺等实景表演，增加了天宫奶茶、天宫咖啡、鸡汤泡面等深受年轻游客青睐的二次消费产品，满足了游客多元化消费体验；坚持文旅融合，根据山上山下五大区域不同的文化特征，打造了金顶“峰峦+道家文化”、中天门“山水+摄影艺术”、追梦谷“山水+研学”、寨沟“山水+度假康养”等民宿区，形成了主题突出、个性鲜明的文化产业集群；加速居民家庭宾馆改造，打造具有豫西地方特色、住宿与环境协调的民俗民宿，形成了“景中有宿、宿中有景、景宿一体”的旅居宾馆，提升了旅游特色服务水平。

资料来源　佚名. 第五届“中国服务”旅游产品创意案例（85）[EB/OL]. [2023-10-27]. https://mp.weixin.qq.com/s/3CPA_83JTWbHUnumsczpCA. 引文经过节选、压缩和改编。

问题：从本案例中你获得了哪些启示？

分析提示：开展引人注目的创意活动，可突出、强化旅游景观本身蕴含的旅游吸引力以及提升旅游+的魅力。

（3）开封市。开封简称汴，是我国首批历史文化名城，也是中国八大古都之一，先后有战国时期的魏，五代时期的后梁、后晋、后汉、后周以及北宋和金在此建都，以北宋时期的汴京气势最为雄伟壮观，曾历经北宋9帝168年，繁荣兴旺达到鼎盛。开封不仅是当时全国的政治、经济、文化中心，也是世界上最繁华的大都会。现在开封城的宋都御街、清明上河园、铁塔、繁塔、大相国寺、包公祠和雄伟的城门楼、古城墙等景点皆以宋代建筑风格为主，充分反映了大宋故都的历史风貌和浓郁的宋文化氛围。

①清明上河园。它位于开封城西北隅，是一座以宋文化为主题的大型历史文化公园，为国家5A级旅游景区。清明上河园以北宋画家张择端的传世之作——巨幅画卷《清明上河图》为蓝本，再现了汴京的繁华景象。游人在园内可着宋装，持宋币与"宋人"交易；跨虹桥，登上善门，领略古汴河风光；仿古人焚香洪福寺，荡桨古画舫，赏玩韵古轩，饱餐孙羊店，浏览文绣院，下榻旧驿栈，饱览宋代瑰玮建筑，尽情享受大宋游乐风情。

②大相国寺。它是中国著名的佛教寺院，位于开封市中心，始建于北齐天宝六年（公元555年），原名建国寺；唐代延和元年（公元712年），唐睿宗为纪念自己由相王登上皇位，赐名大相国寺。北宋时期曾多次扩建，使之占地达500余亩，辖64个禅院、律院，养僧千余人，是当时京城最大的寺院和全国佛教活动中心，后因战乱、水患而损毁，清康熙十年（公元1671年）重修，目前保存有天王殿、大雄宝殿、八角琉璃殿、藏经楼、千手千眼佛等殿宇古迹。

7）豫北游览区

豫北游览区包括安阳、鹤壁、焦作、新乡、濮阳、济源六市，是一个正在发展中的旅游区域，现在知名度比较高的风景名胜区主要是古都安阳与焦作云台山风景名胜区。

（1）古都安阳①。安阳西依太行山，东接华北平原，位于河南最北部，地处晋、冀、鲁、豫四省交会处，是国家历史文化名城、中国八大古都之一。这里不仅有包括甲骨文、青铜器在内的殷商文化，还有25 000年前的原始人洞穴、上古时代的二帝王陵、周易的发祥地羑里城、"建安风骨"邺城文化、西门豹治邺的古河道、岳飞故里等。此外，安阳还有秀丽多姿的自然风光，其中小南海风景区、珍珠泉风景区和旖旎的太行风光，令中外游客流连忘返；独具特色的航空运动基地，因其鬼斧神工的天然地势而深得跳伞、滑翔运动爱好者的青睐。

（2）红旗渠·太行大峡谷旅游景区。该景区位于晋、冀、豫三省交界的河南省林州市，距安阳市50公里，为国家5A级旅游景区。红旗渠被称为"人工天河""中国水长城"，景区由红旗渠分水苑和青年洞景区组成，主要有红旗渠纪念馆、分水闸、络丝潭瀑布。太行大峡谷是我国最美的十大峡谷之一，被誉为"北雄风光最胜处、八百里太行之魂"，包括三九严寒桃花开的桃花谷、三伏酷暑水结冰的太极山、千古之谜 猪叫石三大奇观以及太行之魂王相岩、潭深谷幽仙霞谷、晋普龙洞小洞天、原始森林太极山、亦真亦幻仙台山、鬼斧神工鲁班豁、华夏一绝桃花瀑、太行平湖南谷洞（刘秀湖）八大景观。红旗渠·太行大峡谷旅游区还享有国家重点风景名胜区、全国爱国主义教育示范基地、国家重点文物保护单位、国家地质公园、中国红色旅游景区等多种荣誉称号。

---

① 推荐观赏《古都安阳》，了解安阳的前世今生。网址：http://v.youku.com/v_show/id_XNzI5NzQ2OTE2.html?from=s1.8-1-1.2。

（3）云台山风景名胜区。它位于太行山南麓、焦作市北部，景区面积约190平方公里，是一个集世界地质公园、国家重点风景名胜区、国家5A级旅游景区、国家文明风景旅游区、国家森林公园、国家水利风景名胜区、国家猕猴自然保护区于一体的风景名胜区。景区包含泉瀑峡、潭瀑峡、红石峡、子房湖、万善寺、百家岩、仙苑、圣顶、叠彩洞、青龙峡十大景点。景区内奇峰妙峡连绵不断，峡谷内又有三步一泉、五步一瀑、十步一潭的众多水景，呈现出兼具北方之雄浑与江南之灵秀的景观特征，共同构成一幅山清水秀、北国江南的锦绣画卷。

8）鲁中游览区

鲁中游览区由鲁中丘陵及周边的旅游景区景点组成，其中以世界自然与文化双遗产泰山、孔子故乡曲阜及泉城济南为旅游品牌。

（1）泰山。“泰山天下雄”，自古以来就是历代帝王举行封禅大典的场所，为五岳之首，享有“五岳独尊”之誉。泰山同时又是佛、道两教聚合之地，是历代香客及文人墨客慕名登临之所。在封禅、朝圣及游历过程中，建庙塑像、刻石题字之举不断涌现，为泰山留下了大量的文物古迹，使之成为一座天然的历史、艺术博物馆。现仅泰山的中轴线上就存有各种石刻1 800余处；从泰安城西南祭地的社首山、蒿里山至玉皇顶，形成了“地府”“人间”“天堂”三重空间。泰安城内的岱庙恰在旧泰城南门至泰山南天门的中轴线上，前连通天街，后接盘道，山城一体，雄浑壮观，是历代帝王举行封禅大典和祭祀泰山神的地方，也是泰山最大、最完整的古建筑群。其主体建筑天贶殿同北京的太和殿、曲阜的大成殿并称为中国三大殿。由于泰山从华北平原拔地而起，故有“会当凌绝顶，一览众山小”的雄姿，并形成了山顶旭日东升、晚霞夕照、黄河金带、云海玉盘四大奇观。1987年泰山被列入《世界自然与文化双重遗产名录》，为国家5A级旅游景区。

（2）“东方圣城”曲阜。曲阜为鲁国故都、孔子的故乡。孔子作为世界上最伟大的哲学家之一和中国主体文化儒学的创始人，对中华文化甚至整个东方文化都产生了深刻影响，并因此受到了历朝历代的推崇。曲阜“三孔”——孔府、孔庙、孔林，是我国历代纪念孔子、推崇儒学的表征。它以其丰厚的文化积淀、悠久的历史、宏大的规模、丰富的文物珍藏以及科学艺术价值而著称，并因其在中国历史和世界文化中的显著地位被列入世界文化遗产，为国家5A级旅游景区。曲阜则被世人尊崇为世界三大圣城之一。

孔庙坐落在曲阜城内，为我国最大的祭孔要地。它最初由孔子住宅改建而成，后经历代扩建，到清代雍正时终扩建成现在的规模，占地327亩，分东中西三路，拥有9进庭院、400多间厅堂殿庑，整体布局严谨、规模宏大、气势雄伟。孔庙的主体建筑大成殿是我国著名的三大殿之一。殿内有孔子及其弟子的群雕塑像和碑碣3 000余块，其中22块汉魏六朝石刻最为珍贵，被人们视为书法、绘画、雕刻艺术的宝库。

孔府又称衍圣公府，是孔子世代嫡裔子孙居住的地方，占地240多亩，有厅、堂、楼、轩等各式建筑463间，是我国仅次于明清皇帝宫室的最大府第，分为公衙、内宅、东学、西学和后园五部分。公衙、内宅和后园位于中轴线上，公衙在前，设三堂六厅（大堂、二堂、三堂，管勾厅、百户厅、知印厅、掌书厅、典籍厅、司乐厅），是举行庆典和衍圣公行使权力的场所；中为内宅，供历代衍圣公及其眷属起居之用；最后是后园，是历代衍圣公及其家属游赏之所。东学、西学分列两侧，东学是衍圣公读书、会客、祭祖之地，西学用于家属读书、宴饮、待客。

孔林位于曲阜城北，是孔子及其家族的专用墓地，也是目前世界上延时最久、面积最大的氏族墓地，占地3 000余亩，周围林墙5.6公里。由于后代在墓地植树护绿活动不断，故今孔林内有古树万余株，一派古木参天的景象。郭沫若曾评价："这是一个很好的自然博物馆，也是孔氏家族的一部编年史。"①

（3）泉城济南。济南是山东省省会，位于山东省中西部，北濒黄河，南依泰山，是史前龙山文化的发祥地、中国历史文化名城。

特殊的地质地貌条件，使济南城内百泉争涌，形成了久负盛名的趵突泉、黑虎泉、五龙潭、珍珠泉四大泉群，也使济南享有"七十二名泉"之美誉。其中，趵突泉称"天下第一泉"，位于市中心，泉分三股，一字排开，喷涌而出，泉水盛时可高出水面半尺，水质洁净，清洌甘美。天下第一泉景区为国家5A级旅游景区。与趵突泉并称为济南三大名胜的是大明湖、千佛山。大明湖湖面宽阔，由众泉汇聚而成，夏日湖上荷花映日，绿柳成荫，别有情趣；千佛山为隋代以来的佛教名山。

9）鲁东游览区

鲁东游览区主要由山东半岛的濒海城市组成，以海滨度假旅游为特色，主要包括青岛、烟台、威海等市域的景区景点。

（1）青岛市。青岛位于山东半岛南侧，城区风光秀丽，素有"黄海明珠"和"东方瑞士"之称。青岛海岸线绵延730.6公里，其间共有大小海湾49处、岛屿52个，沿岸岬湾相间，沙软滩平，海滨旅游开发较早，是我国著名的滨海旅游度假城市。近代青岛曾有过开埠和作为自由港的历史，因此遗留了20多个国家不同风格的建筑，形成了欧陆风格的城市风貌，代表性建筑有提督府、提督楼、天主教堂、基督教堂和八大关别墅区等。崂山是青岛的风景名胜地和我国的道教名山，为国家5A级旅游景区。由于崂山从海面崛起，山海相连，山体多由立体风化剥蚀的花岗岩奇石组成，故形成了独特的山海风光，"碧海连天、惊涛拍岸"与"怪石峥嵘、青松掩宫"相呼应，其雄奇壮阔与灵秀幽清浑然一体，使崂山自古即享有"海上名山第一"的美誉，蒲松龄也以此为背景构思出奇妙的《聊斋》故事。除此之外，市内还有湛山寺、栈桥海滨、汇泉广场、基督教堂、海军博物馆、青岛市博物馆等景点；市郊各县级市有天柱山、三里河文化遗址、田横五百义士墓等景观。

（2）烟台市。烟台地处山东半岛东北部，濒临黄、渤二海，与韩国、日本及我国大连隔海相望。海岸线在域内绵延909公里，60多个形态各异的岛屿、10多处金沙碧浪的天然浴场与蜿蜒起伏、郁郁葱葱的生态山林沿岸分布，环境十分优越，素以"黄金海岸、人间仙境、鲁菜之乡、葡萄酒名城"的美誉著称于世，是10个"最佳中国魅力城市"之一，也是海内外游客理想的滨海生态旅游观光和休闲度假胜地。烟台旅游有"三区十景一条带，四城五园六条线"之说。"三区"是指金沙滩、养马岛两个省级旅游度假区和蓬莱风景旅游区，"十景"是指蓬莱阁、长山岛、云峰山、昆嵛山、罗山、屺山母岛、徐福故里、丛麻院、牟氏庄园、凤城万米海滩十个旅游观光景点，"一条带"是指西起莱州三山岛、东至牟平养马岛的沿海观光旅游带；"四城"是指中

① 推荐观赏《孔子故里——曲阜》，网址：https：//v.qq.com/x/page/p0197si2tp2.html?spm=a2h0k.11417342.soresults.dposter。

华民俗博览城、黄海游乐城、塔山竞技游乐城和芝罘岛海滨美食城，“五园”是指世界水景公园、南山公园、烟台山公园、炮台山公园和毓璜顶公园，“六条线”是指秦始皇东巡旅游线、徐福东渡旅游线、胶东民俗旅游线、人间仙境旅游线、文物古迹旅游线和海上六岛旅游线。这些景区中，蓬莱阁旅游区、龙口南山景区为国家5A级旅游景区。

（3）威海市。威海三面环海，气候温和，有“中国好望角”之称，现辖一区三市，面积731平方公里。市域环境幽雅、风光旖旎，“海、山、岛、泉、古、俗”等自然、人文旅游资源丰富。成山头、桑沟湾、石岛、槎山四大风景区绚丽多姿，各具特色，它们与30多处优良的天然海水浴场共同构成千里海岸旅游线。天然潟湖天鹅湖犹如镶嵌在荣成湾畔的蓝宝石，每年有上万只天鹅来此越冬，是“世界四大天鹅湖”之一。此外，威海还有国家级重点文物保护单位和风景名胜区甲午战争纪念地刘公岛、中国道教全真派发祥地昆嵛山、象征中日韩三国人民友谊的圣地赤山法华院，有“中国最具潜力的十大主题公园”之一的华夏城和随处可见的既能疗养健身又可发展热能经济的地下温泉等。这一切都使威海成为受游客青睐的海滨旅游度假地。其中，刘公岛景区和华夏城旅游景区为国家5A级旅游景区。华夏城景区是以展示东方古典文化为主的大型生态文化景区，也是华夏文旅集团从2003年开始历经10余年修复威海龙山的44处矿坑，将环境治理与旅游开发相结合的重要成果。景区内有最全面展示尧舜禹时期历史文化的禹王宫、集中展示胶东民俗特色的夏园，有在矿坑里打造的地下工程——威海人民防空教育馆，有依照矿坑地势而建的中国跨度最大的华夏第一牌楼，有世界上独一无二的三面圣水观音以及杂技、马术等丰富多彩的传统演出。

本章概要

□ 内容提要

中原文化旅游区是华夏文明的发生、发展之地，数千年的人类活动给这里打上了深深的人文烙印，遗留下众多的文物古迹和文化景观；矗立于华北平原与黄土高原之上的山地丘陵造就了雄奇险峻的山水景观；山东省漫长的海岸线上，分布着青岛、烟台、威海等海滨旅游城市，海滨度假盛行。近年来，陆路交通的快速发展进一步激发了本区的旅游吸引力，使之成为我国旅游业发展速度与发展潜力可观的地区之一。

□ 主要概念和观念

▲ 主要概念

祭祀大典　中原文化旅游区　黄土高原　儒家文化

▲ 主要观念

中原文化旅游区旅游资源与旅游环境特征　旅游价值实现的前提

□ 重点实务

中原文化旅游区旅游产品开发　中原文化旅游区旅游线路组织设计

基本训练

□ 知识训练

▲ 复习题

1）中原文化旅游区的自然与人文地理环境有何主要特征？

随堂测7-1

2）中原文化旅游区旅游资源具有哪些突出的特色？

▲ 讨论题

1）为什么说历史人文色彩是中原文化旅游区旅游吸引力和旅游最大亮点之所在？

2）我国有哪些重要的祭祀大典在中原文化旅游区举行？介绍其起源及举行的具体时间、地点。

□ 能力训练

▲ 案例分析

【训练项目】

案例分析-Ⅶ。

【相关案例】

平遥古城保护与旅游开发

背景与情境：1997年12月3日，平遥古城被联合国教科文组织确定为世界文化遗产，从此，这座有着2 800多年历史的古城成为全世界瞩目和关注的焦点。

20多年来，平遥人秉承“在保护中发展、在传承中利用”的理念，在保护与开发方面做了大量工作。针对城墙多次局部坍塌的问题，当地文化和旅游主管部门邀请国内有关专家对坍塌城墙进行全面无损伤的实地勘测，现场论证修缮方案，全面、科学地修缮了城墙，修复了矗立于城墙之上的西城楼和东北、西北角楼，恢复了城墙的原貌。对城内古建筑及空间格局实行以“点”为基础、“线”为纽带、“面”为突破的“全城”原真性保护。如对双林寺、镇国寺、清虚观、日升昌等古建筑、文物史迹进行了全面保护性抢修与恢复；对东西南北四大街、衙门街、城隍庙街等历史街区按照修旧如故的原则进行了全面维修；对以“干”字街两侧为主的100余处典型民居进行了腾迁维修，使古城内居住人口从4.5万减少到2万人左右，减轻了城内的人口压力，促进了不同商业街的形成；对古城内近200条中小街巷实施了以硬化绿化改造为重点的中小街巷整治，对传统民居普遍进行了修缮保护，改善了古城内的环境。最终促使古城典型明清建筑以亮丽的形象完整展现。除此之外，当地文化和旅游主管部门还注意传统文化传承，先后成功申报了平遥推光漆器髹饰技艺、平遥纱阁戏人、冠云牛肉传统加工技艺、道虎壁王氏中医妇科4个国家级非物质文化遗产代表性项目；推出了大戏堂“晋商乡音”和“晋商神韵”等常态化系列文化活动；打造了“平遥国际摄影大展”“平遥中国年”“平遥国际电影展”及大型室内情境体验剧《又见平遥》等文化品牌，壮大了文化产业，丰富了旅游内涵。至此，平遥古城已成为一座了解明清古城风貌风情且充满活力的旅游城。

问题：平遥古城保护与旅游开发对你有哪些启发？如何做到保护与开发并重，确保旅游业可持续发展？

【训练要求】

同第1章“基本训练”中本题型的“训练要求”。

▲ 自主学习

【训练项目】

“中原文化旅游区人文地理环境变化及其对旅游业的影响”知识更新。

【训练目的】

见本章“学习目标”中的“职业能力”。

【训练步骤】

1）以班级为单位组建训练团队，每团队确定一人负责。

2）各团队根据训练项目的需要进行角色分工。

3）通过校图书馆或互联网，查阅“文献综述格式、范文及书写规范要求”和近三年关于“中原文化旅游区人文地理环境变化及其对旅游业的影响”研究的前沿学术文献资料。

4）综合和整理“中原文化旅游区人文地理环境变化及其对旅游业的影响”研究的前沿学术文献资料，依照“文献综述格式、范文及书写规范要求”，撰写《“中原文化旅游区人文地理环境变化及其对旅游业的影响”最新文献综述》。

5）在班级交流各团队的《“中原文化旅游区人文地理环境变化及其对旅游业的影响”最新文献综述》。

6）在线上平台上展出经过修订并附有教师点评的各团队《“中原文化旅游区人文地理环境变化及其对旅游业的影响”最新文献综述》，供学生相互借鉴学习。

□ 明德笃行

【训练项目】

明德笃行-Ⅶ。

【相关案例】

中国陕西文化旅游走进布达佩斯

背景与情境：2024年4月29日，中国陕西文化旅游推介会在匈牙利布达佩斯举办。在推介会上，华山景区通过巧妙地将视频与图片相结合，以全英文方式展示了对景区风光的介绍、历史文化的解读、线路及旅游要素的推广，让与会者仿佛置身于华山之巅，身临其境地领略华山山峦的起伏和云雾的缭绕，深度体验华山所独有的中式美学天然舞台及深厚的历史文化底蕴。同时，推介会上还详尽地介绍了陕西以华山为核心的精品旅游线路，并对吃、住、行、游、购、娱全方位体系进行了推介。此外，国家级非物质文化遗产代表性项目皮影戏制作技艺的代表性传承人薛宏权进行了现场皮影技艺展示，吸引了众多参会人员的关注。

资料来源　综合相关资料提炼整理而成。

问题：

1）陕西文化旅游推介会在布达佩斯举办，给中国旅游、中国文化走出去带来哪些启示与借鉴？

2）案例中的旅游企业及从业人员行为体现了哪些优秀的思政素养？

【训练要求】

同第1章“基本训练”中本题型的“训练要求”。

第8章 峡谷巨川

——巴楚文化旅游区

- 学习目标

8.1 旅游地理环境特征及其对旅游业的影响

8.2 旅游业概述

- 本章概要
- 基本训练

学习目标

通过本章学习，应该达到以下目标：

职业知识：学习和掌握本旅游区的自然与人文地理环境、旅游业现状、主要旅游地及风景名胜区等理论与实务知识，能用其指导或规范本章认知活动和技能活动，正确解答“基本训练”中“知识训练”各题型的相关问题。

职业能力：运用本章知识研究相关案例，培养在本旅游区特定情境中分析问题与决策设计能力；通过“‘巴楚文化旅游区’重点实务知识应用”的实训操练，训练学生的专业操作技能，培养整合资料信息、文稿撰写与沟通表达等通用能力。

职业素养：结合本章教学内容，依照相关规范或标准，对“明德笃行8-1”专栏和章后“明德笃行-Ⅷ”案例中的企业及其从业人员行为进行分析，强化与案例议题相关的循环经济建设、文化遗产传承等方面的价值思考并提升职业素养，促进“立德树人”根本任务的落实。

学习微平台

思维导图8-1

引例：凤凰磁浮乘“云”而上，打造智慧交通文旅融合标杆

背景与情境：交通是文旅产业的基本构成要素，不仅是区域文旅产业发展的“命脉”之一，也是旅游者出游的先决条件。《交通强国建设纲要》提出，要加速新业态、新模式发展，深化交通运输与旅游融合发展，推动旅游专列、旅游风景道等发展。

作为全国首条“磁浮+文化+旅游”模式的旅游观光磁浮线路，2022年5月1日正式运营的凤凰磁浮观光快线连接凤凰高铁站与凤凰古城景区，以“交通变体验、站点即景点、车票变门票”为理念，将凤凰古城、凤凰峡谷、沱江等以“点、线、面”的方式串联起来，构建起凤凰景观轴线、生态走廊和文化长廊，用科技让游客沉浸式感受凤凰烟雨朦胧之美、神秘湘西民俗之美和山水风情之美，更将磁浮交通、旅游休闲、文化展演、科普研学融为一体，开创了全新的旅游体验模式。自正式运营以来，凤凰磁浮观光快线以“安全、平稳、舒适”的特点成为凤凰古城新的网红打卡点。

资料来源　高慧. 交通直达景区　游客畅游湖南［N］. 中国旅游报，2023-08-31（003）. 引文经过节选、压缩和改编。

作为旅游业发展的基础条件，交通网络对旅游连接度、可达性与舒适度都有重要影响。它促进了旅游资源的优化配置与旅游经济的高质量发展，提高了交通、旅游、产业、空间的协同效应，提升了旅游的社会经济价值。巴楚文化旅游区近年来发展迅猛，旅游交通的助力功不可没。让我们一起走进巴楚，感受其旅游魅力！

8.1　旅游地理环境特征及其对旅游业的影响

巴楚文化旅游区包括三省一市，即四川省、湖北省、湖南省和重庆市，位于中国内陆中心部位，属我国三大经济带的中部地带。全区经济比较发达，拥有多处世界遗产项目和名胜景观，在旅游交通“瓶颈”问题得到改善后，出现了旅游业快速发展的喜人局面，是最有可能在未来成为我国旅游热区的地域。

8.1.1　旅游自然地理环境

1）位居中国内陆核心部位，旅游依托空间广阔

本区西起长江上游的金沙江畔，东到幕阜—罗霄诸山，北自秦巴—大别山地，南至大娄山—南岭。整个地域沿长江延伸，大体呈南北相对狭窄、东西延伸之状。在全国的版图中，本区大体上位于内陆腹地核心部位，只能通过长江和大海相通，四周分别与我国的青藏、中原、吴越、岭南、西南等旅游区相连，属典型的内陆性较强的旅游区域，无发展边疆旅游之利，却有与相邻旅游区协作发展旅游之便。同时，居中的地理位置使其与全国各地相距都不远，距离不会成为本区吸引全国各地游客到此一游的障碍因素。

2）地表结构复杂，峡谷地貌景观突出

本区横跨我国地貌上的三大阶梯，地表结构复杂，从西至东分布的主要地貌单元有川西高原、川西横断山脉、四川盆地、川东巫山武陵山脉、淮阳山地（包括大洪山、桐柏山、大别山）、洞庭湖平原、幕阜—罗霄山脉及南岭山地的部分山地丘陵。

本区五种常态地貌都有，其地表结构的基本格局是高原山地环绕盆地、低山丘陵环绕平原，地表起伏变化明显。在三大阶梯的交接地带及高原山地向盆地、平原过渡地区，河流峡谷地貌特别明显，著名的长江三峡即此类景观的典型代表。除此以外，本区的大宁河、神农溪、嘉陵江、岷江、清江都已开发了类似的河流峡谷景观旅游。以虎跳峡为代表的金沙江、大渡河、雅砻江等河流峡谷景观，更以河谷与两侧山峰高低悬殊、垂直差异明显、气势雄伟壮观而著称，是本区有待开发的旅游资源。

除常态地貌外，本区川西高原的冰川地貌，川东南、湘鄂西等地的岩溶地貌，湘西由石英砂岩形成的砂岩峰林地貌，湘南的丹霞地貌，湘中的花岗岩地貌等，都有不少吸引人的旅游资源。

3）温暖湿润的亚热带季风气候，植被繁茂，山地秀美奇特

本区绝大多数地域属湿润的亚热带季风气候，具有冬暖夏热、四季分明、降水丰沛但季节分配不均匀的特点，加上山地以中低山地及丘陵为主，因而以常绿阔叶林为主的植物比较繁茂，山地以秀美为特色。“峨眉天下秀”、“青城天下幽”、南岳衡山“五岳独秀”等是其最好的写照。

除此之外，在我国14项世界自然遗产中，有7项位于本区，分别是四川黄龙、四川九寨沟、湖南武陵源、四川大熊猫栖息地、中国南方喀斯特——重庆武隆喀斯特和重庆金佛山、中国丹霞——湖南、湖北神农架。

4）生态环境良好，自然保护区及水体景观繁多

本区局部地区由复杂地形构成，受人类干扰较少，自然生态环境良好，为某些稀有野生动植物的生存创造了条件，著名的有大熊猫、金丝猴、梅花鹿、大鲵、水杉、银杉、珙桐等，国家陆续为其建立了各种自然保护区，如卧龙、王朗、九寨沟、神农架、武陵源等。

湿润的气候使本区成为全国河网稠密、湖泊众多、水力资源极其丰富的地区。河流除与两岸峡谷形成本区特有的河流峡谷风光外，还在平原地区形成了田园风光，在山区地势陡降处形成了瀑布景观，在某些河段形成了漂流河段，如湘西猛洞河漂流、鄂西神农溪漂流、湖北恩施清江漂流等。本区湖泊主要集中在两湖平原，其中又以有“千湖之省”之称的湖北最多，武汉东湖是首批国家级风景名胜区。洞庭湖湖区面积在我国五大淡水湖中位居第二。

微课程8-1

神秘刺激的东方龙宫

8.1.2 旅游人文地理环境

1）巴蜀与楚文化特色鲜明，古代文明辉煌灿烂

（1）巴蜀文化。**巴蜀文化**是华夏文化的一个分支，是四川盆地中重庆的“巴”和成都的“蜀”所代表的文化。3 000多年前重庆即为巴国首府，2 400多年前成都即为蜀国王都，因而四川盆地历来以“巴蜀”相称。由于历史原因，现代四川盆地的汉族人大多是元朝末年和明末清初移入的湖北人和湖南人，其文化特色多与两湖平原类似，而位于湘鄂西和川东山地的土家族是古代巴人的后裔，因此较多地保留了巴蜀文化特色。其文化特色主要表现在：

①崇尚白虎。这是古代巴人图腾崇拜和祖先崇拜的延续。传说巴人祖先廪君巴务相死后化成了一只白虎，巴人由此崇拜白虎，把白虎视为家神。

②民间体育气息醇厚，其中“肉连响”特色特别鲜明，人们徒手赤背，两手有节

奏地拍打大腿、手、膀、背、胸等部位，发出有节奏的“啪、啪”声，表现出土家人的粗犷性格，被外宾誉为最有欢乐气息的健身运动。

③无时不歌舞的巴人遗风。据古书记载，巴人善歌，一人唱，千人和；巴人善舞，就连周武王伐纣时队伍中的锐勇巴师，也是“歌舞以凌殷人”，使“前徒倒戈”。现土家族人不仅节庆要跳摆手舞、薅草时有“薅草锣鼓”，就连办丧事也跳“撒尔嗬”。其歌舞旋律神奇，动作有力，节奏感强，被誉为“东方迪斯科”。南剧、恩施扬琴和长阳南曲是这里最重要的曲艺。

④独特的婚俗——哭嫁。哭嫁即在出嫁前，新娘与其亲友通过哭来诉说昔日之情谊；离别之前，通过哭的方式表达当时的复杂心理、细腻的情感，把巴人独特的民族气质表达得淋漓尽致。

⑤特殊的建筑——吊脚楼。吊脚楼是这一带少数民族最典型的建筑，代表性地区有湖北咸丰、宣恩、来凤、利川和重庆石柱县中益乡官田的土家族寨子、重庆彭水苗族文化城、湖南凤凰古城等。吊脚楼一般楼上住人，楼下喂养牲口、堆放杂物。土家族、苗族、侗族的建筑和雕刻艺术被誉为“巴楚活化石”。

⑥西南丝绸之路。巴蜀地区是西南丝绸之路的出发点和主经之地，自古与西南各族和南亚各国保持着密切交往，一些重要的考古发现，如三星堆出土的海贝、象牙，大溪文化的海螺和象牙，茂汶和重庆涂山出土的琉璃珠，均来自印度洋北部的南海，这些充分证明了巴蜀先民就与世界有所交流。汉武帝时，张骞在大夏发现邛竹杖和蜀布的故事，说明巴蜀到印度（古身毒国）再到西亚早就存在一条通道。这条通道被现代史学家沿用“丝绸之路”称呼的惯例而称为“南方丝绸之路”。

⑦道教文化。世界五大宗教中唯一发源于中国的宗教是道教，道教属于中国本土宗教。在四川省都江堰市青城山腰，有一座道教名观——古常道观，据说是东汉道教天师张陵结庐传道之处，观后有一岩洞，内有张天师石刻像，称为“天师洞”。

⑧川剧变脸。川剧是传统戏曲剧种之一，流行于四川东中部、重庆及贵州、云南部分地区。川剧变脸是川剧表演的特技之一，用于揭示剧中人物的内心及思想感情的变化。变脸大体上分为三种：抹脸、吹脸、扯脸，还有一种“运气”变脸。川剧变脸技艺是独具特色的文化遗产，它源远流长、历史悠久，是中国文化宝库中不可或缺的一部分。

同步案例8-1

阆苑仙境，千年古城

背景与情境：阆中古城位于四川省东北部、嘉陵江中上游，是古代巴国、蜀国的军事重镇，是中国四大古城之一，被誉为“中国保存最完好的古城”，拥有全国历史文化名城、中国优秀旅游城市、国家5A级旅游景区、中国春节文化之乡等多项殊荣。随着“2022四川省文化和旅游发展大会”在阆中召开，这座历史名城被更多人看见。阆中已有2 300多年的建城史，拥有近2平方公里的“唐宋格局、明清风貌”古城，拥有8处全国重点文物保护单位、23处全省重点文物保护单位、3项国家级非遗代表性项目、1项联合国教科文组织人类非遗代表作名录项目，底蕴深厚，享誉世界。此外，阆中历史悠久、文化厚重，三国文化、科举文化、红色文化、民俗文化等在全国都有重要影响。

问题： 从旅游开发视角谈谈古城镇保护的措施有哪些。

分析提示： 可从旅游开发的步骤、居民与游客教育、修缮与维护等角度展开思考。

（2）楚文化。**楚文化**是我国古代独放异彩的一种区域文化，源自中原，随着祝融部族由中原西迁到鄂西北，再由荆山丛林移至江汉平原的前进步伐而产生、发展，在不断融合江南众多部族文化的过程中成长壮大，在春秋中期终于崛起为统领南方、能与中原文化相媲美的中国文化南支。其辉煌的成就、鲜明的特色主要表现在以下几个方面：

①青铜冶铸工艺。楚人创造了前所未有的失蜡法和漏铝法工艺技术，使器物有复杂的形状和巧夺天工的配饰，有独特风格。这种技艺在湖北随州擂鼓墩一号墓出土的樽和盘两件器物上表现得极为突出。

②丝织与刺绣工艺。出土了大量战国中期的丝织与刺绣物的湖北江陵马山一号楚墓被誉为我国古代的"丝绸宝库"，21件刺绣品都具有花纹大、幅面宽、图案美、织造精、色彩鲜等特点。

③髹漆工艺。先秦各国中出土漆器最多的是楚国，而且漆器类别极繁，应用极广，形成了色泽耐久、对比鲜明、色调典雅的特点，其中虎座立凤、辟邪木雕镇墓兽以造型奇特著称。楚人尚赤、崇凤、贱虎的思想和丰富的想象力，也在髹漆工艺中得到充分的体现。这类文物在湖北江陵、湖南长沙出土最多。

④美术和乐舞。至今我国出土的三幅先秦帛画皆出于楚墓，即1942年在长沙子弹库出土的楚缯书、1949年于长沙陈家大山楚墓出土的人物龙凤帛画和1973年在长沙子弹库楚墓出土的人物御龙帛画，画中人物栩栩如生，为我国早期人物画的精品。楚人喜歌，而且喜唱俗曲。湖北随州擂鼓墩一号和二号墓出土的战国早期和中期的两套编钟，则更能说明楚乐之发达。

⑤屈骚文学。屈原的《离骚》是楚辞的典型代表。楚辞楚赋多立意高洁，以自然朴素为美，喜欢无拘无束的想象，具有浪漫主义的表现手法，表现了楚文化的特有风采。

同步思考8-1

问题： 屈原的主要作品有哪些？

理解要点： 屈原的主要作品有《离骚》《九章》《九歌》，其中以《离骚》最为著名。

⑥老庄哲学。老庄，是老子和庄子的并称，也指老学与庄学的合称，代指道家（道教）老庄教派学说。道家主张"清静无为""顺应天道""逍遥齐物"等。老庄哲学主张德行合一、以己推人、自化、人人化则天下化，是以出世的精神做入世的事情的思想学派。老子主张柔弱不争的处世之道，待人处世应虚怀若谷。庄子揭示世上没有无用之物，一切都有用处，关键在于你能不能顺着他自然的天性来运用它。

同步链接8-1

自信自强踔厉奋发 推动文旅高质量发展

2）三国故事世代相传，三国遗迹遍布全区

三国时期，四川与重庆同属蜀国，成都为蜀国都城，重庆则为蜀汉政权的东门户，至今留有武侯祠、刘备墓等遗存；剑门关、刘备托孤的白帝城犹存，白帝城附近还有诸葛亮布下的水八阵、旱八阵等军事遗迹。此外，还有云阳张飞庙、姜维扎营地、姜维庙、姜维墓等众多三国遗迹。

湖北是三国争夺最激烈、故事发生最多的地方，《三国演义》120回中有72回的故事发生在湖北省，决定三国格局的三场大战有两场发生在湖北：一场是位于湖北咸宁赤壁的赤壁之战，决定了魏蜀吴三分天下的格局；另一场是夷陵之战，发生在宜昌市猇亭区，此战役为前后三国时代的分界点。荆州是当时三国竞相争夺的军事重镇，至今保存完整，现城内还保存有关帝庙、关公刮骨疗毒处。襄阳隆中为诸葛亮出山前躬耕之处，家喻户晓的刘备三顾茅庐的故事就发生在这里。此外，司马徽向刘备力举天下贤士的南漳水镜庄、孔明借东风的南屏山、火烧乌林映赤壁的赤壁古战场、东吴水军基地黄盖湖、赵子龙单骑救幼主的当阳长坂坡、关羽走麦城兵败身亡的麦城、东吴故都武昌城（今鄂州）及吴都明珠西山等都在湖北省。

湖南长沙是吴蜀频争的南方重镇，也是东吴发迹之地，关云长义释黄忠的故事就发生在该城。岳阳楼曾为赤壁之战以后东吴鲁肃的阅兵台，至今岳阳楼东南300米处还有鲁肃墓，附近有周瑜之妻小乔的墓地。益阳有关云长单刀赴会的龟台山，还有马良湖及关王庙、关帝庙、三圣殿等。

3）精耕细作的稻作农业、伟大的古今水利工程

本区水热条件较优越，自古以来就是我国重要的水稻生产区，四川素有“天府之国”的盛名，湘鄂则有“湖广熟，天下足”之誉。但季风气候、降水的不稳定性又决定了“水利是农业的命脉”，为了抵御自然灾害保丰收，本区重视水利建设，并建成了一批不朽的水利工程。

位于成都西北的都江堰是我国古代四大水利工程之一，建于战国秦昭王时期，由当时的蜀郡太守李冰父子主持修建。该工程设计巧妙、科学性强，是历经2 200多年仍在发挥重要作用的水利工程。由都江堰水利工程、历代人民祀奉李冰父子的二王庙及其副产品离堆公园共同组成的都江堰风景区，是国家级重点风景名胜区，2000年与青城山一道被列入《世界文化遗产名录》。

葛洲坝是万里长江第一坝，是我国人民在20世纪80年代兴建的伟大水利工程，为弥补我国的电力不足作出了贡献。其雄伟的工程建筑、科学的过船闸工程也深深地吸引着中外游客，因而在1991年被选入“中国旅游胜地四十佳”。

2008年建成的三峡水利工程是举世瞩目的世界第一大水利工程。该工程的建成不仅给我国带来了防洪、航运及发电三大效益，而且高达175米、长2 400米的拦江大坝的雄伟英姿及高峡出平湖的壮丽景观，已成为本区旅游的新热点。

江垭水库是根治澧水洪灾的一个关键性工程项目，被列为水利部和湖南省的重点工程。该工程以防洪为主，兼有发电、灌溉、航运、供水、旅游等综合效益。江垭水库总库容17.4亿立方米，其中防洪库容7.4亿立方米，水电装机容量30万千瓦，灌溉农田8.5万亩，改善航道124公里，提供5万余人的生活用水。江垭水库毗邻武陵源风景区，其高峡出平湖的壮丽景观为武陵源风景区增色添辉。

王甫洲水利枢纽是一个以发电为主，结合航运，兼有灌溉、养殖、旅游等综合效益的大型水利工程。它位于湖北省老河口市汉江干流上，水库正常蓄水位86.23米（黄海高程，下同)，相应库容1.495亿立方米，校核洪水位89.3米，总库容3.095亿立方米。

4）近代革命风起云涌，革命名人及纪念地多如繁星

近代，本区一直处于社会变革的风口浪尖之上。标志着中国封建社会终结的辛亥革命首义在武昌，武昌阅马场红楼、首义公园成了当代人了解革命史实、缅怀革命志士的场所。新民主主义革命时期，开辟农村包围城市革命道路的秋收起义在湖南文家市爆发后，本区范围内还相继爆发了湘南起义、平江起义、黄麻起义，大别山区、洪湖、华蓥山等地都有革命根据地存在。

从本区走出的伟人之多在全国首屈一指，如毛泽东、刘少奇、邓小平；全国十大元帅中，本区占了八位（朱德、彭德怀、刘伯承、陈毅、贺龙、聂荣臻、罗荣桓、林彪）。充分挖掘伟人、名人旅游资源的潜力，开展革命征途、伟大事迹等专项旅游，在本区大有可为。

8.2 旅游业概述

8.2.1 旅游业现状特征

1）旅游接待及旅游收入水平在全国居中，旅游业发展势头良好

截至2023年，本区旅游业已形成了六要素配套的格局：①本区内的星级旅游饭店共921个，其中五星级99个，四星级282个，营业收入共171.59亿元，占全国10.72%。②本区内的A级旅游景区共2 473个，其中5A级52个，4A级873个，旅游景区总数占全国15.73%。③本区内的旅行社共4 247家，所创造的营业收入共5 183 748.9万元，占全国11.67%。可见，本区具有较强的旅游接待能力和较多优质旅游接待设施，为旅游者带来了良好的旅游体验，从而创造了较高的旅游相关收入（见表8-1）。目前，旅游者来本区旅游的意愿持续增强，四省市都将旅游作为支柱产业的抓手，外部条件进一步改善，旅游服务渐趋规范，旅游业发展前景一片向好。

2）旅游资源开发得力，已形成一批优秀的旅游景区

经过40多年的旅游资源开发，本区的旅游资源，特别是边远地区的著名旅游资源得到了很好的利用。在我国57项世界遗产中，本区有4项世界文化遗产（湖北武当山古建筑群、重庆大足石刻、四川青城山—都江堰、土司遗址——湖北唐崖土司城遗址和湖南永顺土司城遗址）、7项世界自然遗产（四川黄龙、四川九寨沟、湖南武陵源、四川大熊猫栖息地、中国南方喀斯特——重庆武隆喀斯特和重庆金佛山、中国丹霞——湖南、湖北神农架）和1项世界文化与自然双重遗产（峨眉山—乐山大佛）；在“中国旅游胜地四十佳”中，本区有11项（长江三峡、峨眉山、乐山大佛、九寨沟、黄龙、巫山小三峡、蜀南竹海、自贡恐龙博物馆、黄鹤楼、葛洲坝、武陵源）。此外，本区拥有众多国家级森林公园，湖南64处、湖北37处、四川37处、重庆26处，共164处，森林景观优美，景点集中，观赏、科学、文化价值高，具有一定区域代表性和知名度。同时，本区旅游产品已实现了由单一观光型向观光、度假和多种专项旅游产品相结合的转变。这些旅游景区现已在全国乃至世界上有了比较高的知名度，是形成本区旅游热点的基础。

表 8-1　巴楚文化旅游区 2023 年旅游业基本情况

项目 地区	星级饭店				A 级旅游景区			旅行社	
	营业收入（亿元）	饭店总数（个）	其中		总数（个）	其中		机构数（个）	营业收入（千元）
			五星	四星		5A	4A		
全国总计	1 601.09	7 245	777	2 326	15 721	318	4 863	39 580	444 272 900
重庆	23.3	118	27	38	294	11	153	947	16 601 840
四川	62.1	318	30	99	931	16	336	670	10 260 511
湖北	44.81	269	23	84	609	14	198	1 304	16 146 215
湖南	41.38	216	19	61	639	11	186	1 326	8 828 923
本区合计	171.59	921	99	282	2 473	52	873	4 247	51 837 489
2023 年本区占全国	10.72%	12.71%	12.74%	12.12%	15.73%	16.35%	17.95%	10.73%	11.67%

资料来源　中华人民共和国文化和旅游部. 中国文化文物和旅游年鉴 2024［M］. 北京：国家图书馆出版社，2024.

3）旅游交通“瓶颈”缓解，旅游地可进入性显著提高

位于内陆的巴蜀与楚文化旅游区，过去缺少入境旅游的直接口岸，许多景点位置偏僻，交通不便，可进入性较差，严重地制约了本区旅游业的发展。目前这一状况已得到明显改善。截至 2023 年，经国务院批准的对外开放口岸中，本区有 12 个。其中，水运口岸有武汉、黄石、城陵矶、重庆，航空口岸有武汉、恩施、宜昌、长沙、张家界、重庆、万州、成都。这些口岸的开通，可使入境者无须通过第三地而直接进入本区各重要城市或景区。随着我国高速公路网和高速铁路网的建设与完成、航空交通的繁荣，本区旅游交通大为改观，过去偏僻的武陵源风景区、长江三峡风景区等，都已建成了铁路、高速公路、航空三者相结合的立体交通体系，改变了过去“景区虽美路难行”的局面。

8.2.2　主要旅游地及风景名胜区

1）川西游览区

川西游览区包括位于四川盆地西缘的成都平原及其以西的地域。川西高原、山地的纵列峡谷和重重雪山，赋予了本区以山岳峡谷风光为主要特色的旅游景观，并使之拥有众多世界级和国家级重点风景名胜区、自然保护区和历史文化名城。

（1）成都历史文化名城。成都简称“蓉”，别称蓉城、锦城，位于四川盆地西北部成都平原的中心，是四川省省会、副省级市、特大城市、成都都市圈核心城市，是国务院批复确定的中国西部地区重要的中心城市，是国家重要的高新技术产业基地、商贸物流中心和综合交通枢纽。

成都是全国十大古都之一、首批国家历史文化名城及古蜀文明发祥地。成都山川秀丽、地貌多样、龙聚凤集、文物荟萃，自古以来就以“天府之国”和“蓉城”闻名于世，自春秋战国以来，曾五次被定为封建王朝的都城，从秦汉起一直是我国西南地区政治、经济和文化中心。成都历史悠久，拥有都江堰、武侯祠、杜甫草堂、金沙遗

址、明蜀王陵、望江楼、青羊宫等名胜古迹，是中国最佳旅游城市之一。此外，成都拥有多元文化，如民俗文化、艺术文化、音乐文化、体育文化等。成都还有成都火锅、麻婆豆腐、夫妻肺片等众多美食形成的美食文化。

（2）九寨沟—黄龙风景名胜区。该景区因沿沟分布9个藏族村寨而得名，是一处以自然风光为主的旅游胜地。

九寨沟的美景主要集中在三个沟谷：长海、五花海和树正。长海是九寨沟最大的海子，水清见底，湖水呈现蓝色和绿色交错的美丽景象。五花海由五个大小不同的海子组成，每个海子都有不同的颜色和形状，非常壮观。树正是九寨沟最深的沟谷，沟内有许多瀑布和湖泊，其中最著名的是珍珠滩瀑布，高达40米，水流如珍珠般晶莹剔透。此外，九寨沟还是藏族和羌族的聚居地，具有悠久的历史和文化传统。

黄龙风景名胜区是中国唯一保存完好的高原湿地，以彩池、雪山、峡谷、森林“四绝”著称于世，再加上滩流、古寺、民俗，称为“七绝”。该景区核心区域点缀着3 000多个彩池，以结构奇巧、色彩丰艳的地表钙华景观为主景，由黄龙沟、丹云峡、牟尼沟、雪宝鼎、红军长征纪念碑碑园等组成。长约3.6公里的黄龙沟内遍布碳酸钙沉积物，以丰富的动植物资源享誉人间，享有“世界奇观”“人间瑶池”等美誉。

（3）若尔盖草原。其地处川西北阿坝藏族羌族自治州若尔盖县境内，属于川西北边界地区、青藏高原东部边缘地带，是我国三大湿地之一，被誉为“川西北高原的绿洲”。这里也是黄河上游最重要的水源涵养地和生态功能区，是世界最大的“高原固体水库”——若尔盖泥炭沼泽湿地，也是多种珍稀鸟类的栖息地。因对中华民族的母亲河——黄河的水源贡献超过30%，被称为“中华水塔”。该景区有花湖、热尔坝大草原、松潘草原、红原草原、黄河九曲第一湾等。此外，这里曾是红军长征“过草地”的地方，在当时险恶的自然条件下，不少红军战士牺牲在这茫茫草地里，这里是红军长征途中最艰险的一段。

（4）峨眉山—乐山风景名胜区。峨眉山位于四川省乐山市，是世界文化与自然双重遗产项目，具有“雄、秀、奇、险、幽”的特色，以优美的自然风光、悠久的佛教文化、丰富的动植物资源、独特的地质地貌著称于世，被誉为“仙山佛国”“植物王国”“动物乐园”“地质博物馆”。其主峰金顶海拔3 077米，登金顶可观云海、日出、佛光、圣灯四大奇观。山麓到山顶分别属于三个不同的气候带，雨量充沛，故有“峨眉天下秀”之称，被联合国评为“全球优秀生态旅游景区”。此外，峨眉山还是我国佛教四大名山之一、中国最美的名山，有报恩寺、伏虎寺、万年寺等多处名胜古迹。

乐山大佛位于岷江、青衣江、大渡河三江交汇处，依山凿成，背靠九顶山，面临三江，佛像通体高70.7米，肩宽24米。造像体形巨大、魁伟，面部表情慈祥、肃穆，结构匀称，比例适宜，雕刻技艺十分高超，是我国最大的一尊石刻坐佛造像，素有“山是一尊佛，佛是一座山”之说。乐山大佛附近还有东汉麻浩崖墓群、灵宝塔、乌龙寺和郭沫若纪念馆等景点。

同步案例8-2

四川海龙凯歌农文旅园区“数字化+农文旅” 全力推进乡村旅游

背景与情境：海龙村位于四川省遂宁市，曾经是一个沼气建设大村，有着“中国沼气能源革命第一村”的美誉。50多年间，随着电力、天然气的逐渐普遍运用，海龙村的沼气建设经历了萌芽、辉煌到衰落。如今的海龙村，依托沼气文化这一独特IP，以“文化”为底色，以“融合”为路径，还原老旧沼气池面貌，打造“中国沼气博览园”，建设沼气陈列馆、农村能源历史博物馆等特色园馆；打造“海龙凯歌”农文旅园区，大力发展生态循环农业和文旅产业，让农业更强、农民更富、农村更美。

海龙凯歌农文旅项目获评2022四川十大城乡融合案例。海龙村的前进，并不止步于此。2023年，为数字化推进乡村农文旅，巨有科技联合海龙村打造“海龙凯歌智慧景区”。如今海龙村已蜕变成宜居宜业的富裕村，成为游客争相探访的网红地，走出一条乡村振兴的新路子，成为乡村振兴幸福样板。

资料来源 综合相关资料提炼整理而成。

问题：

1）海龙村为何能获得“中国沼气能源革命第一村”的美誉？

2）海龙村文旅发展的主要特色体现在哪些方面？

分析提示：

1）从打造沼气文化的具体做法与实践方面展开思考，提炼出其特色做法。

2）从能源循环利用典范、生态循环农业融合文旅、数字化助力乡村旅游等方面进行多元表征。

（5）稻城亚丁风景名胜区。其位于甘孜藏族自治州稻城县香格里拉镇亚丁村，面积1 344平方公里，是我国目前保存最完整、最原始的高山自然生态系统之一，是国家级自然保护区、国家5A级旅游景区。该景区主要由“仙乃日”“央迈勇”“夏诺多吉”三座神山和周围的河流、湖泊和高山草甸组成，冰川地貌发育，有典型的U形谷、尖削的刃脊、冰蚀洼地和冰碛垄等。由于其独特的地貌和原生态的自然风光，该景区也被誉为“香格里拉之魂”“最后的香格里拉”“蓝色星球上最后一片净土”。

同步业务8-1

一段关于稻城亚丁的独白

中国旅游作家和摄影师马建华在他的一篇名为“稻城亚丁，那个夏天的雪”的文章中，写了这段很火的话：“云腾致雨，雨霁初晴，远山如黛，风景如画。阳光透过云层的缝隙洒在大地上，给大自然披上了一层金色的光晕。在这个如诗如画的地方，有一个名字叫稻城亚丁。”“雪山巍峨耸立，云雾缭绕，林海茫茫无际。山谷中一条弯曲的河流轻轻流淌，水声悦耳动人。每当夕阳西下，余晖洒在山间，整个稻城亚丁仿佛被披上了一层神秘的面纱。”“在这里，你可以感受到藏族人民的淳朴与热情，品味到他们独特的民族饮食和手工艺品，体验到他们世世代代传承下来的宗教信仰和文化传统。神秘的经幡飘扬在风中，散发着独特的香气。你仿佛置身于一个世外桃源，远离尘嚣和喧嚣。”“在稻城亚丁，你会懂得生命的脆弱与坚强，理解人与自然之间的和谐共生。每一次的呼吸都是一种奇迹，在这片土地上，我们应该珍惜与感恩。”

（6）青城山—都江堰风景名胜区。其位于四川省都江堰市内。青城山背靠岷山雪岭，面向川西平原，其主峰大面山海拔1 300米，以幽谷闻名，素有“青城天下幽”之称。青城山为我国道教发祥地之一，是道教十大洞天的第五洞天。都江堰是我国古代劳动人民创建的伟大水利工程，不仅能消除水患，而且使成都平原成为“天府之国”。

（7）康定古城 。其位于四川省康定市，是川藏咽喉、茶马古道重镇，自古以来就是康巴藏区政治、经济、文化、商贸、信息中心和交通枢纽。康定古城是康定历史文化的缩影，古城内保存了大量的明清建筑、碑刻、祠堂、寺庙等文化遗产，其建筑和风格具有强烈的藏南特色。古城内的建筑有较高的历史、艺术和文化价值，是探访藏族文化的最佳场所之一。

（8）色达佛学院。其位于四川省康定市松潘县境内的色达镇，是中国藏传佛教乃至世界佛教的重要中心之一。色达佛学院内修行僧人众多，院内保留了许多重要的佛教经文、艺术珍品和寺院建筑。造型独具特色的庭院、充满佛教色彩的花园和著名的米拉山，每年都会吸引无数的信众和旅游者前来参观、学习和朝拜。

同步思考8-2

问题：佛教寺院为何受到众多旅游者的青睐？

理解要点：可以从独特的佛教文化、庄严的佛教建筑以及所在地良好的资源环境展开思考。

2）渝西、川东游览区

渝西、川东游览区是以重庆为旅游中心，包括重庆西部与四川省中东部的游览区域，拥有多处国家级优秀旅游景区。

（1）重庆[①]历史文化名城。重庆位于长江与嘉陵江汇合处，依山傍水，享有“山城”之美誉，因冬季短暂，霜雪甚少，迷雾笼罩，故有“雾都”之称。重庆是我国第四个直辖市，也是我国西南水陆交通枢纽、工商业重镇。

3 000多年前重庆就是古代巴国的都城，曾先后称作江州、渝州、恭州，直到南宋赵惇登基称帝，因他先封恭王，后登帝位，故取“双重喜庆”之意，改恭州为重庆府；元末明玉珍以此为都建立了夏国；抗日战争期间，重庆是陪都和国民政府所在地。其主要景点有长江大桥、重庆人民大礼堂、三峡博物馆、渣滓洞、白公馆、红岩村革命纪念馆、歌乐山烈士陵园、南温泉风景名胜区、合川钓鱼城等。此外，重庆更以迷人的山城夜景和麻辣烫、火锅而著名。

（2）大足石刻。其位于重庆市所辖大足区境内，是该县摩崖造像石窟艺术的总称。大足石刻创于晚唐，兴盛于宋朝，现保存摩崖石刻造像5万余尊、铭文10万余字。其石刻艺术规模宏大，刻艺精湛，内容丰富，具有鲜明的民族特色和很高的历史、科学和艺术价值，是一座独具特色的世界文化遗产宝库。

① 推荐观赏重庆旅游形象宣传片《重庆，一直等你》，网址：http: //www.iqiyi.com/w_19rvbag8c5.html。

（3）安岳石刻。其位于四川省安岳县境内，石窟开凿始于南朝梁武帝普通二年（公元521年），盛于唐、宋两代，并延续至明、清。安岳石窟拥有几大“最”：最大的唐代左侧石刻卧佛以及21万字石刻佛经、中国最精美的观音经变像——毗卢洞北宋紫竹观音、唐代最大的道教石刻群——玄妙观、五代最集中的石窟群——庵堂寺等。安岳石窟除少数遭受自然、人为破坏外，大部分保存完好，特别是宋代造型更是达到了中国石窟艺术的巅峰，具有很高的观赏价值，现已被列入《第二批国家级非物质文化遗产名录》。

（4）自贡自流井—恐龙风景名胜区。其位于四川省南部的自贡市境内，以盐业遗址及恐龙化石群窟为特色。自贡生产井盐已有2 000多年的历史，为著名的“盐都”，现存有南北朝时期的大公井盐遗址，有的清代盐井至今仍在生产，杉木井架高达百米，蔚为奇观。自贡还被誉为“恐龙之乡”，在市郊大山铺一带曾发掘出大批恐龙化石，建有恐龙博物馆。此外，自贡还有西秦会馆、王爷庙、桓侯馆、镇南塔等文物古迹。自贡恐龙国际灯会更是不可错过的人文旅游景观。

（5）磁器口古镇。其位于重庆市沙坪坝区磁南街1号、沙坪坝区东北部嘉陵江畔，为重庆“新巴渝十二景”之一，属于巴渝民俗文化旅游圈。磁器口古镇始建于宋代，拥有800多年的历史。磁器口古镇依山而建，由山起城，以磁器口正街和横街为骨架，42条巷道垂直于正街和横街，向马鞍山脊和溪沟边缘呈枝状发展，形成了特征明显的树枝状平面格局。磁器口古镇拥有“一江两溪三山四街”的独特地貌，形成了天然良港，是嘉陵江边重要的水陆码头。人们沉浸在千年古镇韵味中，体验传统巴渝文化、宗教文化、沙磁文化、红岩文化和民间文化。

（6）蜀南竹海—兴文石林风景名胜区。其位于四川省长宁县、江安县境内，以竹海景观、石林溶洞奇景为特色，兼有丰富的人文景观，是“中国旅游胜地四十佳”之一，包括蜀南竹海、兴文石林、僰人悬棺三处省级风景名胜区。

（7）卧龙国家级自然保护区。其位于四川省阿坝藏族羌族自治州汶川县西南部，是第三大国家级自然保护区，是四川省面积最大、自然条件最复杂、珍稀动植物最多的自然保护区。卧龙国家级自然保护区主要保护西南高山林区自然生态系统及大熊猫等珍稀动物，以“熊猫之乡”“宝贵的生物基因库”“天然动植物园”享誉中外。

同步案例8-3

“新民宿”唤醒古村落　蜕变乡村重回C位

背景与情境：凉山州西昌市大石板古村曾经是茶马古道上的小小驿站，历经600年风霜，华丽变身“新乡村”。2020年，因其特殊的地理位置和历史文化底蕴，大石板古村大力发展民宿产业，当地以村落原貌为核心，通过修旧如旧、修新如旧等建筑手法，重塑古村的质朴模样，建立“山、水、林、田、路”立体的传统村落体系，同时盘活闲置宅基地17 800平方米，让村里的老宅活了起来。除此之外，村里还利用闲置集体资产、人文生态资产等，深度发展现代民宿产业，组建了西昌大石板文化旅游开发有限公司，实现了资源变资产、资金变股金、农民变股民的“三变”改革。其产业已从传统的农业和渔业向文旅、康养产业转型，旅游经济变成了主导产业。“我们大石板古村有232家民宿客栈、两家大型酒店，每户村民年收入3万余元。”大石板社区党委副书记尹俊说，依靠“古村落+新民宿”的双轮驱动民宿发展，大石板古村以全新的面貌“重回C位”，名气也越来越响，并获评“2022四川十大城乡融合案例”。

如今，这里的二期项目主体建筑基本完工，与一期项目交错纵横。行走在小道上，可以看到身着彝族盛装的游客在此打卡拍照。古树下，一家人围炉煮茶，享受阳光。村民家中地道的农家菜让游客流连忘返。小火车拉着游客穿行在村中，为古老的大石板村增添了更多的趣味，各具特色的民宿则满足了游客的不同审美和需求。“大石板古村二期项目将成为一期项目的补充，逐步完善餐饮、休闲、娱乐等设施，接下来我们还要继续朝着乡村运动、研学、康养等方向去发展研究。”彭永说。

资料来源　佚名．凉山州西昌市大石板乡村振兴项目　获评“2022四川十大城乡融合案例”［EB/OL］．［2023-02-24］．https：//baijiahao.baidu.com/s？id=1758715586254291168&wfr=spider&for=pc. 引文经过节选、压缩和改编。

问题：大石板古村是如何实现乡村振兴的？这些举措为当地发展带来了什么好处？

分析提示：党的二十大报告提出“全面推进乡村振兴”“发展乡村特色产业”，乡村旅游大有可为，可从社会、经济、文化等多方面来思考。

3）渝东、湘鄂西游览区

渝东、湘鄂西游览区包括重庆东部、湖南与湖北西部山区，是一个以著名山水风光和土家族民族风情而闻名于世的游览区。

（1）中国峡谷城。其位于重庆市黔江区，长8公里，平均谷深200米，最深处近500米，峰高600多米，落差900米，面积723公顷，属典型的喀斯特地貌。大峡谷跨越7个地质年代，是全国乃至亚洲唯一在城市中的峡谷。它融山、洞、峡、瀑布、湿地、森林、地质奇观、佛教文化、土家风情于一体，有观音峡、白虎峡、龙脊岗石林、玻璃吊桥、滑索、玻璃观景台、玻璃栈道、拜佛台和高达123米的“世界最高巨幅摩崖观音像”等景观，为“中国峡谷城、武陵会客厅”的标志性景区。

（2）武隆喀斯特旅游区。其位于重庆市武隆区，拥有罕见的喀斯特自然景观，包括溶洞、天坑、地缝、峡谷、峰丛、高山草原等，形态全面；兼具丰富多彩的度假、休闲、娱乐、运动项目，以及土家族、苗族、仡佬族等少数民族独特的民俗风情。武隆喀斯特由芙蓉江、天生三桥和后坪三个喀斯特片区组成。

（3）阿依河风景区。其位于重庆市彭水县，苗族人把善良、美丽、聪慧的女子称为“娇阿依”，阿依河因此得名。千年未变的原生态使阿依河风景区被誉为“巴渝新十二景”之首。阿依河风景区融山、水、林、泉、峡于一体，集雄、奇、险、秀、幽于一身。该景区分为3个观光游览区（峡谷观光区、步游观光区、竹筏观光区）、2个休闲度假区（接待中心民族风情休闲度假区、牛角寨民族风情休闲度假区）、2个体验区（漂流体验区、户外体验区）、1个激情漂流区、1个特色商品服务区。该景区对外开放了8大游览项目：峡谷听音、竹筏放歌、碧潭戏水、浪遏飞舟、情定苗寨、青龙天梯、青龙洞和青龙谷。

(4) 宜昌水电明珠城。宜昌位于长江中上游接合部，素有“三峡门户、川鄂咽喉”之称。宜昌既有旖旎的自然风光，又有丰富的人文景观，还有宏伟的现代工程建筑。此外，陆逊火烧连营、赵子龙单骑救幼主、张翼德横桥怒吼、关云长败走麦城的三国遗址，屈原故里，王昭君宅第，巴人发祥地以及三峡工程建成后高峡平湖相间、探险漂流、休闲观光皆宜的生态旅游景区九畹溪也都在宜昌境内，乘坐豪华游船畅游“两坝夹一峡”已成为宜昌最具吸引力的旅游项目。

(5) 长江三峡风景名胜区。其位于渝东与鄂西间的巫山山脉之中，西起重庆奉节白帝城，东到湖北宜昌南津关，全长约193公里，是长江上一段山水壮丽的大峡谷，为中国十大风景名胜之一。作为中国古文化发源地之一，这里有众多名胜古迹，如白帝城、黄陵、南津关等。它由瞿塘峡、巫峡、西陵峡三个大峡谷和其间的两个宽谷组成，瞿塘峡特别险峻，两岸断崖壁立，相距不足100米。

瞿塘峡又名夔峡，从大宁河到奉节，全长8公里。在三峡中最为雄伟险峻、壮观的是夔门，素有“夔门天下险”之称。瞿塘峡中的胜景以粉壁石刻为最，在两岸长达千米、光滑如壁的大青石上，布满篆、隶、楷、行字体的历代石刻。这里还有石栈道遗迹、悬棺、诸葛八阵图和新石器时代大溪文化遗址。

以秀丽著称的巫峡西起四川巫山县大宁河口，东至湖北巴东县官渡口，绵延44公里。“云雨巫山十二峰”为巫山胜景。此外，这里还有孔明碑、箭穿洞、神女庙、昭君故里等著名景点。

西陵峡从巴东官渡口到宜昌南津关，全长76公里，以滩多水急而著名，如今以“一峡串两坝”著称。其中，兵书宝剑峡、牛肝马肺峡、黄牛峡、灯影峡并称“西陵四峡”。此外，这里还有黄陵庙、三游洞等游览胜地。

(6) 巫山小三峡·小小三峡景区。该景区由巫山小三峡和小小三峡组成，为国家生态旅游示范区，全长65公里，有水体景观、峰岩景观、洞穴景观、动植物景观、人文景观、空间景观。其中，水体景观包括水、泉、溪、潭、滩、帘瀑、卵石等多种类型，峰岩景观包括峭壁、山峰、奇石、图案、肌理、色彩等多种类型，洞穴景观包括发育程度各异、大小各异、高度各异、风格各异的众多喀斯特溶洞、地下河。

(7) 神农溪。其发源于神农架主峰，流经湖北巴东县境内，由北向南穿行于深山峡谷之中，至巫峡口东汇入长江。神农溪是一条典型的峡谷溪流，其中以绵竹峡、鹦鹉峡、龙昌洞峡最为著名。三峡工程蓄水后，神农溪并没有因水面升高而使峡谷感减弱，船行其间许多路段仍需船夫下水拉纤，重现了古代纤夫拉纤的情景。

(8) 神农架风景名胜区。其位于鄂西北神农架林区，是我国著名的原始森林区和自然保护区，以丰富的动植物资源而闻名。相传远古时代神农氏（炎帝）曾在此品尝百草、医治百病，由于山峰陡峭，只好搭架上山采药，故名“神农架”。神农架景区兼具雄伟、险峻、深邃、奥秘的景观特色。千家坪、南垭山、小当阳等地以植物奇特取胜，有珙桐、水杉、鹅掌楸等“活化石”树种；猴子石、燕子垭等地以动物景观见长；巴东峡和红坪峡以奇峰、怪石著称，构成了“一奇、二怪、三险、四美”的特色；冰洞山和潮水河以水文景观闻名遐迩，冰洞内宛如水晶宫。景区内的气候随着时间和季节而变化无常，传说中的“野人”更给景区增添了一份神秘的色彩。

（9）武当山风景名胜区。其位于鄂西北丹江口市境内，是道教名山之一，有胜景72峰、24涧。其中，最高峰天柱峰海拔1 612.1米，其余各峰平均海拔在1 000米，形成了“七十二峰朝大顶，二十四涧水长流”的壮丽图景。其庞大的道教建筑群已被列为世界文化遗产项目。现存较好的有玄岳门、遇真宫、太和宫、紫霞宫、金殿、磨针井等，其中以金殿为其古建筑精华。

（10）武陵源风景名胜区[①]。其位于湖南省西北部，由张家界国家森林公园、天子山自然保护区、索溪峪风景区、杨家界风景区组成，面积约369平方公里，已被列为世界自然遗产项目。其神奇的石英砂岩峰林地貌被誉为“世上绝景”“天下奇观”“人间仙境”“立体的山水画”“扩大了的盆景、缩小了的仙山”等。在武陵源峭壁悬崖之间的溪谷中有古老而繁茂的原始森林，植物中的珍品如珙桐、银杏等不下数十种；珍禽异兽之多，也为世界许多名山大川所罕见。

此外，景区内还有张良墓、马公亭、朝天观、龙凤庵、接风庙等人文景观。湘西酸肉、泥鳅钻豆腐、苗族五香酸辣椒、糯米酿酒等是当地著名的风味佳肴。

同步案例8-4

一批A级景区因安全隐患被处理

背景与情境：为督促全省A级旅游景区持续保持和提升品质，促进旅游景区高质量发展，按照A级旅游景区“总量控制、规范评定、定期复核、动态管理”监管机制的要求，湖北省文化和旅游厅组织对全省19家满5年评定性复核5A、4A级旅游景区及11家重点复核的4A级旅游景区开展了复核检查工作。

1.5A级旅游景区复核初检（4家）

武汉市黄鹤楼公园、宜昌市三峡大坝—屈原故里旅游区、宜昌市长阳清江画廊景区、神农架生态旅游区省级复核初检达标。相关市文化和旅游部门要进一步指导督促旅游景区整改提升，做好文旅部复核迎检工作。

2.4A级旅游景区复核达标（21家）

（1）武汉市：武昌首义文化旅游区、武汉中国科学院武汉植物园、黄陂姚家山景区、蔡甸区金龙水寨景区、黄陂木兰胜天景区；

（2）宜昌市三峡竹海生态景区；

（3）黄石市大冶市雷山景区；

（4）十堰市：房县观音洞旅游区、郧阳九龙瀑旅游区、赛武当云龙谷旅游度假区、竹山县女娲山旅游区；

（5）荆州市洪湖悦兮半岛旅游区；

（6）孝感市汤池温泉旅游景区；

（7）黄冈市：红安县天台山景区、黄冈市遗爱湖景区；

（8）咸宁市温泉谷度假区；

（9）随州市西游记漂流；

① 推荐观赏《世界遗产在中国25——武陵源风景名胜区》，体验武陵源众多形态奇异的石峰、特色突出的自然与人文生态系统。网址：https：//v.youku.com/v_show/id_XNzU4OTM5NTI=.html?debug=flv。

(10) 恩施州：恩施市梭布垭石林景区、鹤峰县满山红景区；

(11) 神农架林区：天燕景区、红坪景区。

3.5家4A级旅游景区复核未达标

对未达标景区作出以下处理：

(1) 对孝感市天紫湖生态度假区进行通报批评并限期12个月整改；

(2) 对荆门市彭墩乡村旅游世界、麻城市五脑山国家森林公园、咸宁市三江森林旅游区进行通报批评并限期6个月整改；

(3) 对荆门市绿林山景区签发警告通知书并限期3个月整改。

到期后景区如整改仍不到位，复核验收仍不达标，将依据有关规定，给予降级或撤销等级处理。

各市（州）文化和旅游局要加强对相关景区的督促指导，针对此次复核发现的问题和不足，切实做好整改提升。同时，要着力深化文旅融合，加快推进智慧化建设，提高管理服务水平，推动我省旅游景区高质量发展。

资料来源　湖北省文化和旅游厅. 关于2023年4A级及以上旅游景区复核情况的通报［EB/OL］. http: //wlt.hubei.gov.cn/zfxxgk/zc/qtzdgkwj/202309/t20230920_4859926.shtml.［2023-09-20］. 引文经过节选、压缩和改编。

问题： 湖北省为什么要对存在问题的A级旅游景区进行惩处，其目的何在？

分析提示： 可从景区在旅游行业中的作用及创建A级旅游景区的意义等方面展开思考。

(11) 凤凰古城。其位于湖南省湘西土家族苗族自治州的西南边，因其西南有一山酷似展翅而飞的凤凰而得名。凤凰古城是一个以苗族、土家族为主的少数民族聚集县、国家级历史文化名城，曾被新西兰著名作家路易·艾黎称赞为中国最美丽的小城。这里不仅风景优美，且人杰地灵，名贤辈出，如文学巨匠沈从文、国画大师黄永玉等。

学习微平台

延伸阅读 8-1

明德笃行 8-1

共享文明安全健康旅游

背景与情境： 2020年清明小长假到来之际，湖南省文化和旅游厅、省文明办联合发布文明旅游倡议书，营造文明和谐出游氛围，防止输入性疫情和聚集性交叉感染，做好全省旅游行业疫情防控和复工复产工作，让人民群众共享文明安全健康旅游。

广大旅游者要争做文明安全健康旅游的践行者。自觉遵守《中国公民国内旅游文明行为公约》，服从疫情防控期管理规定，文明、安全、绿色、健康旅游。在旅游活动中，维护环境卫生，遵守公共秩序，爱护野生动物，珍惜文物古迹，爱惜公共设施，尊重当地风俗习惯。遵守疫情防控要求，佩戴口罩，主动接受体温监测，按要求出示电子健康卡。积极践行“文明餐桌·公筷公勺”行动，让文明安全旅游成为一种新风尚。

旅游从业者要争做文明安全健康旅游的传播者、疫情防控的落实者。自觉遵守行业规范，恪守职业道德，带头践行文明安全健康旅游，积极宣传文明安全旅游知识和疫情防控要求、常识，做好自我防护，密切关注游客健康状况，及时报告和妥善处置异常情况，确保旅游者文明安全健康旅游。

旅游企业要争做文明安全健康旅游的助力者。规范经营，诚信服务，落实疫情防控要求，完善服务功能，提升服务质量，优化旅游环境。提供安全健康的旅游产品和服务，做好文明安全健康旅游宣传引导，强化防疫管理，加强防疫物资保障和场所消毒，使广大游客时时处处感受到文明安全健康旅游的浓厚氛围。

资料来源　孟姣燕，邬振杰. 湖南省文旅厅省文明办联合发布文明旅游倡议书：共享文明安全健康旅游［N］. 湖南日报，2020-04-02. 引文经过节选、压缩和改编。

问题：在疫情防控处于常态化的背景下，为了让人民群众共享文明安全健康旅游，倡议书分别对旅游者、旅游从业者及旅游企业提出了怎样的倡议？你认为合理吗，为什么？

研判提示：阅读《旅游法》第六章“旅游安全”，对照条例进行研判。

4）鄂中、鄂东游览区

自古以来，鄂中、鄂东就是湖北省经济、文化发达之地，这里汇集了较多的历史文化名城，拥有较多的人文旅游资源。

（1）武汉历史文化名城。武汉是一座有着3 000多年建城史的历史文化名城，也是中国近代重要工商业都会和爆发辛亥革命的“首义之区”。由于长江和汉江在此交汇，全城被两江分割成武昌、汉口、汉阳三镇。这里有江汉平原典型的自然风光，市内拥有其他大都市所罕有的100多处湖泊和众多山峦，其中以我国第一大城中湖——东湖和锁大江的龟蛇二山最为著名。历史古迹有始建于三国但历史上屡毁屡建的黄鹤楼，以五百罗汉、玉佛而著称的归元寺，高山流水觅知音的古琴台，以及晴川阁、宝通禅寺、溪莲寺、正觉寺等；革命纪念地有首义门、阅马场、彭刘杨路、武昌起义军政府旧址红楼、中国共产党领导的二七大罢工旧址、农民运动讲习所、中国共产党第五次全国代表大会会议旧址、向警予和施洋烈士墓等。此外，还有货通八方的汉正街，集购物、游乐、民俗活动和街头演艺于一身的江汉路步行街，餐饮文化与流行文化相结合的吉庆街，集中展示武汉特色小吃的户部巷等汉派特色文化街，集中地展示了武汉独具特色的市井风情。

同步业务8-2

武汉城区一日游线路设计

早餐后花2小时游览湖北省博物馆（欣赏随州曾侯乙墓出土文物编钟及其复制件演奏）—花1.5小时漫步东湖梨园景区—午餐后花2小时到海洋馆看各种海洋动物及其表演—乘车前往黄鹤楼景区游览1.5小时，登黄鹤楼远眺武汉三镇，观武汉长江大桥—户部巷晚餐，品尝各种特色小吃—傍晚至武昌中华路码头坐轮渡到武汉关乘船夜游长江，欣赏武汉三镇夜景—上岸后还可在江汉路步行街购物，满载而归。

（2）襄阳历史文化名城。襄阳位于湖北省北部、汉水中游，自古就是我国“南船北马”水陆衔接的交通要道，也是我国南北文化交流融合的中心地区和兵家必争之地。现存名胜古迹主要有始筑于汉、改建于宋的襄阳古城墙，刘备“三顾茅庐”的三顾堂、石碑坊、武侯祠、三义殿、抱膝亭、躬耕田、梁父岩，始建于元、重建于清的米公祠，始建于唐代贞观年间的古刹——广德寺，建于明代的襄阳王府绿影壁等。

(3) 荆州历史文化名城。荆州位于鄂中南长江北岸、江汉平原腹地，自古就有“文化之邦、鱼米之乡”的美誉，是我国首批历史文化名城之一。春秋战国时期，20代楚王定都荆州，长达411年，出土的战国丝绸、越王勾践剑和整套石磬编钟，无不折射出楚文化的熠熠光辉。以伟大的爱国主义诗人屈原为代表的许多历史名人，就是从荆州这块土地走上了历史舞台。荆州是三国文化的发祥地，现市内三国胜景遍布，其中保存完好且长达10.5公里的荆州古城墙，被誉为“中国南方不可多得的完璧”。城内还有唐代所建的玄妙观、开元观和太晖观；荆州古城北5公里处的纪南古城，是春秋战国时期楚国的都城“郢”的所在地，亦是楚文化中心；荆州博物馆是我国地级市中拥有珍贵文物最多的博物馆。此外，荆州还有万寿宝塔、孙叔敖墓、张居正墓、春秋阁、章华台、八宝山等名胜古迹。

(4) 九宫山风景名胜区。其位于湖北省通山县，主峰老崖尖海拔1 657米，为鄂东南最高峰。山上有天然溶洞、溪谷、云中湖、原始次生林、飞瀑流泉，还有九王庙、闯王陵等多处人文景观。①

5）湘中、湘东游览区

与湖北类似，湘中、湘东历来是湖南经济、文化的发达之地，特别是省会城市长沙，其历史悠久，文化底蕴深厚，因此以文化旅游为其特色。

(1) 长沙历史文化名城。长沙位于湘东的湘江之滨，是我国第一批历史文化名城之一。长沙依山临水，风景秀丽，人才辈出，古迹众多，是近代中国革命的重要活动中心之一。谭嗣同提倡变法，刘道一奋举起义，黄兴革命，蔡锷护国，他们逝世后都归葬于此；一代伟人毛泽东、蔡和森、刘少奇、彭德怀等都以这里为革命活动基地。

在长沙现存的古迹中，位于岳麓山东麓的岳麓书院首屈一指，它不仅是我国古代著名的“四大书院”之一，也是我国目前保存最完好的一座古代书院。另外，长沙马王堆汉墓出土的保存完好的汉代女尸和丰富的陪葬品展示了汉代及以前朝代的科技、文化成就。橘子洲头、爱晚亭、白沙井（长沙水）、湖南第一师范则是人们追随一代伟人毛泽东的成长足迹，体会其“书生意气”“挥斥方遒”“粪土当年万户侯”的最好去处。

长沙风味小吃众多，火宫殿是汇聚各种湘味小吃的名店，在这里，长沙臭豆腐、黄豆炖猪蹄、猪血、荷兰粉等应有尽有。长沙文化产业发达，各种传媒、文艺与文化活动十分活跃。

(2) 衡山风景名胜区。其位于湖南省衡阳市的南岳区境内，全山森林繁茂，终年翠绿，奇药异草四时郁香，素有“五岳独秀”之誉。佛、道和民间宗教融于一山、汇于一庙，群众广泛参与的宗教活动旷日持久是南岳衡山最突出的人文景观特点。位于山麓的南岳庙是典型的中轴对称宫殿式古建筑，在中轴线上通过层层推进，最终到达拜谒南岳圣帝的主殿，左右两路分别为佛教与道教的重要寺庙、宫观，各庙观的门面向中轴线而开。这种民间祠庙、佛教寺庙、道教宫观共居一庙的

① 推荐观赏湖北旅游形象片，了解湖北主要旅游景区景点。网址：http：//www.iqiyi.com/w_19rr05pfmx.html。

现象全国罕见。

（3）韶山风景名胜区。其位于湖南省韶山市，面积115.3平方公里，是以当代伟人毛泽东的故居为核心的风景名胜区。这里的公祠、庙宇、庵堂都是毛泽东早年学习、生活、劳动及从事革命活动的地方。毛泽东故居及其周围山水田土的原貌尚存，与遗留下来的光辉夺目的革命文物、后人为了纪念他而建造的各种现代建筑，以及流传下来的可歌可泣的革命故事，构成了韶山风景名胜区丰富多彩的人文景观。

（4）岳阳楼风景名胜区。岳阳楼临洞庭、对君山，鸟瞰长江，素有“洞庭天下水，岳阳天下楼”的美誉，距今已有1 800多年的历史。范仲淹千古雄文《岳阳楼记》以荡气回肠的“忧乐”情怀使岳阳楼闻名遐迩、声震四海。岳阳楼为四柱、三层、飞檐、盔顶、纯木结构，工艺精巧，在美学、力学、工艺学、建筑学等方面都体现了惊人成就，是江南三大名楼中仅存的正宗古建筑。

本章概要

□ 内容提要

峡谷巨川——巴楚文化旅游区旅游资源优势突出，已形成了一批极具旅游吸引力的景区，旅游基础设施基本配套。在全国高速公路、铁路交通网络基本形成的条件下，得天独厚的位置优势得以充分发挥，国内旅游优势明显。今后需进一步加强入境旅游市场开发与营销；强化管理，按照《旅游法》规范旅游市场秩序，使旅游开发建立在切实保护旅游资源的基础上，旅游经营建立在诚实守信、保证旅游安全的基础上，以确保旅游业可持续发展。

□ 主要概念和观念

▲ 主要概念

巴楚文化旅游区　巴蜀文化　楚文化

▲ 主要观念

巴楚文化旅游区旅游资源与旅游环境特征

□ 重点实务

巴楚文化旅游区旅游产品开发　巴楚文化旅游区具体旅游线路组织设计

随堂测8-1

基本训练

□ 知识训练

▲ 复习题

1）巴楚文化旅游区拥有哪些优势旅游资源？已形成了哪些著名旅游景区？

2）古代巴蜀文化与古代楚文化都取得了哪些辉煌的成就？

▲ 讨论题

1）世界有关组织发起申报世界遗产和世界地质公园项目的目的何在？如果申报成功，我们该如何做？

2）为了保证旅游安全，政府、旅游管理部门、旅游经营单位、旅游从业者、旅游者各自应该负起哪些责任？

□ 能力训练

▲ 案例分析

【训练项目】

案例分析-Ⅷ。

【相关案例】

土家女儿城入选非遗与旅游融合发展优秀案例

背景与情境：在湖北恩施，有一座充满神秘色彩的古城——恩施土家女儿城。这座城市因与西游记中的女儿国相呼应，被誉为“天下女儿第一城”。女儿城不仅是一座仿古建筑群，更是一处展现土家族文化的重要场所。

“土家女儿城——巴楚文化聚集地”荣膺2020非遗与旅游融合发展优秀案例。作为国家4A级旅游景区和恩施市非物质文化遗产传承展演保护基地，恩施土家女儿城景区秉承“以文融旅，以旅兴文”的发展理念，以一座城（恩施土家女儿城）、一台戏（女儿会·赶场相亲）、一群人（一批非遗项目传承人）为平台，丰富恩施土家女儿城文化内涵；强化玩灯拜年、端午祭祀、岁末刨汤宴等非遗展演活动和坝坝茶、巴土古韵等小调山歌等非遗演出；开展非遗进校园、进景区活动，实施校企合作项目，联合举办文化旅游演艺人才班。景区集土家民俗文化展示、非物质文化遗产代表性项目的保护和传承、创业孵化园区管理、恩施玉露茶制作技艺传承保护等于一体。同时，以“土家女儿会”形成巨大的品牌效应，淬炼出“相亲之都、恋爱之城”的文化品牌，成为武陵地区最鲜明的地域文化标识。

资料来源 综合相关资料提炼整理而成。

问题：

1）土家女儿城景区有哪些非遗旅游创新形式值得借鉴？

2）结合土家女儿城的做法，分析旅游景区运营中融入传统文化元素和非遗精神内涵的可行途径。

【训练要求】

同第1章“基本训练”中本题型的“训练要求”。

▲ 实训操练

【实训项目】

“‘巴楚文化旅游区’重点实务”知识应用

旅游线路策划：为某客群策划设计旅游线路。

【实训目的】

见本章“学习目标”中的“职业能力”。

【实训步骤】

1）将班级同学分成若干“实操训练”训练团队，每队确定一人负责。

2）各团队根据实操训练项目的需要进行角色分工与任务分配。

3）根据本区旅游资源禀赋以及旅游业发展水平，在充分了解各类旅游资源特性和当地旅游接待能力的基础上，自行确定某个旅游客群，为其“设计专享旅游线路”。通过图书馆或互联网获取相关资料，并撰写“旅游线路策划方案”。

4）各团队以抽签的方式在班级进行“旅游线路策划方案”PPT汇报交流，师生开展互动点评。

5）在线上平台展示经修订并附有教师点评的各团队“旅游线路策划方案”，以供学生相互借鉴学习。

□ 明德笃行

【训练项目】

明德笃行-Ⅷ。

【相关案例】

“跨省组合”打造巴蜀文化旅游走廊

背景与情境： 作为推动成渝地区双城经济圈建设的重要内容和打造全国文旅发展新增长极的重大举措，川渝近年来加快推进巴蜀文化旅游走廊建设，致力于打造具有国际范、中国味、巴蜀韵的世界级休闲旅游胜地。巴蜀文化旅游走廊文化底蕴深厚、旅游资源富集，是成渝地区双城经济圈高质量发展和建设高品质生活宜居地的重要载体。作为长江文化的重要组成部分，巴蜀大地文物古迹众多，非物质文化遗产资源丰富，拥有三星堆、金沙遗址、大足石刻等一批世界级文化遗产。然而，川渝曾因行政壁垒，在文化遗产保护利用领域存在各自为政等问题。如今两地携手，推动巴蜀文化传承利用体系成形，建立和完善合作联动机制，制订推进成渝古道文化旅游带建设提升规划实施方案，常态化推动主题营销宣传、沿线旅游产品提升、廊道旅游基础配套设施完善等工作，强化古道沿线一盘棋，让文旅产业发展成果惠及沿线地区，不断提升巴蜀文化旅游走廊知名度与美誉度。

资料来源　综合相关资料提炼整理而成。

问题：

1）巴蜀文化旅游走廊建设给我国跨区域旅游共建发展提供了哪些借鉴？

2）案例中的旅游经营主体或从业人员行为体现了哪些优秀的职业素养？

【训练要求】

同第1章“基本训练”中本题型的“训练要求”。

第9章 山水神秀

——吴越文化旅游区

- 学习目标
  - 9.1 旅游地理环境特征及其对旅游业的影响
  - 9.2 旅游业概述
- 本章概要
- 基本训练

● 学习目标

通过本章学习，应该达到以下目标：

职业知识：学习和掌握本旅游区的自然与人文地理环境特征、旅游业现状和特征、主要旅游地及旅游线路等理论与实务知识，能用其指导或规范本章认知活动和技能活动，正确解答“基本训练”中“知识训练”各题型的问题。

职业能力：运用本章理论与实务知识研究相关案例，培养在本旅游区特定情境中分析问题与决策设计能力；通过“自主学习”训练任务，搜集、整理与撰写关于“吴越文化旅游区人文地理环境变化及其对旅游业的影响”文献综述，并在班级开展讨论与交流，培养获取整合信息、文稿撰写与沟通表达等通用能力。

职业素养：结合本章教学内容，依照相关规范或标准，对“明德笃行9-1”专栏和章后“明德笃行-Ⅸ”案例中的企业及其从业人员行为进行分析，强化与案例议题相关的旅游法律法规、文旅融合发展等方面的价值思考并提升职业素养，促进“立德树人”根本任务的落实。

学习微平台

思维导图9-1

引例：体育旅游受追捧 文体旅融出加速度

背景与情境：习近平总书记高度重视体育事业的发展，对新时代体育的新内涵是这样概括的："体育是提高人民健康水平的重要途径，是满足人民群众对美好生活向往、促进人的全面发展的重要手段，是促进经济社会发展的重要动力，是展示国家文化软实力的重要平台。"2019年9月，国务院办公厅印发《体育强国建设纲要》。2023年1月1日，新修订的《中华人民共和国体育法》正式施行。

2023年9月，国家体育总局、文化和旅游部联合发布"2023年国庆假期体育旅游精品线路"，分别是河北张家口崇礼户外体育旅游线路、江苏淮安运河"百里画廊"体育旅游线路、浙江杭州烟雨桐洲水陆空体育旅游线路、湖南张家界户外运动体育旅游线路、广西贵港"韵动荷城，露营天堂"体育旅游线路、重庆巴南人文山水体育旅游线路、四川乐山"动观峨眉山"体育旅游线路、贵州黔东南"村BA""村超"体育旅游线路、云南大理苍山洱海体育旅游线路、甘肃敦煌丝路古道特色体育旅游线路、青海唐蕃古道特色体育旅游线路、宁夏银川贺兰山东麓运动休闲线路。

2023年9月，国家体育总局发布了《关于以重大体育赛事为契机组织开展体育消费促进活动的通知》，提出密切与文化和旅游部门沟通合作，加强文化、体育、旅游活动一体谋划、一体开展，推出一批"体育+文旅"优质文体旅融合产业项目，为相关产业提供了政策支持。

资料来源 王辉."双节"体育旅游受追捧［N］. 中国体育报，2023-10-12（08）；方琰，蒋依依. 把握大型体育赛事机遇 推动体育与旅游融合发展［N］. 中国旅游报，2023-10-03；体育总局，文化和旅游部.关于发布"2023年国庆假期体育旅游精品线路"的公告［EB/OL］.［2023-09-26］. https://www.sport.gov.cn/n315/n20001395/c26350525/content.html.引文经过节选、压缩和改编。

从以上案例可以看出，"文旅+"产业的深度融合推动了文旅产业高质量发展。为激发吴越地区旅游业的发展动力，应积极挖掘吴越地区的文化内涵和旅游资源，强化吴越地区旅游业发展基础，提升旅游服务与产品品质，从而吸引更多消费者。本章将从旅游地理环境、旅游资源、旅游业发展基础等方面对整个吴越文化旅游区进行介绍。

9.1 旅游地理环境特征及其对旅游业的影响

吴越文化旅游区是一个以上海为核心旅游城市，包括上海市、江苏省、浙江省、安徽省、江西省在内的旅游区。其区位条件与自然环境十分优越，经济繁荣，人口众多，拥有多种特色鲜明、相映生辉的自然与人文景观，旅游城市密集，交通便利，长期以来既是我国热点旅游区，又是我国最主要的旅游客源地。

9.1.1 旅游自然地理环境特征

吴越文化旅游区地处长江下游、黄海和东海之滨，区域内除皖北属淮河流域、浙东南属钱塘江流域外，其他绝大部分地区均属长江流域。就自然地貌构成而言，本旅游区包括黄淮平原中南部、江淮平原、长江下游平原、江南丘陵的东部和浙闽丘陵的北部，地处中国三大阶梯地形的最低一级，呈现出平原和低山丘陵相间分布的地貌特征。区内山川青翠、水网密布，山水交相辉映是其最重要的旅游自然地理环境特征。

1）名山、秀水集中，结合巧妙

（1）风景名山林立，景观刚柔相济。吴越文化旅游区虽然地势低缓，但丘陵面积不小，以鹤立鸡群之势傲然耸立的山峰较多，而且大多数地域位于亚热带湿润地区，山地植被覆盖率高，具有秀丽的共同特点；山地内部溪流环绕，瀑布众多，与山地形成动静相宜、刚柔相济的美妙景观。到山地游览赏景、吟诗作画自古受到文人骚客的青睐，其中不少山地也因这些诗词书画的渲染得以名扬天下、家喻户晓。在国务院发布的244处国家级风景名胜区中，本区共有56处，其中风景名山胜地有28处，如安徽黄山、九华山、天柱山，江苏南京钟山、镇江三山，江西庐山、井冈山、三清山、武功山，浙江雁荡山、普陀山、天台山、雪窦山、江郎山等，均为有较高知名度的旅游胜地。

（2）河湖秀水广布，名胜水景甚多。由于位于我国湿润区，河网、湖泊密布成为本旅游区又一重要自然特征。长江下游、淮河、钱塘江及其支流都是流经此地域的主要河流；全国五大淡水湖泊中的鄱阳湖、太湖、洪泽湖、巢湖都在本旅游区内；不少湖泊由于靠近经济发达城市，历来是广受称道的风景名胜区。在本区56处国家级风景名胜区中，有9个直接以湖泊命名的风景区，如浙江西湖、江苏太湖、安徽平天湖、江西仙女湖等。南京钟山的玄武湖和新安江水库—千岛湖也是国家级重点风景名胜区的重要组成部分。此外，扬州瘦西湖、嘉兴南湖、绍兴东湖等也都是著名的风景区。本地域还拥有广阔浩瀚的东海、黄海和涌潮奇观——钱塘江涌潮。

（3）山水辉映，结合巧妙。本旅游区青山秀水结合紧密，共同组成风景如画的绝妙景观，如庐山含鄱口与鄱阳湖，石钟山、鞋山与鄱阳湖口，普陀山与广阔的东海，锡山、惠山、洞庭山与太湖，西湖与周围群山，玄武湖与钟山三峰，以及分布于各大名山中的溪流、瀑布等，都是山水相映、不可分割的绝妙图画。

2）气候温暖湿润，适游期长

吴越文化旅游区除淮河以北的黄淮平原外，大都位于亚热带湿润性季风气候区，具有四季分明、冬温夏热、雨量丰沛的气候特征，全年平均气温在16℃~20℃。每年从3月中旬开始，自南而北相继进入春季，各地草木复苏，春花烂漫，景象万千，虽“清明时节雨纷纷”，但风和日丽与春雨绵绵常交替出现，仍不失为野外踏青及欣赏江南水乡秀丽风光的好季节；6月梅雨以后进入盛夏，河谷平原普遍高温，但这时山地却凉爽宜人，是人们避暑度假的好场所，名山胜景游格外兴盛；9—11月，秋高气爽，是旅游的最佳季节；冬季气温全年最低，也低于世界同纬度其他地区，但最冷月的气温也在0℃以上，加上本区人文景观荟萃，现代商业发达，旅游城市众多，且许多盛大的传统节日就在冬季，因而也是旅游旺季。

9.1.2　旅游人文地理环境特征

1）经济繁荣，旅游城镇密集，居全国之首

长江下游地区由于地理位置和自然条件优越，开发历史悠久，自古就是我国重要的水稻种植区，如今江淮平原、太湖平原和鄱阳湖平原仍然是我国九大商品粮生产基地。历史上，这里是我国自唐朝以来的经济最发达区、近代民族工业的发源地，工业与商贸业在全国一直占据举足轻重的地位。如今长江三角洲已成为带动我国经济发展最为强劲的增长极，上海仍然是中国最大的经济贸易中心。

本区城市分布密集，这些处于自然美景之中的城市，历史文化底蕴深厚，是许多重要历史事件的发生地，与许多著名历史人物相联系，拥有众多独具特色的人文旅游资源，从而成为颇具吸引力的旅游城市。如国际大都会——上海、六朝古都——南京、人间天堂——杭州、东方水城——苏州、文化名城——扬州、绍兴、宁波等，都是知名度很高的旅游目的地城市，而且大多进入了中国优秀旅游城市行列。此外，周庄、同里、景德镇、婺源等小城镇，以及西递、宏村等古村落也都以其各自的魅力获得了旅游者的青睐。

微课程 9-1

誉满全球的古典园林

2）古典园林居全国之冠，誉满全球

中国古典园林是“中国文化四绝”之一，并因其悠久的历史、高超的艺术水平和独特的民族风格而受到世界人民的赞誉，被称为“世界园林之母”。中国古典园林分为皇家园林和私家园林两大系列。皇家园林集中在北京一带，以宏大、严整、堂皇、壮丽著称；私家园林则主要分布在长江以南，以苏州最为集中，多以小巧、自由、精致、淡雅、写意见长，又称江南园林或江南古典园林，是中国古典园林的典型代表。

江南园林属于写意山水园林，其造园法则不仅遵循我国“妙极自然、宛自天开”的自然式山水园林理论，崇尚自然，师法自然，高于自然，而且追求“三境”（生境、画境与意境），特别强调意境的营造。因此，江南园林的建造要求园林规划设计者具有高超的才思，能巧妙地运用对比、衬托、对景、借景和尺度变换、层次配合以及小中见大、以少胜多等造园技巧和手法，将亭、台、楼、阁、廊、泉、石、花、木、鱼、池有机地组合在一起，构成曲折多变、妙趣横生的各种图景，在繁华都市中创造出人与自然和谐共处的居住环境，并通过园林厅堂的命名、匾额、楹联、诗词、题咏、石刻，以及花木寓意、叠石寄情等的画龙点睛作用，反映园主及园林设计者所崇尚的操守情思及人生哲理，使形式美与意境美达到高度的融合。

历史上苏州、扬州、南京、无锡、杭州、绍兴等地不仅园林众多，而且文化氛围浓厚，意境高雅，艺术价值极高。其中，苏州保留的古典园林不仅数量多，而且集中了江南园林之精华，1997年和2000年苏州共有9座园林被列入《世界文化遗产名录》，分别为拙政园、留园、网师园、环秀山庄、沧浪亭、狮子林、耦园、艺圃和退思园。

同步思考 9-1

问题： 为什么苏杭一带会出现如此多意境高雅、艺术价值极高的中国古典园林？

理解要点： 从当地自然环境条件、经济文化水平、人文素质等方面思考。

3）吴越文化特色鲜明，享誉世界

吴越文化是指承袭春秋时代吴国、越国兴起后所形成的文化，其涵盖的地域范围大致包括今天的上海、苏南、皖南和浙江省。这一带由于自然环境十分优越，开发历史悠久，是中华文明的发祥地之一。经济的繁荣和城市的昌盛推进了文化的发展，并逐步形成了以灵敏秀雅、尚文崇慧为特色的吴越文化。本旅游区的苏北、皖北与江西，属于吴越文化与中原文化或楚文化之间的过渡区域，也在一定程度上受到吴越文化的影响。

（1）婉转悠扬的文化艺术。优美的自然环境的长期滋润孕育出本区具有浓郁江南特色的戏剧和音乐艺术，无论是昆曲、越剧等戏剧，还是民间器乐合奏或说唱，都以细腻、婉转、圆润、悠扬为特色，深受中外游客的喜爱。

①昆曲。原名“昆山腔”或简称“昆腔”，是中国古老的戏曲声腔、剧种，现又被称为“昆剧”。昆曲是汉族传统戏曲中最古老的剧种之一，也是中国汉族传统文化艺术，特别是戏曲艺术中的珍品，被称为百花园中的一朵“兰花”。昆曲发源于14世纪中国的苏州太仓南码头，后经魏良辅等人的改良而走向全国，自明代中叶开始独领中国剧坛近300年。

昆曲糅合了唱念做打、舞蹈及武术等，以曲词典雅、行腔婉转、表演细腻著称，被誉为“百戏之祖”。昆曲以鼓、板控制演唱节奏，以曲笛、三弦等为主要伴奏乐器，其唱念语音为“中州韵”。我国许多地方剧种都受过昆曲艺术多方面的哺育和滋养。鉴于以上原因，昆曲于2001年被联合国教科文组织列入世界第一批“人类口头和非物质遗产代表作”名单，2006年列入《第一批国家级非物质文化遗产名录》。2018年12月，教育部办公厅公布北京大学为昆曲中华优秀传统文化传承基地。

②越剧。越剧是20世纪由浙江嵊县（今嵊州市）的多种民间音乐形式发展而成的剧种，是中国第二大剧种，有“第二国剧”和“流传最广的地方剧种”之称，国外将其称为“中国歌剧”。越剧发源于浙江嵊州，发祥于上海，繁荣于全国，流传于世界，在发展中集昆曲、话剧、绍剧等特色剧种之大成，经历了由男子越剧到女子越剧为主的历史性演变。越剧长于抒情，以唱为主，全国都有专业剧团存在。越剧于2006年入选《第一批国家级非物质文化遗产名录》。2023年，越剧《忆江南》登上杭州第19届亚运会开幕式的舞台，向世界展示江南文化风情。

③评弹。它又称苏州评弹、说书或南词，是苏州评话和弹词的总称。其中，评话一般用来开讲武侠、公案之类的故事，以醒木、扇子、手帕为道具；弹词是弹唱以才子佳人为主题的故事，使用三弦、琵琶等乐器，自弹自唱。评弹产生于山明水秀的江南水乡苏州，流行于富饶美丽的长江三角洲地区。它博采小说、诗歌、戏曲、音乐等表现手法之长，形成一套以说、噱、弹、唱为主的综合艺术，语言生动，通俗易懂，是艺苑中一枝经久不衰的鲜花。苏州评弹于2006年入选《第一批国家级非物质文化遗产新增项目名录》，2008年及2011年成为第二批及第三批扩展项目。

此外，本区还有安徽黄梅戏等其他艺术形式，也多具有细腻、婉转、圆润、悠扬等类似特色。

同步业务 9-1

越剧惊艳亚运开幕式

2023年9月23日中午，为迎接来华出席杭州第19届亚洲运动会开幕式的国际贵宾，国家主席习近平和夫人彭丽媛在浙江省杭州市西子宾馆举行宴会，浙江小百花越剧团的越剧《梁祝》承担了外事演出任务。在烟雨朦胧的西子湖畔，一叶小舟随波漂浮，船上是“梁山伯”和“祝英台”的十八相送。越剧《梁祝》代表着东方浪漫的经典故事，曾在G20杭峰会时惊艳世界，此次又在西湖柳烟的缥缈氤氲中，用最动人的一面迎接亚运八方宾朋。当晚20时，第19届亚洲运动会开幕式在浙江杭州奥体中心体育场盛大举行，在开幕式第三篇章《携手同行》中，以越剧音韵为依托的越歌《忆江南》在杭州市歌《梦想天堂》的歌声中切换而出，演员们身穿越剧经典服饰，亭亭玉立于风景如画的江南风光之中，清丽婉转的乐曲回响在每一位观众的心里。越剧是我国首批国家非物质文化遗产，其起源地正是浙江。此次越剧与亚运会的融合表演，呈现了东方浪漫和非遗的魅力。

（2）富丽古雅的锦、绣工艺。本旅游区的工艺美术犹如百花盛开，争奇斗艳，尤以南京云锦、苏州宋锦和苏州刺绣名贯古今，最为著名。

南京云锦历史悠久，为中国三大名锦之首，其历史可追溯至宋朝，因色泽光丽灿烂，状如天上云彩，故而得名。云锦在元、明、清三朝均为皇家御用品，被专家称作中国古代织锦工艺史上最后一座里程碑，它是中华民族和全世界珍贵的历史文化遗产。

苏州宋锦始于五代，到宋代，由于织锦技艺大为提高，质地极细、极薄的织锦专供装裱之用，故与宋代书画一起保存下来，“宋锦”由此得名。宋锦有其独特的工艺，在纹样组织上精密细致，质地坚柔；在图案、花纹设计上，对称严谨而富有变化；在色彩应用方面，艳而不火，繁而不乱，富有明丽古雅的韵味。

苏州刺绣为我国四大名绣之一，始于春秋，宋代成熟。苏绣以针为笔，针法精巧细腻，多达40余种。其技巧表现为平、光、齐、匀、和、顺、细、密。苏绣色彩晕染自如，似在织物上作画，具有图案秀丽、色彩典雅、针法丰富、绣工精细的特色。近年新创的双面异色绣和双面三异绣达到了极高的艺术境界。

（3）冠绝海内的文房四宝。隋唐以来，中国文化的中心逐渐南移，特别是宋室南迁后，天下贤俊多避于江南，形成了崇尚文化知识的社会风气，文房四宝——笔、墨、纸、砚的生产也因此兴盛，并出现了湖笔、宣笔、徽墨、宣纸、歙砚等一批名品。

①湖笔与宣笔。二者皆为享誉全国的名笔，湖笔的产地在浙江吴兴县善琏镇，宣笔的产地是安徽泾县。二者皆以选料讲究、工艺精细出名。笔无论大小都具有尖、齐、圆、健四大特点，为历代书法家所喜爱。

②徽墨。其为皖南地区的特产，因产于古徽州而得名。徽墨素来享有“落纸加深，万载存真”之誉，具有色泽黑润、入纸不晕、历久不褪色、防腐防蛀等特色，为书画家必备之佳品。

③宣纸。其产于安徽的泾县，至今已有1 500多年的生产历史。宣纸光而不滑，色白如霜，搓折无损，具有独特的渗透、润渲性能。宣纸耐老化、不变色、防虫蛀，故有“纸中之王”“千年寿纸”之美誉。

④歙砚。其因加工生产于安徽省歙县而得名。其石质细密，湿润下墨，具有不拒墨、不损笔、不退锋、墨色浮艳、研磨无声等特色，深受历代文人画师的赞赏，是全国“四大名砚”之一。

（4）名扬四海的景德镇陶瓷艺术。中国是瓷器的故乡，瓷器是中国古代文明的象征，故在英文中“瓷器”（china）即“中国”的代名词。江西景德镇是中国著名的

“瓷都”，早在汉代，就能烧制出器表施有釉的“青瓷器”，至今已有2 000多年的历史。景德镇瓷器造型优美，品种繁多，其中青花、玲珑、粉彩、颜色釉合称景德镇四大传统名瓷，薄胎瓷是神奇珍品。

（5）风味独特的苏、徽名菜与吴羹珍馐。江南水乡物产丰富，饮食文化达到了很高的水平，在中国八大菜系中，本旅游区独占苏、徽菜两项。

①苏菜即江苏菜，由淮扬、金陵、苏锡、徐海四个地方风味组成，影响遍及长江中下游广大地区，在国内外享有盛誉。其特点：用料广泛，以江河湖海水鲜为主；刀工精细，烹调方法多样，擅长炖焖煨焐；追求本味，清鲜平和，适应性强；菜品风格雅丽，形质皆佳。

②徽菜为安徽风味，起源于南宋时期的古徽州（今安徽歙县一带），其主要特点：喜用火腿佐味，以冰糖提鲜，善于保持原料的本味、真味，口感以咸、鲜、香为主，加糖不觉其甜。

同步思考9-2

问题：何谓非物质文化遗产？非物质文化遗产类旅游产品开发应注意什么问题？

理解要点：以《世界文化遗产保护管理办法》和《保护世界文化和自然遗产公约》为依据去思考。

4）水、陆、空交通十分便利和发达

本旅游区为我国交通最发达的地区之一，水、陆、空交通十分便利，四通八达的旅游交通网络已经形成。

（1）陆路交通。铁路运输发达，有京沪、沪杭、浙赣、皖赣、京广、京九、沪蓉等铁路线及京沪高铁、沪宁—沪杭—宁杭“高铁三角”和长三角城市圈内的城际高铁等连接区内外主要城市和风景名胜区。当前，长三角一体化发展上升为国家战略，域内已建成24条高铁，运营近5 000公里，成为全国最密集、完善的高铁网之一。据相关规划，到“十四五”末，长三角还将建设高铁约20条，新增里程约2 000公里，铁路网将进一步完善、加密。公路网四通八达，仅国家级高速公路主干线就有沪蓉、沪渝、沪昆、京沪、上海至西安、杭州至瑞丽等线路，将区内各旅游城镇及风景区与区内外大大小小的城镇相连。现以上海为中心，向区外多个旅游集散地及区内各游览区开通了旅游专列、专线，旅游交通十分便利。

（2）水路交通。本旅游区河运和海运相辅相成，构成了完整的水上运输网。如通过长江连接了上海、扬州、镇江、南京、安庆、九江；通过京杭大运河连接了扬州、镇江、嘉兴、苏州、湖州、杭州。海运以上海为中心，沿近海向北可至连云港、青岛、天津、大连，向南可达宁波、温州、福州、厦门、广州、香港、三亚等海港旅游城市及普陀、湄洲等海岛旅游区，出远洋可抵达160多个国家的400多个港口，为乘邮轮进行滨海及海洋旅游创造了条件。

（3）航空交通。截至2023年10月，本旅游区内建成并通航的民用机场有32个，分别是上海市2个、浙江省8个、安徽省6个、江西省7个、江苏省9个。中国民航局发布的2022年全国民用运输机场吞吐量排名显示，杭州萧山国际机场、上海虹桥国

际机场、上海浦东国际机场分别位居2022年全国民用运输机场吞吐量排名的第五、第七和第八。

9.2 旅游业概述

9.2.1 旅游业现状特征

1）旅游综合实力强，国际、国内旅游发展势头旺

通过统计本区内各个行政省市关于星级饭店、A级旅游景区和旅行社的相关数据可见，本区是全国旅游发展水平较高、实力较强的旅游热区。主要体现在：

（1）旅游接待设施数量及质量方面。2023年本区旅游接待设施中星级饭店共1 323个，其中五星级饭店和四星级饭店共798家，五星与四星饭店数量占全国总数的25.72%；本区A级旅游景区共2 932个，其中5A级景区和4A级景区共1 047个，5A级和4A级景区数量占全国总数的20.21%；本区旅行社共9 799个，占全国总数的24.76%。

（2）旅游接待收入方面。2023年本区星级饭店共营业收入450.27亿元，占全国饭店总收入的28.12%；本区旅行社营业收入共18 238 338万元，占全国旅行社总收入的41.05%（见表9-1）。本区旅游接待设施数量多、品质高、旅游经济实力强，是国内外游客乐于前往、喜于逗留的热点旅游区域。

表9-1 吴越文化旅游区2023年旅游业基本情况

项目/地区	星级饭店				A级旅游景区			旅行社	
	营业收入（亿元）	饭店总数（个）	其中		总数（个）	其中		机构数（个）	营业收入（千元）
			五星	四星		5A	4A		
全国总计	1 601.09	7 245	777	2 326	15 721	318	4 863	39 580	444 272 900
上海	131.45	144	52	50	144	4	72	1 485	46 683 264
江苏	117.77	283	67	122	637	25	235	2 805	89 908 673
浙江	122.8	410	81	151	947	20	239	2 783	35 487 442
安徽	43.49	197	23	95	689	12	214	1 632	5 946 007
江西	34.76	289	20	137	515	14	212	1 094	4 357 994
本区合计	450.27	1 323	243	555	2 932	75	972	9 799	182 383 380
2023年本区占全国	28.12%	18.26%	31.27%	23.86%	18.65%	23.58%	19.99%	24.76%	41.05%

资料来源 中华人民共和国文化和旅游部. 中国文化文物和旅游年鉴2024［M］. 北京：国家图书馆出版社，2024.

2）区内旅游业发展具有不平衡性

从区内分省（市）情况来看，旅游业发展不平衡。安徽、江西二省与上海、江苏、浙江三省（市）存在较大的差距。上海、江苏、浙江三省（市）是我国位居前列的旅游强省（市），而安徽、江西的旅游发展却处于我国中等水平。

同步思考9-3

问题： 为什么本区能成为全国的旅游热区，出现国际、国内旅游两旺的局面？

理解要点： 党的二十大报告提出“构建优质高效的服务业新体系”，强调“坚持以文塑旅、以旅彰文，推进文化和旅游深度融合发展”。旅游发展需聚焦以人民为中心，深入推进文化和旅游高水平融合，不断满足人民美好生活新期待。请从旅游环境条件、经济发展水平、旅游管理水平及创新意识等方面展开思考。

9.2.2 主要旅游地及旅游线路

1）皖南、江淮游览区

皖南、江淮游览区主要指安徽省淮河以南的地区。区内自然与人文景观荟萃，既有九华山、天柱山、琅琊山、巢湖、太平湖等著名山水景观，也有黄山世界双遗产和宏村、西递村世界文化遗产，是安徽省最具旅游吸引力的旅游区域。该区域拥有国家5A级旅游景区十多个，优质景区各具特色。

（1）黄山市黄山风景区。黄山为三山五岳中三山之一，黄山集中国各大名山的美景于一身，以奇松、怪石、云海、温泉“四绝”著称于世，现在冬雪则成为黄山第五绝。黄山不仅自然景观奇特，而且文化底蕴深厚。李白等大诗人也在此留下了壮美诗篇。

黄山千峰竞秀，万壑峥嵘。有名气的就有72山峰，其中“莲花”“光明顶”“天都”三大主峰均在海拔1 800米以上，气势磅礴，雄姿灵秀。黄山积淀了浓郁的黄帝文化，轩辕峰、炼丹峰、容成峰、浮丘峰、丹井、洗药溪、晒药台等景点都与黄帝有关。

同步案例9-1

钱塘江浪潮冲塌护栏　多名游客被冲倒

背景与情境： 2023年10月1日13时13分许，在浙江嘉兴海宁盐官观潮胜地公园内，因钱塘江潮水浪太大，冲上景区占鳌塔东侧海塘，冲倒护栏25米，导致护栏边多名游客摔倒受伤。受伤游客第一时间被送往医院救治，经检查，均为轻微伤。潮水冲毁护栏后，景区工作人员进行了紧急处理，第一时间疏导游客并暂停夜间灯光秀活动，为游客办理退票服务，确保游客安全和景区秩序平稳。

问题： 通过网络查询有关情况，对照《旅游法》第五十四条分析该旅游企业应当承担哪些责任。这个案例对景点管理者有何启示？

分析提示： 对照《旅游法》第五十四条进行分析。

（2）黄山市古徽州文化旅游区。古徽州文化旅游区位于徽文化发祥地安徽省黄山市，由徽州古城、牌坊群·鲍家花园、唐模、潜口民宅、呈坎五大精品景区组成。徽州古城是徽州府治所在地，是保存最为完好的中国四大古城之一。棠樾牌坊群为中国最大的牌坊群落，由明清七座紧紧相连的石坊组成，蔚为壮观。呈坎被誉为中国风水第一村，这里融自然山水为一体，按《易经》八卦风水理论选址布局，诠释了天地万物相生相克的思想。古徽州文化旅游区通过对古城生活、宗祠文化、牌坊文化、徽商文化、村落文化、民居文化的聚集，将中华三大地域文化之一的“徽文化”完美鲜活地呈现于世。

（3）黄山市皖南古村落——西递、宏村。西递、宏村为世界文化遗产，也是国家5A级旅游景区。西递、宏村位于安徽省黄山市黟县，是安徽南部民居中最具有代表性的两个古村落，以世外桃源般的田园风光、保存完好的村落形态、工艺精湛的徽派民居和丰富多彩的历史文化内涵而闻名天下。

西递始建于北宋皇祐年间，发展于明朝景泰中叶，鼎盛于清朝初期，至今已有960余年历史。因村边有水西流，又因古有递送邮件的驿站，故而得名“西递”，素有“桃花源里人家”之称。

宏村始建于南宋绍熙年间，原为汪姓聚居之地，绵延至今已有800余年。背倚黄山余脉羊栈岭、雷岗山等，地势较高，经常云蒸霞蔚，有时如浓墨重彩，有时似泼墨写意，好似一幅徐徐展开的山水长卷，被誉为“中国画里的乡村”。

西递、宏村以其布局之工、结构之巧、装饰之美、营造之精、文化内涵之深，为国内古民居建筑群所罕见，是徽派民居中的一颗明珠。

（4）合肥市三河古镇景区。三河位于合肥至黄山、九华山的黄金旅游线上，因丰乐河、杭埠河、小南河三水交汇而得名，距今已有2 500多年的历史，以八古（古河、古桥、古圩、古街巷、古茶楼、古民居、古庙台、古战场）诱人，具有典型的“小桥流水人家，水乡古镇特色”。三河古镇传统饮食文化源远流长。它取南北菜系之长，集徽、川、淮扬菜之大成，形成自己独具特色的菜肴风味——色香、味醇、价实，为南来北往旅客之青睐；既有高档佳肴，也有普通土菜——素有“游在黄山，食在三河”之誉。

（5）阜阳市颍上八里河旅游区。八里河旅游区位于安徽省颍上县八里河镇，东邻颍河，南依淮水，良好的自然环境被联合国授予环保“全球五百佳”。该景区是全国“农业旅游示范点”，被安徽省列为省级自然保护区，是国家5A级旅游景区、国家水利风景区和2016美丽中国生态旅游胜地。该景区总占地面积15.8平方公里，分为鸟语林、西区、东区、十二花岛、明清苑五大景点，碧波万顷、风光旖旎、古色古香，让人如痴如醉。该景区融中西建筑于一体，尽显建筑文化和园林文化的魅力。游客在此可行走栈桥，览万顷碧波于脚下；可乘坐舟船，赏十二花岛于四时；可进明清古宅，赏砖瓦缝合、斗拱飞檐，体会不同的人间意境。

（6）芜湖市方特欢乐世界。芜湖市方特欢乐世界坐落于安徽省芜湖市芜湖长江大桥开发区，是中国目前规模最大的第四代主题公园，总面积约125万平方米。芜湖市方特欢乐世界由阳光广场等15个主题项目区组成，包含主题项目、游乐项目、休闲及景观项目300多项，其中许多是国际一流的超大型项目，绝大多数项目老少皆宜。这里有大型实景与球幕相结合的影视类项目“西游传说”，国际一流、亚洲仅有的高空飞翔体验项目“飞越极限”，大型动感太空飞行体验项目“星际航班”，亚洲第一个大型多水幕交互历险项目“悟空归来”，将中国古代文学作品与现代科技相结合的真人演绎主题项目“聊斋”等。

（7）六安市万佛湖景区。万佛湖位于安徽省中部、大别山东麓，是国家水利风景区、国家地质公园、省级风景名胜区、省级旅游度假区，是安徽旅游十大度假基地之一，被誉为“安徽的北戴河、合肥的后花园”。万佛湖千米大坝，中夯黏土，外砌石块护坡，横空出世，气势磅礴，被联合国大坝委员会前主席兰希先生称为一项“非常了不起的工程”。目前，该景区已建成徽萃山林、周瑜岛、风情岛、燕子岛、万佛岛、龙河口水库纪念馆、龙河塔等景点，该景区内有金水湾、凤凰岛、小木屋、在水一方等度假村。万佛湖景区已经建设成为集旅游观光、休闲度假、运动健身、会议商务以及科普考察于一体的旅游景区。

(8) 安庆市天柱山风景名胜区。安庆市潜山市西部的天柱山，又名潜山、皖山（安徽省简称“皖”由此而来），是安徽省三大名山（黄山、九华山、天柱山）之一。该景区面积82.46平方公里，雄峰、奇石、秀水、洞幽被誉为天柱山“四绝”。天柱山拥有全国唯一、全球揭露面积最大、暴露最深的超高压变质带，形成了独特的地质奇观。该景区兼有丰富的人文景观，集北山之雄、南山之秀于一身。

(9) 池州市九华山风景区。九华山位于安徽省池州市境内，是以佛教文化和自然与人文胜景为特色的山岳型国家级风景名胜区，是中国佛教四大名山之一、国家首批自然与文化双遗产地。九华山九大主峰如九朵莲花，素有“莲花佛国”之称。传说因唐朝李白《望九华赠青阳韦仲堪》中“昔在九江上，遥望九华峰。天河挂绿水，秀出九芙蓉”而更名为“九华山”。九华山气候温和，土地湿润，生态环境优美，森林覆盖率达90%以上，有1 460多种植物和216种珍稀野生动物。九华山现存文物2 000多件，历代名人雅士的诗词歌赋500多篇，书院、书堂遗址20多处，其中唐代贝叶经，明代大藏经、血经，明万历皇帝圣旨和清康熙、乾隆墨迹等堪称稀世珍宝。

2）赣北、赣东游览区

赣北、赣东游览区主要包括江西省南昌市、九江市、景德镇市、鹰潭市境内的旅游景区景点，是江西省旅游资源体系的主体及旅游发展战略的重点所在。全游览区以著名山水旅游为特色，以庐山、景德镇古窑民俗博览区、三清山、历史文化名城南昌、石钟山、龙虎山、上饶婺源江湾景区、滕王阁等为代表性景区景点。

(1) 庐山风景名胜区①。庐山位于江西省九江市庐山市境内，是世界文化遗产、世界地质公园、国家重点风景名胜区、国家5A级旅游景区、中华十大名山、中国最美十大名山、全国重点文物保护单位、中国四大避暑胜地、全国文明风景旅游区示范点，以雄、奇、险、秀闻名于世，素有“匡庐奇秀甲天下”之美誉。

(2) 景德镇古窑民俗博览区。其位于景德镇市瓷都大道古窑路，是国家5A级旅游景区、国家文化产业示范基地、国家级非物质文化遗产生产性保护示范基地。古窑民俗博览区内有古代制瓷作坊、世界上最古老的制瓷生产作业线、清代镇窑、明代葫芦窑、元代馒头窑、宋代龙窑、风火仙师庙、瓷行等景点，向人们展示了古代瓷业建筑、明清时期手工制瓷的工艺过程以及传统名瓷精品。

(3) 三清山风景名胜区。它位于江西省上饶市玉山县与德兴市交界处，为怀玉山脉主峰，因域内玉京、玉虚、玉华“三峰峻拔，如三清列坐其巅”而得名。三清山风景名胜区是国家重点风景名胜区、国家5A级旅游景区、全国爱国主义教育示范基地、全国文明风景旅游区示范点、世界自然遗产、世界地质公园、国家绿色旅游示范基地。亿万年的地质演化形成奇峰耸天、幽谷千仞的山岳绝景奇观，被誉为“太平洋西岸最

① 推荐观赏《庐山——地之瑰宝　自然遗迹》视频，了解庐山成因多样的地貌形态。网址：http: //www.iqiyi.com/w_19rv46d0fp.html#vfrm=2-4-0-1。

美的花岗岩”。《中国国家地理》杂志评选三清山为“中国最美的五大峰林”之一。

（4）滕王阁。它位于江西省南昌市西北部沿江路赣江东岸，始建于唐永徽四年（公元653年），因唐太宗李世民之弟——滕王李元婴始建而得名，又因初唐诗人王勃诗句“落霞与孤鹜齐飞，秋水共长天一色”而流芳后世。滕王阁与湖北黄鹤楼、湖南岳阳楼并称为“江南三大名楼”。滕王阁是“中国十大历史文化名楼”之一，世称“西江第一楼”。历史上的滕王阁先后重建达29次之多，屡毁屡建，现在的建筑是1989年在原址重建的。滕王阁是南昌的地标，共有9层，主体建筑为宋代木结构，尽显富丽堂皇。滕王阁为国家5A级旅游景区。

（5）龙虎山。它位于江西省鹰潭市郊西南20公里处，东汉中叶，正一道创始人张道陵曾在此炼丹，传说“丹成而龙虎现”，因此得名龙虎山。龙虎山有“丹霞仙境”之称，是世界自然遗产、世界地质公园、国家自然和文化双遗产地、国家5A级旅游景区。龙虎山属于发育到老年期的丹霞地貌，山块离散呈峰林状，地形高差相对较小，最大只有240米左右，因此总体显得秀美多姿。源远流长的道教文化、碧水丹山的丹霞地貌和规模宏大的崖墓群构成了龙虎山风景区的“三绝”，龙虎山也成了中国道教的传播中心与道教名山。

（6）上饶市婺源江湾景区。它位于江西省婺源县东部，是国家5A级旅游景区、“中国最美的乡村”、江西省爱国主义教育基地。婺源是我国民间古建筑保存得最完整的地方之一，独具徽派风格的古建筑遍布乡野。江湾村始建于隋末唐初，是婺源为数不多的千年古镇。历史上江湾文风鼎盛、群贤辈出，现村中还保存尚好的御史府宅、中宪第等明清时期官邸，徽派民居滕家老屋、培心堂及徽派商宅，都极具历史价值和观赏价值，其徽派建筑三雕（木雕、砖雕、石雕）与歙砚制作技艺已经入选《第一批国家级非物质文化遗产名录》。

学习微平台

延伸阅读9-1

（7）抚州市大觉山景区。大觉山景区位于江西东部资溪县境内，是国家5A级旅游景区。大觉山占地面积204平方公里，分为东、西两大片区。东区以浩瀚如海的30万亩原始森林为中心，汇集了各类植物1 498种，并有近40种一、二级国家名贵保护动植物，被专家誉为“天然氧吧、动植物基因库”。西区是大自然和原生态的完美结晶，是自然生态和神奇、神秘、神圣的佛教文化旅游景区。

（8）抚州市王安石纪念馆。它位于江西省抚州市临川区，是为纪念我国北宋著名政治家、思想家、文学家王安石建立的历史名人纪念馆。该纪念馆占地20亩，建筑面积约1 560平方米，展览面积约800平方米，是一座仿宋园林式建筑群。该纪念馆内辟有明月轩、踯躅园、辛夷园、荆公亭、半山堂等景致；主楼（熙丰楼）为两层陈列厅，分五部分展示王安石生平事迹。整个展厅通过照片、图表、国画、雕塑、实物展示了王安石一生的业绩和其改革家的胆魄、文学家的风貌，属于社会科学类名人专题博物馆。该纪念馆于1994年被江西省委、省政府命名为“江西省爱国主义教育基地”。

同步案例9-2

立法守护千年古镇西塘

背景与情境：西塘古镇位于浙江省嘉兴市嘉善县，居苏浙沪三地交界处，地理位置优越，交通便利，是中国首批历史文化名镇，国家5A级旅游景区，曾获世界遗产保护杰出成就奖。自1996年开展古镇保护与旅游开发以来，“活着的千年古镇”成为西塘特有的名片。为保护和传承好这一特有的江南记忆，2022年，嘉兴市人大将西塘古镇保护立法列为一类立法项目。为推动“家门口”的立法工作，西塘镇人大第一时间收集整理《历史文化名城名镇名村保护条例》《绍兴古城保护利用条例》等16部从国家层面到周边地区与古镇保护相关的各类法律法规和政府规章，汇编成册并在镇代表联络站“代表充电吧”展陈，为代表提好立法征询建议提供参考。保护西塘古镇是西塘人的梦想，是嘉兴人的企盼，是浙江人的心愿。2023年6月29日，嘉兴市第九届人民代表大会常务委员会第十四次会议通过了《嘉兴市西塘古镇保护条例》，一个月后的7月28日，浙江省第十四届人民代表大会常务委员会第四次会议批准，并于10月1日起施行。

资料来源　综合相关资料提炼整理而成。

问题：

1）我国还有哪些古城古镇已实现立法并取得良好效应？

2）为西塘古镇立法的主要目的是什么？

分析提示：

1）查阅网络资料，了解我国古城古镇旅游的立法保护情况。

2）立法目的，可从促进古镇旅游资源合理开发利用、古镇旅游规范化运营、古镇旅游文化传承与旅游可持续发展等方面展开多元表征。

3）赣西、赣南游览区

赣西、赣南游览区主要包括宜春市、萍乡市、新余市、赣州市的旅游景区景点，以红色历史、客家文化和绿色生态并存为主要特色，以井冈山风景名胜区、红色故都瑞金为代表性景区。

（1）井冈山风景名胜区。井冈山位于江西省吉安市境内，是集革命人文景观、自然风光和高山田园风光于一体的山岳型风景旅游区，是理想的避暑疗养胜地。井冈山是中国第一个农村革命根据地，中国革命从这里走向胜利，它被誉为“中国革命的摇篮”和“中华人民共和国的奠基石”。井冈山以其辉煌灿烂的革命历史和绚烂的自然风光，红绿辉映、融为一体，是全国著名的革命圣地和5A级旅游景区。

（2）瑞金市“共和国摇篮”旅游区。该景区位于江西省赣州市瑞金市，占地面积4 550余亩，由叶坪景区、红井景区、二苏大景区、中华苏维埃纪念园组成，是中宣部公布的首批全国爱国主义教育示范基地，也是中国红色旅游经典景区之一，是中国旅游观光、培育爱国情感和民族精神的重要基地，是赣闽边界红色旅游集散中心。

（3）客家文化（赣南）生态保护区。该保护区位于江西省赣州市，是客家先民南迁的第一站、客家民系和客家文化的摇篮，赣州市人口中95%以上为客家人。赣州市保留了完整的客家社会形态，客家传统文化不断传承发展，被誉为“客家摇篮”。该保护区由文化和旅游部于2023年7月批准设立，以保护非物质文化遗产为核心，对历史文化积淀深厚、存续状态良好、具有重要价值和鲜明特色的客家文化形态进行整体性保护。

（4）武功山风景名胜区。武功山风景名胜区隶属于江西省萍乡市，属于罗霄山脉北段，已获得国家5A级旅游景区、国家级风景名胜区、国家地质公园、国家自然遗产、国家森林公园等多张国家级名片。该景区内自然形成了“峰、洞、瀑、石、云、松、寺”齐备的山色风光，10万亩高山草甸绵延于海拔1 600多米的高山之巅，与巍峨山势相映成辉。武功山风景名胜区动植物种类繁多，有动物200多种、植物2 000多种，被中国科学院专家誉为“天然动植物园”。

同步业务9-2

五彩井冈山精华二日游

D1：早上抵达吉安，乘坐空调旅游车赴中国革命的摇篮——井冈山（套票156+区间环保车50），抵达后参观井冈山的天然大门“井冈山雕塑”，然后赴胡锦涛同志2009年春节期间视察过的井冈山菖蒲古村（远眺井冈山主峰——五指峰，五指峰是我国第四套人民币100元的背景图案），参观革命博物馆（了解毛泽东同志率领中国共产党进行井冈山革命的艰苦历程），参观井冈山革命斗争时期朱德和毛泽东同志曾经工作和生活过的地方——大井村，瞻仰毛主席铜像，参观中国红军第一所医院——小井红军医院，游览水口彩虹峡瀑布，夜逛茨坪镇街心花园、农贸一条街，自由选购土特产品。

D2：吃早餐，上午拜谒北山烈士陵园，献花圈，宣誓，然后游览碑林、雕塑园，游览1928年红军反“会剿”激战过的场所——黄洋界，参观黄洋界碑、战斗工事、哨口指挥所、挑粮小路，乘车返回吉安，晚餐后返程。

资料来源　佚名．五彩六色井冈山精华二日游［EB/OL］．［2023-12-30］．http：//www.jgsttc.cn/guide/ask/11390.html.

4）苏南滨江游览区

苏南滨江游览区指江苏南部长江之滨的南京、扬州、镇江、泰州四市所辖的地域，以古迹、园林游为特色，主要包括南京钟山，扬州瘦西湖、个园，镇江三山，南通濠河和泰州溱湖等景区景点。

（1）六朝古都南京。它是我国八大古都之一，3—15世纪曾先后有东吴、东晋、宋、齐、梁、陈在此建都，故有“六朝古都”之称。这是一个既有山水之胜又有文物古迹之雅的江南旅游名城。其中最著名的景区要数钟山风景名胜区与夫子庙—秦淮风光带。

钟山风景名胜区位于南京城东，自古被誉为“江南四大名山”之一，有“钟山龙蟠”之美誉。钟山集山、水、城、林于一体，自然景观丰富优美，文化底蕴博大深厚。钟山风景名胜区由两大区域构成，即东部主体钟山区域的陵园风景区（包含中山陵景区、明孝陵景区、灵谷景区三大核心景区和其他区域景点）及西部的玄武湖区域（包括玄武湖景区和九华山区域）。钟山风景名胜区名胜古迹众多、历史文化深厚、生态体系完整，有1处世界文化遗产、42处各级文物保护单位、200余处各类文物古迹，是融生态、文化、体育、休闲娱乐为一体的综合性国家5A级旅游景区，也是国家级森林公园。

南京市夫子庙—秦淮风光带以夫子庙古建筑群为中心、十里秦淮为轴线、明城墙为纽带，串联起众多全国重点文物保护单位、省级和市级文物保护单位。它以儒家思想与科举文化、民俗文化等为内涵，集自然风光、山水园林、庙宇学堂、街市民居、乡土人情、美食购物、科普教育、节庆文化于一体，是南京历史文化荟萃之地，也是中国著名的开放式国家5A级旅游景区。夫子庙是中国第一所国家最高学府，秦淮河是中国历史文化名河，明城墙是世界规模最大的古代城垣，三者交织串联起大量景点，形成了独具南京特色的文化风光带。

（2）扬州瘦西湖风景区。该景区位于历史文化名城扬州城区，游览面积2.5平方公里，是世界文化遗产大运河的重要组成部分、国家级风景名胜区蜀冈—瘦西湖风景名胜区的核心和精华部分，是国家5A级旅游景区。在清代康乾时期，这里已形成湖上园林群，融南方之秀、北方之雄于一体。在该景区内，窈窕曲折的一湖碧水，串以徐园、小金山、五亭桥、白塔、二十四桥、万花园、双峰云栈等名园胜迹，风韵独具而蜚声海内外，是湖上园林的代表。

（3）镇江三山风景名胜区。三山，即镇江沿长江屹立的金山、北固山和焦山，风景秀丽壮观，为国家5A级旅游景区。该景区具有"真山真水"的独特风貌，金山以绮丽著称，寺宇金碧辉煌，一塔拔地而起，直指云天，无论近观远眺，总见寺而不见山，向来有"金山寺裹山"的说法。焦山是万里长江中唯一四面环水的岛屿，有江南"水上公园"之喻，被誉为"江中浮玉"。北固山形势险要，风景秀丽，与金山、焦山相对，有"京口第一山"之称。

（4）镇江市句容茅山景区。茅山位于江苏省句容市，是道教上清派的发源地，因西汉陕西茅氏三兄弟茅盈、茅固、茅衷在此修炼而得名，被道家称为"上清宗坛"。山上有九峰、十九泉、二十六洞、二十八池之胜景，峰峦叠嶂，云雾缭绕，气候宜人。这里既是道教圣地，又是抗日根据地，其自然景观、人文景观、森林景观、革命历史景观融为一体，胜似仙境。

（5）南通濠河风景名胜区。濠河位于国家历史文化名城南通市的中心，是国内保存最为完整的古护城河之一。河长10公里，曲曲折折，迂回激荡，呈倒置的葫芦形状环抱老城区，形成了"水抱城、城拥水，城水一体"的独特风格，素有"江城翡翠项链"之称，为国家5A级旅游景区。现在城中仍保留了典型州府形制的古城格局和风貌，并开发了一批极具地方特色的旅游项目。

（6）泰州溱湖风景区。溱湖风景区位于全国著名三大洼地之一的里下河地区，是国家5A级旅游景区、国家生态旅游示范区、国家水利风景区、省级风景名胜区、省级旅游度假区、省级生态旅游示范区。该景区2011年成为国家湿地公园。该景区对外开放面积7平方公里，湿地风光秀美、人文底蕴深厚、民俗风情独特，素有"水乡明珠"之称。该景区拥有溱潼会船节和水上三面药师佛塔。作为长江文化与黄河文化的过渡区、吴越文化和楚汉文化的连接点，溱湖风景区具有独特的民俗风情和深厚的文化底蕴。

5）苏南太湖沿岸游览区

苏南太湖沿岸游览区指江苏省太湖沿岸地区，包括苏州、无锡、常州等地，以古典园林、江南水乡为特色，有苏州的园林，江南小镇周庄与同里，无锡的影视基地、鼋头渚、蠡园、锡惠园，常州的环球恐龙城等代表性景区景点。

（1）太湖风景名胜区。太湖又名五湖、笠泽，是中国五大淡水湖之一。太湖风景名胜区位于长江三角洲中部，是以太湖、沿湖山丘、岛屿的山水景观为特色，具有悠久文化历史的天然湖泊风景区。太湖风景名胜区包含：苏州市的木渎、石湖、光福、东山、西山、角直、同里景区；无锡市的梅梁湖、蠡湖、锡惠、马山景区；常熟市的虞山景区；宜兴市的阳羡景区。此外还有无锡市的泰伯庙、泰伯墓2个独立景点。1982年，太湖风景名胜区被评为国家级风景名胜区，2013年被评为国家5A级旅游景区。

（2）苏州园林。苏州园林是中国古典建筑的代表流派之一，以拙政园、留园、网师园、环秀山庄为代表的园林建筑风格，曾影响整个江南城市的建筑格调，拙政园、留园、狮子林等古典园林更是被列入《世界文化遗产名录》，为国家5A级旅游景区，享有“江南园林甲天下，苏州园林甲江南”之誉。

（3）苏州市周庄古镇景区。周庄古镇是世界文化遗产预选地、首批国家5A级旅游景区，位于苏州城东南。周庄古镇四面环水，因河成镇，依水成街，以街为市。井字形河道上完好保存着14座建于元、明、清各代的古石桥。周庄古镇主要景点有富安桥、双桥、沈厅等。2007年，周庄古镇景区被评为国家5A级旅游景区。

（4）苏州市同里古镇景区。同里古镇位于太湖之畔，自宋代建镇距今已有1 000多年的历史。景区内有始建于明、清两代的花园、寺观、宅第和名人故居数百处，“川”字形的15条小河分隔出七个小岛，而49座古桥又将其连成一体，以“小桥、流水、人家”著称。2010年，同里古镇景区被评为国家5A级旅游景区。

（5）苏州市沙家浜·虞山尚湖旅游区。该旅游区以江南山水文化为依托，融人文、生态、休闲为一体。虞山是国家森林公园，因商周之际吴地先祖虞仲死后葬于此而得名，是中国吴文化的重要发源地。尚湖与虞山相依，因商末姜尚在此隐居垂钓而得名，湖内湿地处鹭鸟翔飞，为中国最佳生态休闲旅游湖泊。2013年，沙家浜·虞山尚湖旅游区被评为国家5A级旅游景区。

（6）无锡惠山古镇景区。惠山古镇地处无锡市西、锡山与惠山的东北坡，自古以来就是风景佳绝、钟灵毓秀之地，是达官显贵、帝王将相抵锡必游之处，历史古迹众多，被誉为集中展示江南吴文化的“露天历史博物馆”。该景区现仍保存着较为完整的古代祠堂及遗址共100余处。该景区从区域功能上划分为文物古迹区、锡惠名胜区（锡惠公园）、历史文化街区（无锡惠山老街）、山林保护区（惠山）四个游览区。2020年，该景区被评为国家5A级旅游景区。

（7）无锡太湖鼋头渚风景区。鼋头渚为中国五大淡水湖之一——太湖上的小岛，是国家首批5A级旅游景区、国家重点风景名胜区、国家级文明风景名胜区、中国著名赏樱基地、江苏省文物保护单位。其主要景点有充山隐秀、太湖仙岛、十里芳径横云山庄、藕花深处等10多处，总面积逾500公顷，是江南最大的山水园林之一。

（8）常州市环球恐龙城景区 。环球恐龙城是一座总占地面积达4 800余亩的“恐龙王国”，由中华恐龙园、恐龙谷温泉、恐龙城大剧场、香树湾高尔夫会所、迪诺水镇等旅游景点组成，是一座集主题公园、游憩型商业、文化演艺、温泉休闲、动漫创意于一体的一站式恐龙主题综合度假区，是常州对外交流的一张闪亮名片，也是江苏省首个5A级文化创意类主题景区。

6）浙北游览区

浙北游览区主要包括杭州、绍兴、宁波、舟山群岛等地的景区景点，以山水园林和文化古迹为特色。杭州西湖、嘉兴南湖、千岛湖、莫干山、普陀山等是该游览区的代表性景区景点。

(1)“人间天堂”杭州。杭州位于浙江省北部，是G60科创走廊中心城市、杭州都市圈核心城市、长江三角洲中心城市之一。它有2 200多年的历史，其中作为都城的历史达237年，为我国八大古都之一，是我国首批国家历史文化名城。杭州人文古迹众多，西湖及其周边有大量的自然及人文景观，具有代表性的有西湖文化、良渚文化、丝绸文化、茶文化，因风景秀丽，素有“人间天堂”的美誉。杭州有著名的西湖和千岛湖两个国家级重点风景名胜区、西溪国家湿地公园以及钱塘江观潮、京杭大运河终端、国家级自然保护区西天目山、清凉峰等名胜景区。近年来，各类盛会入驻杭州，如2016年G20峰会、2018年世界短池游泳锦标赛、第19届亚运会等均在此举办。

西湖风景名胜区是杭州的重要组成部分。西湖三面环山，一水抱城，以其秀丽的湖光山色和众多的名胜古迹闻名中外，是首批国家5A级旅游景区和全国十大风景名胜之一，并于2011年被列入《世界文化遗产名录》。该景区以6.38平方公里的西湖水面为中心，包括周围绿荫环抱的逶迤群山，总面积达59.04平方公里。其核心景区以一山、二塔、三岛、三堤、五湖为基本格局，著名的西湖十景点缀其间，自然景观与人文景观相互映衬，美不胜收。湖周围是林泉秀美、溪涧幽深的群峰，西南有龙井山、烟霞岭、灵石山、南屏山、凤凰山等南山群峰，北面有灵隐山、仙姑山、栖霞岭等北山群峰，在群山翠绿中藏有虎跑、龙井、玉泉等名泉，烟霞洞、水乐洞、石屋洞等洞壑，以及灵隐寺、六和塔、飞来峰等名胜。如此丰富而集中的风景名胜共同构成了杭州西湖“淡妆浓抹总相宜”“人间天堂”般的美景，也使杭州成为我国重点风景旅游城市。出现在人民币一元纸币背面的三潭印月景观，亦体现了西湖在中国风景名胜中的特殊地位。

(2)杭州西溪国家湿地公园。西溪国家湿地公园坐落在杭州市区西部，是国家5A级旅游景区。以“一曲溪流一曲烟”闻名的西溪湿地，与西湖、西泠并称“杭州三西”。西溪国家湿地公园总面积约11.7平方公里，分为东部湿地生态保护培育区、中部湿地生态旅游休闲区和西部湿地生态景观封育区。西溪国家湿地公园是中国首个集城市湿地、农耕湿地、文化湿地于一体的国家湿地公园，是城市中少有的天然湿地，有“杭州之肾”之称。该景区2012年被评为国家5A级旅游景区，2017年被评为国家湿地旅游示范基地，2021年入选“建党百年红色旅游百条精品线路”。

(3)千岛湖风景名胜区。该风景名胜区位于杭州西郊淳安县境内，是“杭州—千岛湖—黄山”黄金旅游线上的璀璨明珠、国家5A级旅游景区。千岛湖是新安江水电站拦江筑坝蓄水而成的人工湖，湖区面积573平方公里，因湖中拥有形态各异的大小岛屿1 078座，呈现出碧波万顷、千岛竞秀的迷人景象而得名。千岛湖四周群山叠翠，峡谷幽深，溪涧清秀，洞石奇异，森林覆盖率达94%以上，是目前国内最大的国家级森林公园，并因此孕育出水质达到国家地表水一级标准的“天下第一秀水”。

(4)嘉兴南湖风景区。该景区因位于嘉兴城南而得名，主要包括南湖、烟雨楼、红船、沈钧儒故居等景点。南湖是景区的核心景点，与南京玄武湖、杭州西湖并称“江南三大名湖”，素来以“轻烟拂渚，微风欲来”的迷人景色著称于世。这里不仅有江南秀美的风光，还是我国近代史上重要的红色革命纪念地，是中国共产党第一次全国代表大会召开地，在此通过了中国共产党的第一个纲领和第一个决议，选举产生了党的中央领导机构，宣告中国共产党成立，是党的诞生地。该景区2011年被评为国家5A级旅游景区，也是中国十大红色旅游经典景区、浙江省红色旅游教育基地、“浙里红”红色旅游教育基地。

（5）嘉兴市乌镇、西塘古镇旅游区。乌镇隶属于浙江省嘉兴市桐乡市，具有悠久的历史，是全国20个黄金周预报景点及江南六大古镇之一，被称为“中国最后的枕水人家”。乌镇是典型的江南地区汉族水乡古镇，有“鱼米之乡，丝绸之府”之称。1991年，乌镇被评为浙江省历史文化名城。从2014年开始，乌镇成为世界互联网大会的永久举办地。

西塘古镇隶属于浙江省嘉兴市嘉善县，地理位置优越。西塘素以桥多、弄多、廊棚多而闻名，民风淳厚，橹声悠扬，到处洋溢着中国古代传统文化特有的人文气息。西塘被国家文物局列入中国世界文化遗产预备名单，亦是中国首批历史文化名镇，获世界遗产保护杰出成就奖。西塘历史悠久，是古代吴越文化的发祥地之一。2017年，西塘古镇被评为国家5A级旅游景区。

（6）宁波市奉化溪口—滕头旅游景区。宁波市奉化溪口—滕头旅游景区是国家5A级旅游景区，由溪口风景区和滕头生态旅游区两部分组成。溪口风景区位于浙江省宁波市西南40公里的奉化区溪口镇，水绕山环，景色秀丽，深得旅游者的青睐。滕头生态旅游区田园秀美、生态宜人，将国际时尚与中国乡村文化完美地结合在一起。

明德笃行9-1

江苏推出若干措施促进入境旅游

背景与情境： 江苏省文化和旅游厅发布《江苏省促进入境旅游恢复发展若干措施》，聚焦境外游客关切问题，提升旅游服务水平，促进入境旅游恢复发展。

江苏的主要做法是，在江苏旅游外文网站、海外社交媒体平台设置入境旅游咨询服务专区，发布入境旅游线路产品，提供江苏旅游服务指南，接受游客在线咨询。在南京禄口国际机场设立“水韵江苏”旅游咨询服务中心，会同相关部门为入境游客提供旅游咨询、在线预约、导游导览、手机支付、外币兑换、手机卡申办等“一站式”服务。在4A级以上旅游景区、四星级以上旅游饭店，省级以上旅游度假区、旅游休闲街区、夜间文化和旅游消费集聚区以及重点博物馆等，完善受理移动支付、银行卡、现金等所需的软硬件设施。推进重点文旅场所建设多语种网站和入境游客网上英语预约专区，完善多语种指引标识体系，配置外语志愿服务人员，并加强对重点文旅场所及经营单位的监管，及时回应入境游客诉求，切实保障入境游客合法权益。

资料来源　综合相关资料提炼整理而成。

问题：

1）如何评价江苏为促进入境旅游而采取的一系列举措？

2）案例中的旅游企业或从业者行为体现了哪些优秀的思政素养，请作出研判。

研判提示：

1）从洞悉海外游客需求、做精做细服务、主动承担作为等角度予以评价。

2）可从企业主动作为、工作严谨细致、跨文化交流沟通以及弘扬中国文化等方面予以研判。

（7）绍兴市鲁迅故里—沈园景区。鲁迅故里位于浙江省绍兴市鲁迅中路，是原汁原味解读鲁迅作品、品味鲁迅笔下风物、感受鲁迅当年生活情景的真实场所，是绍兴市区保存完好，极具文化内涵、水乡古城经典风貌和江南风情的历史街区。

沈园是国家5A级旅游景区，位于绍兴市越城区春波弄，至今已有800多年历史。园内绿树成荫，有多处亭台楼阁、小桥流水景观，是绍兴历代古典园林中唯一保存至今的宋式园林。

（8）金华市东阳横店影视城景区。横店影视城始建于1996年，是全球规模比较大的影视拍摄基地和国家5A级旅游景区。横店影视城内已建成广州街、香港街、明清宫苑、秦王宫、清明上河图、梦幻谷江南水乡、明清民居博览城、华夏文化园等多个跨越千年历史时空的影视拍摄基地。2004年，横店影城被确立为中国唯一的国家级影视产业实验区。

（9）普陀山风景名胜区。普陀山位于浙江省杭州湾以东约100海里，是舟山群岛中的一个小岛，面积约12.5平方公里，自古集庙、沙、石、洞等景观于一体，以奇特的海滨地貌和浓郁的宗教氛围而闻名中外。普陀山佛教活动始于唐、宋，盛于明、清，最盛时全岛有寺庵82座、僧尼4 000余人，是我国四大佛教名山之一，为观音菩萨道场，素有“海天佛国”“南海圣境”之称。

同步案例 9-3

年轻人寺庙旅游，热衷“进庙拜拜”

背景与情境： 2023年，旅游圈最火热的话题之一就是“寺庙游”。携程网此前发布的一份报告提到，除了海滨度假、主题乐园等旅游打卡点，越来越多的年轻人将放松身心的方式寄托在了寺庙。90后、00后的涌入，打破了依托宗教信仰的寺庙旅游的陈旧形态，开启了体验经济下寺庙旅游的新时代。听经问法、浴佛、食斋、同住等沉浸式礼佛仪式在不断提升寺庙类景区的重游率、过夜率和常年游客参观量，也在强化年轻人的消费意愿。而这些都是眼下年轻人最为关注的旅游产品属性。未来，寺庙类景区可能在研学、亲子游、组团游、露营游等方面展现出更大的影响力。

问题： 面对日益年轻化的受众，佛教文化和寺庙类景区在发展管理中应注意些什么？

分析提示： 结合旅游景区管理相关知识、年轻化的游客特点进行思考。

7）上海大都市游览区

上海是国家中心城市，沪杭甬大湾区核心城市，是国际经济、金融、贸易、航运、科技创新中心，是首批沿海开放城市。上海地处长江入海口，是长江经济带的龙头城市，是江海国际性港口，设立了中国大陆首个自贸区——中国（上海）自由贸易试验区。上海市与安徽省、江苏省、浙江省共同构成了长江三角洲城市群，上海青浦与江苏吴江、浙江嘉善打造了长三角生态绿色一体化发展示范区。“都市旅游”是上海旅游的鲜明特色，其“都市风光”“都市文化”“都市商业”都十分典型。

（1）外滩。其位于上海中山东一路、黄浦江西岸，全长约1.5公里，南起延安东路，北至苏州河上的外白渡桥 。1845年这里曾被辟为英租界，20世纪初由于外国银行大量进驻，遂成为当时中国的金融中心和西方列强在上海的政治、金融、商务和文化中心，并因此兴建了罗马式、巴洛克式、中西合璧式高楼大厦52幢，成为西方不同风格建筑在我国的荟萃之地，素有“万国建筑博览群”之称，是中国近现代重要史迹及代表性建筑，也是上海的地标之一。

（2）上海东方明珠广播电视塔。其集都市观光、时尚餐饮、购物娱乐、历史陈列、浦江游览、会展演出等多功能于一体，是上海的标志性建筑和旅游热点之一，被列入上海十大新景观和国家5A级旅游景区。设计者富于想象地将11个大小不一、高低错落的球体从蔚蓝的天空串联到草地上，从远处看宛如两颗红宝石的巨大球体，晶莹夺目，描绘了一幅“大珠小珠落玉盘”的如梦画卷。截至2019年，上海东方明珠广播电视塔为亚洲第六高塔、世界第九高塔。

（3）中国共产党一大、二大、四大纪念馆景区。中国共产党第一次全国代表大会纪念馆由中国共产党第一次全国代表大会会址、宣誓大厅、新建展馆等部分组成。其中，《伟大的开端》基本陈列展厅展览以“初心使命”贯穿全篇，综合采用多种展示手段，全面系统地展示了中国共产党的诞生历程。中共二大会址纪念馆由序厅、中共二大展厅、中共二大会议旧址、党章历程厅、平民女校旧址展厅等组成，通过人机互动的展陈方式和多媒体展示等交互手段，真实再现了中国共产党创建初期的峥嵘岁月。中国共产党第四次全国代表大会纪念馆全面地讲述中共四大会议通知、14份大会文件、会址的考证等相关内容，并融入多媒体互动技术，完整再现了1925年中共四大在上海召开的历史。

同步链接9-1

传承红色基因 汲取奋进力量 推动红色文旅

（4）上海野生动物园。它位于上海浦东新区境内，园区占地153公顷，于1995年11月18日正式对外开放，是国家5A级旅游景区。上海野生动物园内汇集了大熊猫、金丝猴、金毛羚牛、朱鹮、白犀牛、猎豹等来自世界各地、具有代表性的珍稀动物200余种、上万余只。它是我国首个国家级野生动物园，也是集野生动物饲养、展览、繁育保护、科普教育与休闲娱乐为一体的主题公园。

（5）上海科技馆。它是上海市人民政府为贯彻落实科教兴国战略、提高城市综合竞争力和市民科学文化素养而投资兴建的重大公益性社会文化项目，是全国重要的科普教育基地和精神文明建设基地，是国家5A级旅游景区。上海科技馆运用世界先进的综合展示手段，融合科学与艺术，展示了“天地”“生命”“智慧”“创造”“未来”五大主题，每个展区都对应一个人们关注的社会话题，每件展品都是一个引人入胜的互动游戏。

（6）上海迪士尼度假区。其位于上海市浦东新区黄赵路310号，距离市中心约40分钟路程。这是中国大陆第一个迪士尼度假区，也是全球第六个迪士尼度假区。该度假区占地面积约3.9平方公里，包括1个迪士尼主题乐园、1个迪士尼小镇、2家主题酒店和停车场等设施，以及中心湖泊、围场河和交通枢纽等配套公共设施。主题乐园以神奇王国为主题，由七大主题园（米奇大街、奇想花园、探险岛、明日世界、宝藏湾、梦幻世界、迪士尼·皮克斯玩具总动员）组成；两家主题酒店分别是拥有420间客房、优雅别致的“上海迪士尼乐园酒店”和拥有800间客房、充满童趣的“玩具总动员酒店”。

（7）长三角生态绿色一体化发展示范区水乡客厅（在建）。其位于沪苏浙交界处，是依托长三角原点、由两省一市共同打造的功能样板区，也是长三角生态绿色一体化发展示范区“核心中的核心”，包括上海市青浦区金泽镇、江苏省苏州市吴江区黎里镇、浙江省嘉兴市嘉善县西塘镇和姚庄镇四个镇的一部分，总面积约35.8平方公里。到2025年，三地互联互通、一体化建设全面开展，生态系统和交通路网骨架基本成型，市政基础设施推进建设，重要功能节点建设有序推进，蓝环水系形成。到

2035年，全面建成示范产居、人文、生态一体化发展的世界级水乡客厅，建设成为跨行政区一体化高质量发展的示范窗口与核心承载地。

（8）上海国际邮轮旅游度假区（在建）。其位于“一带一路”、长江经济带、长三角一体化三大国家战略的交汇区域，被誉为“长江门户”。中国的母亲河——长江、上海的母亲河——黄浦江、宝山的母亲河——东吴淞江，三江在此交汇，枢纽节点地位凸显，历史文化底蕴深厚，区位条件优越，水路交通发达。该度假区总规划面积15.5平方公里，核心区面积约8.6平方公里，总岸线约13.5公里，拥有1个亚洲最大的邮轮港、2家五星级酒店（在建）、5个场馆、6座公园、50万平方米商业商务载体（在建）、超2 000亩生态景观绿化和3平方公里可开发水域。未来，这里将成为长三角独特的水上消费集聚区、北上海开放枢纽门户的重要组成部分，成为中国首选邮轮旅游目的地和世界邮轮旅游的重要枢纽。

（9）上海乐高乐园度假区（在建）。其位于上海市金山区枫泾镇，占地面积31.8万平方米，是全球最大的乐高乐园之一，在保持全球乐高主题乐园核心体验及标准的同时，充分融入中国文化、江南元素、上海特色，为游客打造既有国际化又有亲切感的沉浸式游玩体验。上海乐高乐园计划建设8大片区，包含乐高中心大楼、积木街道、乐高积木、乐高城市、乐高小伙伴、悟空小侠、乐高忍者、乐高城堡，覆盖全球其他乐高乐园经典游乐项目。除此之外，该乐园内还配套建设一家主题酒店，为长三角及全国游客提供多样、难忘、新奇的亲子家庭度假体验，打造世界级主题乐园旅游目的地。

（10）上海冰雪之星（在建）。其位于浦东区临港新城，是以室内滑雪为主题，综合体育、娱乐、休闲和旅游等功能于一体的项目。该项目地上总建筑面积22.7万平方米，有以阿尔卑斯山为主题的9万平方米室内滑雪场、超过25个戏雪项目，以及符合奥林匹克标准的雪道设施，将成为全球规模最大的室内滑雪胜地。此外，该项目还包括3家五星级度假酒店、会议中心、冰雪主题商业小镇等，有望打造成一站式冰雪度假胜地、都市冰雪运动的顶级标杆。

本章概要

□ 内容提要

吴越文化旅游区是我国旅游资源丰富、特色鲜明的地区之一。它不仅拥有数量丰富、种类多样、地域分布密度大、质量与知名度都很高的旅游资源，而且经济发达、交通便捷、旅游接待能力强、旅游管理水平高，是我国旅游业最发达的地区和全国的旅游热点地区，在全国旅游业发展中占有十分重要的地位。

□ 主要概念和观念

▲ 主要概念

吴越文化旅游区　吴越文化

▲ 主要观念

吴越文化旅游区旅游资源与旅游环境特征　文物旅游价值实现的前提

□ 重点实务

吴越文化旅游区旅游产品开发　吴越文化旅游区旅游线路组织设计

随堂测 9-1

基本训练

□ 知识训练

▲ 复习题

1）试述本区自然地理环境和人文地理环境对旅游业的影响。

2）本区旅游业现状有何主要特征？

▲ 讨论题

1）为什么吴越文化旅游区能成为我国旅游的热点地区？

2）吴越文化旅游区的文化特色表现在哪些方面？

□ 能力训练

▲ 案例分析

【训练项目】

案例分析-Ⅸ。

【相关案例】

"十四五"时期安徽将深入实施"智慧旅游"计划

背景与情境：安徽省文化和旅游厅印发了《安徽省智慧旅游"十四五"行动计划》，提出全省在"十四五"时期加快建设智慧旅游景区。2023年上半年，安徽省4A级以上旅游景区、省级及以上旅游度假区基本已实现智慧化转型升级。

根据该计划，安徽省将构建景区大数据分析应用平台，利用获取的景区票务、门禁、停车场等客流数据和重要旅游场所监测情况，开展统计分析，研判人（车）流趋势；提升景区视频监测能力，4A级以上景区通过智能闸机、人流计数、图像识别等手段实时掌握景区入园人数、在园人数、车牌识别数据等；打造特色景区数字展览馆，5A级景区和重点4A级景区探索利用沉浸式投影屏幕、虚拟现实头盔、体感捕捉设备、可触摸屏等设备以及5G、VR/AR、人工智能、多媒体等技术，设置景区重要景观、名胜古迹、历史文物全景图像或三维场景的在线虚拟体验；升级智能化基础设施，因地制宜布设触摸屏、平板电脑、智能机器人等，引入人工智能等技术支持导游、导览和咨询服务，以电子设备代替人力投入，全面支持游客智能定位、智慧游览；推进智慧乡村旅游建设，加强乡村环境与公共服务智能化改造，逐步实现无线局域网、5G信号、智慧导游、电子讲解、在线预订、信息报送等功能。

资料来源 安徽省文化和旅游厅. 安徽省智慧旅游"十四五"行动计划［EB/OL］.［2023-12-20］. https：//ct.ah.gov.cn/group2/M00/00/E6/wKg8FGDui_OAQrvlAAghoOA7jjw046.pdf? attachDownload=1；佚名.安徽：4A级以上景区"十四五"实现"智慧升级"［EB/OL］.［2023-03-22］. http：//315csj.com/wjly/19808.html. 引文经过节选、压缩和改编。

问题：安徽省是如何实现智慧旅游创新的？有哪些可借鉴的做法？

【训练要求】

同第1章"基本训练"中本题型的"训练要求"。

▲ 自主学习

【训练项目】

"吴越文化旅游区人文地理环境变化及其对旅游业的影响"知识更新。

【训练目的】

见本章“学习目标”中的“职业能力”。

【训练步骤】

1）以班级小组为单位组建训练团队，每团队确定一人负责。

2）各团队根据训练项目的需要进行角色分工。

3）通过校图书馆或互联网，查阅“文献综述格式、范文及书写规范要求”和近三年关于“吴越文化旅游区人文地理环境变化及其对旅游业的影响”研究的前沿学术文献资料。

4）综合和整理“吴越文化旅游区人文地理环境变化及其对旅游业的影响”研究的前沿学术文献资料，依照“文献综述格式、范文及书写规范要求”，撰写《“吴越文化旅游区人文地理环境变化及其对旅游业的影响”最新文献综述》。

5）在班级交流各团队的《“吴越文化旅游区人文地理环境变化及其对旅游业的影响”最新文献综述》。

6）在线上平台上展出经过修订并附有教师点评的各组《“吴越文化旅游区人文地理环境变化及其对旅游业的影响”最新文献综述》，供学生相互借鉴学习。

□ 明德笃行

【训练项目】

明德笃行-Ⅸ。

【相关案例】

“新中式”旅游备受青睐，推动文商旅融合发展

背景与情境：2024年5月5日，同程旅行发布《2024“五一”假期旅游消费报告》。报告显示，今年“五一”，国内更多小城市受到游客关注，数十个三线及以下城市的酒店预订热度同比增长超过100%。以古城古镇打卡、非遗体验、博物馆展览等文旅体验为特征的“新中式”旅行，预订热度同比增长超过4倍，成为年轻游客的消费热点。

这个“五一”，杭州“打卡胜地”德寿宫内解锁了“新玩法”，新开设的国潮体验空间吸引了不少年轻人的目光。德寿宫内四大国潮体验空间包括“妙墨”书法艺术、“华裳”汉服体验、曼卡龙国潮珠宝美学、“闲时雅事”手作体验等区域。游客可以在这里选购心仪的文创产品，还可以参与书法、编绳、磨茶、绘扇等体验活动，亲身感受传统文化的魅力。走进曼卡龙国潮珠宝美学馆，不仅有非遗花丝工艺介绍与展示，便于游客更直观地感受到金丝成线、编织成戒的过程，还有可供游客体验的吉祥纹样非遗拓印。此外，别致典雅的“国潮风”珠宝也吸引了许多游客驻足。

资料来源　综合相关资料提炼整理而成。

问题：

1）案例中德寿宫是如何通过新中式旅游展示中国传统文化魅力的？

2）案例中的企业及从业人员行为体现了哪些优秀的思政素养，请作出思政研判。

【训练要求】

同第1章“基本训练”中本题型的“训练要求”。

第10章 南国侨乡

——岭南文化旅游区

- 学习目标

10.1 旅游地理环境特征及其对旅游业的影响

10.2 旅游业概述

- 本章概要
- 基本训练

学习微平台

思维导图10-1

学习目标

通过本章学习，应该达到以下目标：

职业知识：学习和掌握本旅游区的自然与人文地理环境、旅游业现状及成因、主要旅游地与旅游线等理论与实务知识，能用其指导或规范本章认知活动和技能活动，正确解答“基本训练”中“知识训练”各题型的相关问题。

职业能力：运用本章知识研究相关案例，培养在本旅游区特定情境中分析问题与决策设计能力；通过“‘岭南文化旅游区’重点实务知识应用”的实训操练，训练学生的专业操作技能，培养整合资料信息、文稿撰写与沟通表达等通用能力。

职业素养：结合本章教学内容，依照相关规范或标准，对“明德笃行10-1”专栏和章后“明德笃行-X”案例中的企业及其从业人员行为进行分析，强化与案例议题相关的生态伦理、企业社会责任等方面的价值思考并提升职业素养，促进“立德树人”根本任务的落实。

引例：《非遗里的中国》走进广东

背景与情境：烟火岭南，南国潮音，叹世界，叹生活。广东自古以来就与中原、海外有着密切的文化交流，孕育出活色生香的岭南文化。其在发展过程中，经过不断融合，创造出具有鲜明历史特征和地域色彩的、内涵丰富的非物质文化遗产。万象广东，文化岭南；粤地璀璨，非遗富集。在这片神奇的土地上，勇敢智慧的广东人民创造了165项国家级非物质文化遗产、816项省级非物质文化遗产，还有5项入选联合国教科文组织《人类非物质文化遗产代表作名录》。

资料来源　佚名.《非遗里的中国》走进广东：让我们一起徜徉在文化岭南的气象万千中［EB/OL］.［2023-06-15］. https://news.cctv.com/2023/06/15/ARTInMSzce5S7JdCVhT82ksM230615.shtml. 引文经过节选、压缩和改编。

岭南地区的非物质文化遗产有唢呐艺术、地术拳、老古舞等。除此之外，岭南的自然旅游资源及人文旅游资源也得天独厚，旅游业发展一直位居全国前列。要想了解其全貌，就让我们一起走进岭南文化旅游区吧！

10.1　旅游地理环境特征及其对旅游业的影响

岭南即南岭山地之南。**岭南文化旅游区**包括福建、广东、海南三省，其地理位置优越，拥有独特的岭南文化与丰富的旅游资源，一直是我国旅游热点区域。

10.1.1　旅游自然地理环境特征

1）位于我国东南沿海，海滨旅游条件优越

岭南文化旅游区位于我国东海、南海之滨，海岸线绵长、曲折，岛屿众多，海域广阔。仅广东、福建两省就拥有大陆海岸线6 692公里，若加上岛屿海岸线，全区海岸线长度达到10 000公里以上。其中，约80%为山地丘陵海岸，既拥有众多向海突出、适于观景的海岬，又有大量风平浪静的港湾，因而形成了众多的海滨旅游地，以厦门、汕头、深圳、珠海、湛江、海口、三亚最为著名。

与我国北方海滨旅游地相比，本区海滨旅游地具有许多明显的优势：①海岸类型丰富。除基岩海岸、砂砾质海岸与淤泥海岸外，还有旅游价值很高的红树林海岸与珊瑚礁海岸。其景观独特且富于情趣，可以开发多种与一般海岸不同的旅游项目。②海滨旅游地可利用时间长。与我国北方海滨主要用来避暑度假相比，闽粤琼海滨几乎一年四季皆可利用。其中，海南三亚的海水水温全年都在20℃以上，因此全年都可进行海水浴与潜水活动，是避寒旅游最好的地方。③椰风海韵景观迷人。椰风海韵是热带海滨风光的特色，对游客有特别的吸引力。

此外，本旅游区海滨地带还是我国海岛集中分布的地区，全区拥有面积在500平方米以上的海岛2 000多个，其中不少已经成为旅游观光及水上运动的基地。

同步案例10-1

海南各地推出上百项文旅节庆活动

背景与情境：舞龙舞狮贺新春，琼剧名角唱大戏，网红乐队歌声亮……2023年1

月22日，癸卯年正月初一，海口骑楼老街仿佛是一个流动的大舞台，各项精彩活动在骑楼的街头巷尾轮番上演，吸引了众多市民、游客在此共度新春。

骑楼老街为市民、游客制造了一系列“年艺节”惊喜，先后举办“兔飞猛进·艺迎新春”年艺节、年艺展、年艺传习会、迎春游园艺术市集等活动。大年初一到初六，龙狮贺春、琼剧、网红乐队、海岛特色风情、杂技等多种表演将在骑楼进行多场次“快闪”，让群众在丰富的活动中过大年。

不仅是海口骑楼老街，纵览全省各地，丰富多彩的文旅节庆活动为这个春节增添了更多祥和喜庆的气氛。三亚、儋州、琼海、文昌、万宁、五指山、澄迈等市县依托“旅游+节庆”“旅游+文化”的文旅融合思路，共推出上百项特色“文旅年货”，丰富文化旅游市场供给，迎接八方来客。

为了传递更多的年味，不少景区在新春夜景上做文章。西岛景区举办首届海洋文化艺术灯会展，近20万个灯源、40个大型艺术造型灯组、8万平方米的会展覆盖面积，让游客在新春灯火中细品人间烟火。三亚水稻国家公园举办2023迎春灯光秀，以“三亚光影艺术乐园”为主题，在景区入口、通道两侧进行灯光亮化布置，打造百亩花海、百亩灯会。

春节假期，海花岛旅游度假区举办海花庙会，邀请市民、游客体验吹糖人、捏面人、写福字等传统新春活动，还有舞龙舞狮、皮影戏、财神巡演、踩高跷、戏空竹等庙会表演。为了吸引青年游客群体，海花岛旅游度假区还举办“潮玩过大年”活动，推出沙滩跳伞、水上飞人、拖曳飞鱼等互动性强、可玩性高的娱乐项目，邀请游客春节期间体验别样年味。

海南省博物馆结合馆内三大基本陈列和精品临时展览，开展新春导赏活动，定时免费为观众朋友提供展览讲解服务。中国（海南）南海博物馆举行馆长送福、展厅寻“宝”、糖画制作、红包拓印、盲盒惊喜、福袋礼包等10大主题、38场活动，丰富公众的精神文化生活。

资料来源　刘晓惠. 全省各地推出上百项文旅节庆活动　特色“年货”玩味足［EB/OL］.［2023-01-23］. https：//www.gov.cn/xinwen/2023-01/23/content_5738540.htm. 引文经过节选、压缩和改编。

问题： 特色年味活动对海南旅游业有何意义？

分析提示： 可从旅游者体验、旅游景区管理、旅游收入等方面来思考。

2）奇峰异石类型多样，丹霞地貌世界闻名

岭南文化旅游区的地表形态以低山丘陵为主，其山地丘陵面积占全区总面积的3/4以上。该区拥有丰富多彩的特殊地貌类型，包括火山地貌、熔岩地貌、花岗岩地貌、岩溶地貌、丹霞地貌等，其中尤以丹霞地貌及花岗岩石蛋地貌最为有名。

福建、广东与江西、湖南的交界地带，是我国丹霞地貌分布最集中、类型最齐全、风景最优美的地方。其中，位于广东省韶关市仁化县境内的丹霞山，是我国也是世界最早进行丹霞地貌研究的地方，为“丹霞地貌”的命名地，被誉为“中国红石公园”，是首批世界地质公园之一；福建泰宁大金湖是国内少有的丹霞地貌与浩瀚湖水相结合的风景名胜区，以深邃幽长的丹霞线谷、巷谷、峡谷群和具有蜂窝状洞穴的赤壁丹崖特别发育为特色，为第二批世界地质公园的入选者；福建武夷山则因奇峰峭

拔、秀水潆洄的丹霞地貌，以及一系列优秀的考古遗址、遗迹和特色鲜明的茶文化等获得了世界双遗产的殊荣。无疑，这些世界级丹霞地貌的科学价值、美学价值及由此产生的巨大吸引力，是本区宝贵的财富。

闽东南沿海是我国花岗岩地貌的主要分布区，由于高温多雨，花岗岩球状风化现象极为突出，形成了千姿百态的石蛋地貌风景区，如厦门的万石植物园、鼓浪屿的日光岩以及泉州、漳州等地的"风动石"等都属此类。由于地质地貌成因之间的联系，本区丹霞地貌外围往往有花岗岩奇峰异石出现，如福建泰宁大金湖风景区，除丹霞地貌典型外，花岗岩地貌也十分奇特，其中金饶山景区就是因花岗岩石蛋构成的奇峰异石而出名的。

此外，肇庆七星岩是著名的岩溶地貌风景区；广东西樵山、雷州半岛，海南岛都有火山、熔岩地貌分布；在海岬突出之处，则有各种海蚀地貌、奇石景观。

3）热带、亚热带气候，植被茂盛，生态旅游前景看好

岭南文化旅游区属东亚季风气候区，大部分地区是热带季风气候。由于纬度偏低且紧靠海洋，水热充足，全年长夏无冬，春秋相连，故森林覆盖率高，四季林木茂盛，花果终年不绝，动植物资源非常丰富，生态环境良好。据2011年公布的全国第七次森林资源连续清查结果可知：福建省森林覆盖率为63.1%，居全国第一位；海南省森林覆盖率为60.2%；广东省森林覆盖率和城市建成区绿化覆盖率已分别达到57%和40.69%。热带森林多寄生、附生、老茎开花结果、板根、气生根及独木成林等现象，景观奇特，并保存有大批古老种属及名贵动物，为此建有一系列自然保护区，如武夷山、鼎湖山、五指山、尖峰岭等。这一切都为本区发展生态旅游创造了良好条件，"世界花园城市"——广州市、深圳市，"最适合人类居住的城市"——珠海市都相继成为旅游热点城市。

10.1.2　旅游人文地理环境特征

1）受外来文化影响明显的岭南文化

岭南文化是中华民族优秀文化的重要组成部分。从地域来说，岭南文化大体分为广东文化、桂系文化和海南文化三大块，主要以属于广东文化的广府文化、客家文化和潮汕文化为主。就形成而言，岭南文化是本土文化与楚文化、吴文化、中原文化融合的结果，同时，又深受海外文化的影响。

早在古代，岭南由于地处我国南疆边陲，基本上处于与中原隔绝的局面。生活在岭南的百越族先民，在依山傍海、河汉纵横的自然环境下，从早期的渔猎采集文明、稻作文明到后来的商贸文明，都离不开江海水运，由此产生了"喜流动、不保守"的岭南百越文化本色。秦汉以后，岭南统一于中华，修灵渠、开庾岭，岭南与中原的文化交流日益密切；后来，屯军、贬官及几次战乱的大量移民带来了强势而先进的中原华夏文明，有力地促进了当地文化与中原文化的融合。

历史上中国与外国的商贸、文化交流有三次高潮，除东汉至唐宋期间以陆上的丝绸之路为通道外，明清之际及鸦片战争之后的两次，皆以海上通道为主，粤闽一直处在开放的最前沿，广州、泉州、番禺、福州等地则是我国对外贸易的重要港埠，其中广州更是我国对外贸易第一大货物集散地，因此引来了阿拉伯、波斯及西方的各国商人，给岭南带来了海外文化。改革开放后，岭南是我国优先对外开放的地区，我国第

一批对外开放的四大窗口与第一个对外开放的省份都在本旅游区，西方各种适合我国的先进文化最先从这里兴起，从而给岭南文化注入了新的活力。

岭南文化中西兼容，具有开放、务实、敢于创新的特质。如宗教文化除佛教、道教外，还有天主教、基督教、伊斯兰教等外来宗教，及本地区特有的妈祖崇拜；岭南园林、岭南民居、茶文化、盆景文化、岭南画派、工艺美术等虽自成一体，但又深深地打上了中原及外来文化的烙印。以岭南园林为例，在建筑形式上，其相较于江南园林有比较鲜明的特色：一是体态更轻盈、通透、朴实，体量较小。二是装修精美、华丽，建筑装修大量运用木雕、砖雕、陶瓷、灰塑等民间工艺；门窗格扇、花罩漏窗等除精雕细刻外，还别具一格地镶上套色玻璃做成的纹样图案。三是建筑布局形式和局部构件受西方建筑文化的影响，如在中式传统建筑中采用罗马式的拱形门窗或巴洛克式的柱头，或用条石砌筑规整的水池，厅堂外设铸铁花架等。这些都充分反映了中西兼容的岭南文化特点。

敢于“开风气之先”是岭南文化的又一大特点。鸦片战争后，民主主义和政治改革思潮率先从这里掀起，岭南成为近代中国革命的策源地，并产生了对中国近代历史影响深远的思想家、革命家，如康有为、梁启超、孙中山等。新民主主义革命初期，广东是全国革命的中心和第一次国内革命战争的根据地；大革命时期，福建西部有10个县属于中央苏区红色根据地；从计划经济向市场经济转型时期，本区又在我国改革开放中扮演着领跑者的角色。这一切都与岭南文化“开风气之先”的传统有密切关系。

2）我国著名的侨乡和港澳台同胞的故乡

中国人移居国外，可追溯到2 000多年以前的古代，进入唐代，已有较多的中国人定居国外，被视为华侨史的开端。后经历代移民活动，到20世纪90年代，我国在国外的华侨、华人已有3 000多万人，其中华侨大约为300万人。岭南是我国早期对外贸易的前沿阵地，也是历史上海外劳工最大的来源地，因此成为华侨、华人祖籍集中的区域。在世界各地的华人、华侨中，祖籍为广东的约占54%、福建的占25%、海南的占6%，其他省（区、市）的共占15%。由此可见，该区是我国当之无愧的侨乡。福建与台湾自古以来也是“同宗同祖”“血脉相连”的，现台湾同胞中，祖籍为福建漳州的就有800万人，占台湾总人口的35.8%；祖籍为福建泉州安溪的有200多万人，约占台湾总人口的10%；祖籍为福建南安的有100多万人。现在台湾还有南安分炉去的寺院、神庙及会馆上百所。这些都充分证明，岭南文化区是港澳台同胞的故乡。每年大批华侨、华人及港澳台同胞来此观光、寻根祭祖、探亲访友，或投资、经商办企业，进行商务旅游，是本区稳定的入境旅游客源。

同步案例10-2

2023华侨华人粤港澳大湾区大会

背景与情境： 2023年5月17日上午，由国务院侨办和广东省人民政府主办的“2023华侨华人粤港澳大湾区大会”在江门召开。大会以“汇聚侨力量，圆梦大湾区”为主题，来自90个国家和地区的约700名海外侨胞共聚一堂，共叙乡情、共谋发展。

省委书记黄坤明出席大会并致辞，他说，回望历史，一代代华侨华人心系祖国、情系家乡，在广东革命、建设和改革开放各个历史时期都作出了重要而独特的贡献；进入新时代，海外侨胞活跃在建设粤港澳大湾区、全面推进乡村振兴等各条战线上，成为推动广东高质量发展的重要力量，是大湾区建设的重要参与者、支持者、见证者。

当今的大湾区，生机勃勃，前景光明，潜力无限，空间广阔。这是一个内外循环畅通、服务和融入新发展格局的大湾区，基础设施"硬联通"和规则机制"软联通"不断拓展，对内对外经济联系更加紧密，开展全国全球商贸活动日益便利；这是一个创新创造活跃、高质量发展动能澎湃的大湾区，厚实的创新资源和产业基础、发达的市场经济、完整的产业配套和一流的营商环境，让创新创造的种子加快长成参天大树；这是一个筑梦美好未来、引领中国式现代化的大湾区，随着建设工作的深入推进，未来的大湾区，人民群众在推动高质量发展中共享高品质生活，中西文化交流交融、美美与共，现代都市与山水田园交相辉映，处处蕴含着乡愁，充满了魅力，彰显着中国式现代化的强大生命力和显著优势。我们愿以此次大会为重要契机，与海外侨胞携起手来，团结奋斗，共享大机遇、共建大湾区、共圆中国梦。期待海外侨胞更加踊跃地投身大湾区、建设大湾区，充分发挥资金、技术、人才和熟悉国际市场等多方面优势，积极投资兴业、创新创业，在推动大湾区高质量发展中实现自身事业的更大成功；广泛宣传大湾区、推介大湾区，进一步发挥沟通中外的桥梁纽带作用，用亲身感受、生动事例讲好大湾区故事，为建设世界级的大湾区、发展最好的湾区营造更好的外部环境；深入研究大湾区、建言大湾区，多建睿智之言，多献务实之策，为大湾区建设贡献更多侨胞智慧。

资料来源　佚名. 2023华侨华人粤港澳大湾区大会在江门召开[EB/OL]. [2023-05-18]. http: //hmo.gd.gov.cn/ygahz/content/post_4182789.html. 引文经过节选、压缩和改编。

问题：2023华侨华人粤港澳大湾区大会的召开对推动旅游业的发展有何意义？

分析提示：可从旅游经济、旅游文化、旅游市场等方面来思考。党的二十大报告明确提出要"推进粤港澳大湾区建设，支持香港、澳门更好融入国家发展大局，为实现中华民族伟大复兴更好发挥作用"。

3）发达的对外商贸业与外向型经济

便利的海运条件促进了岭南文化旅游区对外商贸业与外向型产业的发展。以广东省为例，18世纪，清政府废除禁海令后，广东外贸业快速发展起来。由于当时清政府招募了较有实力的13家广东牙行作为与外商做生意并代海关征缴关税的经纪人，故这13家牙行得以顺理成章地经营清朝全盛时期的对外通商口岸达百年之久，成为与晋商、徽商齐名的商贸团体——"广东十三行"。这个商贸团体一方面通过正常的经营手段集散中国的丝绸、瓷器、茶叶等货物，从事对外商业贸易活动；另一方面也组织外贸商品的生产加工活动，如广东十三行出口的丝绸，有相当一部分就是组织当地的丝绸商人，根据各国商人的需求，按照样品进行生产的，并因此形成了专为出口服务的广东丝织业。据记载，当时广州织造工场有工人17 000余名，生产出的丝织品以无与伦比的品质和高超的技艺而著称于世，稳定地占据着欧洲市场。而集中在珠江南岸的100余个瓷器作坊，则根据外商提供的图样，在景德镇运来的素胎瓷上，成功地绘上欧洲客商要求的纹饰，创造出中西艺术结合的外销瓷器——“广彩瓷”，非常符合西方消费者的审美情趣，在欧洲被当作富裕和地位的象征。为了扩大生意，他们还把经营产品的广告做到了美国的报纸上，充分体现了中国商人开拓国际市场的超前理念；同时，他们以诚信、高效、应变能力强深受外商欢迎。在他们的努力经营下，广东特别是珠三角的外贸与外向型产业发展十分繁荣。

中华人民共和国成立后，广州每年春秋两季举办的“中国出口商品交易会”，即“广交会”正是这一传统的体现。改革开放以后，广东珠三角及福建厦漳泉金三角等地进一步继承了本区发展外贸与外向型产业的优良传统，在吸纳资金、发展对外贸易和外向型产业等方面一直走在全国的前列，经济的外向度远远高于全国其他地区。2012年，仅广东省进出口总额就达9 838.2亿美元，占全国进出口总额的25.4%。外向型经济在带动本区经济繁荣的同时，也为国际旅游提供了良好的条件。

同步链接10-1

广东加大外资吸引力度 提升贸易投资合作质量和水平

4）海陆空齐备的旅游交通网络体系

岭南文化旅游区旅游交通发达，基本上形成了以航空、铁路、高等级公路、海运为骨干的便捷的旅游立体交通网络。其网络组成主要有：以广州、深圳、福州、厦门、海口、三亚为枢纽，以汕头、珠海、湛江、佛山、惠州、梅州、晋江、武夷山为节点的航空网络；以京广、京九两条大动脉及广深、鹰厦、来福、粤海等铁路线为骨干，以广梅汕、漳泉肖、横南、漳龙坎等铁路线为支线的铁路网络；以同江到三亚的沿海高速、京珠高速、京福高速以及105、106、107、205、316、319、321、324、325等国道为骨干，以区域内众多的高速公路为支线的高等级公路网络；以福州、厦门、泉州、东山、松下、广州、肇庆、梧州、汕头、海口、三亚、八所、洋浦等对外海运口岸及内河港口为停靠点，以近海海运线路以及闽江、珠江水系为通道的水运网络。它们共同构成了该旅游区四通八达的对内、对外交通网络，为旅游业的发展创造了极其优越的交通基础条件。

10.2 旅游业概述

10.2.1 旅游业现状及其成因分析

1）旅游业在全国位居前列，入境旅游优势尤其突出

改革开放以来，旅游业作为我国经济的增长点得以迅速发展，闽粤琼在其特定的优越条件下，旅游业在全国一直占据举足轻重的地位。以2023年为例，本区A级景区、星级饭店、旅行社数量均在全国占有重要比重。其中，星级饭店营业收入与旅行社营业收入皆有不俗表现（见表10-1）。

表10-1 岭南文化旅游区2023年旅游业基本情况

项目 地区	星级饭店				A级旅游景区			旅行社	
	营业收入（亿元）	饭店总数（个）	其中 五星	其中 四星	总数（个）	其中 5A	其中 4A	机构数（个）	营业收入（千元）
全国总计	1 601.09	7 245	777	2 326	15 721	318	4 863	39 580	444 272 900

续表

项目 地区	星级饭店				A级旅游景区			旅行社	
	营业收入（亿元）	饭店总数（个）	其中		总数（个）	其中		机构数（个）	营业收入（千元）
			五星	四星		5A	4A		
广东	163.92	440	88	121	664	15	216	3 031	49 303 207
福建	73.64	222	48	112	494	10	124	1 243	10 654 837
海南	39.24	75	19	29	86	6	34	735	6 679 363
本区合计	276.8	737	155	262	1 244	31	374	5 009	66 637 407
2023年本区占全国	17.29%	10.17%	19.95%	11.26%	7.91%	9.75%	7.69%	12.66%	15.00%

资料来源 中华人民共和国文化和旅游部. 中国文化文物和旅游年鉴2024［M］. 北京：国家图书馆出版社，2024.

同步思考10-1

问题：什么原因使本区旅游业在全国具有如此明显的优势？

理解要点：从地理位置、对外开放程度、经济发展水平等方面思考。

2）国内客源以华东、华南为主，入境客源三省差异较大

从闽粤琼三省客源地域的组成来看，国内客源分布区域大致与各地至旅游目的地的距离、客源地经济发展水平及与目的地的交通便捷程度相关。大致情况是：福建省国内客源以长江三角洲和珠江三角洲为主的特征比较明显；海南省的国内客源虽然较其他两省要广，但来自华东、华南的游客仍占来琼游客总量的45%以上；近年广东省省内游空前繁荣，这与广东省发达的经济以及“广东人游广东”的倡导密切相关。在接待的入境游客中，广东、福建两省仍以华侨和港澳台地区的游客为主体。2010年以来，广东、福建两省接待的华侨和港澳台地区的游客占全国上述两类入境游客的70%左右，而海南省的入境游客则明显表现出以外国人为主的特征，外国人占七成左右。从接待的外国旅游者国别构成看，广东省主要客源国有日本、美国、韩国、马来西亚、新加坡等，福建省的美国、日本、马来西亚、韩国客源较多，海南省客源国居前五位的是俄罗斯、新加坡、韩国、马来西亚、日本。

10.2.2 主要旅游地与旅游线路

截至2023年，岭南文化旅游区共有1 244个A级旅游景区，其中31个为国家5A级旅游景区、374个为国家4A级旅游景区。

1）闽东北游览区

学习微平台

延伸阅读10-1

闽东北游览区以福州为中心，包括宁德、莆田、周宁地区的景区景点，其中以鼓山风景区、太姥山风景区、鲤鱼溪风景区、鸳鸯溪风景区、湄洲岛妈祖庙最为有名。

（1）榕城福州。福州素有“八闽首府”之誉，因900多年前就遍植榕树，“绿荫满城，暑不张盖”，故有“榕城”的美称。福州位于福建省东部闽江下游，是全省政治、经济、文化中心，也是我国东南沿海的经贸中心，以闽菜与闽剧、温泉与茶艺享誉中外。其风景名胜主要集中在内外三山，包括国家重点风景名胜区鼓山和海坛岛等。

史载，五代时期闽王王审知扩建城池，将风景秀丽的于山、乌山、屏山圈入城内，形成了福州“山在城中、城在山内”的独特风貌。“三山一水”成为榕城的主要标志。内三山指的是鼎足于市内的于山、乌山和屏山，其中于山形似巨鳌，可俯瞰全市景色，山上有九仙洞、九日台、万岁寺、九仙观、戚公祠、万象亭等景观，以及极具艺术和历史价值的摩崖石刻百余处；乌山有遍布山体的200多处摩崖石刻；屏山南麓有华林寺大殿，为北宋遗存，是长江以南最古老的木建筑之一。内三山最著名的是于山西麓的白塔与乌山东麓的乌塔，它们东西对峙，构成福州城的主要标志——榕城双塔。鼓山是福州“外三山”之一，位于榕城东郊，距离市中心约8公里，是福州市最著名的风景区。其主峰海拔925米，为福州最高峰，山巅有巨石如鼓，相传每逢风雨冲击即有“隆隆”之声，故得此名。鼓山山明水秀，是历史悠久的佛教圣地，素称“福州第一胜景”。全山景点以涌泉寺为中心，寺庙建筑规模宏伟，布局精巧，有“闽刹之冠”之称，是我国古代“十大古刹”之一。寺前有两尊陶塔，塔高97米，塑有1 038尊佛像。寺内藏经近30 000册，内有珍贵的血经。从鼓山山麓至寺院有2 500级石磴，一里一亭，景色如画；山上有18洞，一洞一景，形成“鼓山十八景”。

此外，福州市三坊七巷景区是国内现存规模较大、保护较为完整的历史文化街区，被誉为“中国城市里坊制度活化石”和“中国明清建筑博物馆”，是国家5A级旅游景区。该景区内现存古民居270余座，其中有159处被列入保护建筑。

（2）海上仙都——福鼎太姥山。太姥山风景名胜区位于福建省东北部，在福鼎市正南，距市区45公里，是一处以粗粒花岗岩峰林岩洞为特色，融山、海、川和人文景观于一体的国家重点风景名胜区，也是国家5A级旅游景区。整个风景区面积92平方公里，分为太姥山岳、晴川海滨、九鲤溪瀑、福瑶列岛、桑园翠湖五大景区，另有冷城古堡、瑞云寺两个景点。登临绝顶，极目东海，水在天际流，峰从海中出，太姥山风景名胜区以“山海大观”著称于世，并于2010年10月被列入《世界地质公园名录》。

（3）人鱼同乐的鲤鱼溪。它位于福建省周宁县浦源村，距周宁县城5公里。浦源村是一个源于宋代的古村落，由于鲤鱼能澄清水质，又能鉴别水中有无毒物，浦源村居民自古便养成了在溪流中放养鲤鱼、从不捕食的习惯。鲤鱼在村民的自发保护下繁衍，经历了800多年的悠长历史，至今在这条穿越村庄不过一里、宽仅丈余的溪流里生活着万余尾五颜六色的鲤鱼，大者达二三十斤。长期的人鱼和谐相处，养成了鲤鱼“闻人声而来，见人影而聚”的温顺习性。为了便于观鱼、赏鱼、与鱼同乐，村民们还在溪流上建起了造型独特的观鱼亭台和水榭小桥，把人鱼和谐共生的意境升华到极致。每遇鲤鱼自然死亡，还要由村中德高望重的老人将鱼隆重葬于被称为“鱼陵”的洞中。如今，鲤鱼溪人鱼和谐共生的情景已成为人与自然和谐共生的典范，并吸引了大批国内外游客。

（4）鸳鸯溪风景区。其位于福建省东北部屏南县，距屏南县城35公里，是国家级重点风景名胜区、国家5A级旅游景区。鸳鸯溪全长18公里，景区面积78.8平方公里。景区以野生动物鸳鸯、猕猴和稀有植物为特色，是我国目前唯一的鸳鸯自然保护区。景区融溪、峰、岩、瀑、洞、雾、湖于一体，景观雄伟秀丽、粗犷幽雅兼备，素有“爱侣圣地”“鸳鸯故乡”“猕猴乐园”“人间仙境”等盛誉。该风景区分为白水洋、宜洋、太堡楼、刘公岩、鸳鸯湖五大景区。其中，白水洋景区以拥有由3块平坦的万米巨石组成的浅水广场著称于世，被称为“天下绝景、宇宙之谜”。2010年10月，白水洋、鸳鸯溪被列入《世界地质公园名录》，是福建省十大旅游品牌之一。

（5）湄洲岛妈祖庙。相传妈祖是北宋湄洲岛上的一位渔家女子，原名林默，精通天文、天象和医学，跨海逐浪，救死扶危，死后被尊为“海神”，受到沿海一带人们的信奉。这一信奉还随沿海华人的迁移被带到了世界各地，现世界各地共有妈祖庙千余座，信徒达1亿多人。莆田湄洲湾传说是妈祖升天圣地，湄洲岛上建于北宋雍熙四年（公元987年）的妈祖庙是海内外妈祖信众崇仰的圣地与妈祖文化中心。近年来，海外的妈祖信奉者纷纷涌向湄洲岛，带来了“妈祖寻根热”，特别是每年妈祖诞辰和升天日，湄洲岛更成为一个旅游热区。

2）闽西北游览区

闽西北游览区是以武夷山和泰宁为核心，包括南平市、三明市的游览区。其中，武夷山世界双遗产与泰宁世界地质公园是两个世界级的旅游胜地，也是福建省旅游吸引力最大的区域。

（1）武夷山风景名胜区①。武夷山坐落在闽北武夷山市西南15公里处，是闽赣两省的界山，历史上为纪念彭武和彭夷两兄弟治水征服自然的功绩而得名。武夷山是我国著名的丹霞地貌分布区，其景观以“三三六六”山水而出名，“三三”指九曲溪，“六六”指三十六峰。清澈的九曲溪水环绕赤壁丹崖的三十六峰流淌，形成了碧水丹山的特有风貌。由于各峰形态迥异，溪水曲曲景色不同，故又有“奇秀甲东南”的美誉。武夷山还是我国重点自然保护区、国家5A级旅游景区，是我国进入联合国“人与生物圈保护区网”的15个自然保护区之一，被誉为“研究亚洲两栖和爬行动物的钥匙”和“昆虫世界”，于1999年被联合国教科文组织审核批准为世界文化与自然双重遗产。区内植物达4 000余种，树木种类为整个欧洲大陆的7倍，有50多种孑遗植物，如银杏、铁杉、红豆杉、竹柏等；还有野生动物400多种。此外，武夷山还有72洞穴、99奇岩、古老的船形悬棺和多处摩崖石刻等名胜古迹。

（2）泰宁大金湖风景区。大金湖位于泰宁城西，是1980年将闽江上游一条支流拦截形成的人工湖，穿行于闽西北万山丛林之中。该风景区是国家5A级旅游景区，整个景区融桂林的水、武夷的山于一体，并有久负盛名的梵刹、府第、雄寨、古墓等人文胜迹，形成了独特的碧水丹崖、幽秀奇绝、人文荟萃、绚丽多姿的风光。景区内有景点40余处，其中水天一线、幽谷问津、梵宇独支、金猫浴日、盘斜云径、尚书府第、虎踞雄寨、鸳鸯情绵为“金湖八绝”。景区内的甘露寺建于宋绍兴十六年（公元1146年），建筑奇特，依崖壁顺势建造，外形如同一个繁体的“叶”字，仅用一根粗大的木柱撑托着上面的上殿、唇阁、观音阁、南安阁4座殿宇，为我国古代建筑的杰作。

（3）将乐玉华洞。玉华洞位于将乐县城南7公里的天阶山下，是福建省最大的石灰岩溶洞，因洞内岩石“光洁如玉、华光四射”而得名，有“闽山第一洞”之称。玉

① 推荐观赏《世界遗产在中国21——武夷山》，观后总结武夷山之所以能成为世界双遗产的理由。网址：https：//v.youku.com/v_show/id_XOTIzOTEwNzI=.html?debug=flv。

华洞分藏禾、雷公、果子、黄泥、溪源、白云6个支洞，石泉、井泉、灵泉3股泉水流贯洞内。洞中有建于宋代的醴泉禅寺，为单檐歇山式木构殿堂，精巧古朴，不施片瓦。

（4）永安桃源洞。桃源洞位于永安市北面10公里的燕江畔，相传溪边遍植桃树而得名。桃源洞似洞非洞，系拔地而起的山岩，中裂一隙，仅留天光一线，一线天全长120米，高40米，宽仅1尺，最窄处只可侧身而过，洞口绝壁上有明万历年间两郡司马陈源湛所书“桃源洞口”四个大字。桃源洞内有一线天、通天亭、观音殿、飞来石、仙人棋盘、跨虹桥、凤冠亭等18景。

（5）龙岩市古田旅游区。古田旅游区位于福建省龙岩市上杭县古田镇，是全国首批历史文化名镇，于2015年被评为国家5A级旅游景区。该景区包括古田会议会址、古田会议纪念馆。

3）闽南游览区

闽南游览区以厦门、漳州、泉州为中心，是一个以山海旅游、客家文化及红色旅游为特色的综合游览区。

（1）海上花园城市——厦门。厦门是我国东海的门户，隔着台湾海峡与台湾岛、澎湖列岛遥遥相望，是我国著名的侨乡，也是台胞的祖籍地之一。浩瀚无边的蓝天碧水与亚热带海洋性气候孕育出种类繁多、多姿多彩的植物，使厦门素有“海上花园城市”之美誉。其著名景区景点有鼓浪屿、南普陀寺、万石植物园、胡里山炮台、鳌园、环岛路、天竺山森林公园等。

鼓浪屿是厦门山海风光的金牌旅游景点之一，是国家5A级旅游景区，于2017年被联合国教科文组织审核批准为世界文化遗产。全岛面积1.8平方公里，因其西南边有巨石，涨潮时浪涛撞击发声如擂鼓而得名。由于长期经受风化浪蚀，球状风化明显，花岗岩石蛋地貌遍布全岛。岛中央大石蛋——日光岩是全岛最高峰，高96米，为观海上日出的最佳处。岛上林木茂密，别墅幢幢，异国情调十分浓厚。

南普陀寺位于厦门市东南，依山面海，是一座千年古刹，为闽南佛教圣地。寺内珍藏有缅甸玉佛、宋代古钟与香炉、明代铜铸八首二十四臂观音、清代瓷制济公活佛等珍贵文物。寺后有怪石古松、岩洞石刻，摩崖石刻中有一高4.7米、宽3.5米的特大“佛”字石刻，笔锋遒劲，气势磅礴。

万石岩位于厦门市东南狮山北麓，满山皆石，形态万千，是典型的花岗岩石蛋地貌，有“虎溪夜月”等大八景、“天界晓钟”等小八景、“高读琴洞”等外八景。现围绕万石岩水库开辟了厦门园林（万石）植物园，园内种植有热带、亚热带植物3 000多种，分20多个专类园和种植区，其中有被称为“活化石”的水杉、银杏，世界三大观赏树——中国金钱松、日本金松、南洋杉。奇特而多彩的热带植物与雄奇的万石岩相互掩映，组成了一幅山明水秀、美妙无比的天然图画。

（2）花果之乡——漳州。漳州地处福建省最南端，与台湾岛隔海相望，是侨胞和台湾同胞的祖居地之一，也是我国东南沿海的历史文化名城。漳州拥有唐代修建的千年古刹南山寺，宋代古城堡建筑群赵家堡、塔口庵经幢，双门顶明代石坊等一批珍贵文物古迹和海峡西岸旅游岛——东山岛、乐土亚热带原始雨林、海上兵马俑——隆教古火山口等一批自然景观；有布袋戏和芗剧等民间文艺享誉海内外。漳州一年四季花果飘香，以盛产芦柑、荔枝、天宝香蕉、龙眼、柚子、橄榄等水果而闻名，水仙花、片仔癀与八宝印泥一起被誉为“漳州三宝”，驰名海内外。漳州现已形成海滨休闲、绿色生态、朝圣观光三大旅游特色。

（3）海上丝路起点——泉州。泉州位于闽东沿海，是古代东方贸易大港、海上丝绸之路的起点。其名胜古迹多与同境外的交往有关，是一座历史文化名城，佛教、道教、摩尼教、伊斯兰教都留有丰富的遗存，故有“宗教博物馆”之称。

开元寺、崇福寺、承天寺是泉州的佛教圣地，其中以开元寺规模最宏大。其主体建筑大雄宝殿内供奉代表东南西北中五个方位的“五方佛”，斗拱间雕有24尊飞天乐伎像，但其发式、服装、姿态却像希腊女神，是典型的中西艺术结合的杰作。殿西廊道塑有十八罗汉，为国内殿宇建筑所罕见。殿前有分别建于唐末和五代的东西二塔，为开元寺的标志，故有“不游开元寺不算到泉州，不登东西塔不算到开元寺”之说。泉州清净寺为我国现存最古老的伊斯兰教建筑，建于北宋，仿叙利亚大马士革伊斯兰教堂，有浓郁的阿拉伯风格。草庵是目前世界上唯一保存下来的摩尼教遗址，庵内依崖凿石为龛，龛内雕刻波斯摩尼光佛一尊，是世界上最重要的摩尼教文物。此外，泉州北部还有道教名山清源山，山上有乳泉出露，又称泉山，泉州之名亦由此而得。山上林翠泉清，径曲谷幽，奇石罗列，有“闽海蓬莱第一山”之誉，其中老君岩、瑞象岩、弥陀岩为清源山风景最佳处。

此外，泉州洛阳河上的洛阳桥、晋江上的安平桥都以其独特性吸引着大批游客。其独特之处在于洛阳桥首创了“筏型基础”造桥墩的技术，安平桥是当时世界上最长的用巨型石条修砌而成的“梁式长桥”。

泉州清源山景区位于福建省东南部，于2012年被评为国家5A级旅游景区。因山上的泉眼众多，清源山又被称为“泉山”。该景区总面积62平方公里，与泉州市山城相依，被誉为泉州十八景之一。

（4）永定土楼。闽西龙岩地区是客家人南迁后的主要聚居地之一，永定在龙岩辖区内，这里分布着大量历史悠久、风格独特的客家民居建筑群——土楼。永定土楼有圆形和方形两种。永定全县现有圆楼360座、方楼4 000余座，享有“客家土楼之国”的美誉。此外，我国红色旅游精品线路赣州—瑞金—于都—会昌—长汀—上杭—古田线中的后半部，也在本游览区龙岩境内，是红色旅游不可或缺的重要组成部分。永定土楼是国家5A级旅游景区，于2008年被联合国教科文组织审核批准为世界文化遗产。

4）珠三角游览区

珠三角游览区包括广州、深圳、珠海、佛山、肇庆、中山、江门、东莞等市区所辖范围的景区景点。全游览区经济发达，商贸繁荣，交通便捷，旅游资源开发与旅游业发展条件较好，是我国的旅游热点地区。

学习微平台

延伸阅读10-2

（1）花城广州。广州历来是华南地区的政治、经济、文化中心。由于地处亚热带，横跨北回归线，因此气候温和，雨量充沛，四季繁花似锦，城市风光旖旎，环境质量较高。爱花、养花是当地居民的共同爱好，每年春节前后的花市更是热闹非凡，故广州有“花城”之称，享有“世界花园城市”之美誉。相传在远古时期，曾有五位仙人，骑着嘴衔稻穗的五色仙羊降临此地，把稻穗赠给百姓，祝愿这里永无饥荒，因此，广州又有“羊城”“穗城”的别号，“五羊”也成为广州的象征。由于得天独厚的自然环境、别具特色的南国风情、源远流长的历史文化、为数众多的名胜古迹、丰富多彩的文化娱乐，以及发达的商贸旅游服务行业，广州已成为全国重要的旅游城市。市区主要景点有黄花岗烈士墓、越秀山、荔湾湖、流花湖、东山湖、光孝寺、六榕寺、海幢寺、华林寺、怀圣寺、三元里、中山纪念堂、黄埔军校旧址等名胜古迹；除此之外，还有白云山、帽峰山、南湖和植物园、动物园等山水风光旅游区，以及疗养度假地从化温泉和广州长隆旅游度假区等。白云山风景区自古就有“羊城第一秀”之称，是“羊城八景”之首，于2011年被评为国家5A级旅游景区。位于番禺区的广州长隆旅游度假区是一个极具旅游吸引力的旅游度假区，于2007年被评为国家5A级旅游景区。长隆集团旗下的长隆野生动物世界、长隆水上乐园、长隆欢乐世界以及长隆国际大马戏四大顶尖主题公园和全国最大的生态主题酒店——长隆酒店深深打动了旅游者的心，长隆集团内部的免费交通系统让各主题公园之间实现了无缝对接，使旅游者感到十分惬意。

同步案例10-3

广州市推出系列红色文化活动　助力羊城红色旅游

背景与情境：2022年10月，绿意盎然的岭南沉浸在红色的喜悦中。中华人民共和国迎来73周年华诞，伟大的中国共产党第二十次全国代表大会召开。在红色的节日里，广州市文化广电旅游局牢记习近平总书记的嘱托，深入发掘广州这座英雄之城的历史文化底蕴，充分利用革命文物，推出系列精品展陈和红色文化活动，助力羊城红色旅游。

越秀区恤孤院路3号，99年前，来自全国各地的代表汇聚一堂，在这里召开了党的第三次全国代表大会。在这里，观众能看到“中国共产党第三次全国代表大会历史陈列”，了解革命先辈的理想信念，学习中共三大的会议精神。越秀区越华路116号，“华南明灯”展览用生动的图文展示了中国共产党早期优秀的理论家、华南地区系统介绍马克思主义的第一人杨匏安的革命事迹，以及杨家祠作为中国共产党广东党团组织早期活动据点的历史。越秀区东园横路3号，新的红色地标——团一大纪念馆巍然矗立，用“中国共产党领导下的中国社会主义青年团创建历史陈列”展示了党亲手缔造青年团、指导青年团创建的历程。珠江岸旁，海珠区纺织路东沙街18号，“吾志所向　一往无前——孙中山早年的奋斗历程”展览展示了孙中山早年为挽救民族危亡、投身革命事业的奋斗历程……

除了丰富的展览，广州市还推出系列红色文化活动，为广大市民朋友参观游玩提供了更加有趣的内容。中共三大会址纪念馆通过“我和我的祖国之欢聚中共三大”国庆系列活动，通过聆听红色故事、DIY手工等，弘扬爱国主义精神。同时，还邀请各个行业“光荣在党50年”荣誉获得者的老党员们，来到初心之地，共话初心故事，一起过政治生日。农讲所旧址纪念馆线上直播全新栏目《红色故事会》，讲解员为观众讲述农讲所学员的革命故事。在三元里人民抗英斗争纪念馆，带小孩的观众可以报名参加“抗仔英妹：交个朋友吧！”不织布画制作活动，参与“抗仔英妹”卡通人物形象不织布画拼接活动，制作完成后在炮台前与“抗仔英妹”打卡合影留念，为祖国送上祝福语。去往长洲岛的观众，在参观完黄埔军校后，可以参加“厚植爱国情怀，齐贺祖国华诞”活动，在明信片上写下对祖国的祝福……

资料来源 广州市文化广电旅游局. 广州市推出系列红色文化活动 助力羊城红色旅游［EB/OL］.［2023-12-10］. http://wglj.gz.gov.cn/gzdt/wlzc/content/post_8596645.html.引文经过节选、压缩和改编。

问题：广州市为什么要推出系列红色旅游文化活动?

分析提示：可从弘扬传统文化、践行党的二十大精神、挖掘红色旅游魅力等方面来思考。

（2）世界花园城市深圳。深圳位于珠三角的南端，与香港特别行政区接壤，是改革开放后新兴起的现代化城市。深圳枕山面海、山水风光优美。在其70多公里长的海岸线上分布着众多优质海滩，海水清碧洁净，是迷人的海滨浴场。此外，深圳还有雄伟险峻的梧桐山、面积达1 000多亩的红树林，以及众多环境幽雅的滨水旅游度假地。旅游景观以锦绣中华、中华民俗文化村和世界之窗三大主题公园最为著名。其中，锦绣中华是我国自然风光与历史古迹精粹的实景微缩园，展示了长城、故宫、泰山、黄山等100多处名胜景观。中华民俗文化村集中了我国大多数民族各具特色的民居村落，每个村落都有本民族成员展示其生活习俗。世界之窗则是以弘扬世界文化精华为主题的实景微缩园，汇集了世界上130多个国家和地区的名胜，景区按世界地域结构和游览活动内容分为世界广场、亚洲区、大洋洲区、欧洲区、非洲区、美洲区、世界雕塑园和国际街八大区域。多年以来，三个主题公园紧紧抓住“窗口”做文章，让中国人从这里了解世界，让世界各国人民从这里了解中国。园区一贯“坚持品质、坚持特色、坚持创新”，不断探索娱乐休闲新方式，已成为我国大型主题公园长盛不衰的光辉典范。此外，观澜湖休闲旅游景区与华侨城旅游度假区先后被评为国家5A级旅游景区。观澜湖休闲旅游景区主要由观澜湖高尔夫球会组成，球会横跨深圳与东莞近20平方公里的青山绿水，是世界唯一汇聚五大洲风格的球场；华侨城旅游度假区是全国文明风景旅游区示范点。

（3）最宜人居住城市——珠海[①]。珠海位于珠江出海口的西岸，陆连澳门，水通香港，由112个岛屿组成，有“百岛之市”的美称。其主要景点有石景山旅游中心、白藤湖旅游度假区、珠海度假村、国际高尔夫球场、圆明新园等。其中，石景山旅游中心是我国开发的现代旅游的一个样板，它依山临海，建筑优美别致，山上怪石嶙峋，海滨公园花木繁茂，滨海沙滩广阔优良，还设有骑马场、网球场、高尔夫球场、射击场等游乐场所和高级宾馆，是集住、食、游、娱于一体的旅游区域。珠海是一个优美的海滨城市，气候宜人、空气新鲜、绿化程度高，拥有联合国颁发的“最适合人类居住城市”的金匾。

同步思考10-2

问题：珠海作为旅游城市，如何保障其旅游业可持续发展，确保“最适合人类居

① 推荐观赏珠海旅游宣传片，体验珠海的城市魅力。网址：http://my.tv.sohu.com/us/201847436/68476858.shtml。

住城市”实至名归？

理解要点：可从政府、旅行社、旅游从业者、游客等角度展开思考。

(4) 历史文化名城佛山。佛山东依广州，西接肇庆，南连珠海，气候温和，雨量充足，景色秀丽，经济发达，是广东省著名的旅游城市。佛山“肇迹于晋，得名于唐，整合于宋，盛于明清”，唐宋时期即成为我国南方的商贸重镇，明朝时与湖北汉口、江西景德镇和河南朱仙镇并称全国四大名镇，又因为它是我国南方最大的商品集散中心，被列为全国“四大聚”（北京、佛山、苏州、汉口）之一，是我国著名的历史文化名城。佛山旅游资源丰富，有国家级风景名胜区西樵山、国家5A级旅游景区长鹿旅游休博园、岭南“四大名园”之一的佛山梁园、全国道教名观祖庙、南海新八景中的鹭鸟天堂和金沙滩旅游中心等。其中，始建于北宋元丰年间的佛山祖庙，是集佛山古代的陶塑、木雕、铸造、建筑艺术于一体的殿堂，也是全国重点文物保护单位。

同步业务10-1

东莞“可园”推介

东莞可园位于东莞市莞城区博厦村西部，为清代广东四大名园之一，2001年被国务院公布为全国重点文物保护单位。可园始建于清道光三十年（公元1850年），平面呈不规则的多边形，占地面积约2 204平方米。面积虽不大，但造园时运用了“咫尺山林”的手法，故园中建筑、山池、花木等景物十分丰富，且布局高低错落，处处相通，曲折回环，扑朔迷离。建筑虽为木石、青砖结构，但十分讲究，窗雕、栏杆、美人靠甚至地板亦各具风格。其基调是空处有景，疏处不虚，小中见大，密而不逼，静中有趣，幽而有芳。加上摆设清新文雅，占水栽花，极富南方特色，是广东园林中的珍品。

(5) 历史文化名城肇庆。肇庆位于西江中游北岸，古称端州，城区集山、水、洲、景于一身。肇庆的星湖风景名胜区北依北岭山，南临西江，东距广州市100公里，是国家5A级旅游景区。该区由七星岩和鼎湖山两大景区组成，占地面积约20.61平方公里。其中，鼎湖山有我国最早建立的自然保护区，区内仅植物就有2 000余种，参天古木有17 000余亩，是华南植物资源的宝库，也是我国最早被联合国教科文组织列入“世界人与生物圈保护区网络”的成员。七星岩景区因七座挺拔的石灰岩峰宛如北斗七星排列于星湖湖面上而得名，因湖光岩彩、奇石溶洞、摩崖石刻而著名，有“阳朔之山、西湖之水”的美誉。西江小三峡景区由羚羊峡、三榕峡、大鼎峡组成，景色宜人，风光秀丽。

(6) 伟人故乡——中山市。中山市北连广州，毗邻港澳，是我国伟大的革命先行者孙中山先生的故乡，于2016年被评为国家5A级旅游景区。中山市的主要景点有中山十景，包括中山故居、中山温泉、长江乐园、阜峰文塔、兴中缀锦、紫岭鸣嘤、老街新韵、仁山玉宇、五桂雄峰、菊城金瓣等名胜和小揽菊花会。中山故居是一幢赭红色中西合璧的两层小楼房，为孙中山先生亲自设计。楼房四周遍植苍松翠竹、古榕红棉，现已被辟为公园。

（7）旅游滨海城市——阳江市。阳江市位于广东省西南部，紧邻珠三角，面临南海，是中国著名的旅游滨海城市。阳江市海陵岛大角湾海上丝路旅游区于2015年被评为国家5A级旅游景区，其地处阳江市海陵岛闸坡镇内，距阳江市区20公里，距广州280公里。它的陆地面积为108平方公里，其中可供开发面积为58平方公里，可供养殖的滩涂为12.4平方公里，是集海泳、度假、食海鲜、购海味于一体的综合型滨海旅游区。

（8）历史文化名城——江门市开平市。江门市地处珠江三角洲西南部，与武汉三镇颇为相似，故有"小武汉"之称。开平市具有非常深的历史文化底蕴，至今仍完好保存了始建于清初的1 833座碉楼，完美地展现了中西建筑的融合。开平碉楼与村落于2007年被联合国教科文组织审核批准为世界文化遗产。

5）粤北游览区

粤北游览区主要指粤北山区，是一个以韶关、连州、清远三市为旅游中心城市，以"名山、温泉、风情、佛韵"为特色的旅游区域。该游览区拥有丹霞山世界地质公园和良好的生态环境，有条件成为珠三角生态郊野公园。

（1）中国红石公园——丹霞山。其位于韶关市东北的仁化县、曲江区交界地带的山间盆地中，全景区面积290平方公里，以丹霞峰林为主，有大小丹霞石峰、石堡、石墙680多座，是国家5A级旅游景区。丹霞石峰很低，主峰巴寨海拔仅618米，其他诸峰大多为300~400米，错落有致、形态各异、气象万千，是国家重点风景名胜区、我国第一批入选世界地质公园的八大项目之一。全区包括丹霞山、韶石山、大石山三大景区，其中主景区丹霞山距韶关市区50公里，被三级绝壁和三级平坎分隔成三个景观层：下层以五色交错、四时变化的赤壁丹崖为特色，更以临江百丈峭壁上的巨大岩洞——"锦石岩"称奇；中层以岭南十大禅林之一的别传寺为主，包括杰阁晨钟、松涧涛风、竹坡烟雨、双池碧荷、鸳鸯树、别有天等景观；最上层有螺顶浮屠、乳泉春溜、玉台爽气、虹桥拥翠等胜景，是观日出的最佳去处。韶石山景区距市区仅10多公里，以形状奇异的"三十六石"闻名天下。大石山景区在丹霞山西部，地势最高，以原始的山野风光、险峻的岗丘、遮天蔽日的森林与长年不断的溪流为特色，十分适合开展登山、野营等体育性、探险性活动。

（2）金鸡岭。其位于乐昌市坪石镇，因峰顶巨石貌似雄鸡昂首北望、引颈欲啼而得名，是广东省八大景之一。金鸡岭属丹霞地貌，总面积1.6平方公里，海拔338米，四周悬崖如削，雄伟险峻，著名的"金鸡石"之背、头和身由大小不同的3块球状丹霞石堆叠而成。其东有一字峰，长约400米，高130米，宽仅3~6米，竖看成峰，横看成壁，似一巨大屏障。太平天国时期，洪秀全的妹妹洪宣娇曾统领2 000女兵驻守此岭，阻击清兵，至今岭上还保留着当年的练兵场、秣粮坡、鱼池、点将台、观武台、舂米石、兵器岩等遗迹，是一处自然奇观与人文遗迹兼备的游览处。

（3）南宗祖庭——南华寺。其位于韶关市南22公里处，是中国佛教禅宗六祖慧能弘扬"南宗禅法"的发祥地，素有"南宗祖庭"之称，始建于南北朝梁武帝天监元年（公元502年），至今已经有1 500多年的历史，是全国重点文物保护单位。寺庙建筑雄伟，有唐代千佛袈裟、武则天圣旨、清代佛典译经等珍贵文物，以及卓锡泉、宋代灵照塔、木雕罗汉像、六祖真身像和柳宗元、苏东坡等唐宋名人碑铭等名胜古迹。

（4）清远市连州地下河旅游景区。连州地下河处于历史文化古城连州市东北26公里处，在粤桂湘三省交界的崇山峻岭之中，是一个亚热带喀斯特地貌的典型巨型天然石灰岩溶洞，被评为国家5A级旅游景区。连州地下河属于国内罕见的溶洞奇景，它上下共分三层，全长1 860米，最高处为47.8米，最宽处为53.6米，可游览面积达60 000平方米。

6）粤东游览区

粤东游览区主要包括广东东部的汕头、河源、潮州、梅州和惠州地区，是一个以汕头为旅游中心、以潮汕文化与客家文化为特色的旅游区域。

（1）著名侨乡汕头。汕头是我国五个经济特区之一，紧靠香港、澳门、台湾，濒临西太平洋国际黄金航道，是我国东南沿海开放港口城市。汕头现有旅居海外的华侨华裔216万人、台港澳人员近80万人。汕头是潮汕文化的核心区与发源地，有着独特而浓郁的民俗风情，拥有妈屿岛游览区、北山湾旅游度假区、北回归线标志塔、青澳湾等著名景区景点。

（2）历史文化名城潮州。潮州地处广东东部，与福建接壤，是一个有着1 600多年历史的文化名城。潮州历代均为县、郡、州、路、府的治所，素有"海滨邹鲁""岭海名邦""岭东首邑"之称。在漫长的历史长河中，本土的原生文化与周边文化、中原文化、海洋文化互相交流渗透，形成了风格独特的潮州民俗文化。潮州方言、潮剧、潮州音乐、潮州大锣鼓、潮州菜、潮州工夫茶、潮州民俗风情等，无不具有鲜明的地方色彩，蕴含着浓郁的中古遗风。潮州工艺巧夺天工，潮绣是粤绣的重要分支；潮州木雕是我国两大木雕体系之一。此外，潮州还是我国陶瓷出口的主要基地，其工艺陶瓷以"白如玉、薄如纸、明如镜、细如丝、声如磬"见长。全市现有文物古迹728处，其中全国重点文物保护单位5处、省级重点文物保护单位11处，是粤东文物古迹荟萃之地。自古闻名的"潮州八景"与保存完好的2.6公里长的明代古城墙、滨江长廊和古城内的古民居群一起，构成了潮州古城文化旅游区。另外，古城四周有笔架山、金山、葫芦山守护，水光山色十分宜人。其北部凤凰山是中国乌龙茶之乡和畲族的发祥地，少数民族风情浓郁；西部桑浦山麓有丰富的温泉、矿泉及形态各异的古海蚀地貌；东部柘林湾有栖息数万只黄嘴白鹭的"白鹭天堂"、全国规模最大的海上网箱养殖基地"海上牧场"和碧水蓝天的金狮湾海滨浴场等，都是观光、休闲、度假的旅游胜地。

（3）"客都"梅州。梅州位于广东省东北部、闽粤赣三省交界处，是客家人的集散中心和最主要的聚居地之一，曾经举办过世界客家联谊会，被誉为世界"客都"，具有浓郁的客家风情。人境庐、千佛塔、灵光寺等古建筑融科学性、实用性、观赏性于一体，显示出客家先人的出色才华及高超技艺。梅州是历史悠久的文化名城，历史上名人辈出，如清朝岭南才子宋湘，清末外交家、教育家黄遵宪，抗日志士、杰出诗人、教育家丘逢甲，著名的洋务运动家、军事家、藏书家丁日昌，著名爱国侨领张弼士，现代亚洲球王李惠堂及叶剑英元帅的祖籍都在梅州。游览梅州，人们可以参观客家名人的故居及客家围屋，欣赏原汁原味的客家山歌，品尝正宗的客家美食，学说古代汉语的"活化石"客家话，感受客家人尊师重教、勤劳热诚的人文精神，还可以游览文化精品千佛塔寺等文物古迹，泡一泡有益身心的温泉，旅游活动丰富多彩。其中，雁南飞茶田景区于2011年被评为国家5A级旅游景区，这里是叶剑英元帅的故乡，是集茶叶生产、加工和旅游度假于一体的山区“三高农业”“生态农业”“旅游农业”开放型旅游度假区。

(4) 历史文化名城惠州。惠州位于粤港澳大湾区东岸，背靠罗浮山，南临大亚湾。早在隋唐时期，惠州就被看作“粤东重镇”，有“岭南名郡”“粤东门户”之称。惠州旅游景观众多，其中以惠州西湖风景名胜区和罗浮山风景区最为著名，二者皆是国家5A级旅游景区。惠州西湖风景名胜区由西湖和红花湖景区组成，总面积20.91平方公里，其中水域面积3.13平方公里。该风景名胜区是以山水为特征、以休闲和观光为主要功能的国家级风景名胜区，有五湖、六桥、八景等景点。罗浮山风景区共有大小山峰432座、飞瀑名泉980处、洞天奇景18处、石室幽岩72个，被誉为“岭南第一山”，秦汉以来号称“仙山”。

7）琼东游览区

琼东游览区是以海口为旅游集散中心，以环岛东线与海榆东线为主要通道，包括海口、文昌、琼海、万宁等地的游览区，其中以海口市、万泉河风景名胜区、琼海博鳌风景区、兴隆热带植物园最具旅游吸引力。

(1) 海口市。海口市是海南省省会，位于海南岛最北端，与雷州半岛隔琼州海峡相望，位于热带滨海区，水质、大气质量以及生态环境质量均为一流水准。长达30公里的海岸线坡度平缓，开阔连绵，沙细洁白，海水清澈，常年风微浪平，有假日海滩、白沙门海滩、西秀海滩、热带海洋世界等海滨风景区和游乐区，汇聚了阳光、沙滩、海水、绿色、洁净空气五大现代旅游良好要素，是度假休闲的好去处。此外，城区内还有“海南第一楼”——五公祠、明代清官海瑞的墓园、全国四大炮台之一的秀英古炮台等文物古迹；市域及附近还有蜚声海内外的琼台书院、地质奇观马鞍山火山口公园、典型的红树林海岸——东寨港等景观，颇具魅力。

学习微平台

延伸阅读10-3

同步业务10-2

海口推动“旅游+”产业提质增效

2022年，海口深入贯彻习近平总书记“4·13”重要讲话和关于海南工作的系列重要指示批示精神，按照省第八次党代会、市第十四次党代会部署，围绕自贸港“三区一中心”战略定位，在推动“旅游+”产业发展上，用好用活离岛免税购物政策，强化项目支撑，打造精品线路，开发特色产品，以更实举措、更优服务推动海口旅游业提质增效，为海南国际旅游消费中心建设注入新的活力和动力。

作为第二批国家级夜间文化和旅游消费集聚区，海口观澜湖旅游度假区积极探索文旅融合新路子，除了打好“旅游+文化”牌，还引入巴萨足球俱乐部、NBA等国际资源和IP，以活动为品牌赋能，为游客和市民带来多元化、国际化的文化休闲娱乐、餐饮及购物体验。

为了更好地推动“旅游+文化”“旅游+体育”转型升级，海口市旅文部门还研究起草了《海口市繁荣文化市场实施办法》，推动营业性演出许可审批流程优化。同时，发挥国家体育旅游示范区引领作用，力争国际帆船挑战赛、中国乒乓球巡回挑战赛、全国电动冲浪休闲巡回赛等一批国家级体育品牌赛事定期定址落户海口，持续提升“旅游+”大融合，持续拉动消费。

资料来源 蔡庆梅，邱实. 海口：推动“旅游+”产业提质增效 为国际旅游消费中心建设注入新的活力和动力［EB/OL］.［2022-09-16］. https://mp.weixin.qq.com/s?__biz=MzA4NzEzMzI1Mg==&mid=2650332236&idx=1&sn=9d26fe7956daa03226cdd87799c9b53e&chksm=88326167bf45e8710fac8f79ff08ad102696c073d5b3303661cf861c45f020a70286dd5026e3&scene=27. 引文经过节选、压缩和改编。

（2）万泉河风景名胜区。发源于五指山的万泉河全长163公里，其中约1/2长度在万宁市境内。万泉河是一条生态环境上乘、景观优美的热带河流。其上游有著名的“琼安胶园”和琼崖龙江革命旧址、石虎山摩崖石刻等自然与人文景观；中下游河面开阔，漫江碧透，水清见底，沙礁可辨，两岸椰林村庄一派热带风光，令人陶醉；出海口处集三河（万泉河、龙滚河、九曲江）、三岛（东屿岛、沙坡岛、鸳鸯岛）、两港（博鳌港、潭门港）、一石（圣公石）等风景精华于一地，是目前世界河流出海口自然风光保护最好的地区之一。现在百里河畔旅游开发次第崛起，万泉河漂流、万泉湖度假、椰寨农家乐、博鳌水城游等一批以美丽的自然风光为主的旅游品牌吸引了成千上万远道而来的中外游客，成为海南乃至中国生态特色旅游的范本。

距琼海市区约20公里的博鳌风景区，不仅海滨自然风光典型、独特，而且是我国第一处国际性永久会址——“博鳌亚洲论坛”会址所在地。其新颖、豪华、规模宏大的会场建筑及世界一流的附属设施与优越的海滨自然风光互为映衬，形成了独特的海滨会址景观，获得了世界众多国家政要的赞誉。2001年第一届“博鳌亚洲论坛”在这里成功举办后，博鳌旅游风景区一跃成为海南旅游的一大热点。

（3）兴隆热带植物园。它位于海南东南部的万宁市兴隆侨乡，是一个由中国热带农业科学院开发管理，占地面积600亩，汇集了1 200多种热带植物，集科研、科普、生产、加工、观光和种质资源保护于一体的综合性热带植物园，是我国首批“农业旅游示范点”与国家4A级旅游景区。全园分为植物观赏、生产示范、科研开发、立体种养和生态旅游五大功能区，种植有香料和饮料植物、果树、经济林、花卉、阴生植物、沙生植物、水生植物、药用植物、棕榈植物、珍奇植物和绿色蔬菜等热带植物。其特色旅游项目包括热带植物观赏、农业科研考察、农业科普教育、环保意识教育、农耕与收获体验等。

8）琼西游览区

琼西游览区包括儋州、东方、昌江、白沙、澄迈、临高等以环岛西线高速与海榆西线及粤海铁路为主要通道的旅游区域，主要景区景点有东坡书院、海南热带植物园等。

（1）儋州东坡书院。它位于海南省儋州市中和镇，离现儋州市政府所在地那大镇40多公里，是北宋元符元年（公元1098年）为纪念大文豪苏东坡而修建的，后经重修，明代更为现名，是国家级文物保护单位。古老的东坡书院掩映在一片椰林下，书院大门轩昂宏阔，院里古林幽茂，群芳竞秀，载酒亭、载酒堂、奥堂龛等建筑古色古香，曾是苏东坡被贬期间给汉黎各族学子讲学授业、传播中原文化的场所，此后成为历代儋州最高学府。书院大殿里现在还陈列着苏东坡的许多书稿墨迹以及他在海南的文物史料，是海南历史文化资源的一颗明珠。

（2）海南热带植物园。它位于儋州市，占地面积93公顷，全园荟萃了1 500多种珍奇植物，包括国家保护的珍稀濒危植物42种、热带花卉500多种、引进的珍贵经济植物数百种。其分为经济林木、棕榈、热带果树、香料药材、观赏花木、木本油料6个游览区。景区内有形态各异的面包树、腊肠树、吊瓜树、水生植物王莲等；有热带"果王"芒果、"果后"榴莲及世界著名的"四大坚果"之一的腰果等；还有著名的香料植物"花中之王"依兰香、食品香料之王"香草兰"以及"三大膏香"之一的吐鲁香等。

9）琼中游览区

琼中游览区是以五指山市为核心，包括乐东、琼中、保亭、陵水等地域的旅游区域，是一个以热带山林自然风光与黎族风情为主要特色的游览区，主要景区景点有五指山、尖峰岭国家森林公园、中华民族文化村等。

（1）五指山市。它位于海南岛中南部腹地，是原海南黎族苗族自治州首府所在地、海南中部民族地区文化教育中心，也是海南省旅游资源最集中的地区之一。全市平均海拔316米，境内有海南岛的象征——五指山，其主峰高达1 867米，为海南第一峰，是海南热带山地风光旅游的中心。全市森林覆盖率为75%，有木本植物1 400多种、高级珍贵木材150多种、药用植物1 000多种，还有名贵的五指山野生水满茶、100多种五指山兰花、500多种野生动物，其中许多生物物种为五指山所独有。五指山是天然的动植物园，有独特的游览、探险、科考、度假、疗养等价值。热带季风气候使五指山市冬无严寒、夏无酷暑，是避暑避寒的胜地。黎族传统民居——"船形茅草屋"，黎族、苗族擅长歌舞的民族风情和独具特色的手工工艺品制作都对旅游者有着巨大吸引力。该地现已形成的主要景区景点有五指山峡谷漂流区、太平山旅游区、水满黎苗风情观光区、黎锦生产基地和民族博物馆。

（2）尖峰岭国家森林公园。尖峰岭位于乐东县境内，面积约1 600公顷，是我国第一个国家热带雨林公园，拥有我国现存面积最大、保存最好的热带原始森林。尖峰岭的热带林植被类型齐全且成系列，有2 600多种热带植物，占海南岛植物种类的1/2。园内有热带雨林树种300多种，其中以坡垒、子京、花梨、油丹等70种最为珍贵。此外，还有沉香木、香桧、高山蒲葵、陆均松、母生等热带珍贵林木。园内野生物种中，既有2亿多年前与恐龙同时代的活化石植物——树蕨（桫椤），也有罕见的国家级保护动物，如黑冠长臂猿等。除原始森林外，尖峰岭还有云雾、云海奇观。进入尖峰岭，就如同置身于雾海中，云雾蒸腾，一片迷茫，山风吹起时，身边的云雾随风翻滚，感觉十分奇妙；云雾翻山而过时，还会形成一泻千里的云瀑，气势磅礴。

10）琼南游览区

琼南游览区位于海南最南端，是一个以三亚市为核心、以椰风海韵为特色的游览区，也是海南省最具旅游吸引力的区域。其著名景点有天涯海角、亚龙湾、南山、大小洞天、蜈支洲岛、槟榔谷黎苗文化、分界洲岛、呀诺达雨林等。

（1）天涯海角。它位于三亚市西南海滨，因海滨耸立着形态各异的巨石而闻名，其中有三块特别引人注目的巨石，分别刻有"天涯""海角""南天一柱"，鲜明标示了"位处我国大面积陆地最南端，远离京都"的地理位置特征，也是古代流放至此的人们发出“望天涯家乡何在，临海角路途已穷”哀叹的反映。优美的自然风光和悲壮的历史故事相结合，使这里成为充满传奇色彩的游览胜地。

明德笃行10-1

海南对旅游市场违法违规行为“零容忍”

背景与情境：2023年中秋、国庆“超级黄金周”，对于海南旅游市场来说，既是利好，也是大考。自2023年3月起，海南开展全省旅游消费市场综合整治行动，严厉打击各类涉旅违法违规行为，取得了明显成效。

文化和旅游部全国旅游监管服务平台显示，2023年上半年，海南的旅游投诉、重大旅游投诉均为0；美团平台显示，海南游客好评率达91.3%，安心、舒心、放心的旅游消费环境持续营造。2023年3月综合整治行动开展以来，海南共出动执法检查人员3.8万人次，检查涉旅企业3.7万家次，重点时段旅游投诉明显下降。2023年“五一”假期，海南受理旅游投诉较2019年同期下降57.14%；端午假期，海南受理旅游投诉较2019年同期下降28.57%。

在加强旅游市场监管工作中，海南严管旅行社，严厉打击“不合理低价游”。3—9月，全省各市县共出动监管和执法人员1 675人次，检查涉旅企业488家次，受理“不合理低价游”案件6件，罚款12.77万元。三亚市组织召集16家“一日游”旅行社签订《三亚“一日游”旅游经营单位联合公约》，进一步增强企业服务意识，推动行业有序发展。为了杜绝导游人员“强迫消费”，海南持续加强对导游执业行为的常态化监督检查，共检查旅行社57家次、导游252人次，凡发现导游人员通过语言暗示、威胁等手段诱导、强迫或变相强迫游客购物，一律严肃查处，直至依法吊销导游证。同时，各市县加大对导游的培训力度，导游队伍进一步规范。

资料来源　刘晓惠. 海南以良好旅游环境迎接八方来客［EB/OL］.［2023-09-20］. http://hi.people.com.cn/n2/2023/0920/c231190-40577256.html. 引文经过节选、压缩和改编。

问题：案例中描述的海南对旅游市场违法违规行为的“零容忍”做法体现了怎样的思政素养，请予以研判。

分析提示：查阅并依据《旅游法》《旅行社条例》等有关法律规范进行思考，结合企业社会责任感、游客满意度保障等方面展开思政研判。

微课程10-1

热带风光独特的亚龙湾

（2）亚龙湾。它位于三亚市东南28公里处，是海南最南端的一个半月形海湾，全长约7.5公里，是海南名景之一。亚龙湾沙滩绵延7公里且平缓宽阔，浅海区宽达50~60米；沙粒洁白细软，海水澄澈晶莹而且蔚蓝，能见度7~9米，适合潜水；海底资源丰富，有珊瑚礁、各种热带鱼、名贵贝类等。亚龙湾年平均气温25.5℃，海水温度22℃~25.1℃，终年可游泳，被誉为“天下第一湾”。亚龙湾是国家级珊瑚礁重点保护区，海底珊瑚礁保存得十分完好，是人们潜水览胜、观赏奇异的海底花园的好场所，亦是我国唯一具有热带风光的国家级旅游度假区。亚龙湾度假区面积18.6平方公里，拥有滨海浴场、豪华别墅、会议中心、高星级宾馆、度假村、海底观光世界、海上运动中心、高尔夫球场、游艇俱乐部等国际一流服务设施。

（3）南山文化园。南山文化园是国家5A级旅游景区。它距三亚市区40公里，是一个集佛教文化、福寿文化和南海风情文化于一体的主题公园，其中佛教文化园包括南山寺、南海观音佛像、观音文化苑、天竺圣迹、佛名胜景观苑、十方塔林与归根园、佛教文化交流中心、素斋购物一条街等景点。

（4）大小洞天旅游区。秀丽的海景、石景、山景共同组成了别具一格的大小洞天旅游区。该景区是国家5A级旅游景区，被誉为我国最南端的道家文化旅游胜地，内有“小洞天”“海山奇观”“仙人足”等景观。

（5）蜈支洲岛旅游区。蜈支洲岛地处三亚市北部的海棠湾内，靠近海南东线高速公路，位置优越，交通便利，于2016年被评为国家5A级旅游景区。蜈支洲岛上有2 000多种植物，被誉为“中国的马尔代夫”。

（6）槟榔谷黎苗文化旅游区。它地处保亭黎族苗族自治县与三亚市交界的甘什岭自然保护区境内，距亚龙湾海岸26公里，距三亚市中心28公里，是国家5A级旅游景区。该旅游区位于槟榔林海中，被热带雨林环绕，景色优美，风景宜人，是海南民族文化的“活化石”。

（7）分界洲岛旅游区。分界洲岛距三亚市区约70公里，地处海南省陵水黎族自治县，在海南岛的东南，是我国首个海岛型国家5A级旅游景区。该旅游区地理位置特殊，地域文化特色鲜明，是海南南北气候的分界线，为海内外众多游客所喜爱。

（8）呀诺达雨林文化旅游区。它距离三亚市区约35公里，于2012年被评为国家5A级旅游景区。呀诺达是海南本土的方言，意为欢迎、你好。该旅游区以天然景观为基础，融合了独具特色的人文风情，是“三亚旅游圈”的“金三角”地区。

本章概要

□ 内容提要

岭南文化旅游区位于我国东南沿海，紧邻港澳台，是我国著名的侨乡，拥有独具特色的岭南文化、典型的丹霞地貌以及优越的热带海滨、山地雨林等优势景观。该区是我国率先实行改革开放的区域，经济获得了高速发展，交通等基础设施与旅游接待设施大幅度改善，城乡居民收入水平大幅度提高。这一切都为本区旅游业的发展创造了十分有利的条件，并使本区成为我国旅游业发达的地区之一。

□ 主要概念和观念

▲ 主要概念

岭南文化旅游区　岭南文化

▲ 主要观念

岭南文化旅游区旅游资源与旅游环境特征　旅游价值实现的前提

□ 重点实务

岭南文化旅游区旅游产品开发　岭南文化旅游区专项旅游线路组织设计

基本训练

随堂测10-1

□ 知识训练

▲ 复习题

1）岭南文化旅游区的旅游自然地理环境有何特征？

2）岭南文化旅游区的旅游人文地理环境有何特征？

▲ 讨论题

1）岭南文化旅游区未来发展前景最好的旅游项目可能有哪些？谈谈自己的理由。

2）为了强化区域旅游发展的国际化进程，可以从哪些方面着手？

□ 能力训练

▲ 案例分析

【训练项目】

案例分析-X。

【相关案例】

2023首届海南智慧康养旅居论坛在海口举办

背景与情境：2023年9月16日，“遇‘健’澜生活　智‘汇’创未来——2023首届海南智慧康养旅居论坛”在海口举办。本次论坛邀请医疗产业界专家、学者，以及旅游、经济、地产行业领军人物现场把脉“旅居+智慧康养”产业创新模式，展开圆桌讨论，碰撞思想火花，共同探讨产业变革关键时期的跨界协作与未来发展。近年来，海南康养医疗旅居产业规模不断扩大，集聚格局基本形成，逐渐成为经济发展新的增长点。谈及海南如何做好智慧康养这篇文章，经济学家陈奕名认为，有以下三个方面需要着重发力：第一是做好流量的准备，要通过建立大V和KOL队伍为海南带来基于海南、联动全球的流量，建立起流量入口；第二是做好内容，海南有非常多可发掘的内容，要把丰富的内容用符合当下游客的模式，尤其是符合康养的模式开发出来，从而建立新内容；第三是做好社群，让更多人愿意留在海南、记住海南，成为海南旅游、海南康养的粉丝。

资料来源　钟宁．2023首届海南智慧康养旅居论坛在海口举办［EB/OL］．［2023-09-18］．https：//www.cnr.cn/hn/xwsd/20230918/t20230918_526424556.shtml.引文经过节选、压缩和改编。

问题：阅读本文，查阅相关资料，你认为“旅居+智慧康养”产业创新模式对海南旅游业有何意义？

▲ 实训操练

【实训项目】

“岭南文化旅游区”重点实务知识应用

旅游线路策划：为某客群策划设计旅游线路。

【实训目的】

见本章“学习目标”中的“职业能力”。

【实训步骤】

1）将班级同学分成若干“实操训练”训练团队，每队确定一人负责。

2）各团队根据实操训练项目的需要进行角色分工与任务分配。

3）根据本区旅游资源禀赋以及旅游业发展水平，在充分了解各类旅游资源特性和当地旅游接待能力的基础上，自行确定某个旅游客群，为其“设计专享旅游线路”。通过图书馆或互联网获取相关资料，并撰写“旅游线路策划方案”。

4）各团队以抽签的方式在班级进行“旅游线路策划方案”PPT汇报交流，师生开展互动点评。

5）在线上平台展示经修订并附有教师点评的各团队“旅游线路策划方案”，以供学生相互借鉴学习。

□ 明德笃行

【训练项目】

明德笃行-X。

【相关案例】

三亚放心游，放心游三亚

背景与情境：在海南省三亚市旅游的陈先生通过当地景区微信公众号得知，2024年4月9日至13日有免票入园活动。然而离园后，他却发现被扣费68元。陈先生认为景区扣费与免票入园的宣传不符。同行的游客告诉他，可以通过“三亚放心游”投诉，陈先生抱着试试看的心态将问题反馈到平台，没想到立马就收到了68元退款。“问题解决得太快了，资料一审核通过，赔付就先行到账，之前我简直想都不敢想。”陈先生对此十分满意。

“三亚放心游”是一个由三亚市科投集团提供技术开发及运营管理，集“投诉理赔”“官方商城”“旅游消费资讯”于一体的多功能官方服务平台。该平台以其三大优势——政府官方平台、创新实施投诉先行赔付、景区直采价格，为消费者打造旅游安全的诚信品牌。值得一提的是，先行赔付，关键在“先”。当游客来三亚旅游，遇到旅游消费纠纷时，可通过“三亚放心游”微信公众号的“投诉理赔”栏目，线上实名提交相关证据，在线客服3分钟内进行受理，在证据真实充分、索赔法律依据明确的情况下，平台30分钟内可进行先行赔付。

资料来源　综合相关资料提炼整理而成。

问题：

1）案例中的“三亚放心游”服务平台体现了哪些正能量价值？

2）该案例旅游经营方在工作中表现了哪些优秀的职业素养。

【训练要求】

同第1章“基本训练”中本题型的“训练要求”。

第11章 石林洞乡

——西南少数民族农业文化旅游区

- 学习目标

11.1 旅游地理环境特征及其对旅游业的影响

11.2 旅游业概述

- 本章概要
- 基本训练

学习微平台

思维导图11-1

学习目标

通过本章学习，应该达到以下目标：

职业知识： 学习和掌握本旅游区的自然与人文地理环境特征、旅游业现状和特征、主要旅游目的地及旅游线路等理论与实务知识，能用其指导或规范本章认知活动和技能活动，正确解答“基本训练”中“知识训练”各题型的问题。

职业能力： 运用本章理论与实务知识研究相关案例，培养在本旅游区特定情境中分析问题与决策设计能力；通过“自主学习”训练任务，搜集、整理与撰写关于“中国西南少数民族农业文化旅游区人文地理环境变化及其对旅游业的影响”文献综述，并在班级开展讨论与交流，培养获取整合信息、文稿撰写与沟通表达等通用能力。

职业素养： 结合本章教学内容，依照相关规范或标准，对“明德笃行11-1”专栏和章后“明德笃行-Ⅺ”案例中的企业及其从业人员行为进行分析，强化与案例议题相关的红色文化传承、乡村振兴发展、法律法规实施等方面的价值思考并提升职业素养，促进“立德树人”根本任务的落实。

引例：美景如画的大理

背景与情境： 大理是天下旅游人梦想开始的地方，是一部现世安稳、岁月静好的传奇。行走在古色古香的大街小巷，清风明月相伴，听小城诉说旧事遗梦，踩着青石板看扎染古玩，去天龙八部城寻访段氏家族的踪迹，去蝴蝶泉体会阿鹏和金花纯洁的爱情，去崇圣寺三塔体验妙香佛国的遗韵，去南诏风情岛叩拜王都的庄严与气派，去湛蓝的洱海追忆旧梦寻觅新缘。在蓝色透明的天空下，享受午后惬意的阳光；在夕阳西下的时候，任古城墙引领，通往远古的路……大理是真实的、无为的、宽容的、和谐的。

除了美景如画的大理，在西南少数民族农业文化旅游区还有很多风景独特的地方。该区旅游资源禀赋好、生态环境优良、民俗绚烂多彩、边贸交流广泛，是极具特色与文化魅力的区域。党的二十大报告提出，尊重自然、顺应自然、保护自然，是全面建设社会主义现代化国家的内在要求。让我们一起感受大自然的美妙，一同走进西南少数民族农业文化旅游区吧！

11.1 旅游地理环境特征及其对旅游业的影响

西南少数民族农业文化旅游区主要包括云南、贵州两省和广西壮族自治区，又称滇黔桂文化旅游区，是我国峡谷地貌、岩溶地貌最为典型、少数民族风情最为绚丽多姿的区域。

微课程11-1

绚丽多姿的民族文化

11.1.1 旅游自然地理环境特征

1）地处西南边陲，边境旅游条件优越

该旅游区位于我国的西南边陲，西南和南部有绵延数千公里的陆地疆界与缅甸、老挝和越南接壤，山水彼此相连。其中，仅云南省西部和西南部就有陆地国境线4 060公里，有怒江、澜沧江和元江，分别与邻国的萨尔温江、湄公河、红河同为一江水。这种独特的边境区位优势与当地旅游资源优势相结合，为边境旅游的开展奠定了基础。广西南部濒临北部湾，拥有1 595公里长的海岸线，面积500平方米以上的岛屿有653个，有利于拓展海洋旅游，并使广西成为连接东南亚与亚洲腹地的枢纽和通道，在开展跨国边境旅游活动方面具有独特优势。从国内旅游格局来看，本区东与岭南文化旅游区、北与巴楚文化旅游区、西北与藏族高原游牧文化旅游区紧邻，紧靠东南沿海和长江中游地区，旅游区域合作发展空间广阔。

2）地貌类型多样，河流峡谷及岩溶景观典型

该区地跨滇西山地、云贵高原和广西丘陵盆地三大地貌单元，地形以山地、高原、丘陵为主，岩溶地貌与横断山区景观独特。

山高谷深是横断山区的最大特色，特别是发源于青藏高原的大江——金沙江、澜沧江和怒江在云南省境内自北向南穿越横断山区的担当力卡山、高黎贡山、怒山和云岭等崇山峻岭时，不仅江面与两侧山峰相对高差达数千米，自然景观垂直变化十分显著，而且形成了三江并行奔流170多公里而不交汇的自然奇观。其间，澜沧江与金沙江的最短直线距离为66公里，澜沧江与怒江的最短直线距离不到19公里，为世界罕

见。2003年7月2日，联合国教科文组织将“三江并流”自然景观列入《世界文化遗产名录》。云南高原、贵州高原以及广西盆地在新构造运动的差异升降以后，海拔高度和水热状况各不相同，岩溶地貌的发育进程各异。云南高原海拔一般为1 500~2 000米，在三省区中地势最高，气温相对较低，且具有半年湿润半年干旱的气候特征，岩溶地貌发育进程十分缓慢，以尚处于岩溶地貌发育初期的高大石芽为特色。在我国首批被选入世界地质公园的8个公园中，唯一的岩溶地质公园——云南石林即其典型代表。贵州高原海拔1 000多米，气候温凉，虽然“天无三日晴”，但降雨量不大，岩溶地貌的发育处于青壮年阶段，以同基连座的峰丛与岩溶洞穴广泛分布为特色，溶蚀谷地与暗河比较多见，著名的织金洞、黄果树瀑布溶洞群及其周围的笔架状群峰即其典型代表。广西盆地地势较低，热量与水分最为丰富，其岩溶侵蚀已进行到潜水面，密集如林的岩溶山峰彼此分离，清澈见底的河水环绕岩溶山峰静静流淌，呈现出“江作青罗带，山如碧玉簪”的绝妙图景，桂林—阳朔山水是其典型代表。

3）气候温和舒适，四季皆宜旅游

滇黔桂三省区位于我国热带、亚热带湿润区，但由于海拔高度及地理位置的差异，气候特征各不相同。云南冬夏干湿分明，温差不大；贵州“天无三日晴”，气候的立体分异明显；广西夏季长而炎热，冬季偶有奇寒。但“冬无严寒、夏无酷暑、全年皆宜开展旅游活动”是本旅游区大多数地方的共同特征。2023年全国十大避暑旅游城市中，本区有四个，即昆明、贵阳、六盘水、丽江。

4）生物资源丰富，旅游开发价值潜力巨大

由于纬度较低、水热条件优越、地形地貌复杂多样，本旅游区适宜多种生物的生存，特别是在地球生物面临灭顶之灾的第四纪冰期到来时，云南南部大量向南开口的低海拔山谷曾经是这些动植物天然的“避难所”。西南地区拥有特别丰富的生物资源，其中云南素有“植物王国”之称，是世界公认的生物多样性保护热点地区，全省拥有植物种类数约占全国总数的50%，相当于整个欧洲的植物种类数量。云南西双版纳为我国最大的热带植物宝库，素有“物种基因库”的美称。贵州素有“宜林山园”的美称，拥有类型复杂的森林植被。全省拥有的药用植物种类约占全国中草药品种的80%，是我国四大中药材产区之一。广西生物资源也十分丰富，在国家公布的389种濒危保护植物中，广西有113种。此外，广西还是闻名全国的“水果之乡”，拥有极其丰富的蔬果种类，如罗汉果、沙田柚、龙眼、荔枝和金橘等。

丰富的生物资源是本旅游区旅游景观、旅游商品及旅游食品开发的物质基础，也为生态旅游活动的开展提供了很好的条件。

同步案例11-1

漓江生态环境质量报告称生物资源丰富

背景与情境：2023年10月15日，广西壮族自治区生态环境厅与桂林市人民政府召开新闻发布会，首次发布《2022年漓江生态环境质量报告》。桂林作为地级市，发布生态环境质量报告，这是全国首创，标志着保护漓江、保护桂林山水迈入新阶段，在漓江保护的历史进程中具有里程碑意义。

漓江流域生态系统类型齐全，群落结构多样，生物资源丰富，特有物种繁多，已知维管束植物种类约3 100种、陆栖脊椎野生动物约600种。2022年，猫儿山自然保护区内发现了新物种桂北琴蛙。漓江流域已建立国家级自然保护区1个、自治区级自然保护区5个，有风景名胜区2个、森林公园3个、湿地公园1个、地质公园2个、世界自然遗产地1个、水产种质资源保护区2个，已建立了国家级陆生野生动物疫源疫病监测站点2处。

未来，桂林将进一步完善依法治理及系统规划体系，全面启用数字漓江5G融合生态保护利用综合平台，加快筹建桂林漓江生态文化数字中心，加快申报“联合国地球卫士奖”等国际知名奖项，推进漓江全流域保护、全覆盖治理、全方位提升。

资料来源　刘阳禾. 广西首次发布漓江生态环境质量报告　生物资源丰富［EB/OL］.［2023-10-16］. https：//www.chinanews.com/sh/2023/10-16/10094596.shtml.引文经过节选、压缩和改编。

问题：如何保护广西丰富的生物资源？

分析提示：必须牢固树立和践行绿水青山就是金山银山的理念，站在人与自然和谐共生的高度谋划发展，从政府、组织到个人都要树立生态保护理念。

11.1.2　旅游人文地理环境特征

复杂的地理环境和多样的气候条件孕育了本旅游区丰富的物种，同时也哺育了众多的民族，造就了多彩的人文地理环境。

1）众多的少数民族，绚丽多姿的民族文化

“大杂居、小聚集”是我国民族分布的基本特征，本旅游区是我国少数民族集中分布的地区之一。该区除汉族外，还有29个少数民族世代聚居于此，少数民族人口数约占全国少数民族人口总数的2/5。其中，云南省世居的少数民族（人口在5 000人以上的）有25个，贵州省有17个，广西壮族自治区有11个。

由于历史及民族关系等原因，这些少数民族相对集中在一定的地理单元。如藏族、普米族主要聚居在云南西北的高原地区，傈僳族、怒族、独龙族主要分布在横断山脉纵深地带和高寒山区，边区、山区和半山区分布着彝族、哈尼族、拉祜族、佤族、景颇族、布朗族、瑶族和独龙族，瑶族和苗族多集中分布在瑶山和苗岭，白族、回族、壮族、纳西族、布依族、侗族、水族则分布在平地、水边及地势较低的地区，云南南部河谷地区主要分布有傣族、阿昌族和基诺族，京族主要分布在美丽富饶的北部湾的山心、巫头和万尾三个小海岛上。

崇山峻岭的阻隔，使境内各地理单元相对封闭，族群相互交往受到限制，各民族在生产方式、服饰、建筑及礼仪、习俗、喜庆活动等方面都保留了独有的特色。在这片丰沃的土地上，有刀耕火种的原始生产方式，有图腾崇拜、自然崇拜、生殖崇拜，大、小乘佛教，道教巫术，鸡卜星历，祭祀乐舞等宗教遗存；有创世神话、讴歌祭调、谣谚传说和各类迁徙、叙事、自娱的民间说唱艺术及其得以流传的心态环境，也有远古岩画、古青铜器、寺庙雕刻、蜡染刺绣、地戏、阳戏、傩戏、花灯、孔雀舞、象脚鼓舞、铜鼓舞、大鼓舞等民族艺术。与我国西北及东北部少数民族相比，这里的少数民族除藏族、京族外，其他民族多以农耕经济为主，是一个少数民族农业文化的百花园。

2）民族节会多如繁星，节庆活动独具特色

众多的少数民族，各有各的历史、信仰与传统，因此节日各不相同。据不完全统计，本旅游区少数民族的节日多达数千个，覆盖了全年的每个月，而且各地周期性的节庆也是五彩缤纷、十分热闹的。一年365天，几乎天天都可以赶上少数民族的节庆。由于本旅游区的少数民族都能歌善舞，活动形式如对歌、跳舞、吹芦笙、打大鼓、击铜鼓、斗牛、赛马、斗鸡、斗雀、摔跤、泼水、傩戏、赛龙舟、玩龙灯、碰彩蛋、抛绣球……乃至"上刀山""蹈火海""赴油锅"等，丰富多彩。繁多的少数民族节会不仅是本旅游区人文地理环境的一大特征，而且是最大旅游吸引力之所在。

3）交通运输条件大为改善，极大地推动了旅游业的发展

交通畅达程度直接决定着旅游目的地的可进入性、通达度和便捷度。长期以来，交通不便一直是本旅游区发展的限制因素。西部大开发政策实施以来，本旅游区的交通发展迅速，基本上形成了以铁路、高速公路为骨架，民航、水运相结合的立体交通网络，从而促进了旅游业的迅猛发展。

目前，三省区铁路交通以柳州、贵阳和昆明为枢纽，以黔桂、南昆与贵昆线沟通区内，以湘桂、湘黔、枝柳、川黔、成昆、黎湛等铁路线联系区外，网络格局已经形成。高速公路建设突飞猛进，至2011年年底，云南、贵州、广西的高速公路里程分别达到了2 746公里、2 022公里和2 754公里，其中一些路线还直通东南亚各国。航空交通初步形成了以南宁、贵阳、昆明为中心，以重要旅游城市或著名旅游景区为节点的快捷空中交通网，对外可达国内各重要城市和东南亚部分城市，对内可连通各重要旅游城市与著名旅游景区景点。此外，本旅游区的水运也在不断开发与完善中，其中云南金沙江、南盘江、元江、澜沧江航线，广西北部湾各港口是通往东盟各国、进行跨国旅游的重要通道。

11.2 旅游业概述

11.2.1 旅游业现状特征

近年来，本旅游区旅游业快速发展，行业地位不断凸显，相关产业日臻成熟。旅游业发展明显表现出以下特征：

1）旅游业发展势头强劲，区域合作不断增强

20世纪80年代，本区旅游业完成了从接待事业型向经济产业型的转变；90年代，旅游产业开始向广度和深度全面发展，逐步成长为全区国民经济中的一个新兴产业和特色产业；20世纪末以来，三省区明确地将旅游业作为国民经济的支柱产业来培育，使旅游业的发展突飞猛进。西南地区2023年旅游业基本情况见表11-1。

表11-1 西南地区2023年旅游业基本情况

项目 地区	星级饭店				A级旅游景区			旅行社	
	营业收入（亿元）	饭店总数（个）	其中		总数（个）	其中		机构数（个）	营业收入（千元）
			五星	四星		5A	4A		
全国总计	1 601.09	7 245	777	2 326	15 721	318	4 863	39 580	444 272 900
广西	40.07	306	14	108	720	9	349	980	5 180 528

续表

项目 地区	星级饭店				A级旅游景区			旅行社	
	营业收入（亿元）	饭店总数（个）	其中		总数（个）	其中		机构数（个）	营业收入（千元）
			五星	四星		5A	4A		
贵州	19.58	213	7	83	543	9	152	770	4 300 030
云南	30.46	298	15	58	624	9	180	1 634	9 187 253
本区合计	90.11	817	36	249	1 887	27	681	3 384	18 667 811
2023年本区占全国	5.63%	11.28%	4.63%	10.71%	12.00%	8.49%	14.00%	8.55%	4.20%

资料来源　中华人民共和国文化和旅游部．中国文化文物和旅游年鉴2024［M］．北京：国家图书馆出版社，2024.

随着旅游开发经营活动的不断深化，本旅游区充分利用与南亚、东南亚国家地相接、山相连、水相通、人相往的有利条件，积极推进与南亚、东南亚各国的旅游合作，初步形成了本旅游区与周边各国旅游合作的扇形结构。

同步案例 11-2

2023昆明郑和文化旅游节开幕

背景与情境：2023年7月11日，2023昆明郑和文化旅游节在昆明市晋宁区开幕。文化旅游节举办7大类26项活动，让广大群众感受郑和文化、传承郑和精神。

晋宁区举行招商引资推介会，来自装备制造、新材料、新能源、文旅康养、仓储物流等行业的150余名客商、行业专家和协会代表出席。在推介会上，昆明市晋宁区人民政府、晋宁产业园区管委会分别与26家企业进行了集中签约，协议总投资约112亿元，涵盖鲜花、食品、新材料、文化旅游、医疗康养等领域。

以“星辰大海　拥抱世界”为主题的文艺演出，为广大群众带来了一场沉浸式文化体验盛宴。演出从“浩瀚星海·源起”展开，以晋宁区的历史文化脉络为主线，将声、光、音等现代科技元素与郑和元素、古滇元素、花卉元素相辅相融，演绎传说、抒发情怀。

音乐舞蹈《天地潮涌》中的郑和精神传承仪式令人耳目一新，在“郑和星海图”的背景下，小朋友从“郑和”手中接过罗盘，挂到“船头”，象征新时代新晋宁扬帆起航。伴随着主持人的倒数声，全场观众一起点亮手中的灯光，共同迎接郑和故里的崭新篇章。地方非遗舞蹈《颠乐》、古滇文化展示《沧海南现》、情景歌舞《相约在郑和故里》等表演也赢得阵阵掌声。

“郑和故里·云花灿烂”晋宁玫瑰节、“郑和杯”越野摩托大奖赛、“郑和杯”国际象棋城市邀请赛、“郑和杯”歌手赛、美丽乡村主题活动、七彩云南·欢乐世界盛夏狂欢季活动、“绘彩古滇·花样晋宁”儿童绘画大赛等活动同步开展。

资料来源　陈晓阳．2023昆明郑和文化旅游节开幕［EB/OL］．［2023-07-12］．http：//www.yn.xinhuanet.com/20230712/294a429b297547c19db4b27ea0ff628d/c.html.引文经过节选、压缩和改编。

问题：昆明郑和文化旅游节开幕有何意义？

分析提示：可从文化传承、提质增效、产品创新等方面考虑。

此外，三省区在国内积极推行旅游区际间的合作，如在规划与开发方面，合作打造滇、黔、桂喀斯特旅游区，联手打造滇、川、藏大香格里拉生态旅游度假区等；通过签订旅游合作协议、建立旅游协作机制、实现旅游资源共享、建立无障碍旅游区等方式，持续推进与长三角、泛珠三角的合作，并取得了明显成效。

2）旅游产业体系基本形成，旅游接待能力迅速提高

经过多年的建设，本区除旅游交通道路条件大为改善外，旅游交通工具的数量与档次也在不断提升；旅游饭店、旅行社等接待设施已具相当规模，旅游星级饭店和景区（点）的标准化建设、管理也在不断加强，基本能满足旅游发展的需要，服务质量不断提高。一批具有接待能力的旅游城市或旅游集散地已在三省区相继形成，共同构成了三省区包括食、住、行、游、购、娱六大要素在内的比较完善的旅游产业体系，大大提高了三省区的旅游接待能力。旅游住宿不再是单一的旅游酒店，还有许多具有地方特色的民宿客栈。以云南为例，截止到2016年9月，云南以7 392家民宿客栈的数量位居全国第一位。民宿客栈的出现不仅缓解了迅速增加的游客量对住宿的需求，还为游客提供了新型的生活体验方式，促进了当地文化的传播与发展。此外，随着互联网行业的迅速发展，信息科技早已融入旅游生活，“智慧旅游”助推旅游发展，提升旅游接待能力与服务质量水准。

3）旅游资源科学开发步伐加快，旅游产品不断推陈出新

随着旅游业的快速发展，西南三省区越来越重视旅游规划对旅游业发展的指导作用，加大了旅游规划的编制、实施、监管力度，使旅游开发建设水平不断提升，涌现出大批颇具吸引力的新产品。如北海银滩、德天瀑布、大石围天坑群等已成为继桂林山水之后的广西旅游品牌；“印象·刘三姐”已成为精品景区和旅游热点，阳朔成为世界旅游组织推荐的最佳休闲度假旅游目的地。云南昆明和丽江同时获得了“欧洲旅客最喜爱的旅游城市”的美称，大理市被评为中国十大魅力城市之一，腾冲和顺古镇获得了“中国十大名镇”之首的殊荣；昆明世博园、路南石林、丽江古城、西双版纳、香格里拉等一批景区景点已成为云南享誉世界的旅游品牌。贵州除拥有黄果树瀑布旅游品牌外，还大力发展了“乡村旅游”、喀斯特地貌自然风光游、多民族民俗风情游、温和气候度假游等专项游和会议商务度假游，形势喜人。

总之，西南三省区旅游产品已经突破了单一的观光产品格局，开始向度假休闲、专项旅游、定制旅游方向拓展，产品内涵和规模不断扩张，产品吸引力和竞争力不断增强，产品结构与区域布局不断完善。

4）旅游宣传促销力度加大，区域旅游形象逐步提升

近年来，西南三省区加大了旅游营销力度，在大力开拓国内外客源市场方面高招迭出。2004年，广西国际旅游大篷车走进了东盟，赴泰国、新加坡、马来西亚、印度尼西亚巡展，产生了轰动效应；2005年参加日本爱知世界博览会，主办了“广西活动周”；在维也纳主办了“广西文化周”，并通过与有关媒体联合举办《美丽神奇的广西》知识竞赛、摄影大赛，成功地吸引了国内外公众的关注，有效地提高了知名度。2002年以来，贵州通过举办各种旅游节和相关赛事、组织大型民族歌舞《多彩贵州风》到国内外重要客源地巡演等活动，积极塑造“多彩贵州”的旅游形象。自

2010年中国—东盟自贸区建成以来，云南一批具有市场竞争力的旅游企业和联合体还大步走出了西南，积极主动地开拓国内国际大市场。网上促销、网上组团、旅游电子商务等营销方式也取得了成效，西南三省区自然灵秀地、民族风情园于一体的区域旅游形象基本确立。

5）跨国边境旅游基础较好，发展形势喜人

自古以来，云南、广西与周边国家就有着密切的经济、文化交往，是中国连接东南亚各国、通往南亚和太平洋地区的陆路通道，成为大西南对外开放的重要窗口。

早在20世纪90年代，西南三省区与边境国家就开始了旅游合作。1992年，湄公河流域的中、缅、泰、老、柬、越各国开始协调共同进行旅游开发，澜沧江—湄公河跨国旅游带和中越昆河等旅游线是开发的重点；2005年6月，广西12条重点特色旅游线路被列为大湄公河次区域旅游发展战略重点项目；2005年11月，云南与柬埔寨达成旅游合作意向，同月又与老挝琅勃拉邦省签署旅游合作协议，开通了从西双版纳首府景洪市，经勐腊县的国家级口岸磨憨至老挝著名的旅游胜地——琅勃拉邦的陆上旅游线路和西双版纳—老挝琅勃拉邦—泰国清迈的空中环道；2010年元旦，中国—东盟自由贸易区正式启动，我国与东盟各国之间经由西南三省区的人流、物流、资金流大幅度增加，更有利于自由贸易区内“一国签证，多国通用”等议案的实施，因此该区域有望成为中国乃至东南亚最具吸引力的旅游目的地。自2013年“一带一路”倡议实施以来，广西利用与东盟国家陆海相邻的独特优势，加快北部湾经济区和珠江—西江经济带开放发展，构建面向东盟区域的国际通道，打造西南、中南地区开放发展新的战略支点，形成21世纪海上丝绸之路与丝绸之路经济带有机衔接的重要门户。云南发挥区位优势，推进与周边国家的国际运输通道建设，打造大湄公河次区域经济合作新高地，致力于成为面向南亚、东南亚的辐射中心。

11.2.2　主要旅游目的地及旅游线路

截至2021年，西南少数民族农业文化旅游区共有1 702个A级旅游景区，其中25个为国家5A级旅游景区，570个为国家4A级旅游景区。其中，桂林游览区、柳州游览区、南宁游览区、广西滨海游览区共有5A级旅游景区7个；黔中游览区、黔北游览区、黔南游览区共有5A级旅游景区7个；滇中游览区、滇西南游览区、滇西北游览区、滇西游览区、滇东南游览区共有5A级旅游景区8个。

学习微平台

延伸阅读11-1

1）桂林游览区[①]

桂林游览区位于广西壮族自治区东北部，包括桂林、阳朔及周围地区。奇异的岩溶山水风光与少数民族风情是本区旅游的最大特色，桂林与阳朔之间83公里的漓江区段是其精华所在。其主要游览线是桂林—漓江—阳朔。

同步案例11-3

2023年桂林旅游市场喜迎“开门红”

背景与情境：2023年春节假期，桂林共接待游客375.80万人次，比2022年增长77.89%，比2019年增长70.84%；实现旅游消费收入34.61亿元，比2022年增长

① 推荐观赏《桂林山水世界自然奇观》，感受喀斯特峰林景观的魅力。网址：https://v.qq.com/x/page/f0380bxew6p.html。

75.67%，比2019年增长17.64%。其中，一日游游客294.12万人次，过夜游客81.68万人次。

桂林假日旅游安全平稳，旅游市场秩序井然，文旅活动丰富多彩，假日旅游经济强势回暖，旅游市场全面实现开门红。

资料来源　佚名．“兔”飞猛进！2023年桂林旅游市场喜迎“开门红”[EB/OL]．[2023-01-30]．https：//www.163.com/dy/article/HSC13H470515EA2B.html.引文经过节选、压缩和改编。

问题：结合案例，查询相关资料，桂林旅游市场“开门红”说明了什么？

分析提示：可从国家政策、旅游产品创新、管理监督等方面展开思考。

（1）桂林城区。桂林是该游览区乃至广西旅游的中心，自古以“桂林山水甲天下”闻名于世。宋代以后桂林即成为广西政治、文化中心和军事重镇，明清两代设桂林府，是我国著名的历史文化名城。桂林遍植桂花树，每到秋风送爽时，全城金桂飘香，是我国五大热点旅游城市和接待来华旅游者人数最多的十大旅游城市之一。桂林市内有伏波山、独秀峰、叠彩山、象鼻山、塔山、穿山等著名的岩溶孤峰，有七星岩、芦笛岩等著名溶洞，有漓江等岩溶山水游览区，以及融合了少数民族艺术的乐满地度假世界。其中，独秀峰占地面积20平方公里，主要景点包括独秀峰、靖江王城、摩崖石刻等，景区内自然山水风光与历史人文景观交相辉映，自古以来就有“城中城”的美誉，是国家5A级旅游景区。象山景区因其独特的山形和悠久的历史于1995年被评为桂林市城徽标志，2003年被列为“世界旅游组织推荐游览景区”，2017年被评为国家5A级旅游景区。漓江景区是世界上规模最大、风景最美的岩溶山水游览区之一，是国家5A级旅游景区。它是广西东北部喀斯特地貌发育最典型的地区，主要景点有冠岩、黄布倒影和仙人推磨等自然景观，人称“百里漓江、百里画廊”。乐满地度假世界是广西目前最大的外商投资旅游项目，占地面积共6 000亩。乐满地度假世界融合了桂林山水之美与广西少数民族艺术，是集时尚、动感、刺激与欢乐于一体的主题乐园，于2007年被评为国家5A级旅游景区。桂林在整体城市建设过程中特别注意房屋建筑的高度与密度的控制以及对山水的保护，从而使城市内部及周围众多的岩溶孤峰得以凸显，呈现出“山在城中，城在峰林中，流水绕山穿城而过”的绝妙景象。

（2）漓江。如诗如画的漓江是桂林山水的重要组成部分，它发源于桂林东北兴安县猫儿山，流经桂林、阳朔，至平乐县恭城河口，全长170公里。漓江每立方米含沙量仅为0.037千克，江水清澈见底，游鱼可数。在桂林至阳朔83公里长的漓江段，两岸奇峰林立，漓江像一条青绸绿带，盘绕在万点峰峦之间，“几程漓水曲，万点桂山尖”便是这一景色的生动描写。沿途奇峰夹岸、碧水潆洄、峭壁垂河、青山浮水等奇妙风光不断涌现，有净瓶卧江、鲤鱼挂壁、童子拜观音、九马画山等主要景点数十处，其中既有“山青、水秀、洞奇、石美”四绝，又有“深潭、险滩、流泉、飞瀑”四胜，共同构成雄奇瑰丽的山水画卷。此外，漓江景色之奇还在于水光山色之变幻无穷，清晨、中午、黄昏、晚上，以及晴日、雨天，会展现出完全不同的自然风韵。

（3）阳朔。它位于广西东北部、漓江西岸，距桂林约60公里，是一个至今已有1 000多年历史的小镇。“桂林山水甲天下，阳朔山水甲桂林”，高度概括了阳朔自然风光的特色与地位。漓江最美丽的一段风景——杨堤—九马画山—兴坪—古镇渔村均在阳朔境内。阳朔境内有各种奇特的山峰20 000多座、蜿蜒于万山丛中的大小河流16条，我国明代著名的旅行家徐霞客将其称为“碧莲玉笋世界”。镇内碧莲峰下古道摩崖石刻及古朴的街道与建筑等构成了阳朔独特的人文风光；声名远播的阳朔西街，是人所周知的“洋人街”，是充分享受生活的好地方；2004年推出的“印象·刘三姐”山水实景演出，以全新的概念展现了阳朔的自然与人文之美，成了阳朔旅游新宠和世界旅游组织目的地会议的最佳休闲度假推荐项目。因此，阳朔被公认为中国的旅游胜地、国家级重点休闲旅游地，也是最值得外国人来中国游览的50个地方之一。

2）柳州游览区

柳州是以少数民族风情为特色的游览区，位于广西中北部。其中心市区是湘桂、黔桂、枝柳铁路线的交会处，截至2018年，全市下辖5个区、3个县，代管2个自治县。在柳州18 618平方公里的土地上，居住着壮、汉、瑶、苗、侗、仫佬等18个民族。本旅游区以壮族的歌、瑶族的舞、苗族的节、侗族的楼为特色，展示了少数民族丰富多彩的文化生活。

（1）奇石之城柳州游。柳州市主要有鱼峰山、柳侯祠、大龙潭、马鞍山奇石市场等景区景点，以山青、水秀、洞奇、石美、林茂为特点。其中，鱼峰山位于柳州城区，相传为壮族歌仙刘三姐传歌处，现在仍然是壮族对歌的主要场所，因“山小而高，其形如立鱼”而得名。山上有清凉洞、玉洞、盘古洞、纯阳洞、阴风洞、鱻斯岩、三姐岩七个溶洞，彼此贯通，洞内钟乳石千奇百怪，更有元明以来的摩崖石刻50余处。柳侯祠风景区内有为纪念柳宗元所建的柳侯祠、衣冠冢、罗池、柑香亭等景点，祠内的《韩文苏书柳事碑》有“三绝碑”之誉。大龙潭风景区为柳州南郊一处天然山水园林，恬静优美。以上三景区都已成为国家4A级旅游景区。

奇石之城的居民对各种奇石情有独钟，不少人以赏石与收藏各种天然奇石为乐趣，马鞍山奇石市场和东环奇石城则是各种奇石汇聚交易的场所。

（2）金秀瑶族风情游。柳州附近的金秀瑶族自治县居住着一个保持了瑶族古老文化及习俗的瑶族支系，该支系历经千年创造形成了独具特色的民族歌舞。其旋律、歌词、服装与舞姿、形象与道具均独具特色，民族色彩极为浓郁；金秀瑶族拥有的18种舞蹈中，尤以长鼓舞、捉龟舞、黄泥鼓舞、盘古兵舞、八仙舞、白马舞、狩猎舞、蝴蝶舞、三元舞、师公舞最为盛行。每年农历六月初六、七月初七、十月十六等瑶族节日都可以看到各种瑶舞的表演。

（3）融水苗族风情游。我国苗族的音乐、舞蹈历史悠久，群众喜爱的芦笙舞技巧很高。苗族的挑花、刺绣、蜡染、织锦、首饰制作等工艺瑰丽多彩，在国际上享有盛名。

融水苗族在漫长的历史中，孕育了众多的祭日、纪念日、丰收日，最后演化成民族节日。苗族人民利用这些节日悼祭先烈、缅怀前辈、鼓舞斗志、庆贺丰收、振奋民族精神。游客到苗寨旅游或做客，可以亲身感受拦路歌、拦路酒、拦路鼓、持彩带、挂彩蛋、打酒印等众多苗族好客习俗。

同步业务11-1

柳州红色旅游教育基地推介

柳州是一个红色文化底蕴深厚的城市，有革命先烈留下的优良红色基因，也有许多革命先辈的英勇事迹。柳州红色旅游教育基地让旅游者从党史中汲取丰厚的思想滋养，不忘初心、牢记使命。

①柳州联华印刷厂旧址

柳州联华印刷厂是中共柳州地下党从事革命活动的据点和印刷宣传品的秘密机构，是柳州市目前唯一一处保存完整的中共柳州地下党活动旧址，现已开辟为展览馆，主题为“浩气长存 岁月如歌”，反映联华印刷厂历史和中共柳州地下党历史。

②柳州市烈士陵园

柳州市烈士陵园由生态停车场、纪念广场、烈士墓区、革命英雄纪念碑组成。陵园内安葬着民主主义革命和社会主义建设各时期的革命烈士461名，其中162名为无名烈士。这里是“褒扬烈士、教育后人”，开展爱国主义、革命传统教育的生动教材和宝贵阵地。

③柳城武工队活动旧址——覃村学堂

覃村学堂是桂黔边人民保卫团柳城武工队活动旧址，全面展示了柳城武工队、柳北解放总队第五大队、“古砦事件”牺牲者的革命事迹，重现了柳城人民当年在中国共产党领导下艰苦卓绝的革命历程，以及仫佬族同胞对中国革命的重大贡献。

④成团会议旧址——中共柳州历史陈列馆

这里在解放前是共产党员熊柳生家的炮楼，陈枫、韦纯束等革命前辈分别于1948年、1949年在这个炮楼内召开了“昆仑山会议”和“农工委会议”，这两个会议合称“成团会议”。“成团会议”研究了开展广西武装斗争的问题，使城市和农村武装斗争蓬勃开展。该旧址是柳州保存相对较好的重要革命遗址。

⑤三防镇红七军革命活动旧址

邓小平、张云逸、李明瑞率领中国工农红军第七军约10 000人先后两次来到三防镇休整，留下了许多动人的红色故事。张云逸在下街头大榕树下召开群众大会，宣传红军的主张和政策；红七军前敌委员会在三防镇召开了党员扩大会议，军政委邓小平做了重要报告，总结红七军出发以来的经验教训，发动全体党员讨论行军方案。

⑥融水红军路红军桥红军亭遗址

红七军前往香粉乡金兰瑶寨的时候，路过融水县容地村归秀屯，为了安全通过龙女沟，在当地群众的帮助下架设了两座木桥。1986年，这两座木桥被山洪冲毁，现在的红军桥是当地群众自发在原址重建的。距离红军桥500米处的红军亭，是当地群众为纪念红七军建造的。红军路红军桥红军亭遗址是传承和弘扬红七军革命精神的重要阵地。

⑦三江科马界红军路革命遗址

1930年10月，邓小平、李明瑞、张云逸率红七军离开右江根据地远征江西苏区途中曾转战三江。12月19日，他们从林溪出发，翻越科马界，经高步下坪坦，而后进入湖南省通道县境内，再沿着湘桂边界地带转战东进，直至江西中央苏区。该处是红七军转战三江途中留下的保存较为完好的革命史迹之一。

资料来源　佚名．柳州红色教育基地有哪些［EB/OL］．［2023-06-10］．https：//www.citsguilin.com/article/gonglue/liuzhou-hongse-jiaoyu-jidi.htm．引文经过节选、压缩和改编。

（4）三江侗族风情游。侗乡一向被誉为“诗的家乡、歌的海洋”。侗族诗歌韵律严谨，题材多样，尤以多声部无伴奏的侗族大歌为其文化精粹，在文学和音乐方面都有极高价值，是世界非物质文化遗产。三江侗族自治县的侗楼是独具特色的木建筑，它与侗家风雨桥都是侗族村寨醒目的标志，其高超的建筑技艺令人惊叹。此外，侗锦、侗布、挑花、刺绣以及银饰工艺品等，都充分表现出侗族多彩多姿的传统文化特色。

（5）百色市百色起义纪念园景区。百色起义纪念园位于百色城东面的后龙山、盘龙山、迎龙山上，是在整合百色起义纪念馆、右江民族博物馆、百色起义纪念碑、红军桥、铜鼓楼、南阁亭、两广青年友谊园等革命历史文化资源的基础上形成的主题性纪念园，于2008年7月建成，是中央确定的全国12个红色旅游重点景区之一，还是“两江红旗，百色风雷”景区的核心区，于2020年被评为国家5A级旅游景区。通过改扩建，百色起义纪念园现已成为集悠久的历史文化、优美的自然景观与优良的革命传统于一体、思想教育与旅游审美相融合的精品主题纪念园。

同步思考11-1

问题：请查阅相关资料，谈谈大力发展红色旅游的意义。

理解要点：可从文化传承、思政教育、创新旅游等角度展开思考。

（6）崇左市德天跨国瀑布景区。德天瀑布位于广西壮族自治区崇左市大新县硕龙镇德天村，地处中国与越南边境处的归春河上游。德天瀑布气势磅礴、蔚为壮观，与紧邻的越南板约瀑布相连，是亚洲第一、世界第四大跨国瀑布，于2018年被评为国家5A级旅游景区。

3）南宁游览区

以南宁市为中心的南宁游览区是广西主要旅游区域之一，拥有众多的旅游资源和精品景区景点，目前，已形成了壮乡风情游、绿城风光游、南国边关览胜游、八桂大地精华游、中越跨国游5条精品旅游线路，初步形成了“绿城美、壮乡情、边关风”的区域旅游形象。

同步案例11-4

南宁的两个村上榜2023年广西乡村旅游重点村镇

背景与情境：2023年10月，广西壮族自治区文化和旅游厅、广西壮族自治区发展和改革委员会公布2023年广西乡村旅游重点村镇（乡）名单，共有30个村、3个镇（乡）榜上有名，它们将获得政策、资金等方面的支持。其中，南宁市武鸣区双桥镇伊岭村和隆安县那桐镇定江村上榜。

《广西乡村旅游高质量发展专项规划（2022—2025年）》提出，到2025年，乡村旅游总人数超过5亿人次，乡村旅游收入达到5 000亿元以上。广西将培育5个以上国际乡村旅游目的地、2个国家5A级旅游景区，将阳朔遇龙河度假区打造成世界级旅游度假区，创建2个以上乡村度假型国家级旅游度假区、10个以上全国乡村旅游重点镇（乡）、60个以上全国乡村旅游重点村、14条以上乡村旅游廊道、300个以上广西特色文化旅游村、3 000家以上精品旅游民宿，每年新增四星级以上乡村旅游区15家以上。每年遴选10个乡村旅游项目作为全区重点扶持和提升项目，将其打造成全国知名的乡村旅游品牌。重点培育建设100个以上广西百镇千村生态特色文化旅游示范镇（村）、50个中国美丽休闲乡村、10个全国休闲农业重点县、10个以上乡村旅游融合示范区、5家以上国家现代农业产业园。

资料来源　陆海清．南宁这两个村上榜2023年广西乡村旅游重点村镇！你最想去哪里？[EB/OL]．[2023-10-21]．https：//k.sina.com.cn/article_2092600603_7cba8d1b019023t3a.html.引文经过节选、压缩和改编。

问题：南宁旅游业发展呈现何种趋势？查阅相关资料，分析其原因。

分析提示：可从政策支持、重视程度、管理服务等方面去思考。

（1）绿都南宁。南宁古称“邕城”，自东晋大兴元年（公元318年）在此设郡治以来，已有近1 700年的历史，自古就是我国南方的边陲重镇和著名商埠，现在则是一个以壮族为主的多民族聚居城市。由于地处北回归线以南，热量与水分充足，南宁市绿化程度较高。整个城市终年常绿，四季花开，大气质量常年在国家1~2级标准，充分体现了“绿在城中，城在绿中”的生态城市理念，展现了优美的绿城风貌以及浓郁的壮乡风情，获评“国家园林城市”“中国优秀旅游城市”。市域内有青秀山风景名胜区、南湖休闲观光带、邕江景观带和良凤江国家森林公园等十大精品景区。其中，青秀山风景名胜区既是古“邕州八景”之一，又是国家5A级旅游景区，素以“山不高而秀，水不深而清”著称。此外，位于南宁的广西壮族自治区博物馆以拥有众多铜鼓而著名，目前世界上最大的铜鼓就在其中。

（2）扬美古镇。它位于左江下游、南宁市郊，距南宁市区38公里，是一个有着上千年历史、历经沧桑的小商埠。小镇山清水秀、绿树葱茏；镇上青石板铺砌的街巷、码头，朴实厚重；镇里镇外风光秀丽、民风古朴，镇民崇文尚德。古镇有千年古楼——魁星楼、清代一条街、明清古建筑群、梁列亚故居、龙潭等著名景点，还有风味独特的“扬美三宝”——梅菜、豆豉和酸菜。

（3）大明山国家自然风景区。它位于南宁市武鸣区东北部，是广西中部弧形山脉西翼的一组大山，主峰龙头山海拔1 764米，为桂中南最高峰。这里保留着大面积的自然生态系统，有植物1 700多种、珍稀动物40多种，是天然的动植物园。由于北回归线从此通过，故被称为北回归线上的绿色明珠。受季风及地形影响，山上气温比山下低8℃~10℃，山中四季分明，景色迷人，以春岚、夏瀑、秋云、冬雪为胜，素有“广西庐山”之称。

（4）伊岭岩风景区。它位于南宁市武鸣区，属国家3A级旅游景区，有一座形成于100万年前的喀斯特岩溶洞。岩洞形似海螺，洞中的钟乳石、石笋、石柱、石花、石幔千姿百态，步步生景，景景各异，变幻无穷。景区内还建有壮族文化长廊，可以帮助游人充分了解广西壮族的文化历史、民俗风情。

（5）花山风景名胜区。它位于南宁市西南的宁明、龙州两县境内，以大量的古代壮族山崖壁画为主要特色，在2 800多平方公里的范围内，分布有大壁画64处，最集中的是花山和明江两处。山崖壁画面积巨大，高约40米，长约200米，有各种人物图像3 100余幅，人像最高的有3米、最小的只有60厘米。此外，还有各种鸟兽图像和图案。崖画用赤红色单线条勾勒，线条粗犷，形象生动，是研究壮族历史文化及民族学、考古学、民俗学的珍贵史料。花山风景名胜区于2016年被联合国教科文组织审核批准为世界文化遗产。

4）广西滨海游览区

广西滨海游览区以北海海滩度假为主要特色。北海位于广西南部，坐落在突入北部湾的一个小半岛上，是我国开展对外贸易的重要港口。

（1）北海市区。北海位于北部湾东北岸，是一个既浪漫又清新的城市。它三面环海，风光旖旎，气候宜人，大气和水质均达到国家一级标准。城市按现代化城市高标准规划、高水平开发，道路宽阔笔直，绿树成荫，植被丰茂；绿化后的广场全年花繁叶绿，四季瓜果飘香，别具一格；市区建筑中西合壁，华洋并存，组合和谐，相映成趣；大海碧蓝，阳光明媚，海滩沙白水净。城市居民淳朴友好，珠江文化、客家文化、疍家（沿海地区水上居民）文化交融，形成了鲜明的地方文化特色和完整的海洋旅游系列。市域内还拥有北海银滩、涠洲岛、星岛湖、冠头岭国家森林公园、山口国家级红树林生态自然保护区、美人鱼国家级自然保护区等一大批景区景点，是一个集“海、滩、岛、湖、林、山、古迹、人文”于一体，适于旅游度假的城市。

（2）北海银滩。北海银滩旅游度假区是有名的国家级旅游度假区，具有度假、游乐、运动、康复、文化、购物、会议、商贸八大功能。本度假区东西绵延24公里，总面积约38平方公里，超过了北戴河、青岛、大连、烟台、厦门海滨浴场沙滩面积的总和，人称“中国第一滩”。

5）黔中游览区

黔中游览区以贵阳市为旅游集散中心，包括贵阳市区及其周围150公里范围内的景区景点，主要景点有黔灵山、花溪、红枫湖、织金洞、黄果树、龙宫等。

（1）贵阳市。贵阳简称“筑”，古称筑城，是贵州省省会和最主要的旅游城市。贵阳四面环山，有绵延百余公里的环城林带，人称“林城”，夏无酷暑，冬无严寒，是休闲度假的理想之地。这里岩溶地貌发育类型齐全，少数民族汇集，传统工艺、特产丰富，主要的风景名胜有黔灵山、弘福寺、白龙洞、甲秀楼、花溪与天河潭风景区等。其中，黔灵山号称“黔南第一山”，位于贵阳市西北角，离市中心仅1.5公里，群山簇拥，古树参天，葳蕤葱郁，以明山、秀水、幽林、古寺为主要特色。弘福寺建于清康熙年间，为佛教圣地之一，有“黔南胜境”之称。白龙洞是南郊公园内一处大型溶洞景观。甲秀楼位于贵阳南明河鳌矶石上，始建于明代，为三层三檐攒尖顶式楼阁，楼内联匾碑石甚多，以清代刘春霖仿大观楼长联所书的甲秀楼长联最为著名。花溪风景名胜区位于贵阳市南郊，由7个景区组成，既有绮丽的自然风光，又有特色鲜明的文物古迹，还有古朴浓郁的民族风情。天河潭风景区位于花溪河上游的石板镇，距贵阳市24公里，景区以丰富多彩的岩溶景观和以天然石板为材料的村寨建筑为特色。花溪青岩古镇是贵州四大古镇之一，位于贵阳市南郊，建于明洪武十年（公元1377年），原为军事要塞。古镇内明清古建筑交错密布，寺庙、楼阁雕梁画栋、飞角

学习微平台

延伸阅读11-2

重檐相间，还有近代史上震惊中外的青岩教案遗址、赵状元府第、平刚先生故居、红军长征作战指挥部等历史文物，于2017年被评为国家5A级旅游景区。

（2）红枫湖风景名胜区。红枫湖位于贵阳市以西33公里处，横跨清镇市和安顺市平坝区，是贵州境内最大的人工湖泊，面积57.2平方公里。辽阔的湖面上星罗棋布地镶嵌着170多个大小岛屿，大的有几平方公里，小的孤立于湖心，奇巧玲珑，错落有致，故红枫湖又有“高原岛国”的美誉。湖区内溶洞成群，多姿多彩，且大多与湖相通，呈现出“山中湖、湖中岛、岛中洞、洞中湖”的奇特景观。

（3）织金洞风景名胜区。它位于贵州省织金县，距贵阳市150多公里，面积约450平方公里，分为织金古城、织金洞、裸结河峡谷、洪家渡四大景区。织金古城始建于明代，三面环山，一水贯城，城内有清泉71处，庵、堂、庙、寺50余处，其中财神庙以结构奇特著称，保安寺以与山洞地势结合巧妙称奇。织金洞是“中国旅游胜地四十佳”之一，与黄果树、龙宫、红枫湖三个国家级旅游景区组合成黔中旅游黄金环线。织金洞全长13.5公里，其中造型奇特、千姿百态的钟乳石、石笋、石帘等各种碳酸钙堆积、结晶形态达120多种，它们和间歇水塘、地下湖泊共同组成了一个奇妙的地下世界。

（4）黄果树瀑布风景名胜区。它位于贵州省镇宁和关岭两县的接壤处，距贵阳市128公里，以中国第一大瀑布著称。景区内以黄果树大瀑布（高77.8米、宽101米）为中心，分布着雄、奇、险、秀风格各异的大小18个瀑布，以“世界上最大的瀑布群”被列入“吉尼斯世界纪录”，为我国第一批国家重点风景名胜区和国家5A级旅游景区。黄果树瀑布群周围岩溶洞穴众多，洞内多暗河、暗湖及地下瀑布，可供游人泛舟游览。此外，这一带还是布依族、苗族的聚居区，民族风情浓郁。

（5）龙宫风景区。它是国家5A级旅游景区，位于黄果树瀑布以南45公里处，距贵阳市132公里，是典型的以山奇、水奇、洞奇见长的岩溶景观区，一条长达5 000米的暗河穿过30余座山头，接连90余个溶洞，人称“地下漓江”。中心景区有龙宫、虎穴、天池、瀑布等主要景点，其中龙宫由暗河连接5组溶洞组成，洞内瑰丽堂皇，气象万千。虎穴是无水溶洞，因洞内有石似虎而得名。洞外水连天池，池面广10余亩、深30米，池周围悬崖陡峭，古树林立，景色优美。天池下连穿洞，水从天池20米宽的缺口飞泻而下，形成落差34米的“龙门飞瀑”，惊心动魄。

6）黔北游览区

黔北游览区以红色旅游与自然生态旅游为主要特色，包括历史文化名城遵义、赤水国家级风景名胜区、梵净山国家级自然保护区。

（1）遵义①。它为黔北重镇、贵州第二大城市、红军二万五千里长征途中著名的“遵义会议”举行地，其会址为全国重点文物保护单位。遵义市西部有桃溪寺，其院落式结构在黔北寺庙建筑中别具一格，为游览胜地。

（2）赤水国家级风景名胜区。它位于贵州省赤水市，面积300平方公里，境内海拔高差1 500米，有森林约2 600公顷、楠竹约1 800公顷。赤水市区西北部的桫椤自然保护区有苍劲挺拔的桫椤树4万多株，桫椤是1.8亿年前与恐龙同生共荣的孑遗植

① 推荐观赏遵义城市宣传片。网址：http：//my.tv.sohu.com/us/272649710/82343932.shtml。

物。景区内大小河溪交织，湖塘水库密布，有神奇雄美的丹霞地貌景观和形态各异的奇石景观，还有宽80米、高76米的十丈洞大瀑布等。赤水也因此被誉为“千瀑之市、楠竹之乡、桫椤之国”，为黔北胜景。红军四渡赤水的革命豪情与纪念地、茅台酒乡文化，都是赤水独特的人文旅游资源。

（3）梵净山国家级自然保护区。梵净山位于贵州省东北部、江口县北，方圆300多公里，最高峰凤凰山为武陵山脉主峰，海拔2 572米，故有“武陵第一峰”之称，于2018年被评为国家5A级旅游景区，同年，被联合国教科文组织审核批准为世界自然遗产。梵净山自古以来以弥勒道场与文殊道场五台山、地藏王道场九华山、普贤道场峨眉山、观音道场普陀山齐名，是中国五大佛教圣地之一。同时，梵净山还拥有古老的地层和优良的生态环境，现梵净山自然保护区内，除世界稀有的我国一类保护动物灰金丝猴外，还有我国最大的两栖类动物大鲵（娃娃鱼）和红腹角雉、麝、云豹、华南虎、猕猴等13种珍禽异兽，以及“中国鸽子树”（珙桐）等珍稀植物。众多自然资源一起组成了一个完整的、平衡的、自成体系的生态系统。

（4）毕节市百里杜鹃景区。毕节市百里杜鹃景区位于贵州省西北部、毕节市中部，是贵州省十佳旅游景区之一，为国家5A级旅游景区。该景区主要景点包括杜鹃林带、百里杜鹃大草原、米底河、杜鹃花王、千年一吻、黄家坝阻击战遗址等。百里杜鹃景区有迄今为止中国已查明的面积最大的原生杜鹃林，素有“杜鹃王国”“世界天然大花园”等美称。

7）黔南游览区

黔南游览区以喀斯特地貌、原始森林及民族风情为特色，主要包括舞阳河、荔波樟江、马岭河峡谷三个风景名胜区与草海自然保护区。

（1）舞阳河风景名胜区。它位于贵州省黔东南苗族侗族自治州所辖的镇远、施秉、黄平三县境内，是国家重点风景名胜区之一。景区以舞阳河为轴线，贯穿国家级历史文化名城镇远、施秉县城和省级历史文化古镇黄平旧州。舞阳河分为上舞阳和下舞阳两段，两段景观特点各异。上舞阳看山，以千山万壑的岩溶景观为特色；下舞阳看峡，狭窄的河谷之中岩溶石柱、奇峰耸立，十分壮观。

（2）荔波樟江风景名胜区。它位于贵州省荔波县，面积426平方公里，是世界罕见的亚热带喀斯特原始森林残存区，获评国家5A级旅游景区。景区内峰峦叠嶂，溪流纵横，原始森林茂密，与岩溶地貌形成的山、水、湖、石、峡谷融为一体，表现出岩溶、森林生态环境的完美统一和神奇特色。其主要包括大小“七孔”和水春河峡谷3个景区。其中，小七孔景区以飞叠70多级的瀑布、盘根错节的原始森林和多彩湖泊为特色，是世界遗产——中国喀斯特的成员、国家4A级旅游景区。

（3）马岭河峡谷风景区。它位于贵州省兴义市，峡谷长74.6公里，谷内群瀑飞流，翠竹倒挂，溶洞相连，两岸古树名木点缀其间，具有奇、幽、险、秀、壮等特点。景区分为东、西峰林两部分，景观各异。东峰林层峦叠嶂；西峰林山寨、田园交相辉映，人文景观丰富多彩，民族风情古朴浓郁。此外，景区内还有点缀着上万个岛屿的万峰湖景区、猫猫洞古人类遗址、万屯汉墓群、10余万平方米的石灰岩悬崖壁画，以及马别布依寨、苗寨的民族风情博物馆等。

（4）草海自然保护区。它位于贵州省西部威宁彝族回族苗族自治县城郊，水面

45平方公里，四面青山环抱，林木茂密，湖中盛产鱼虾、蒲草等水生动植物，是世界人禽共生、和谐相处的十大候鸟活动场所之一。每年农历九月，千百万只水鸟从北方飞到这个高原水草湿地，度过漫长而又寒冷的冬季。由于每年聚集在这里的珍禽有180多种，其中包含国家一级保护珍禽——黑颈鹤，因此吸引了世界各地的动物学家。同时，这里也是旅游者冬春观鸟、夏秋避暑的胜地。

（5）镇远古城旅游景区。镇远古城是贵州省黔东南苗族侗族自治州镇远县名镇，位于舞阳河畔，四周皆山。河水以“S”形穿城而过。北岸为旧府城，南岸为旧卫城，远观颇似太极图。镇远历史悠久，南北两城池皆为明代所建，现尚存部分城墙和城门。城内外古建筑、传统民居、历史码头数量颇多。镇远古城素有“滇楚锁钥、黔东门户”之称，于2020年被评为国家5A级旅游景区。

同步思考11-2

问题：古城镇的旅游特色体现在哪些方面？

理解要点：可从历史文化、建筑特色、人文风情等方面来考虑。

8）滇中游览区

滇中游览区是云南省重点游览区。它以山水风光、民族风情兼备为特色，以昆明为中心，包括昆明滇池、路南石林和九乡等国家级风景名胜区。

（1）昆明滇池风景名胜区。它包括昆明城、滇池及附近众多的风景名胜区，总面积770平方公里。

昆明是我国历史文化名城，有2 400多年的历史，现为云南省省会、我国优秀旅游城市。昆明地处云贵高原中部，市中心海拔1 891米，三面环山，南濒滇池，属于低纬度高原山地季风气候区，具有“腊月可无裘，三伏轻棉汗不流，梅绽隆冬香放满，柳舒新岁叶将稠”的特点，是极负盛名的“春城”。悠久的历史、独特的地质结构，以及生活在这片土地上的25个民族，给昆明留下了众多的文物古迹和风景名胜，是自然景观和人文景观的荟萃之地，也是集自然风光和民族风情于一体的多功能旅游胜地。

滇池面积约300平方公里，既有湖泊的秀逸和韵味，又有大海般的气势和情调，是昆明风景名胜的中心。在滇池沿岸，游览胜景甚多，如世博园、海埂湖滨公园、西园别墅、龙门村、观音山等，游览内容十分丰富，既可环湖探访新石器时代的遗址，追寻古滇王墓的踪迹，探索云南文化摇篮的奥秘，又可在岸上游览西山、白鱼口、郑和故里、盘龙古寺、官渡金刚塔等10余处名胜古迹，还可以深入环湖的大小城镇考察风俗民情。

世博园是1999年为召开世界园艺博览会而兴建的主题公园，位于昆明东北郊的金殿风景名胜区，距昆明市中心4公里，占地面积218公顷，于2016年被评为国家5A级旅游景区。园区内植被覆盖率76.7%，水面约占10%~15%。全园由5大主场馆（中国馆、人与自然馆、大温室、科技馆、国际馆）、6大专题园（树木园、药草园、盆景园、茶园、竹园、蔬菜瓜果园）、34个国内展园和30个国际展园组成，是一个汇集了全世界园艺风景的超大型博览园。

西山为滇中名山，位于滇池西岸，距昆明市中心20公里，这里峰峦起伏长达40多公里，海拔最高2 500米。远眺西山群峰，极像一尊庞大的睡佛，又似一个美丽的少女仰卧在滇池畔，青丝垂池，所以又有“卧佛山”或“睡美人”之称。西山不仅是林木苍翠、鸟语花香的大型森林公园，还是文物古迹众多的名胜山地，景区内有华亭寺、太华寺、三清阁、达天阁等古迹，沿途的石磴、石道、石柱、石室、石像、石联等皆为悬崖峭壁上的原石凿刻而成，工艺绝妙，令人叹为观止。登上龙门，凭栏俯观，“五百里滇池，奔来眼底”，令人心旷神怡，为昆明第一胜景。

位于昆明市东南的玉溪市澄江市散存着寒武纪多门类古生物群遗址，至今约有5.16亿~5.21亿年历史。澄江化石群记录了早期复杂海洋生态系统的形成，于2012年被联合国教科文组织审核批准为世界自然遗产。

（2）石林风景名胜区。**石林风景名胜区**位于昆明市石林彝族自治县境内，距昆明城区78公里，是以岩溶石林地貌景观为主的世界地质公园。由于这里高大的岩溶石芽密集如林，面积广达400平方公里，故称“石林”。石芽的形态主要有剑状、塔状、蘑菇状及不规则柱状等，造型优美，似人似物，在美学上达到了极高的境界。园区内彝族风情浓厚，环境宜人，石林壁峰之中，翠蔓挂石，金竹挺秀，山花香溢，季鸟和鸣，使千座崖峰显得生机盎然。石林风景名胜区于1982年被批准为首批国家级重点风景名胜区之一，2007年被评为国家5A级旅游景区。

（3）九乡风景名胜区。它位于宜良县九乡彝族回族乡境内，距昆明90公里，是以溶洞景观为主、以洞外山水峡谷风光与民族风情为辅的大型综合性旅游景区，分为叠虹桥、三脚洞、大沙坝、阿路龙、明月湖、万家花园、阳宗海7个景区。全景区共有上百个大小溶洞，其钙华堆积丰富，风格多样，被誉为“溶洞博物馆”。这些溶洞发育于6亿年前形成的碳酸盐岩中，拥有叠层石、倒石牙等古海洋微生物化石，边石湖群、地下广场大厅、暗峡谷、鱼背石、卷曲石、涡穴等多种水文地质奇观，以及多层立体洞穴景观等，典型性和独特性为国内罕见，备受国内外名家赞誉。

9）滇西南游览区

滇西南游览区以美丽的热带风光和浓密的原始森林著称，主要旅游目的地有西双版纳、澜沧江。

（1）西双版纳风景名胜区。**西双版纳风景名胜区**位于云南省南端，东南与老挝相连，西南与缅甸接壤，以神奇的热带雨林自然景观和傣族、哈尼族、基诺族等少数民族风情而闻名于世，是我国第一批国家重点风景名胜区之一。整个西双版纳风景名胜区可分为景洪、勐海、勐腊三大风景片区，包括19个风景区、800多个景点。

西双版纳是我国热带生态系统保存最完整的地区，素有“植物王国”“植物物种资源的基因库”“植物王国桂冠上的一颗绿宝石”等美称，是国家5A级旅游景区。进入西双版纳沟谷雨林，“老茎生花”“老茎结果”“独木成林”“板根现象”到处可见；奇花异木与珍禽怪兽数量不少，有望天树、桫椤等被称为“活化石”的孑遗植物30余种、稀有植物135种，有亚洲象、白腹黑啄木鸟、熊猴、绿孔雀等国家重点保护动物45种。

世居西双版纳的有傣、汉、哈尼、布朗、拉祜、基诺、苗、佤等13个民族，人口中35%为傣族。西双版纳的傣族人大多是虔诚的小乘佛教徒，学习傣族文化与佛教教义，所以这里处处可见充满东南亚风情的佛寺、佛塔及披着袈裟的小和尚。

明德笃行 11-1

云南省市场监管局到西双版纳督导检查旅游市场秩序整治工作

背景与情境：云南省市场监督管理局第二督导组于2023年9月20日到西双版纳开展市场监管领域旅游秩序整治工作督导检查。

督导组一行采取听取汇报、查阅台账、实地走访、与经营主体座谈的方式开展督导调研。在州市场监管局，督导组听取了旅游市场秩序整治百日行动工作开展情况汇报，查阅了相关的台账资料，随后实地走访景洪市曼阁水果批发市场、西双版纳原始森林公园、西双版纳傣族园、景洪市勐罕沙曼达拉客栈、景洪勐罕叁拾一号里客栈等市场主体，深入了解当前该州旅游市场秩序整治百日行动工作开展情况、市场监管领域投诉举报数据违法线索及网络舆情处理情况，强调加大“舆情转案”“诉转案”等工作处置力度，从源头化解消费矛盾纠纷，提升旅游消费满意度，加强消费维权体系建设。

在座谈会上，督导组就发现的问题进行现场反馈、现场交办，认真听取旅行社、涉旅购物场所、民宿、酒店行业代表对市场监管领域“推进旅游高质量发展，守护旅游金字招牌”的意见建议。

督导组指出，西双版纳傣族自治州各级市场监管部门要持续坚持问题导向、结果导向，集中力量加强旅游购物场所监管，严厉打击强迫购物、商业贿赂、无证经营、价格欺诈等违法行为，维护区域良好的旅游市场秩序，全力守护好云南旅游的金字招牌。

资料来源　佚名．省市场监管局到西双版纳督导检查旅游市场秩序整治工作［EB/OL］．［2023-09-26］．https：//www.xsbn.gov.cn/xsbnscjdglj/119929.news.detail.dhtml？news_id=2899610.引文经过节选、压缩和改编。

问题：根据该案例，研判市场监督管理局的整治工作对旅游业的发展的作用。

分析提示：党的二十大报告明确指出要“推进多层次多领域依法治理，提升社会治理法治化水平”。旅游市场的整肃也要依法治理，保障游客旅游体验。

（2）澜沧江西双版纳段。发源于青海省唐古拉山的澜沧江由北向南纵贯云南省西南部，经西双版纳出境后称湄公河，再经缅甸、老挝、泰国、柬埔寨、越南5国，注入南海，全长4 661公里，被誉为“东方多瑙河”。澜沧江在西双版纳段的流程为158公里，游览澜沧江可分上下两段：上段游览线从景洪出发，逆水而上至虎跳石。在虎跳石处，江面已渐渐收缩，最窄处仅20米左右，江水因此汹涌澎湃，两岸巨石参差不齐。下段游览线从景洪乘船而下，经橄榄坝至中、老、缅三国交界处，两岸礁石林立，山势险峻。澜沧江第一漂位于普洱市哪澜，离西双版纳水路85公里，漂流段水快流急，两岸植被茂密，翠竹婆娑，怪石嶙峋，古树遮天蔽日，藤蔓攀崖附壁，野生动物繁多，风光秀丽无比。

（3）红河哈尼梯田文化景观。该景观位于红河哈尼族彝族自治州元阳县的哀牢山，属典型的亚热带季风性气候。红河哈尼梯田至今已有1 300多年的历史，占地面积约16 603公顷，缓冲区面积29 501公顷，被誉为“中国最美的山岭雕刻”，于2013

年被联合国教科文组织审核批准为世界文化遗产。

10）滇西北游览区

滇西北游览区以大理、丽江、迪庆为中心，以生态旅游与少数民族风情旅游为特色，包括丽江古城和“三江并流”两个世界遗产，是云南省最有希望产生旅游拳头产品的旅游区域。其主要有大理、丽江古城、“三江并流”景区（香格里拉）。

（1）大理风景名胜区。大理位于云南省中部偏西，是滇缅、滇藏公路交会地，也是滇西的交通枢纽，历史上是我国与东南亚各国开展文化交流、通商贸易的重要门户，唐代南诏国和宋代大理国500年都邑所在地，历来以“风、花、雪、月”著称，现为国家对外开放城市、全国首批历史文化名城和风景名胜区之一、中国优秀旅游城市。其主要景区景点有大理古城、崇圣寺三塔、剑川石宝山石窟、宾川佛教圣地鸡足山，以及挺拔雄伟的苍山、明媚清澈的洱海、神奇美丽的蝴蝶泉等。

大理古城简称榆城，东临洱海，西枕苍山，距大理市下关13公里。古城方圆12公里，原城墙高7.5米、厚6米，东西南北各有城门一座，其上有城楼，壮丽雄伟。整座古城古朴幽静，城内流淌着清澈的溪水，白族传统民居古朴幽雅，呈现出“家家流水、户户养花”的景象。

同步业务 11-2

大理古城的“智慧游”

大理作为全国著名的旅游城市，拥有丰富的旅游资源，随着5G基站建设的逐步完善，借助5G技术，大理古城智慧景区建设在提升服务品质和管理效能的基础上，为游客带来全方位、个性化的游览体验。其主要表现在以下几方面：

（1）免费Wi-Fi全覆盖：目前大理古城区域已完成18个5G基站建设，整体5G覆盖率达75%，并实现了光纤网络全覆盖、免费Wi-Fi全覆盖。

（2）“网红公厕”上线：大理古城内有智慧公厕25个，红龙井的这个是唯一一个无触碰式智慧公厕，是目前云南省内技术含量最高的一个，可一键操控厕内所有设施系统。

（3）24小时智能自助急救站：智能自助急救站涵盖了“一键求救”、AED随取随用、医疗器械辅用、便民小药盒、急救知识普及、预留个人健康档案等多方位免费服务。

（4）“贴身导游”服务：全国首个面向全球游客的省级数字化全域旅游服务平台——“一部手机游云南”也在大理古城景区投入使用。

资料来源　佚名. 大理古城新期待——开启一场“智慧游”［EB/OL］.［2022-01-29］. https://www.sohu.com/a/519830136_121123807.引文经过节选、压缩和改编。

苍山又名点苍山，是云岭山脉南端的主峰，北起洱源邓川，南至下关天生桥，长约50公里，由19座山峰由北向南排列而成，如一道绿色屏障，雄峙于洱海西岸，与秀丽的洱海风光形成强烈对照。苍山之麓的洱海不仅西有点苍山横列如屏，而且东有玉案山环绕衬托，空间环境极为优美，因“水光万顷开天镜，山色四时环翠屏”，素有“银苍玉洱”“高原明珠”之称。巡游洱海，岛屿、岩穴、湖沼、沙洲、林木、村舍各具风采，赏心悦目。

崇圣寺三塔位于大理城北约1.5公里处，与西安大小雁塔同为唐代的典型建筑。在苍山、洱海之间，三塔鼎峙，撑天拄地，如玉柱标空，雄伟壮观，为大理胜景之一。崇圣寺三塔于2011年被评为国家5A级旅游景区。

蝴蝶泉位于点苍山云弄峰麓神摩山下，是电影《五朵金花》的主景拍摄地。泉、蝶、夜合欢为蝴蝶泉“三绝”。泉水从岩缝沙层中涌出汇集成池，水质清冽；阳春三月到五月之间，种类繁多的蝴蝶汇集于蝴蝶泉，形成五彩缤纷、大小悬殊的蝴蝶成串悬挂于泉边合欢树上的奇观。在白族人民的心中，蝴蝶泉是一个象征爱情忠贞的泉。每年的蝴蝶会，四面八方的白族青年男女都要到这里“丢个石头试水深”，用歌声找到自己的意中人。

（2）丽江玉龙雪山风景名胜区。它位于玉龙、宁蒗、香格里拉三县境内，以玉龙雪山为中心，总面积770多平方公里，包括玉龙雪山、丽江古城、万里长江第一湾——石鼓、宁蒗泸沽湖四个片区。

玉龙雪山是横断山脉沙鲁里山南段名山，由13座万年积雪的山峰组成，呈现出山似银蛇起舞、峰如长剑倚天的奇景。其主峰海拔5 596米，上插云天，下俯丽水，相对高差达3 000米，气候与植被的垂直变化明显，形成“山高一丈，大不一样”之奇观，也是玉龙雪山成为美丽的植物园和自然风景宝库的原因。

丽江古城地处云南省丽江市古城区，又名大研镇，于1997年被联合国教科文组织审核批准为世界文化遗产，是国家5A级旅游景区。古城坐落在丽江坝中部，占地面积7.279平方公里。古城内街道依山傍水修建，以红色角砾岩铺就，主要景点有四方街、木府、白马龙潭寺等。丽江古城为第二批中国历史文化名城之一，是中国以整座古城申报世界文化遗产获得成功的两座古城之一。

同步业务11-3

丽江古城推介

丽江古城（大研镇）坐落在玉龙雪山下丽江坝中部，北依象山、金虹山，西枕狮子山，东南面临数十里的良田沃野，海拔2 400米，是丽江市政府所在地，为国家历史文化名城、世界文化遗产。它始建于南宋，距今有800多年的历史。由于处于滇、川、藏交通要冲，是历史上茶马古道的重镇，历代滇西北的政治、军事重镇和纳西、汉、藏等各民族经济和文化交往的枢纽，并曾一度成为我国内陆通达印度的重要集镇。古城以“条条街道见流水、户户门前有清溪”的江南水乡般的美景，街道布局中的“经络”设置和“曲、幽、窄、达”的风格，以及依山就水、错落有致的纳西风格民居设计艺术为特色，获得了“东方威尼斯”“高原姑苏”等称号。

万里长江第一湾——石鼓景区，位于玉龙雪山与哈巴雪山之间的金沙江上，山高谷深，江窄流急，峡谷迂回约20公里，江面最窄处仅30米，江滩至两岸峰顶高差达3 000多米。虎跳峡是其中最窄、最深、最险的大峡谷，由于江宽与垂直高差的强烈对比，使人感觉猛虎一跃都能过，故名虎跳峡。更令人称奇的是，自青海玉树奔流南下的江水在峡谷中越7道坎，过18险滩，涌起千堆雪，发出震撼人心的雷鸣般吼声，到石鼓处突然转向北，形成了蔚为壮观的“长江第一湾”天下奇景。

泸沽湖景区位于滇西北宁蒗彝族自治县和四川盐源县之间，距丽江古城270多公里，距宁蒗县城73公里。泸沽湖是海拔2 680米的高原湖泊，湖面面积51.8平方公里，平均湖深40.3米，湖水清澈透明，最大能见度达12米。泸沽湖四周森林茂密，空气清新，由于人烟稀少，目前仍是我国自然生态保护得最好的地方之一。湖畔居住着至今还保留着母系社会遗风的纳西族支系——摩梭人，这里也是民间传说中的“女儿国”。在摩梭人的家庭中，以年长或能干的女性为一家之主，男不娶，女不嫁，但不同家庭中有情意的男女，可以建立偶居关系，即白天各自在母家干活，夜间男方到女方家住宿，第二天一早立即返回。这种独特的婚姻是当今世界研究人类社会发展和母系社会婚姻习俗的活化石，引发了众多中外学者和游客的极大兴趣。

（3）**“三江并流”风景名胜区**。*它由云南省境内的怒江、澜沧江、金沙江及其周围山脉组成，涵盖范围达170多万公顷，包括丽江市、迪庆藏族自治州、怒江傈僳族自治州的9个自然保护区和10个风景名胜区，是世界上蕴藏最丰富的地质地貌博物馆和罕见的高山地貌及其演化的代表地区。*“三江并流”风景名胜区内高山雪峰横亘，海拔高度差异与垂直变化明显。按照景观特色，人们将“三江并流”风景名胜区分为八大片区。其中，梅里雪山片区的主峰卡格博峰上覆盖着万年冰川，是目前世界上最为壮观且稀有的低纬度低海拔季风海洋性现代冰川；丽江老君山红山片区分布着中国面积最大、发育最完整的丹霞地貌奇观；云岭片区是以滇金丝猴为代表的野生动物的栖息聚集之地；老窝山片区是高山湖泊、高山草甸和野生花卉资源汇聚的场所；千湖山片区是高原生物多样性集中体现的地区之一；老君山片区是杜鹃林与高山湖泊构成的天然画卷；此外，还有哈巴雪山片区与高黎贡山片区，分别是“大理冰川遗迹”分布区和自然保护区。

在“三江并流”地区生存着全国20%以上的高等植物和全国25%的动物种数，其中包括77种珍稀濒危动物和国家级保护动物、34种国家级保护植物。这里还是16个民族的聚居地，是世界上罕见的多民族、多语言、多种宗教信仰和风俗习惯并存的地区。因此，该区一直是科学家、探险家的向往之地，1988年经国务院批准被确定为第二批国家级风景名胜区，2003年被列入《世界文化遗产名录》后，即成为云南旅游的一大热点，特别是其腹地被认定为英国作家希尔顿的小说《消失的地平线》中所描述的“香格里拉”后，更成为一个享誉世界的旅游品牌。

11）滇西游览区

学习微平台

延伸阅读11-3

滇西游览区是以保山、瑞丽、腾冲为中心，以火山地热景观、少数民族及边贸风情为特色的游览区，主要包括瑞丽江—大盈江和腾冲两个国家级风景名胜区。

（1）瑞丽江—大盈江风景名胜区。该景区位于云南省西部边境的德宏傣族景颇族自治州，与缅甸接壤，1994年被国务院确定为国家级风景名胜区。该景区也是金孔雀的故乡，是歌曲《有一个美丽的地方》的原创地，还是《边寨烽火》《孔雀公主》《戴手铐的旅客》《西游记》等多部电影、电视剧的外景拍摄地。景区内江水荡漾，白鹭、野鸭群飞，两岸岩溶景观千姿百态，树葱竹绿。著名的铜壁关自然保护区内还保留着原始生态群落，有白眉长臂猿、绿孔雀等国家级保护动物43种，有桫椤等濒危植物14种，还有独树成林的大叶榕树王和我国最早引种的橡胶母树。这里是傣族、景颇族、阿昌族、德昂族的重要居住地，少数民族风情浓郁，还有众多新石器时代的古人类活动遗址、“西南丝道”遗址，以及古城、关隘等文物古迹。景区内对外开放口岸众多，其中姐告边贸旅游区、章凤口岸、拉影口岸、盈江口岸等均有较高知名度和美誉度。在这里，一座城市、一条街或一个院坝分属两个国家的现象不足为怪，发达的边境贸易旅游是本区的一大特色。

（2）腾冲地热火山风景名胜区。该景区位于云南西部边陲，西北与缅甸接壤，面积近130平方公里。由于地处横断山区，地下有深大断裂发育，地质历史时期岩浆活动剧烈，形成了典型的火山地热景观，于2016年被评为国家5A级旅游景区。景区内分布着火山锥90多座，其中保存完好的有23座；分布着热泉、汽泉、矿泉80余处；分布着景观奇特、对多种疾病有疗效的热海、热田和丰富的火口湖、熔岩堰塞湖、熔岩堰塞瀑布、熔岩巨泉等景观；分布着种类繁多的动植物，尤以大树杜鹃和云南山茶花闻名中外。此外，附近还有为纪念70多年前在反法西斯战争中牺牲在腾冲的9 168名远征军官兵和19名盟军阵亡将士而建的腾冲国殇墓园，墓园肃穆壮观，供后人凭吊游览。

12）滇东南游览区

滇东南游览区是以建水、文山为旅游中心，以喀斯特岩溶山水与民族风情旅游为特色的游览区。其主要景区有建水、老君山、普者黑和九龙瀑布群等。

（1）建水风景名胜区。该景区位于建水县境内，距昆明299公里，为国家级风景名胜区，包括历史文化名城建水古城和著名的燕子洞风景区两大部分，面积115.5平方公里。

建水古称临安，元代以来就是滇南政治、文化、交通中心，文化发达，人才辈出，有保存完好、规模宏大的文庙，以及朝阳楼、双龙桥、指林寺、朱家花园等一大批古建筑。城区就有古寺庙40多座，还有许多保存完好的以哈尼族草顶房、彝族土掌房为代表的各族古民居，堪称“古建筑博物馆”。此外，还有以朱德故居为代表的革命遗址纪念地、奇异多彩的云海和气势磅礴的红河景观。

燕子洞是“亚洲最大、最壮观的溶洞之一”，不仅钟乳奇观丰富多彩，而且春夏有百万只雨燕飞来巢居，蔚为壮观。此外，洞内的钟乳悬匾及当地人采摘燕窝的绝技表演等，都对中外游客有巨大吸引力。

（2）老君山风景名胜区。该景区位于文山市境内，由老君山原始林区、薄竹山和西华山三个片区组成，包括上天生桥、下天生桥、东方红电站、头塘森林公园、柳井溶洞等景区景点，是滇东南地区唯一的亚热带“植物宝库”，其中以全球稀有的长蕊木兰花和胸围9.7米、树基12.2米、树干内空可同时容纳十多人的特大追栗树最为著名。

（3）普者黑风景名胜区。该景区位于文山壮族苗族自治州丘北县城西北，距县城13公里，是一个以喀斯特湖群、峰林及溶洞群为主的国家级风景名胜区和国家4A级旅游景区。中心景区有大小岩溶湖泊16个，水面面积近2万亩，其中有5 000亩被野生荷花所覆盖，周围耸立着巍峨苍翠的座座孤峰，且山山有奇洞，洞洞流清水。美不胜收的自然景观巧妙地与壮、彝、苗、瑶等少数民族风情融合在一起，令人赏心悦目、心旷神怡。现已开辟20多公里的水上旅游航线，乘小木船观光游览，如在画中行，十分惬意。

（4）九龙瀑布群风景区。该景区位于曲靖市罗平县城东北的九龙河上，是以岩溶瀑布景观为主的国家4A级旅游景区。由于水流对碳酸盐岩地层的长期侵蚀，在九龙河仅4公里长的河道上，便有大小数十个钙华滩和十多级瀑布。它们或雄伟，或险峻，或秀美，或舒缓，美不胜收。其中，最大的神龙瀑高56米、宽110米，在雨季，数公里之外都能听到河水跌落时发出的巨响，站在巨石边，只见滔滔江水从天而降，雷霆万钧，震撼着山河；冬春枯水期瀑布则似银链垂空，飞花碎玉；瀑与瀑之间有无数的浅滩和深潭，各显风姿。

本章概要

□ 内容提要

西南少数民族农业文化旅游区地处我国西南边陲，以极其丰富而神奇的自然旅游资源和绚丽多姿而奇特的少数民族风情为基础，以越来越便利的交通和不断完善与优化的接待设施为纽带，旅游产业高速发展，目前已经确立了旅游产业在国民经济中的支柱地位。有理由相信，再经过若干年的发展，当我国成为世界第一旅游目的国时，本旅游区完全可以成为其中的热点旅游目的区域，西南三省区完全能够实现从目前的旅游资源大省区转变为旅游经济强省区的目标。

□ 主要概念和观念

▲ 主要概念

西南少数民族农业文化旅游区　石林风景名胜区　西双版纳风景名胜区　“三江并流”风景名胜区

▲ 主要观念

西南少数民族农业文化旅游区自然与人文地理环境特征　西南少数民族农业文化旅游区主要旅游目的地及旅游线路

□ 重点实务

西南少数民族农业文化旅游区旅游产品开发　西南少数民族农业文化旅游区内或边境专项旅游线路组织设计

基本训练

随堂测 11-1

□ 知识训练

▲ 复习题

1）西南少数民族农业文化旅游区自然与人文地理环境有何主要特征？对旅游业有何影响？

2）西南少数民族农业文化旅游区旅游业现状表现出哪些主要特征？

▲ 讨论题

1）为提升旅游竞争力，西南少数民族农业文化旅游区应如何加强区域内外的旅游合作？

2）西南少数民族农业文化旅游区应如何应对日渐成熟的自驾游？

□ 能力训练

▲ 案例分析

【训练项目】

案例分析-Ⅺ。

【相关案例】

百色市2023年布洛陀民俗文化艺术节启动

背景与情境：相约千姿百色，品味百香百色。2023年4月21日，百色市2023年布洛陀民俗文化艺术节暨“百香百色”文化旅游品牌宣传推介活动启动仪式分别在田阳区和右江区举行。

田阳区田州古城开展了非遗和特色民俗文化展演展示活动。那坡壮族民歌、隆林苗族芦笙、凌云瑶族长号、瑶族金锣舞、壮族舞狮等非遗展演，展现了非遗和民俗文化的独特魅力。

右江区沙滩公园举行的“百香百色”农林产品品牌宣传推介活动，展出了百色芒果系列加工品、隆林黑猪系列腊肉腊肠、百色山茶油系列产品、百色番茄系列加工品、凌云白毫茶等第一批入选“百香百色”区域公用品牌的农产品。

簸箕菜、豆腐酿、麻鸭、血肠……厨王争霸赛和民族文化美食展区人头攒动，一道道、一桌桌经过精心烹饪的特色美食名宴，色香味俱全，让人垂涎欲滴，吸引了大批游客争相品尝。

资料来源　蒋文跃. 非遗文化亮点纷呈，特色产品琳琅满目！百色市2023年布洛陀民俗文化艺术节启动［EB/OL］.［2023-04-21］. https://mini.gxnews.com.cn/a/21136898.引文经过节选、压缩和改编。

问题：民俗文化艺术节活动有何意义？

【训练要求】

同第1章“基本训练”中本题型的“训练要求”。

▲ 自主学习

【训练项目】

“中国西南少数民族农业文化旅游区人文地理环境变化及其对旅游业的影响”知识更新

【训练目的】

见本章学习目标中的“职业能力”。

【训练步骤】

1）以班级小组为单位组建训练团队，每团队确定一人负责。

2）各团队根据训练项目的需要进行角色分工。

3）各团队通过校图书馆或互联网，查阅“文献综述格式、范文及书写规范要求”和近三年关于“中国西南少数民族农业文化旅游区人文地理环境变化及其对旅游业的影响”研究的前沿学术文献资料。

4）综合和整理“中国西南少数民族农业文化旅游区人文地理环境变化及其对旅游业的影响”研究的前沿学术文献资料，依照“文献综述格式、范文及书写规范要求”，撰写《“中国西南少数民族农业文化旅游区人文地理环境变化及其对旅游业的影响”最新文献综述》。

5）在班级交流各团队的《“中国西南少数民族农业文化旅游区人文地理环境变化及其对旅游业的影响”最新文献综述》。

6）在线上平台上展出经过修订并附有教师点评的各团队《“中国西南少数民族农业文化旅游区人文地理环境变化及其对旅游业的影响”最新文献综述》，供学生相互借鉴学习。

□ 明德笃行

【训练项目】

明德笃行-Ⅺ。

【相关案例】

跨部门旅游执法　维护旅游市场秩序

背景与情境：2023 年 7 月 30 日，云南省文化和旅游厅举办 2023 年全省旅游经济发展新闻通气会。会上提到，暑期以来，入滇游客快速增加，“不合理低价游”、强迫或变相强迫游客购物等旅游市场乱象也有所抬头。云南省各级文旅部门高度重视，对旅游市场管理中出现的问题及原因进行了深入剖析和研判，并直面问题、聚焦难点堵点，采取了一系列举措，维护云南旅游市场秩序。

面对旅游乱象，云南将加强跨区域、跨部门执法力量联动，以高压态势持续加大旅游市场秩序监管及整治力度，并建立健全旅游市场监管和投诉处理机制。

云南文旅部门联合公安、交通部门在全省组织开展市场巡查，严格检查旅游团队运行情况，从严查处旅行社和导游等违规行为，持续开展“不合理低价游”专项整治，加大“行刑衔接”力度，打击涉旅企业和从业人员强迫交易等违法犯罪行为。

资料来源　佚名. 云南：强化跨部门执法　剑指旅游乱象［EB/OL］.［2023-07-25］. https://3g.163.com/news/article/EKV2CA6U0528NB6V.html. 引文经过节选、压缩和改编。

问题：

1）请对案例提到的事件中有关人员的行为进行分析。

2）文旅部门采取的措施是否可以规避这类事件的再次发生？应如何提升从业人员的职业素养？

【训练要求】

同第 1 章“基本训练”中本题型的“训练要求”。

第12章 坦荡草原
——内蒙古游牧文化旅游区

- 学习目标

12.1 旅游地理环境特征及其对旅游业的影响
12.2 旅游业概述

- 本章概要
- 基本训练

● 学习目标

通过本章学习，应该达到以下目标：

职业知识：学习和掌握本旅游区的自然与人文地理环境、旅游业现状、主要旅游地与旅游线路等理论与实务知识，能用其指导或规范本章认知活动和技能活动，正确解答“基本训练”中“知识训练”各题型的相关问题。

职业能力：运用本章知识研究相关案例，培养在本旅游区特定情境中分析问题与决策设计能力；通过“‘内蒙古游牧文化旅游区’重点实务知识应用”的实训操练，训练学生的专业操作技能，培养整合资料信息、文稿撰写与沟通表达等通用能力。

职业素养：结合本章教学内容，依照相关规范或标准，对“明德笃行12-1”专栏和章后“明德笃行-Ⅻ”案例中的企业及其从业人员行为进行分析，强化与案例议题相关的生态文明建设、地方文化挖掘等方面的价值思考并提升职业素养，促进“立德树人”根本任务的落实。

学习微平台

思维导图12-1

引例：2023年以来内蒙古旅游升温迅速

背景与情境：内蒙古自治区2023年1—8月接待国内游客1.55亿人次，实现旅游收入2 298亿元，分别是上年同期的2.24倍和2.85倍，是2019年可比口径的1.38倍和1.44倍；接待俄罗斯游客11万人次、蒙古国旅客68.4万人次，分别占全国接待量的89%和90%。

2023年以来，内蒙古自治区聚焦全面完成好习近平总书记交给内蒙古的“五大任务”和全方位建设“模范自治区”两件大事，致力于将内蒙古自治区打造成“自驾游的首选地、露营游的佳选地、度假游的必选地、康养游的优选地”。创新实施“百万人互游”计划，累计推出文旅消费券、免费机票、打折门票、城际专列等惠民措施150余项，开发“亮丽内蒙古 四季好风光”系列沉浸式旅游产品和精品旅游线路100余条，组织开展“相约草原·携手春天”“相约草原·遇见那达慕”系列主题活动500余项，成功举办中国（阿尔山）旅游大会、第十四届全国舞蹈展演、全国自驾露营旅游发展大会等一批“国字号”、影响较大、游客参与度高的活动，引入《非遗里的中国》《你好生活》《现在就出发》等电视节目和“东方甄选”到内蒙古各地取景拍摄，以供给的“新”有效拉动了需求的“旺”、消费的“长”。

资料来源　内蒙古自治区文化和旅游厅. 1—8月内蒙古接待国内游客1.55亿人次　实现旅游收入2 298亿元［EB/OL］.［2023-09-15］. https：//wlt. nmg. gov. cn/zwxx/gzdt/202309/t20230915_2379954. html.引文经过节选、压缩和改编。

上述案例告诉我们，对于经济发展相对滞后的地域来说，旅游业的快速发展将对促进区域社会经济持续健康发展产生明显的推动作用，当地政府也会不失时机地为旅游业的发展创造条件，进而以旅游业为抓手，带动区域经济的繁荣发展。本章将带领大家认识内蒙古自治区的自然和人文旅游资源特征、旅游业的发展现状，并以此为基础，探讨如何推动本区旅游业的持续发展等问题。

12.1 旅游地理环境特征及其对旅游业的影响

内蒙古游牧文化旅游区仅含内蒙古自治区一个行政单位，位于我国的北部边疆，北面以漫长的边境线与俄罗斯、蒙古国接壤，其他部分则与黑、吉、辽、冀、晋、陕、甘、宁8省区相邻。其幅员辽阔，土地面积118.3万平方公里，占全国总面积的12.3%，在全国各省区中名列第三。人口以汉族和蒙古族为主，还有朝鲜、回、满、达斡尔、鄂温克、鄂伦春等少数民族，是我国五大少数民族自治区之一。

12.1.1 旅游自然地理环境特征

1）坦荡的高原地表，辽阔的草原景观

内蒙古游牧文化旅游区几乎全部处于内蒙古高原内。**内蒙古高原**是我国第二大高原，也是我国四大高原中地势起伏最和缓、高原面貌保存最完整的一个。地面开阔坦荡，除东南边缘有和缓的山地外，整个高原海拔高度在1 000～1 400米之间，总体地势由东南向西北平缓下降，其间虽有盆地镶嵌，也都十分宽浅，从飞机上俯视高原就像烟波浩渺的大海，故古人将其称为“瀚海”。内蒙古自治区位于中温带半湿润-半

干旱-干旱地带，草原面积广阔，全区拥有草原面积8 666.7万公顷，其中有效天然牧场6 818万公顷，约占全区土地面积的60%，占全国草场面积的27%，是我国最大的草场和天然牧场。全区有呼伦贝尔、锡林郭勒、科尔沁、乌兰察布、鄂尔多斯等著名大草原。其中，科尔沁草原、锡林郭勒草原东部、乌兰察布草原东部，都属典型干草原，是欧亚大陆中温带典型草原的主要组成部分。蓝天白云之下，绿草茵茵，一望无际，白色的蒙古包点点散布，牛羊成群，骏马奔腾，是内蒙古游牧文化旅游区最突出的景观特色，草原生态游是这里最具代表性的旅游项目。

2）东西延伸跨度大的地理条件，干湿度差异明显的多彩景观

内蒙古游牧文化旅游区地处温带，东西跨度大，从东部湿润地区边缘，经半湿润、半干旱地区，一直延伸到大陆腹地的干旱地区，自然地理环境干湿度差异明显，景观特色变化多种多样，对比强烈。高原东部是碧野千里、生机勃勃的森林与草原，西部则是基岩裸露、黄沙浩瀚的戈壁与沙漠，包括巴丹吉林沙漠、腾格里沙漠、乌兰布和沙漠和库布齐沙漠等，莽莽林海、茵茵草地与大漠驼影对比强烈。即使同为草原，也有草甸草原、典型草原、半荒漠草原与荒漠草原之分，不同类型草原草生长的高度、覆盖度差异很大，景色也大相径庭。如水草丰美的呼伦贝尔草甸草原，牧草长得高、生得密，是世界著名的三大草原之一，“风吹草低见牛羊”是这里最好的写照；阿拉善荒漠草原则草丛稀疏，草的覆盖度往往不到20%，主要为灌木草丛，与地毯式的典型草原和莺飞草长的草甸草原景观迥然有别。整个高原上还镶嵌着数以千计的大小湖泊，如呼伦湖、贝尔湖、乌梁素海、岱海等，还有黄河、黑水、额尔古纳河及数千条短小河流穿流其间，这些河流湖泊又改造了局部地域的干湿度，创造出更为丰富多样的自然景观。这些差异明显的景观交错分布，把内蒙古大地装点成一幅绚丽多姿的画卷。

同步业务12-1

中国六大最美的草原与六大最美的沙漠旅游区，内蒙古各占了50%

经由全国220多万网民参与投票评选出的中国最美旅游胜地中，内蒙古共有8处景区入选，分别是成吉思汗陵、响沙湾、库布齐沙漠、腾格里沙漠月亮湖、呼伦贝尔草原、锡林郭勒草原、科尔沁草原、阿尔山滑雪场。其中，沙漠旅游区与草原旅游区各3处，分别占全国六大最美沙漠景观与六大最美草原的50%。

3）冬季寒冷干燥且漫长，对旅游业的全天候发展有所制约

内蒙古游牧文化旅游区主体位于北纬40°20′～50°50′的半湿润-半干旱-干旱地带，离冬半年欧亚大陆冷空气中心较近。这种区位条件造就了本区冬季寒冷漫长而且干燥的特点，使内蒙古旅游呈现出明显的淡旺季，而且淡季明显较长，旺季较短。其大致情况是，东部从呼伦贝尔草原至阴山河套平原一带，冬季冰天雪地，历时达半年之久，平均气温在-28℃左右，春、夏、秋三季几乎相连，5—9月气候温和，是草原旅游的最佳季节；阴山以西的沙漠戈壁，在4月中旬至5月底多风暴，夏季酷热，冬季奇寒，只有8—9月气候温和，是开展沙漠游的最佳季节。

同步思考12-1

问题：内蒙古游牧文化旅游区应该如何打破寒冷季节对旅游业发展的制约？

理解要点：可从冬季旅游客源市场开发与旅游产品开发等方面考虑。

12.1.2　旅游人文地理环境特征

内蒙古游牧文化旅游区天然草场面积居我国五大草原之首，是全国最为重要的畜牧业生产基地。自古以来，放牧就是生活在这里的各族人民最基本的生产方式，世代逐水草而居的游牧生活造就了当地人民独特的民族性格与民族风情。内蒙古南部是我国游牧文明与农耕文明的交接地带，在水源比较充足的地方也创造了独具特色的农耕文明。

1）勇敢彪悍的民族性格，热情豪爽的风土人情

蒙古族是内蒙古自治区除汉族外人口占比最大的少数民族，也是本区少数民族游牧风情的突出代表。

历史上，**蒙古族**长期以游牧为主要生产、生活方式，他们逐水草而居，不断迁徙，是一个一生一半在帐篷中一半在马背上度过的民族。由于常年冒暑寒风沙、斗恶狼疯驼、驯烈马野牛，他们形成了强壮的体魄和勇敢彪悍的性格。骑射是男子必备的技艺，摔跤是他们常常进行的娱乐活动。由于生产、生活常年以家庭为单位，以散点的形式分布在一望无垠的大草原上，相互之间的交流十分不易，聚集更难，因此形成了蒙古长调的歌唱形式和热情好客的风土人情。他们世居草原，以畜牧为生计，马奶酒、手扒肉、烤羊肉是其生活中最喜欢的食品和待客佳肴。每当有客人来访，他们必定按照民族习惯，以奶茶、奶酒、牛羊肉盛情款待，席间还常有表达深情厚谊的歌舞助兴，“豪饮狂吃”在此很受欢迎。每逢民族节庆活动，如“那达慕”大会，更有规模宏大的“男子三竞技”——摔跤、赛马、射箭比赛和大型歌舞表演，热闹非凡。

2）“塞北江南”好风光，颇具旅游吸引力

内蒙古高原中部黄河沿岸的冲积平原被称为**河套平原**，包括内蒙古包头、呼和浩特一带的前套和乌拉山以西至巴彦高勒的后套两大部分。河套平原北部与东部分别有阴山、贺兰山如屏障屹立，遏制着北方来的寒冷气流与腾格里沙漠的东移，因而冬季气温相对较暖，风沙侵袭不严重；夏季可受惠于东南暖湿气流，获得较多雨水，冲积平原土壤肥沃，虽处于干旱地区，却有黄河提供的水源保障，所以人们早在2 000多年前便开沟挖渠，引黄河之水进行灌溉，种植小麦、水稻、谷、大豆、高粱、玉米、甜菜等作物，使之呈现出一派河渠纵横、阡陌连片的江南水乡景象，是内蒙古高原上稀有的富饶农业区。又因河套平原位于万里长城以北，故被称为“塞外江南”或“塞外米粮川”，并流传着“黄河百害，唯富一套”的说法。由于地理位置重要，自然条件相对优越，历史上这里还是草原民族与中原民族、草原文化与黄河文化碰撞交融的主要场所，形成了特有的河套文化，是一个特别有故事的地方。其干旱地区稀有的田园风光与农牧交融的河套文化对旅游者都极具吸引力。

3）边境口岸众多，异域风情浓郁

内蒙古游牧文化旅游区与俄、蒙毗邻，边境线长4 261公里，占全国陆地边境线长度的19.4%。截至2022年年底，内蒙古自治区有国务院批准的对外开放口岸20个。

其中，航空口岸6个，分别是呼和浩特、鄂尔多斯、海拉尔、满洲里、包头、二连浩特；陆路（铁路）口岸2个，分别是满洲里、二连浩特；陆路（公路）口岸12个，分别是满洲里、二连浩特、甘其毛都、策克、满都拉、珠恩嘎达布其、额布都格、阿日哈沙特、黑山头、室韦、阿尔山、乌力吉（在建中）。在14个陆路口岸中，对俄罗斯开放的口岸有4个，对蒙古国开放的口岸有10个。内蒙古是我国多口岸省区之一。这些口岸城镇不仅是中俄、中蒙之间的重要物流、人流通道，而且是集商贸流通、综合加工、跨境旅游、人文交往于一体的对外经济合作区，其建筑、商品、餐饮、娱乐活动充满异国情调，走进国门区还能一览异国风景，是很有吸引力的旅游区。

12.2 旅游业概述

内蒙古自治区旅游业的发展始于1978年，但在最初的20多年中发展比较缓慢，是国家西部大开发战略的实施才使内蒙古旅游业的发展驶入了快车道。目前，内蒙古旅游业处于持续发展的良好态势，已基本成长为自治区的支柱产业和最具活力的经济增长点。

12.2.1 旅游业现状特征

1）旅游产品不断丰富，旅游接待设施不断改善

自20世纪90年代后期开始，特别是西部大开发以来，内蒙古在旅游资源开发、景区建设及其他接待设施建设等方面取得了显著成就。截至2023年12月，内蒙古自治区拥有A级旅游景区457家，旅行社1 258家，星级饭店204家（见表12-1），还有众多体验民族风情的接待设施，已形成了一系列能展示内蒙古草原风光、民族风情、历史古迹、沙漠戈壁、森林冰雪、地质奇观、边城异趣等的旅游品牌产品；成功地推出了多条各具特色的精品旅游线路，如呼伦贝尔—兴安盟草原、森林、冰雪生态旅游线路，锡林郭勒—克什克腾—喀喇沁草原风情、地质奇观旅游线路，呼和浩特—包头—乌兰察布—鄂尔多斯民族历史文化旅游线路，阿拉善大漠风情旅游线路等；具有地方民族特色的旅游商品企业近500家，旅游纪念品品种不断丰富。但与全国经济相对发达的省区相比，内蒙古旅游产业总体规模及发展水平仍与之存在一定差距，2017年旅游总收入3 443亿元，在31个省区市中排名第22位，仅高于面积相对狭小的天津、重庆、海南、宁夏或位置比较偏远的黑龙江、新疆、甘肃、青海与西藏。

表12-1 内蒙古自治区2023年旅游业基本情况

项目 地区	星级饭店				A级旅游景区			旅行社	
	营业收入（亿元）	饭店总数（个）	其中 五星	其中 四星	总数（个）	其中 5A	其中 4A	机构数（个）	营业收入（千元）
全国	1 601.09	7 245	777	2 326	15 721	318	4 863	39 580	444 272 900
内蒙古	25.04	204	12	43	457	6	157	1 258	1 691 087
2023年本区占全国	1.56%	2.82%	1.54%	1.85%	2.91%	1.89%	3.23%	3.18%	0.38%

资料来源 中华人民共和国文化和旅游部. 中国文化文物和旅游年鉴2024［M］. 北京：国家图书馆出版社，2024.

同步思考12-2

问题：内蒙古游牧文化旅游区旅游业的发展为什么会相对滞后？

理解要点：从旅游业发展的历史及发展的必要条件等方面考虑。

2）空、铁、公三大交通快速发展，旅游交通基本顺畅

内蒙古自治区地域辽阔，横跨我国“三北”，又地处祖国北部边陲，由于历史与交通的原因，对我国人口稠密、经济相对发达的东部地区来说，一直是一个比较遥远、难以到达的地方。近20年来，随着西部大开发与全国基础设施的大改善，这里的空、铁、公交通都有了很大的变化。内蒙古现有干线铁路8条、支线铁路16条，分属哈尔滨铁路局、沈阳铁路局、呼和浩特铁路局。2020年，铁路营业里程为1.42万公里，较2015年增长19.3%，占全国铁路网总营业里程的比重为9.7%，居全国第一。2020年，内蒙古公路线路里程21万公里，比2015年增加3.5万公里，“十三五”期间年均增长3.7%。等级公路占公路线路总里程97.7%，其中高速公路6 985公里、一级公路8 785公里、二级公路19 912公里。2020年，内蒙古民用机场总数达到40个（其中运输机场20个），较2015年增加15个，实现12个盟市全覆盖。“十三五”期间，民航客运量5 800万人，比“十二五”时期增长72.8%。交通已不再是旅游者进入内蒙古的制约因素。

3）宣传促销得力，内蒙古旅游形象全面提升

“十一五”以来，内蒙古自治区各级政府及其旅游管理部门通过创新旅游营销理念、培育消费热点，实现了规模化营销，全面提升了内蒙古旅游形象。内蒙古在旅游营销方面一直秉持“加大宣传力度，树好内蒙古形象”这个理念，只有被知晓才能被选择。内蒙古自治区依托文化和旅游部“欢乐春节”“天涯共此时”品牌，探索与日本、韩国、德国、瑞典、法国、俄罗斯、蒙古国等驻外文化中心合作，开展全年“美丽中国　亮丽内蒙古”宣传推广活动，深耕厚植港澳市场，建立内蒙古文化旅游宣传营销中心；依托文化和旅游部外宣平台，塑造“美丽中国　亮丽内蒙古”海外品牌；充分发挥内蒙古文化旅游集团文旅产业、投资融资、文旅营销、合资合作、资源整合等平台作用，积极推动重点景区建设、形象品牌打造、文旅产业发展。

同步业务12-2

董宇辉写给内蒙古的小作文

北国晴空
雄鹰展翅翱翔
光影洒落
投下内蒙古的模样
提到这国之北疆
是什么让你神往
是造物主精心设计的奇景异象
是兴安盟的晨光洒向草场
驯鹿踏着林间薄雾信步徜徉

是阿拉善的月亮仍悬挂于夜空之上
沙漠中骆驼酣睡等待天亮
是弱水之畔伫立千年不朽
雨雪风霜后彰显生命力量的胡杨
是察哈尔的火山苍劲荒凉
大地袒露的岩石如异星磁场
提到这国之北疆
是什么让你神往
是黄河冲出阴山后
留下亿万吨细腻土壤
河套平原沃野千里赋予万物滋养
造就塞北粮仓
是机器轰鸣
交响回荡的白云鄂博矿场
成千上万吨资源支援祖国的四面八方
是激情昂扬的年代里
拔地而起的包钢
烈焰熔化后精心锻造
将铁轨延伸到祖国四方
可朋友们啊
这都不是内蒙古在我脑海中的模样
你们向往的远方
是我午夜梦回的故乡
我想到的
是游子跨马走向远方
是阿爸追出帐篷送来的干粮
是草原从来明亮的日光
是沉默伫立的牛羊
是话到嘴边又无言的凝望
是风如钝器穿过我的胸膛
那是淳朴善良的儿女们
等待回去的故乡
是马头琴悠扬
马奶酒穿肠
是刚挤的牛奶散发青草的香
是清晨的阳光洒在额吉脸上
是她面带笑容走向帐房
那不只是风吹草低的牛羊
那不只是苍茫辽阔的北疆

朋友们，这次我要带你们去看看

你们口中的他乡

是我无数次梦回的地方

是草原的游子们每每想到

就满含热泪的故乡

资料来源　内蒙古自治区文化和旅游厅.董宇辉写给内蒙古的小作文，你给打几分？[EB/OL]. [2023-07-26]. https://mp.weixin.qq.com/s?__biz=MzAxMzUxMDgxNw==&mid=2660126413&idx=1&sn=2dfd6c9a7e4f70bbde93e633eaa4e5fb&chksm=80db9f03b7ac161579c81b1f8d512e8d58fc3c7f438f4f4981eabea1f8bd4d8cf258bc005fc3&scene=270.

4）乡村旅游蓬勃发展，富民扶贫成绩显著

自2006年国家旅游局推出了“中国乡村游”的主题活动以来，内蒙古自治区一直把乡村旅游与富民扶贫紧密结合，紧抓不放。截至2022年，内蒙古具有一定规模的休闲农牧业经营主体4 121家，休闲农牧业从业人数12.96万人，其中农牧民就业人数8.16万人；年接待人数2 386.36万人次，营业收入44.34亿元，其中农副产品销售收入20.81亿元；利润总额7.69亿元，休闲农牧业带动农牧户数15.99万户。乡村旅游产品主要包括草原休闲观光、乡村特色美食、农牧业生产观光、水上观光休闲、林区观光休闲等14类，涉及18个特色项目，重点打造一批乡村旅游精品线路，串联自治区乡村旅游经营单位和星级乡村（牧区）旅游接待户，为自治区休闲农牧业与乡村旅游提供丰富的乡村休闲体验产品与生态空间。

同步案例12-1

风从草原来　遇见樱花开

——呼和浩特市参加2023鄂蒙“百万人互游”文化旅游推广活动

背景与情境：2023年4月13日，呼和浩特市参加了在武汉市楚河汉街屈原广场举办的2023鄂蒙“百万人互游”文化旅游推广活动，目的是进一步激发湖北省游客到内蒙古自治区旅游的积极性，助力旅游市场人气提升，让内蒙古旅游一年四季都“热”起来。

宣传推广活动以“旅游推介+文创非遗市集+文艺快闪演出”的方式，向武汉市民和游客展示了呼和浩特丰富的文化魅力、旅游资源和风土人情。活动“接地气”、宣传效果显著，现场客流量达到1.2万人次以上，线上观看直播人数突破93万人次。在推介会上，呼和浩特市知名企业伊利集团就2023年重点打造的伊利现代智慧健康谷进行宣传推广。伊利现代智慧健康谷作为内蒙古自治区重点项目正在加速建设过程中，该项目集沉浸式体验与多媒体视听展示技术于一体，配套打造智慧化、艺术化、科技化的伊利工业旅游。自开展工业旅游以来，先后获得“国家4A级旅游景区”、首批“国家级文明旅游示范单位”和“国家旅游科技示范园区”等荣誉称号的伊利集团，引起现场市民、游客和网民的高度关注。

资料来源　佚名. 风从草原来　遇见樱花开——呼和浩特市参加2023鄂蒙“百万人互游”文化旅游推广活动[EB/OL]. [2023-04-14]. https://wlt.nmg.gov.cn/zwxx/msyw/202304/t20230417_2297548.html.引文经过节选、压缩和改编。

问题： 这样的文化旅游推广活动有什么独到之处？你得到了哪些启示？如何让内蒙古旅游一年四季都“热”起来？

分析提示： 可从针对性、品牌组合、营销手段等方面展开思考。

12.2.2 主要旅游地与旅游线路

1）内蒙古东部游览区

内蒙古东部游览区包括赤峰市、通辽市、兴安盟、呼伦贝尔市，以悠久的北方游牧民族历史文化、广阔草原与森林景观吸引着天下游客。

（1）北方文化之源——赤峰。赤峰是举世闻名的红山文化、契丹辽文化的发祥地，现有各类历史文化遗址6 800多处，其中全国重点文物保护单位15处。著名的辽代大明塔和庆州白塔、辽太祖耶律阿保机陵墓、康熙御驾亲征的乌兰布统古战场等，向人们昭示着我国古代北方民族的辉煌历史。赤峰自然旅游资源丰富，有克什克腾世界地质公园及5处国家级自然保护区和4处国家级森林公园。蓝天下，草原、山川、湖泊、森林、沙漠、湿地、温泉、地质奇观交相辉映，相得益彰。其中，克什克腾世界地质公园九大园区之一的阿斯哈图石林为国家5A级旅游景区。该石林位于赤峰市克什克腾旗经棚镇东北方向105公里处，处在大兴安岭最高峰——黄岗峰以北约40公里、海拔1 700米左右的北大山上，是高山草甸草原与原始白桦林的交会地带，这里植被茂盛，植物资源丰富，因季节的不同而姿彩各异，魅力纷呈。

（2）英雄的城市——通辽。通辽不仅是蒙古族的文化发祥地，也是红山文化和富河文化的发祥地之一。民族英雄嘎达梅林生于此处，革命烈士麦新、吕明仁等也牺牲于此，他们使这座城市充满了英雄的光辉。通辽市自然旅游资源由北向南呈现出三种不同类型：北部的霍林河草原，辽阔无际，绿草如茵，鲜花盛开，一派草原景象；中部西辽河横贯全境，沿岸沃野千里，并有众多的湖泊、水库，如一条银光闪烁的多彩项链；南部科尔沁沙地浩瀚无边，沙积如山，别具韵味，适合开发沙漠旅游线路。通辽因一地三种截然不同的景色成为游客理想的旅游胜地。

（3）圣水之地——阿尔山。阿尔山位于内蒙古自治区兴安盟西北部的阿尔山市，紧靠中蒙边界，横跨大兴安岭西南山麓，是呼伦贝尔草原、锡林郭勒草原、科尔沁草原的交会之地，是国家5A级旅游景区——兴安盟阿尔山·柴河旅游景区的主体。景区内分布着活火山群，有典型的火山地貌景观和奇特多样的涌泉；山峦起伏，沟谷纵横，海拔一般在1 100米左右，以草原和林海相接、雪山和温泉共存为景观特色。这里空气清新，夏日阳光充足，凉爽宜人，是避暑胜地；冬季封雪期达7个月，可享滑雪运动与温泉浴的乐趣。这一切已使阿尔山市成为一座颇受游客青睐的边境旅游疗养城市。

同步业务12-3

阿尔山海神圣泉旅游度假区推介

海神圣泉旅游度假区位于阿尔山市温泉街，有48眼矿泉分布在南北长500米、东西宽70多米的范围内，分冷泉、温泉、热泉、高热泉4种。这里的矿泉属第四纪火山性矿泉，矿泉中含有铜、锰、锶、锂、钛、钼、铝、铍、铯、钡等多种微量元素及放射性元素氡。矿泉的空间排列形状也极为有趣，它们共同勾画了一个南北躺卧的人形，有“头泉”“五脏泉”“脚泉”等，传说不同部位的泉水对人体相应部位器官病变的疗效更佳。矿泉附近树多林密，山珍药材遍地丛生，风景如画，生态环境绝佳。

阿尔山矿泉的正式开发利用已有150余年的历史，在俄罗斯、日本都享有盛誉，现海神圣泉旅游度假区中的温泉博物馆、四星级酒店及温泉疗养、康复治疗、休闲娱乐等度假设施就隐蔽在绿树鲜花丛中，远山近舍，浓淡相宜，宛如一幅幅水墨画。

微课程12-1

草长莺飞的呼伦贝尔

（4）草长莺飞——呼伦贝尔市。呼伦贝尔市总面积25万多平方公里，东与黑龙江省相邻，西北和西南分别与俄罗斯和蒙古国交界，有蒙古、达斡尔、鄂温克、鄂伦春、汉、满、回、朝鲜、俄罗斯等36个民族。这里最著名的景区是呼伦贝尔大草原、满洲里中俄边境旅游区和柴河旅游景区。

呼伦贝尔大草原位于大兴安岭以西，面积达1.49亿亩。蓝天白云下，牛羊遍野，骏马奔驰，繁星似的蒙古包群炊烟袅袅、奶茶飘香，形成最具特色的草原景观，位居中国最美的六大草原之首。

位于呼伦贝尔大草原西北部的满洲里中俄边境旅游区是国家5A级旅游景区，也是内蒙古自治区15个重点建设的品牌旅游景区之一。满洲里东依大兴安岭、南濒呼伦湖、西临蒙古国、北接俄罗斯，这里融合了中俄蒙三国风情，素有“东亚之窗”“第二欧亚大陆桥”之称。中俄边境旅游区与俄罗斯接壤，凭借俄罗斯风情文化精粹这一得天独厚的条件，打造出独具北部边疆特色的旅游观光休闲度假基地。

柴河旅游景区位于呼伦贝尔市扎兰屯市西南部，是山岳型自然风景旅游区，也是国家5A级旅游景区——兴安盟阿尔山·柴河旅游景区的重要组成部分。

同步案例12-2

“生态革命”激活内蒙古草原风情旅游

背景与情境：在内蒙古自然旅游资源中，最有特色、最能吸引人的就是辽阔无际、水草丰美的大草原。世代生活在草原上的蒙古族、达斡尔族、鄂温克族及鄂伦春族等少数民族的风土人情形成了国内独有的人文旅游资源。然而21世纪之前，各地对旅游的投入和重视不足，草原旅游景点的设施不完善，加之长期农垦和过度放牧，原本脆弱的生态环境不堪重负，草原退化、沙化严重，草原风情旅游一直发展缓慢。国家实施西部大开发以来，内蒙古自治区加快生态建设步伐，大力推进以退耕还林还草、禁牧和舍饲为重点的“围封转移”战略，在广袤的草原上掀起了一场“生态革命”。至2021年年底，内蒙古全区综合植被盖度达45%，堵住了沙源、涵住了水源、变绿了草原，昔日草原美景正在重现，草原风情旅游已成为内蒙古名牌旅游产品。

资料来源　佚名. 内蒙古大草原名副其实了，植被覆盖度达40年来最好水平［EB/OL］.［2022-07-24］. https: //www.toutiao.com/article/7123792092828402214/.引文经过节选、压缩和改编。

问题：为什么说“生态革命”激活了内蒙古草原风情旅游？结合本案例分析旅游与生态环境的关系。

分析提示：可从党的二十大报告提出的“我们要推进美丽中国建设，坚持山水林田湖草沙一体化保护和系统治理”“必须牢固树立和践行绿水青山就是金山银山的理念，站在人与自然和谐共生的高度谋划发展”的角度展开思考。

同步链接12-1

内蒙古乌拉特草原牧民守护北疆绿色生态屏障

2）内蒙古中部游览区

内蒙古中部游览区包括呼和浩特市、包头市、鄂尔多斯市、乌兰察布市、巴彦淖尔市与锡林郭勒盟，是今天内蒙古政治、经济、文化活动的中心地带。这里有“一代天骄”成吉思汗的陵墓、蒙古王朝鼎盛时期的元上都遗址、千古佳人昭君的“青冢”以及众多的边关奇丽景象。

（1）青色城市——呼和浩特市。它是内蒙古自治区首府，也是内蒙古旅游的主要集散地。战国时期赵武灵王曾在此建云中郡，16世纪达延汗在此建宫殿，以青砖筑城，远望一片青色，故称“呼和浩特”，即蒙语“青色城市”，如今在大片防护林带的映照下，青城更名副其实。城内有明、清所建大召（伊克召）、小召、金刚座舍利宝塔寺等11座庙宇。距市区9公里处有昭君墓，当城内各处青草枯黄后，独此墓犹存青色，故称“青冢”，“青冢拥黛”为呼和浩特八景之一，且其景象因晨昏而变化，相传“辰如峰，午如钟，酉如枞”。市北80公里处的乌兰图格、120公里处的辉腾锡勒与170公里处的白音胡硕是领略草原风情、体验牧人生活、观察民族习俗的胜地。

（2）草原钢城——包头市。包头是蒙语“包克图”的谐音，即“有鹿的地方”。此地曾经水草丰美，有大批鹿群出没。17世纪起经由村、镇、县，到中华人民共和国成立后发展为市，并因铁矿资源丰富已成为我国的草原钢城。市东北50公里处的五当召创建于清康熙年间（公元1662—1722年），为内蒙古第一大召，还有古代的重要战场与汉古城遗址。

明德笃行12-1

2023年全区导游员服务技能大赛决赛精彩上演

背景与情境： 2023年6月5日，内蒙古全区导游服务技能大赛在呼和浩特市举办。本次大赛历经旗县初赛、盟市复赛，决出优中选优的40名选手进入决赛一比高下。

在活动现场，参赛选手以动人的故事、优美的语句、深入浅出的讲解，充分展示了内蒙古的文旅资源、风土人情。赤峰哈斯哈图石林、包头美岱召——选手们用自己的语言描绘“亮丽内蒙古”，将内蒙古各地的风土人情展示出来，让现场观众和评委身临其境。

“2023年全区导游服务技能大赛是内蒙古自治区文化和旅游厅、内蒙古自治区总工会、共青团内蒙古委员会、内蒙古妇女联合会四部门共同组织的大型赛事，活动旨在通过比赛推出一批坚持以文塑旅、以旅彰文，讲政治、专业精、服务好的优秀导游，发挥以点带面的示范引领作用，提升导游队伍服务水平，树立行业良好形象，进一步推进文化和旅游深度融合发展。”内蒙古自治区文化和旅游厅二级巡视员姚文军表示，希望通过选手们的生动讲解，推出一大批内蒙古独具特色的景区景点，鼓励和引导更多游客来内蒙古领略大草原、大森林、大沙漠、大河湖、大冰雪的亮丽风景，让内蒙古的故事“活”起来，让内蒙古的旅游“火”起来。

资料来源 张鑫．2023年全区导游员服务技能大赛决赛精彩上演［EB/OL］.［2023-06-05］. http：//www.nmgsb.com.cn/system/mengshi/2023/0605X552023.html.引文经过节选、压缩和改编。

问题：本案例中，导游服务技能大赛活动涉及哪些旅游从业人员的思政素养或职业道德规范？

分析提示：涉及“诚实守信、乐于奉献、积极向上、奋发有为”和“诚心诚意的服务态度”等旅游从业人员职业道德规范与思政要点。

（3）草原博物馆——锡林郭勒盟。其位于东北、华北、西北交会地带，具有对外贯通欧亚、对内连接东西、北开南联的区位优势，以草原旅游资源丰富、草原类型完整而著称于世。草甸草原、典型草原、半荒漠草原、沙地草原均有，优质天然草场面积达18万平方公里；有被列入联合国教科文组织世界生物圈保护区网络的草原自然保护区，其景观之美在中国最美六大草原中位居第三。这里的牧民至今仍然完整地保留着草原游牧文化与风俗习惯，从服饰、饮食、民居到歌舞、婚嫁、礼仪、节庆等特色鲜明，在整个蒙古民族的历史文化中极具代表性。

（4）元上都遗址。该遗址位于锡林郭勒盟正蓝旗草原，始建于1256年，是中国元王朝与蒙古文化的发祥地，忽必烈就是在此登基建立了元朝。元上都南临上都河，北依龙岗山，周围是广阔的金莲川草原。都城以宫殿为中心，分层、放射状分布；既有以土木为主的宫殿、庙宇建筑群，又有游牧民族传统的蒙古包式建筑，体现了一个高度繁荣的草原都的宏大气派，是农耕文明与游牧文明融合的杰出典范。现遗址保存了元上都的整体格局和城址、关厢、铁幡竿渠与墓葬群等四大人工遗存要素，在外形、材料、传统建造技术和位置等方面，真实保存了具有蒙汉民族文化结合特征的都城形制格局，其墓葬群真实保存了蒙汉民族生活的历史信息与物证。2012年，元上都遗址被列入《世界文化遗产名录》。

（5）成吉思汗陵旅游景区。其为国家5A级旅游景区，也是我国最恢宏的十大帝王陵墓之一。该陵位于鄂尔多斯市伊金霍洛旗甘德利敖包之上，占地5.5万多平方米，丛林茂密，芳草萋萋，鸟语花香，主体建筑由三座相连的蒙古包式大殿及其廊房组成，建筑雄伟，具有浓厚的蒙古族风格。殿内有成吉思汗一生事迹及相关文物展。作为蒙古族人民常年祭祀的地方，每年这里祭品齐全的专项祭奠要举行60多次，尤以农历三月二十一的春祭规模最大、最隆重，各盟旗都派代表前往奉祭，届时这里便展现出独特的草原历史文化。

（6）响沙湾旅游景区。响沙湾在蒙语中的意思是“带喇叭的沙丘”，位于鄂尔多斯市达拉特旗库布齐沙漠东端，是一个高约百米、宽400多米、坡度45度的月牙形沙丘。天晴无雨、沙子干燥时，人从沙丘的顶部往下滑，便可听到沙子发出像汽车、飞机的轰鸣声，若是三五游人相随同时下滑，则其声如洪钟；当你两手相对猛力向中间捧沙时，便会听到“呱呱”的蛙鸣声。现在，响沙湾景区分为莲沙度假岛、福沙度假岛、悦沙休闲岛、仙沙休闲岛、一粒沙度假村等部分，分别以佛教文化、游牧风情、大漠文体体验、沙漠历险（包括空中飞索与秋千、沙漠冲浪、沙漠杂技大世界、轨道自行车等项目）及沙漠水上运动见长，几十种惊险刺激的沙漠旅游活动体现了雄浑的大漠文化和深厚的蒙古文化底蕴，深受游客的欢迎。每年7月中旬，一年一度的摄影周让这里成为摄影爱好者集聚演练的极佳场所。响沙湾是名不虚传的国家5A级旅游景区和国家文化产业示范基地。

同步业务12-4

从北京出发的内蒙古自驾五日游线路设计

第一天从北京出发到元上都，体验中原农耕与草原游牧文化；第二天到阿斯哈图石林，观赏自然奇异风光和白音敖包自然保护区的绝美景色；第三天游达里诺尔湖与浑善达克沙地，感受沙漠风情；第四天到锡林浩特市，享受杭盖蒙餐；第五天到素有“天堂草原”美称的西乌珠穆沁草原——中国北方草原最华丽、最壮美的地段。

3）内蒙古西部游览区

内蒙古西部游览区即阿拉善盟所包含的范围，著名的巴丹吉林、腾格里、乌兰布和三大沙漠横贯全境，沙漠、戈壁是本旅游区景观的主调。黄河流经其东部边缘约85公里，西部有源于祁连山的黑河水蜿蜒800公里注入本区的居延海，沿途不乏绿洲、胡杨林及荒漠草原等景观。这些景观和沙漠中众多的湖泊一起让荒芜之地生机盎然，丝绸之路曾沿黑河水穿流而过，也在这里留下千百年来各色人文遗迹。[①]另外，曾经成功发射过神州系列1号、2号、3号飞船的东风航天城也在本区，因此这里还是爱国主义教育游与高科技旅游的基地。

（1）贺兰山南寺生态景区。广宗寺又称“南寺”，位于阿拉善盟巴彦浩特镇南30公里处。该寺始建于乾隆二十二年（公元1757年），3年后被赐名“广宗寺”，为六世达赖喇嘛的弟子阿旺多尔济遵师父遗愿所建。广宗寺拥有庙宇数十座，仓房僧舍2 859间，僧侣人数最多时达1 500多名，六世达赖喇嘛金身即供奉于寺内，是原阿拉善八大寺中名望最高的寺庙。广宗寺山门两侧的岩壁上雕满了彩绘佛像，是内蒙古自治区最大的石雕佛像群；寺庙西端有一座白塔，高约10米，与庙宇遥遥相望、交相辉映。庙宇四周群山环抱、森林茂密、鸟语花香，峡谷、高山草甸及蒙古度假村等穿插其间，生态环境极佳，是一处集游览观光、休闲度假、宗教活动、科研考察于一体的旅游胜地。

（2）敖伦布拉格大峡谷。它位于阿拉善左旗东北部敖伦布拉格镇、乌兰布和沙漠北部边缘，为流水、重力及风蚀共同作用而形成的丹霞地貌奇观。大峡谷全长5公里，其间赤壁丹崖的方山、石峰、石柱、石墩、嶂谷、石巷、岩穴等地貌造型鬼斧神工，在蓝天白云的衬托下，瑰丽无比，气势恢宏。置身其间，仿佛步入梦幻世界，被中外游客誉为中国的“科罗拉多大峡谷”，也是研究我国干旱地区丹霞地貌成因和演化的典型地区。

（3）腾格里沙漠天鹅湖。它位于阿拉善左旗巴彦浩特镇、腾格里沙漠东部边缘，距巴彦浩特镇28公里，面积约3.2平方公里。天鹅湖四周被浩瀚的沙漠包围，沙丘起伏，沙涛滚滚，景象奇伟壮观，令人心旷神怡。每年的3—4月、9—10月都有成群的候鸟在这里停歇嬉戏，蔚为壮观。

（4）腾格里沙漠月亮湖。月亮湖是腾格里沙漠诸多湖泊中唯一湖岸线稳定的原生态湖泊，岸线中有沉积了千万年长达1公里、宽近百米的黑沙滩，是良好的天然浴场；沙滩下面是厚达10多米的纯黑沙泥，其中富含十几种微量元素，据说品质优于

① 推荐观赏《秘境之旅——阿拉善右旗》。网址：http：//my.tv.sohu.com/us/329289302/97829921.shtml。

“死海”中的黑泥，是有着天然泥疗作用的“宝物”。这里已建成沙漠探险营地，在我国所有沙漠探险营地中，它是距离国内各大城市半径最短的一个。整个景区水、电、通信设施齐备，交通便利。这些条件促使月亮湖成为许多勇敢者特别喜爱的探险、度假旅游胜地。

（5）巴丹吉林沙漠地质公园。巴丹吉林沙漠是阿拉善沙漠的主体，位于阿拉善右旗的北部，是我国第三、世界第四大沙漠，总面积4.71万平方公里。巴丹吉林沙漠有世界最高的沙山、蔚为壮观的鸣沙区、星罗棋布的湖泊绿洲、生生不息的沙海神泉、神秘莫测的沙漠寺庙和远古岩画……因为这些奇特而又迷人的景观，巴丹吉林沙漠曾被《国家地理》杂志评为中国最美丽的沙漠，引来许多国家的学者及探险家考察旅游。1996年，德国探险旅行家鲍曼在考察后出版了《巴丹吉林沙漠》一书，轰动了欧洲探险界。2009年，巴丹吉林沙漠地质公园成为全球第一个沙漠地质公园。近年来，巴丹吉林沙漠已成为游客心目中沙漠探险、旅游、摄影的理想之地，每年8—9月这里将举行赛马、赛骆驼、攀登沙丘等蒙古族传统体育竞赛，以及精彩的摩托车、吉普车越野赛及摄影、奇石展览等活动。

（6）海森楚鲁怪石城。它位于阿拉善右旗西北部阿拉腾朝克苏木、巴丹吉林沙漠西南边缘，是一个荒无人烟、神秘莫测又极具魅力的地方。在方圆20多平方公里的范围内，布满了形态各异的怪石，大到几十立方米，小到拳头大小，或横亘于大漠之中，或屹立于沙梁之上，有的像蘑菇，有的像骷髅，有的像展翅腾空的苍鹰，有的像静卧的大佛……一个个栩栩如生，无比生动。据考证，这些奇石是距今1.5亿~1.8亿年的侏罗纪花岗岩经过沧海桑田暴露于地表，在长期的日晒雨淋与风力侵蚀作用下形成的花岗岩风蚀地貌。它不仅是不畏艰辛的游客、拍客探险猎奇的好去处，也是研究风蚀地貌形成和演化的天然博物馆。

（7）额济纳胡杨林。它分布在额济纳河两岸，面积达2.96万公顷，是世界上仅存的三大原始胡杨林之一。现已开发的主要旅游区域有两处：一处是额济纳旗达来呼布镇中心城区以东16公里处的国家级自然保护区与国家级森林公园，其胡杨林面积为4 734公顷，分为一道桥陶来林、二道桥倒影林、三道桥红柳海、四道桥英雄林四个部分，集生态观光、科普教育、文化体验、休闲娱乐、主题度假于一体，2020年1月7日该景区进入国家5A级旅游景区行列；另一处是位于达来呼布镇中心城区南1.2公里处的大漠胡杨景区，是一个在自然生长胡杨林基础上精心打造的集科普教育、生态观光、文化体验、特色商业于一体的旅游综合体，是国家4A级旅游景区，该景区内胡杨林面积为1 500公顷，兼有沙漠、水体、红柳、怪树等自然景观和独特的地域文化景观，也是我国特别亮丽的大漠胡杨林景观园。

（8）黑城遗址。它位于额济纳旗东南部，距达来呼布镇约25公里。遗址平面为长方形，周长1公里多，东西长434米，南北宽384米，其城门、瓮城和用黄土夯筑而成的城墙，以及城墙西北角上覆钵式塔等遗迹尚存，呈现出当时城墙建筑独有的艺术风格。遗址内发掘出丰富的地下文物，向世人展现了不同时期额济纳的人文历史，揭开了古代额济纳神秘的面纱。黑城曾是西夏在西部地区的重要农牧业基地和边防要塞、元代河西走廊通往岭北行省的驿道要站，也是西夏、元代在黑水流域的大面积绿洲区域。遗址附近还有怪树林、红城、绿城、大同城和甲渠侯官遗址等景点。

(9) 居延海。它位于额济纳旗达来呼布镇北38公里处，是黑河水系的尾间湖，保有水域面积35.4平方公里。居延海以烟波浩渺的水面、茫茫无垠的荒漠戈壁及二者之间的过渡带景观为主。在远古时期，居延海是西北最大的湖泊之一，但由于受河流补给量变化的影响，水面范围及位置多有变化，被认定为神奇的“游移湖”。

本章概要

□ 内容提要

内蒙古游牧文化旅游区位于我国北部边疆，幅员辽阔，自然景观与文化特色鲜明。该旅游区旅游业起步较晚，但随着旅游交通及接待条件的改善，近年来旅游业发展迅速，“祖国正北方，亮丽内蒙古”的旅游形象已深入人心，有望在不久的将来成为国内外知名旅游目的地。

□ 主要概念和观念

▲ 主要概念

内蒙古游牧文化旅游区　内蒙古高原　蒙古族　河套平原

▲ 主要观念

内蒙古游牧文化旅游区旅游资源　内蒙古第三产业中的支柱产业

□ 重点实务

内蒙古游牧文化旅游区特色旅游产品开发　内蒙古游牧文化旅游区旅游线路设计　草原风光和少数民族风情的保护与可持续发展规划

基本训练

随堂测12-1

□ 知识训练

▲ 复习题

1) 内蒙古游牧文化旅游区自然地理环境和人文地理环境有何主要特征？

2) 内蒙古游牧文化旅游区旅游业现状有何特征？

▲ 讨论题

1) 试分析如何结合旅游文化和大草原资源，推动内蒙古游牧文化旅游区旅游业的发展。

2) 内蒙古游牧文化旅游区旅游业发展中存在的主要问题是什么？本区旅游业发展的思路是什么？

□ 能力训练

▲ 案例分析

【训练项目】

案例分析-Ⅻ。

【相关案例】

内蒙古文化旅游知名度和影响力持续提升

背景与情境： 2023年9月9日，由巴黎中国文化中心、中外文化交流中心、内蒙古自治区文化和旅游厅联合举办的“魅力黄河·亮丽内蒙古”文化旅游周在巴黎中国文化中心拉开帷幕。这是8月份以来在德国柏林和韩国首尔之后的第三个主要客源国开展的系列宣传活动之一。

该系列活动以“魅力黄河·亮丽内蒙古”为主题，通过线下活动和线上平台展示，向驻在国民众充分宣传内蒙古的历史文化、文物古迹、非遗、美食、艺术等优质文化和旅游资源。活动内容包括“印象内蒙古”摄影展、内蒙古非遗文创展览展示、旅游和美食视频展播，以及文艺表演等，邀请驻在国民众和青年学生体验内蒙古非遗文创制作和内蒙古美食制作品鉴等，受到当地民众的一致好评和热捧。

此次活动旨在通过在主要客源国举办宣传推广活动，增进当地民众对内蒙古文化的了解，增强内蒙古旅游传播力、吸引力，把内蒙古印象和内蒙古文化“带回家里”“留在心里”，加强内蒙古文化旅游海外传播能力，培育既有和潜在的客源市场，培育产业发展新增长点，使内蒙古文旅对外宣传工作打开新局面。

资料来源　佚名．“亮丽内蒙古”在海外频频亮相　内蒙古文化旅游知名度和影响力持续提升［EB/OL］．［2023-09-11］．https：//www.sohu.com/a/719660590_121106854.引文经过节选、压缩和改编。

问题：

1）你认为“亮丽内蒙古”的海外宣传活动能够带来哪些旅游发展？

2）按照“亮丽内蒙古”的发展思路，应该如何开展工作？

【训练要求】

同第1章“基本训练”中本题型的“训练要求”。

▲ 实训操练

【实训项目】

“‘内蒙古游牧文化旅游区’重点实务”知识应用

旅游线路策划：为某客群策划设计旅游线路。

【实训目的】

见本章“学习目标”中的“职业能力”。

【实训步骤】

1）将班级同学分成若干“实操训练”训练团队，每队确定一人负责。

2）各团队根据实操训练项目的需要进行角色分工与任务分配。

3）根据本区旅游资源禀赋以及旅游业发展水平，在充分了解各类旅游资源特性和当地旅游接待能力的基础上，自行确定某个旅游客群，为其“设计专享旅游线路”。通过图书馆或互联网获取相关资料，并撰写“旅游线路策划方案”。

4）各团队以抽签的方式在班级进行“旅游线路策划方案”PPT汇报交流，师生开展互动点评。

5）在线上平台展示经修订并附有教师点评的各团队“旅游线路策划方案”，以供学生相互借鉴学习。

□ 明德笃行

【训练项目】

明德笃行-Ⅻ。

【相关案例】

内蒙古自治区为额济纳胡杨林保护立法

背景与情境：胡杨是生长在沙漠中的落叶乔木，是第三纪残余的古老树种，也是内蒙古自治区珍稀濒危保护植物。胡杨具有惊人的抗干旱、御风沙、耐盐碱的能力，能顽强地生存繁衍于沙漠之中，被誉为“抗击沙漠的勇士”。胡杨生长期漫长，树形高大，叶形多样，色彩绚丽多变，受风沙和干旱的影响，很多胡杨树造型奇特，可形成极为壮观神秘的景观，因而深受摄影者的喜爱。胡杨林对于防风固沙、涵养水源、维系荒漠生态系统具有极其重要的作用，是阻止沙漠扩张、保护绿洲的天然屏障。额济纳河两岸胡杨林面积达29 607.5公顷，居全国第二，也是世界上仅存的三大原始胡杨林之一。一直以来，胡杨林保护与开发的矛盾比较突出，存在导致胡杨林生态质量降低、生态环境逐步退化等问题。现在，《内蒙古自治区额济纳胡杨林保护条例》已正式出台，相信额济纳胡杨林景观将会变得更加靓丽。

资料来源　陈建丽.“沙漠英雄树”进入法治化保护新阶段［EB/OL］.［2020-11-12］. http://www.nmgrd.gov.cn/xw/202008/t20200831_366511.html.引文经过节选、压缩和改编。

问题：

学习微平台

延伸阅读12-1

1）上述案例揭示了哪些重要问题？

2）试对该立法行为进行分析。

3）查阅《内蒙古自治区额济纳胡杨林保护条例》，怎样理解“绿水青山就是金山银山”？请谈谈你的看法。

【训练要求】

同第1章“基本训练”中本题型的“训练要求”。

第13章 沙漠绿洲

——西北少数民族农牧文化旅游区

- 学习目标

13.1 旅游地理环境特征及其对旅游业的影响

13.2 旅游业概述

- 本章概要
- 基本训练

● 学习目标

通过本章学习，应该达到以下目标：

职业知识：学习和掌握本旅游区的自然与人文地理环境特征，旅游业现状、特征及原因，主要旅游目的地及旅游线路等理论与实务知识，能用其指导或规范本章认知活动和技能活动，正确解答“基本训练”中“知识训练”各题型的问题。

职业能力：运用本章理论与实务知识研究相关案例，培养在本文化旅游区特定情境下分析问题与决策设计能力；通过“自主学习”训练任务，搜集、整理与撰写关于“中国西北少数民族农牧文化旅游区人文地理环境变化及其对旅游业的影响”文献综述，并在班级开展讨论与交流，培养获取整合信息、文稿撰写与沟通表达等通用能力。

职业素养：结合本章教学内容，依照相关规范或标准，对“明德笃行13-1”专栏和章后“明德笃行-XIII”案例中的企业及其从业人员行为进行分析，强化与案例议题相关的企业社会责任、优秀文化传承等方面的价值思考并提升职业素养，促进“立德树人”根本任务的落实。

学习微平台

思维导图13-1

引例：“一带一路”建设将西北地区社会经济发展带入快车道

背景与情境：我国沿海省份作为对外开放的前沿，社会经济得到了快速发展，西北地区则因位于欧亚腹地，交通闭塞，发展相对滞后。2013年，我国提出共建“丝绸之路经济带”和“21世纪海上丝绸之路”的倡议，得到了国际社会的积极响应。2015年3月，中国政府制定并发布了《推动共建丝绸之路经济带和21世纪海上丝绸之路的愿景与行动》。新疆以其独特的区位优势和向西开放的重要窗口作用，成为我国深化与中亚、南亚、西亚等国家交流合作的前沿，成为丝绸之路经济带上重要的交通枢纽、商贸物流和文化科教中心，被确定为丝绸之路经济带的核心区。相邻的甘肃、宁夏等北方省区也成为丝绸之路经济带上的重点区域。这无疑是西北区域发展的重大机遇。这是因为“一带一路”合作的重点之一是设施联通，其中包括交通、能源、信息网络在内的基础设施互联互通，而基础设施的落后恰恰是我国西北地区发展的“瓶颈”。“一带一路”倡议的顶层设计彻底改变了我国对外开放的空间格局，把我国西北地区社会经济发展带入快车道。党的二十大报告提出推动共建“一带一路”高质量发展，维护多元稳定的国际经济格局和经贸关系。

我国西北少数民族农牧文化旅游区因为“一带一路”倡议的实施从改革开放的后方走到了前沿，并成为丝绸之路经济带的核心区或重点区，这无疑大大促进了我国与中亚、西亚、俄罗斯及其他欧洲国家（地区）的人流、物流、资金流在此处的汇聚交流。随着丝绸之路经济带上各国、各区域间文化交流活动及旅游活动的日益频繁，可以预见西北少数民族农牧文化旅游区的国际、国内旅游将迎来一个快速发展的新阶段。下面就让我们步入西北少数民族农牧文化旅游区旅游业发展现状及前景的探讨之旅吧。

13.1 旅游地理环境特征及其对旅游业的影响

西北少数民族农牧文化旅游区包括宁夏回族自治区、新疆维吾尔自治区和甘肃省，地处我国西北边陲，是一个少数民族聚居的区域。它拥有独特的自然景观、多姿多彩的民俗风情、悠久的历史文化、众多的名胜古迹，是一个富有神奇色彩和独特魅力的旅游区。

13.1.1 旅游自然地理环境特征

西北少数民族农牧文化旅游区自然条件复杂，景观类型多样，既有广阔的荒漠草原与沙漠戈壁、千姿百态的风成地貌，也有巍巍雪山和生机勃勃的绿洲。

1）独特的地貌与气候

西北少数民族农牧文化旅游区有着复杂的自然条件。这里既有大面积的山地，也有巨大的盆地，高山与低平地相间排列是其地表结构的主要特征。

“三山夹两盆”是新疆维吾尔自治区地表结构的特点，即从北至南依次分布着阿尔泰山、天山和昆仑山三列巨型山脉，三山之间为准噶尔与塔里木两个巨大的盆地。山地海拔多在3 000～5 000米，高峰终年积雪，有现代冰川；盆地海拔在1 400米以下，有的地方仅500～600米。除此之外，巨型山脉内部还间插着一些山间盆地或低地，如南、北天山之间就有吐鲁番盆地、哈密盆地、伊犁谷地等，进一步强化了高山与低地相间分布的特征。甘肃省境内乌鞘岭以东是高原与山地的组合，以西则南有祁连山，北有龙首山、北山（马鬃山）、合黎山等，南北山地之间是狭长的祁连山山前凹陷带——河西走廊。在这里，高山与低地相间分布的特征同样明显。

西北地区由于地处欧亚大陆腹地，远离海洋，四周又有高山阻隔，海洋水汽影响较小，大部分地域为典型的温带大陆性干旱气候，气温的日变化与季节转换都十分迅速，“早穿棉袄午穿纱，围着火炉吃西瓜”正是这里独特气候的真实写照。

同步思考13-1

问题： 请分析该地区“早穿棉袄午穿纱，围着火炉吃西瓜”独特气候形成的原因。

理解要点： 从该地区的地理位置，特别是海陆位置进行分析。

2）壮阔神奇的干旱荒漠景观

西北地区属于典型的干旱、半干旱区。其中，面积最大的莫过于沙漠、戈壁，沙漠是表层为细沙堆积而成的连绵沙丘，戈壁则是覆盖着连片鹅卵石或碎石粗沙的平缓地面。它们共同的特点是面积广大，一望无际，植被甚少，给人以荒凉、粗犷和豪放的感受；在大风猖獗的地段，地面被雕琢成城堡、楼阁、宫殿、塔等形态，宛如一座古城废址中的断垣残壁，每当狂风肆虐时，则天昏地暗，怪声嘶鸣，神秘诡异，人称“魔鬼城”；在干燥剥蚀的山地、悬崖上，分布着风蚀蘑菇、蜂窝石、风蚀柱等象形微地貌，千奇百怪。除了这些典型的荒漠景观外，还有高山上的永久冰雪景观、山地森林、山地草原及绿洲等。它们或为干旱地区提供生命的源泉，或孕育千姿百态的生命，体现了干旱地区的生机与活力。

由于西北山地与低平地相间分布的地形特点，其景观的分布也很有规律，从高到低依次分布着雪山冰川—山地森林—山地草原—荒漠草原—戈壁—绿洲—沙漠。如果一个人从沙漠中心往高山行进，就会亲身感受这种神奇的景观转换。

沙漠中心是波涛起伏、浩瀚无垠的茫茫沙海，只有在地势特低、接近地下潜水面的地方才可能见到稀稀拉拉的沙生植物，沙漠边缘则分布着一个个长着红柳的固定沙丘，植物仍然稀少而单调。一旦进入绿洲，景观就会发生翻天覆地的变化。**绿洲**位于干旱地区山麓有地下水灌溉的土质平原，水足土肥，农牧业发达，是干旱区人口、经济的集聚之地，也是人类文明发祥地的重要组成部分。甘肃境内的武威、永昌、民乐、张掖、酒泉、金塔、瓜州、敦煌；天山南北的阿克苏、阿拉尔、库车、吐鲁番、乌鲁木齐、玛纳斯、塔城、伊宁以及昆仑山下的喀什、莎车、和田、且末、若羌等都是西北著名的绿洲。这些富庶的绿洲呈斑状分布在沙漠周围，穿插在沙漠、戈壁之间。戈壁与沙漠一样荒芜，但地势起伏平缓，布满砾石粗沙的地面上，仅稀疏地生长着一丛丛麻黄、沙拐枣、骆驼刺等耐旱和喜生于沙石之间的草本植物和灌木，与欣欣向荣的绿洲形成巨大的反差。山地是荒漠地区的“湿岛”，在西北阿尔泰山以及北天山1 500～2 000米的中山带，有优良的山地草原，每到夏季一片青绿，牛羊成群，是干旱地区最好的夏季牧场；山地草原之上还可能出现高山草甸景观或狭窄的云杉、冷杉林带；再往上，则为永久性积雪及冰川。这些积雪及冰川就像一座座固体水库，暖季融化，哺育着荒漠中的绿洲，给贫瘠的大地带来生机。

3）独特丰富、蜚声中外的地方特产

光照充足、昼夜温差大的气候条件有利于植物有机质的合成和糖分的积累，在肥沃的绿洲上，出产的各种瓜果普遍产量高、质量好，如甘肃的白兰瓜、醉瓜，新疆吐鲁番的葡萄、鄯善的哈密瓜、库尔勒的香梨、伊宁的苹果、叶城的大籽石榴、阿克苏的薄皮核桃、阿图什的无花果等都因此闻名中外。药材也是本区重要的土特产，如陇南的当归、大黄、党参；宁夏的“红、黄、蓝、白、黑”五宝，即枸杞、甘草、贺兰石、滩羊皮、发菜等，都十分著名。此外，南疆的长绒棉、和田玉也因质量好而驰名中外。

13.1.2 旅游人文地理环境特征

1）悠久漫长的丝路文化、享誉世界的神秘旅游热线

微课程13-1

悠久漫长的丝路文化

我国是世界上最早养蚕、缫丝并进行丝绸织造、刺绣的国家。战国时期，西方人就称我国为“赛里斯国”（丝国）。从秦代开始，丝织品开始远销域外，尤其在西汉张骞出使西域之后，大宗的丝织品由此道运到西亚、欧洲。自此，这条交通线一直是东方与西方之间经济、政治、文化交流的主要通道，历时千余年。由于这条通道最初以运输我国的丝绸而闻名于世，故被中外史学家称为“丝绸之路”。

学习微平台

延伸阅读13-1

丝绸之路在不同时期，受自然条件和政治、军事形势的影响，路线不尽相同，但其基本走向一致，即*东起长安（今西安），经渭河流域，穿过河西走廊，通过玉门关和阳关，抵达新疆，沿绿洲至帕米尔高原，经中亚地区和阿富汗、伊朗、伊拉克、叙利亚而抵达地中海东岸，全长约7 000公里*。在我国境内，丝绸之路必经之地除部分在陕西之外，其他都集中在本区，并沿着本区的绿洲地带穿行。

同步思考13-2

问题： 丝绸之路经河西走廊到达新疆后可分为哪几条不同的线路？

理解要点： 分为三条：北道、中道、南道，具体路线根据新疆绿洲空间分布状况来思考，并通过互联网查询来验证。

丝绸之路沿线遗留了数量巨大、种类丰富的文物古迹，如临洮秦长城遗址，汉代阳关、玉门关，明代嘉峪关等城池关要；敦煌莫高窟、麦积山石窟、炳灵寺石窟、拜城克孜尔千佛洞、肃南裕固族自治县文殊山石窟、马蹄寺石窟和夏河县拉卜楞寺等宗教寺庙及其留存的珍贵艺术品；沿途古墓出土的大量珍贵文物等。这些文物古迹皆具有很高的历史文化价值和艺术价值，如出土于武威雷台汉墓的铜铸奔马，造型奇特，已被选作中国旅游标志。文物古迹还与曾行走在丝绸之路上的历史名人，如张骞、班超、李广、玄奘、高适、岑参、林则徐、左宗棠、马可波罗等相联系，他们的故事及留存的游记、小说、诗词等，更增添了丝路之旅的文化内涵，并赋予丝路之旅以豪壮、神秘的色彩。

2）绚丽多姿的民族风情、独具风味的佳肴小吃

西北少数民族农牧文化旅游区除维吾尔族、回族以外，还有哈萨克、蒙古、柯尔克孜、锡伯、塔吉克、乌孜别克、塔塔尔、俄罗斯、东乡、保安、裕固、藏、撒拉等40余个少数民族。这些少数民族不仅能歌善舞，而且特别热情、奔放，情之所至即不分男女老幼，载歌载舞，幽默诙谐，轻盈潇洒，所到之处无不充满欢乐。此外，兄弟民族花园似的庭院、陈设华丽的帐篷、鲜艳的服饰、风味独特的饮食，摆满具有鲜明民族特色的装饰品、工艺品、乐器、生产与生活工具的熙熙攘攘的集市，欢乐的盛大民间节庆与文体活动，别具一格的宗教活动等，都可使人感受到强烈的民族特色，使人流连忘返。

同步业务13-1

维吾尔木卡姆艺术入选世界非物质文化遗产

维吾尔木卡姆是历史上流传下来的维吾尔诗歌的音乐表达形式，是东西方乐舞文化通过丝绸之路交流的结晶，主要流传在新疆库车、喀什、吐鲁番、哈密、和田等地。它集传统音乐、演奏音乐、文学艺术、戏剧、舞蹈于一身，通过独特的音乐形式、演奏方法以及演奏乐器加以体现。其歌唱内容包含了哲人箴言、文人诗作、先贤告诫、民间故事等，是反映人民生活和社会风貌的百科全书，同时又是不同人群之间乐舞文化相互传播、交融的历史记录和印证。2005年，维吾尔木卡姆被列入《世界非物质文化遗产名录》。

在特色食品方面，本区最值得一提的就是清真食品了。西北清真菜肴多以牛羊肉为食材，其中尤以羊肉为多，做法以爆、熘、炸、煮见长，仅羊肉吃法就有清炖羊肉、涮羊肉、烤羊肉串、爆炒羊肉、酱羊肉以及全羊席等多种。清真风味小吃名目繁多、数不胜数，最著名的小吃是油香和馓子，这是在各种节庆活动中必不可少的传统食品。其他特色食品还有牛羊杂碎、牛肉拉面、烙馍、油酥饼、臊子面、拌汤、酿皮子、回族油茶、牛干巴等。

同步案例13-1

5·19中国旅游日　新疆旅游精彩纷呈

背景与情境：2023年5月18日，“5·19中国旅游日”暨“5·18国际博物馆日”乌鲁木齐分会场活动正式启动。启动仪式上，举办了自驾车发车仪式，旅行社招募的多名自驾车爱好者在分会场活动当天集结，开启行程。同时，以美好旅程为主线，整合并推出170余项文旅活动，发布“探秘之旅”及6大主题、12条精品线路等。

5月19日上午，伊犁州分会场活动暨巩留县第六届森林文化旅游节拉开序幕，来自全国各地的游客汇聚在库尔德宁景区，赏歌舞、品美食、打卡电音节，活动现场为“中国天然氧吧”揭牌并通过哈雷摩托车巡游、热气球表演、民俗活动展示、恰塔库自驾穿越、电音派对等精彩活动，在多元化、年轻态的玩法中，打造巩留“森系”文化的城市旅游氛围。

5月19日，阿勒泰地区第五届“千里画廊 百车自驾”活动在布尔津县启动，来自全国各地的自驾游旅客将开启为期5天的幸福之旅，由100余辆越野车、房车、摩托车组成的自驾车队在布尔津县白桦林野奢营地完成集结，并举行了授旗仪式。

新疆各地举办丰富多彩的文旅活动，推出多项便民、惠民措施，景区、景点纷纷推出门票优惠项目，公共文化场馆扩大开放，公益性文艺演出上演，以满足和丰富各族群众参与旅游及精神文化需求。

资料来源　佚名. 5·19中国旅游日的狂欢，处处有惊喜！[EB/OL]. [2023-05-20]. https://new.qq.com/rain/a/20230520A051D800. 引文经过节选、压缩和改编。

问题： 新疆旅游发展前景如何？

分析提示： 可从国家政策、区域资源以及旅游需求等角度展开思考。

13.2 旅游业概述

13.2.1 旅游业现状特征

1）旅游业发展相对滞后，近年来正奋起直追

受自然条件和交通条件限制，西北少数民族农牧文化旅游区曾一度使旅游者望而生畏，其旅游业发展相对迟缓。以2023年为例，无论从旅游饭店、旅行社、景区数量在我国31个省（区、市）总量中所占比重，还是接待游客人天数或旅游总收入所占比重，都与其所拥有的广阔土地面积不相称（见表13-1）。从表13-1也可以看出，旅游基础设施的差距相对小一些，而营业收入差距更大一些。

表13-1　西北少数民族农牧文化旅游区2023旅游业基本情况

项目 / 地区	星级饭店				A级旅游景区			旅行社	
	营业收入（亿元）	饭店总数（个）	其中		总数（个）	其中		机构数（个）	营业收入（千元）
			五星	四星		5A	4A		
全国	1 601.09	7 245	777	2 326	15 721	318	4 863	39 580	444 272 900
甘肃	25.34	299	2	88	469	7	139	1 082	2 735 958
宁夏	3.92	69	0	27	137	4	31	181	853 978
新疆	24.93	369	12	67	712	17	166	1 020	4 866 305
本区合计	54.19	737	14	182	1318	28	336	2 283	8 456 241
2023年本区占全国	3.38%	10.17%	1.80%	7.82%	8.38%	8.81%	6.91%	5.77%	1.90%

资料来源　中华人民共和国文化和旅游部. 中国文化文物和旅游年鉴2024 [M]. 北京：国家图书馆出版社，2024.

2）交通状况大大改善，旅游的时间距离大为缩短

西北少数民族农牧文化旅游区位于欧亚大陆腹地，远离国内外主要旅游客源市场。长期以来，交通不便成为大众化的西北之旅难以实现的重要原因。随着西部大开发战略的实施，特别是近年“一带一路”项目的建设，不但原有交通线路的档次得到提升，而且增修了不少新的快速线路，西北地区交通逐步走向网络化、立体化。以新疆为例，截至2024年底，新疆公路总里程达到23万公里，总量位居全国前列。2025年，新疆维吾尔自治区交通厅计划完成公路交通投资800亿、同比增长13.5%，全区公路经营性客货运量、周转量保持合理水平，力争建成投运G0711乌尉高速公路、开工建设G3033奎独库高速、G571拉配泉至巴什库尔干公路等骨干通道项目，实施综合货运枢纽补链强链等项目，全面推动自治区基础设施“十张网”

战略部署和全社会物流降本提质增效落实落地。铁路方面，随着兰新铁路双线建成通车，霍尔果斯至阿腾科里首趟国际列车开通，新疆铁路进入复兴号时代，世界首条沙漠铁路环线和若铁路开通运营……“三出疆（中、北、南）、两环（南北疆）、两对外（阿拉山口、霍尔果斯口岸）”的路网格局基本形成。截至2024年年底，全疆铁路运营里程达到9 525.6公里，覆盖全疆80%以上的县级行政区。铁路出疆到我国东部城市，以前只有经甘肃河西走廊至兰州的一个出口，现在增加了由哈密连接内蒙古额济纳向东经包头直达北京、天津的第二个出口，而且这条铁路向西延伸，经新疆阿拉山口通往中亚乃至欧洲，是最为便捷的“第二欧亚大陆桥”的组成部分。2020年12月9日，从新疆库尔勒到青海格尔木的格库铁路全线贯通运营，为新疆打开了由库尔勒连接格尔木直达西藏的第三个出口。航空方面，截至2024年8月，建成通航民用运输机场27个，新疆成为全国民用机场最多的省份，2024年新疆机场（集团）有限责任公司累计运营国际、国内、疆内航线589条，同比增加94条，增幅20%，创历史新高。新疆基本形成以乌鲁木齐国际航空枢纽为核心、7个重要节点机场为辅助的民航枢纽体系，航线覆盖海内外。目前有34家航空公司运营涉疆定期航班航线，每天有千余架飞机飞越天山，通达70多个国内主要城市及20多个中亚、西亚、南亚和欧洲城市。一条条穿越南疆、北疆的绿洲、沙漠、戈壁甚至天山山体的公路、铁路和蓝天的航空通道不断交织完善，形成四通八达的立体交通网络，大大缩短了西北少数民族农牧文化旅游区与国内、国际许多城市的时间距离，也使各旅游景区之间的来往越来越便利。“豫哈援疆号”“诗画浙江·阿克苏号”“京和号”“龙泰号”等一列列旅游专列和包机不断在其他省市与新疆之间穿梭往来，让西北旅游日益兴旺。

同步业务 13-2

兰新高铁，让沿线百姓幸福感增强

高铁驰骋西北，描绘美丽风景。兰新高铁开通至今，为沿线百姓提供了安全、舒适、温馨的乘车环境，让乌鲁木齐至兰州成功地融入了以乌鲁木齐为中心的“1小时生活圈、经济圈、文化圈”，大大方便了沿线百姓的出行，增强了他们出行的幸福感。同时，兰新高铁安全运行至今，让新疆真正从“边疆”转变成了“前沿”，成为连接中原与中亚、沟通东亚与欧洲的陆港和空港，新疆最终改变了欧亚各国对“中亚”的传统概念和印象，这也印证了习近平总书记在新疆考察时的讲话：“新疆已经不是中国的边远地区了”。兰新高铁让新疆高质量发展。

如今的兰新高铁早已实现了客货分流，进一步释放了兰新原有铁路线的货运能力，使兰新铁路货物输送能力大幅度提升。高速铁路是一个国家经济实力、现代文明和技术进步的体现，能增强一国人民的荣誉感、现代感和民族自信心。兰新高铁升级再出发，无不体现着我国经济重心向西北转移的决心、对西北发展的重视和对新疆少数民族的关心。

资料来源　邓颖. 兰新高铁，辅助新疆发展迈上康庄大道［EB/OL］.［2022-08-23］. https://www.163.com/dy/article/HFG9CO3O0552V5BU.html.引文经过节选、压缩和改编。

3）旅游接待设施不断完备，旅游管理与服务水平不断提高

随着旅游交通等基础设施的改善，西北少数民族农牧文化旅游区各行政区都把旅游业作为地域经济的战略性支柱产业，狠抓旅游接待设施的建设，旅游景区、星级饭店各种设施不断完善，新的旅游产品不断涌现。以新疆为例，全疆各地大力实施旅游兴疆战略，推动冰雪游、低空游、沙漠游，不断提升“新疆是个好地方”品牌的含金量。在冰雪旅游方面，丝绸之路、将军山、可可托海等多家滑雪场入选全国10大滑雪场。在低空旅游方面，全疆有20个低空旅游景区、2个营地，有15家企业可开展空中游览项目（14种不同类型的低空游飞行器），有30个县市开通了低空旅游线路16条，低空游已成为游客热衷的旅游活动。同时，旅游人才的培养及整个旅游产业人员的培训得到重视，促进了旅游服务提档升级。

同步业务13-3

敦煌发布冬春旅游优惠政策

2023年9月7日，敦煌市发布冬春旅游优惠政策：莫高窟开放洞窟由旺季8个增至12个，启动“飞天”专题体验参观线路，同步推出“敦煌文化研学季”产品和政策，将依托景区景点、机场、研学基地、宾馆饭店、汽车公司等，组建“敦煌文化研学季”联盟，推出精品研学路线、研学课程，对参加研学的团队，莫高窟开放洞窟将增至13个，并配备资深讲解员进行讲解。

此外，敦煌市将推出旅游专列、旅游包机、研学会展引进、户外旅游引进、踩线宣传免票游等一系列奖补政策，进一步激发敦煌冬春旅游市场活力。

资料来源　甘肃旅游数据中心．酒泉敦煌发布冬春旅游优惠政策［EB/OL］．［2023-09-13］．https：//wlt.gansu.gov.cn/wlt/c108641/202309/173758207.shtml.引文经过节选、压缩和改编。

4）旅游客源市场广大，旅游发展前景可观

西北少数民族农牧文化旅游区地域广大，旅游景观及民族风情独特。这里壮阔而神奇的荒漠景观、热情而奔放的少数民族风情、丰富多彩的丝路文物古迹与宗教文化景观，对我国东部地区及整个东亚地区的人群来说，与司空见惯的青山绿水、汉文化景观截然不同，具有极强的旅游吸引力。丝绸之路自古就是我国与中亚、欧洲及北非经济、文化交流的通道，千余年密切的交往，使西北少数民族农牧文化旅游区与中亚等地的文化相互交融，你中有我、我中有你。随着“第二欧亚大陆桥”的开通及“一带一路”国际旅游大通道建设的逐步完成，共建“一带一路”国家与我国，特别是与西北少数民族农牧文化旅游区的经济、文化交往将谱写出新的篇章。

13.2.2　主要旅游地及旅游线路

1）宁夏游览区

宁夏地处黄土高原与内蒙古高原的过渡地带，有黄河自中卫入境，向东北斜贯吴中、银川和石嘴山出境，沿途是引黄灌溉的黄河西套——银川平原，自古是西北地区少有的粮仓。古代宁夏曾作为西夏王朝的核心区，夹在北方草原帝国、中原王朝及西域诸国之间，是胡汉争夺的战略要地。在西汉至唐时期，则是丝绸之路上的一个中转站，边境贸易繁荣。蒙古控制西夏以后，大批的蒙古人、中亚细亚人、波斯人、阿拉伯人移民到了中国，这些人都信奉伊斯兰教，后来演化为回族，宁夏则成为回族的主要聚居区。

（1）中卫沙坡头。沙坡头位于宁夏回族自治区中卫市城区西部，是中国治沙重点区之一、国家级沙漠生态自然保护区、全球环保500佳单位之一。保护区北接腾格里沙漠，南临黄河，地势由西北向东南倾斜。西北因有腾格里沙漠前移堆积，沙丘纵横，是中国三大鸣沙——沙坡鸣钟所在地；南部则湖泊湿地广布，其间还有以麦草方格沙生植物为主的“五带一体”固沙防护林带，集灌溉、发电为一体的沙坡头水利枢纽工程则屹立在保护区南部边缘。景区集大漠、绿洲、森林与大河水利工程景观于一体，是国家5A级旅游景区。景区中设有大型天然滑沙场，有横跨黄河的“天下黄河第一索”，有黄河文化代表古老水车，有黄河上最古老的运输工具羊皮筏子……游客可以滑沙而下听沙漠轰鸣，骑骆驼穿越腾格里沙漠，乘坐越野车在沙海中冲浪，领略荒漠野趣及人类治沙保护环境的伟大力量……2018年，宁夏沙坡头景区被《中国国家旅游》杂志评为最佳休闲旅游目的地；2022年，宁夏沙坡头景区荣获《中国国家旅游》年度研学旅游目的地。

（2）灵武水洞沟旅游景区。本景区位于宁夏灵武市临河镇水洞沟村，是一个文化底蕴深厚、潜力巨大、极具吸引力的国家5A级旅游景区。其旅游吸引力主要来自史前考古发现、长城遗址与典型的雅丹土林地貌。水洞沟的史前考古发现始于20世纪20年代，其发现者是法国古生物学家德日进、桑志华，当时出土的大量石器和动物化石是旧石器时代古人类文化的见证，后又经过5次发掘，共出土了3万多件石器和67件古动物化石，是迄今为止我国在黄河地区唯一经过正式发掘的旧石器时代遗址，具有很高的学术研究价值，被誉为“中国史前考古的发祥地”。水洞沟长城屹立于水洞沟到红山堡之间长约4公里的峡谷崖壁上，可谓我国北方明代古长城军事防御建筑的大观园。长城上不仅烽燧、城堡、沟堑、墩台等一应俱全，而且有长达3公里的藏兵洞和临水而建的水岸长城。其中，藏兵洞蜿蜒曲折于高15~18米的大峡谷悬壁之中，与长城城障——红山堡相连，而且上下相通、左右相连，洞中不仅有坑道，还设有观察口、炮台、兵器库、陷阱、暗门、储藏室、会议大厅、居室、带烟囱的伙房、水井等设施，是退可以藏兵、进可以攻击，地上地下、前方后方相互配合的立体作战设施，让人叹为观止。水岸长城则是利用面积达1.8平方公里的水域——红山湖崖岸而建的一段明长城，巍峨壮观，可谓依山傍水建长城的典范。大峡谷及红山湖周围广泛分布着大自然的杰作——雅丹土林景观，它们是深厚的黄土堆积经长期的风力吹蚀、雨水冲刷后，所形成的突兀壁立、千奇百怪的土柱群，极具观赏价值。

（3）平罗沙湖旅游景区。沙湖旅游景区位于石嘴山市平罗县境内的西大滩，是一处以自然景观为主体的国家5A级旅游景区。景区拥有万亩水域、5 000亩沙丘、2 000亩芦苇、千亩荷池，盛产多种鱼类；鸟类繁多，其中包括白鹤、黑鹤、天鹅等珍鸟奇禽，是一处融江南水乡与大漠风光于一体的生态旅游景区。这里的主要景点有国际沙雕园、沙湖鸟岛、湿地博物馆等。国际沙雕园是历届沙湖国际沙雕大赛的比赛场地，有来自世界各国的沙雕高手在这里同场竞技，其作品则成为旅游观赏品。鸟岛位于沙湖鸟类保护区的核心区域，又叫百鸟乐园。鸟岛上栖息着17目44科178种150多万只鸟类，其中有国家一级保护鸟类5种、国家二级保护鸟类21种、自治区重点保护动物24种，为国家级自然风景保护区。每年3—5月，沙湖举办国际观鸟节，游客不仅可观赏到成千上万的鸟类，还可见到五颜六色的鸟蛋散布于沙湖间，沙湖成为全国距离鸟类最近、鸟类种类和数量最多的观鸟地之一。景区内还有来自国内外的鸟精灵表演、海狮表演等，其乐无穷；夏秋之际可在沙湖观花、游泳、跳水，乘船在满是芦苇的湖中漂荡，体验水上摩托艇、冲浪、水上降落伞等水上运动的刺激。该景区为国家5A级旅游景区，也是《中国国家旅游》杂志评出的最佳生态旅游目的地和国家级生态旅游示范区。

（4）银川镇北堡西部影视城。西部影视城地处银川西郊镇北堡西北郊区空旷的荒野上，原址为明清两朝屯兵用的城堡遗址，是中国西北地区有名的“覆土建筑”，以古朴、原始、粗犷、荒凉、民间化为特色，是中国三大影视城之一。该影视城占地面积0.7平方公里，建筑面积50万平方米，主要景点有明城、清城、老银川一条街等多处影视拍摄景观；已有《一个和八个》《牧马人》《红高粱》等十几部电影，《朱元璋》《书剑恩仇录》《黄河绝恋》等几十部电视剧在此取景拍摄，是集观光、娱乐、休闲、餐饮、购物于一体的国家5A级旅游景区。

（5）西夏王陵风景名胜区。西夏王陵位于宁夏银川市西，西傍贺兰山，东临银川平原，是西夏历代帝王及皇室成员的陵墓，包括帝王陵9座、陵邑遗址1座、祖庙1座、陪葬墓254座、碑亭遗址16处、窑址几十处，其规模与河南巩县（今巩义市）宋陵、北京明十三陵相当，是现存规模最大的一处西夏文化遗址，也是中国现存规模较大、地面遗址较完整的帝王陵园之一，为全国重点文物保护单位。西夏是党项族建立的王朝，深受汉族文化、佛教文化的影响，因而西夏王陵的形制在我国陵园中别具一格。九座帝王陵组成一个北斗星图案，陪葬墓也都按星象布局排列，其墓冢外观多呈圆锥或圆台形，故有“东方金字塔”之称。该风景名胜区为国家重点风景名胜区和国家4A级旅游景区，景区占地面积58平方公里，核心景区20.9平方公里，著名景点有西夏陵园、西夏博物馆、西夏碑林、西夏史话艺术馆。

2）甘肃河东游览区

河东游览区包括甘肃省除河西五市以外的陇东、陇中、陇南与甘南地区，位于黄河穿越甘肃河段以东，是黄土高原、青藏高原、秦岭、岷山的交会地带，具有截然不同的自然风光。在这片土地上，有汉、回、藏、保安、东乡、撒拉等多个民族融合共存，有汉传佛教、藏传佛教、伊斯兰教等多种宗教，是旅游景观多姿多彩的地方。

（1）平凉崆峒山风景名胜区。该景区位于平凉市城西12公里处，面积126平方公里，主峰海拔2 123米，属六盘山支脉，是天然的动植物王国，有植物1 000余种、各类动物300余种，森林覆盖率达90%以上，古树名木甚多，为国家级自然保护区。景区内峰峦雄峙，危崖耸立，怪石突兀，属丹霞地貌，是黄土高原上的地质奇观，为国家地质公园；绿荫丛中有八台九宫十二院，另有七十二石府洞天，自古就有“天下道教第一山”之美誉。崆峒山集奇险灵秀的自然景观和古朴精湛的人文景观于一身，具有极高的观赏、文化和科考价值，是国家级风景名胜区和首批国家5A级旅游景区。2003年，崆峒山的皇城、弹筝峡、塔院、雷声峰曾成为国家邮政局发行的《崆峒山》特种邮票景观，登上了“国家名片”。景区内基础设施基本完善，管理规范，2012年国家旅游局授予崆峒山“全国旅游标准化示范单位”称号。

学习微平台

延伸阅读13-2

（2）天水麦积山风景名胜区。该景区位于天水市东南约50公里处，总面积215平方公里，由麦积山、仙人崖、石门、曲溪、古镇街亭温泉五个相邻的景区组成，为国家5A级旅游景区。其中，麦积山是西秦岭山脉小陇山的一座孤峰，因山体呈圆锥状，酷似农家的麦垛而得名。其山崖拔地而起，山势险峻，周围林木葱茏，泉水清澈，飞瀑如练，为典型的丹霞地貌景观。著名的麦积山石窟便开凿在此峰之上，现保存有五代十国至明、清等不同朝代的洞窟221座、泥塑石雕10 632座、壁画1 300余平方米，素有“东方雕塑陈列馆”之称，是我国四大石窟之一，也是全国重点文物保护单位和闻名世界的艺术宝库。位于天水市东南65公里处的仙人崖景区由三崖、五峰、六大寺组成，是释、道、儒三家共存的风景胜地。位于天水市北道区东南方向50公里的石门山素有“甘肃的小黄山”之称，其山壁立千仞，只有一条小路连接南北两峰，且南北峰之间的聚仙桥下石壁上，有一方形黑色区域，状若门楣，故名石门山。该景区保存有明、清两朝的古殿宇20余座、塑像20余尊。位于麦积山东南25公里处的曲溪以山称奇、以水叫绝，是深藏在小陇山茫茫林海里的纯自然景区，有“小九寨沟”之美誉。街亭温泉景区在石门景区以西，泉水温度40.5℃，矿物质含量极为丰富，具有保健之功效，是游客向往之处。

（3）兰州水车园与五泉山。兰州位于甘肃省中部，是唯一有黄河穿城而过的省会城市。沿兰州城内滨河路的绿色长廊可游览黄河水车园、黄河母亲雕像、中山铁桥、五泉山等名胜古迹，参观省博物馆。其中五泉山与水车园景区都是国家4A级旅游景区。五泉山位于兰州市区南侧的皋兰山北麓、黄河之滨，是一处“林木葱郁花草香，雕梁飞阁泉瀑鸣”的陇上胜地，已有2 000多年历史。五泉山海拔1 600多米，公园占地26.7万平方米，景点以五眼名泉和佛教古建筑为主，有明清以来的建筑群10余处，沿坡散布，错落有致。五眼名泉沿东龙口—文昌宫—西龙口一线呈弧形排列，悬于山腰；各泉间又以石阶栈桥和亭阁廊道相连。站在公园高处，黄河与兰州城尽收眼底。水车园位于滨河路西段，东邻黄河铁桥，西邻黄河母亲雕塑，是百里黄河风情线上最具兰州地方特色的景点之一。兰州水车是黄河沿岸曾经盛行的自动提灌工具，其特点是轮辐大，一般直径20米左右，可将水提升15~18米。这种水车最早出现在兰州是在明嘉靖年间。至1952年，黄河两岸已是水车林立，水车总提灌面积达10万亩。现在的水车园由兰州市旅游局于1994年建造，园区由双轮水车、围堰、水磨坊服务室和游乐区组成。水车由黄河水流推动自动提水，再现了兰州古老的提水灌溉情境。娱乐区有许多羊皮筏子，可以让游客体验乘坐这种历史悠久且奇特的渡河工具在黄河上漂荡的乐趣。

（4）夏河拉卜楞寺。拉卜楞寺位于甘肃省夏河县城西北，是国家4A级旅游景区。该寺创建于清康熙四十八年（公元1709年），经历代寺主嘉木样活佛和广大僧众的开发建设，已成为拥有显、密二宗的闻思、续部下、续部上、医学、时轮及喜金刚六大学院，108个属寺和八大教区的大型寺院，是西藏以外藏传佛教格鲁派的又一中心，被誉为“世界藏学府”，朝圣者终年不断，最盛时寺内僧侣达4 000余人。拉卜楞寺不仅是宗教中心，也是一所庞大的艺术博物院。寺内有1.7米以上的佛像262尊，1.7米以下的有2.9万余尊，还有众多壁画、卷轴画、堆绣等藏传佛教艺术精品和大量历史文物与古籍，其中不少为价值连城的珍奇之物，是全国重点文物保护单位。拉卜楞寺每年有七次规模较大的法会，其中以正月毛兰姆法会、七月柔扎法会和九月时轮法会规模最大，非常隆重。拉卜楞寺自1980年对外开放以来，吸引了大量的中外游客。

（5）永靖炳灵寺石窟。炳灵寺石窟位于永靖县城西南35公里的积石山，“炳灵”为藏语“千佛”或“十万佛”之意。石窟开凿在黄河北岸大寺沟的峭壁之上。在长约

2公里的峭壁上，分布着上下四层、高低错落的窟龛183个，有大小佛像694尊、泥塑82尊；另有石雕方塔1座、泥塔4座，壁画约900平方米。以上石窟为西秦、北魏、北周、隋、唐直到明、清各代的作品，还包括吐蕃王朝时期、唃厮啰藏族政权时期及其后藏传佛教的作品，形成了仅次于敦煌莫高窟的具有藏汉两种风格的著名石窟寺，成为中国、哈萨克斯坦和吉尔吉斯斯坦三国联合申遗的“丝绸之路（长安—天山廊道的路网）”中的一处遗址点，列入了《世界文化遗产名录》。1967年，该地区兴建刘家峡水电站，为保护石窟，特在窟前修筑了长约200米、高约20米的防水大堤，形成了坝前粼粼碧波、坝后岩窟巍然的壮观景色，成为自然与佛教艺术交融又兼有山湖之胜的旅游地。

3）河西走廊游览区

河西走廊游览区包括甘肃省的武威、金昌、张掖、嘉峪关、酒泉五市，因为这些城市主要分布在祁连山北麓长约1 000公里、宽数十到百公里不等的堆积平原上，加上祁连山与合黎山、龙首山南北夹峙，整个地表形似狭窄走廊，又位于黄河穿越甘肃的河道以西，故自古被称为“河西走廊”。河西走廊因有源自祁连山冰雪融水的石羊河、黑河和疏勒河3大内流水系灌溉，农业发达，历来是甘肃最主要的粮仓和经济作物集中产地。由于它东连中原，西接西域，自古就是丝绸之路的必经之地。历史上张骞出使西域，霍去病扫平匈奴，法显、玄奘西去天竺……都在这里留下了浓墨重彩的篇章，因此这是一个文物旅游资源特别丰富且风光独特的游览区。

（1）武威沙漠公园。武威沙漠公园位于武威城东20公里处的腾格里沙漠前缘。园内沙丘起伏，有梭梭、桦木、红柳、沙米、蓬棵等世界各地沙生植物350多个品种，是一个融科学性、趣味性为一体的沙生植物园与沙漠治理示范地；另建有占地近4 000平方米可供沙浴、沙疗、游泳的综合游泳池，跑马场、赛驼场、蒙古包、观景塔一应俱全，还有人工湖小岛上掩映在柳荫之中的亭台楼阁等建筑和游乐设施。登上32米高的观景塔，放眼四望，大漠风光一览无余。它是我国第一个大漠风光与沙漠绿洲相结合的游览乐园和融大漠风光、草原风情、园林特色于一体的游览胜地，国家4A级旅游景区。

（2）武威雷台与文庙。雷台是国宝级文物“铜奔马”（马踏飞燕）的出土地，国家级重点文物保护单位。它位于武威城区北关中路，占地面积12.4万平方米，观赏游览点有汉墓、雷台观、雷台湖、九天灵泉瀑布、西凉伎乐馆等10多处。雷台前身为前凉（公元301—376年）国王所筑灵钧台，现长106米、宽60米、高8.5米的基座保存基本完好，台上有明清时期的古建筑雷祖殿、三星殿等10座，其建筑雄伟、规模宏大。雷台周围古树参天，湖波荡漾，为国家4A级旅游景区。文庙位于武威城东南隅，是目前西北地区建筑规模最大、保存最完整的孔庙，全国重点文物保护单位，国家4A级旅游景区。文庙现存建筑中以圣庙和文昌宫保存最好。庙内古柏参天，古朴静雅，整体建筑布局对称，结构严谨，雕梁画栋，檐牙高啄，碑匾林立（著名的有刻有回鹘文的亦都护高昌王世勋碑、西宁王忻都公神道碑，以及保存最完整的中文西夏文对照珍本词典“西夏碑”（重修护国寺感应塔碑））。武威市博物馆就在文庙景区内，馆藏文物4.4万余件。文庙门前还有西夏博物馆，馆藏丰富的西夏文化遗存，现精选展出的有150多件，向人们揭示了神秘西夏王国的兴亡及经济文化等历史。

（3）张掖七彩丹霞景区。该景区地处祁连山北麓，位于张掖市临泽县城以南30公里，是发育于侏罗纪至白垩纪地层上的丹霞地貌。这里的丹霞地貌与我国南方发育在结构紧密的红色砂砾岩上具有陡峭崖壁的红色奇石孤峰大不一样。从形态而言，虽也可见陡峭山崖，但更多的是起伏和缓的丘陵，更奇特的是这些丘陵并非单一的红色，而是具有色彩斑斓的条纹，绚丽多彩，是干旱地区丹霞的典型代表，具有很高的科考和旅游观赏价值。该景区为国家地质公园和国家5A级旅游景区。在2005年“中国最美的地方”评选活动中，张掖七彩丹霞景区当选为“中国最美的七大丹霞”之一，2011年被《美国国家地理》杂志评为“世界十大神奇地理奇观之一”，2015年被全国多家知名网站评选为全球25个梦幻旅行地之一。

（4）西汉酒泉胜迹。该景区亦称酒泉公园，位于酒泉城内鼓楼东1.9公里处，占地面积27万平方米，是河西走廊唯一保存完整的汉式园林，迄今已有2 000多年历史，为国家4A级旅游景区。公园内有酒泉胜迹、月洞金珠、西汉胜境、祁连澄波、烟云深处、曲苑餐秀、花月双清、芦伴晚舟八大景区，古树名木参天蔽日，亭台楼阁错落有致，素有“塞外江南”“瀚海明珠”之美誉。

（5）嘉峪关文物景区。嘉峪关是明代长城西端第一重关，位于嘉峪关市西5公里处最狭窄的山谷中部，是古代丝绸之路的交通要塞，素有“河西咽喉”“天下第一雄关”“边陲锁钥”之美誉。嘉峪关始建于公元1372年，由内城、外城、罗城、瓮城、城壕和南北两翼长城组成，两翼长城横穿沙漠戈壁，北连黑山悬壁长城，南接天下第一墩，全长约60公里。长城上城台、墩台、堡城错落有致，与内城、外城、城壕三道防线一起组成严密的防御体系。该景区是全国重点文物保护单位、世界文化遗产。

嘉峪关文物景区主要景点有嘉峪关关城、悬壁长城、长城第一墩、魏晋墓群、黑山石刻、木兰城、“七·一”冰川、滑翔基地等，为国家5A级旅游景区。现关城内有以长城历史文化为专题的嘉峪关长城博物馆。悬壁长城位于嘉峪关市西北，这段长城十分陡峭，长约750米，气势雄伟。长城第一墩即讨赖河墩，是明代万里长城从西向东的第一座墩台，距关城7.5公里。墩台矗立于讨赖河边近80米高差的悬崖之上，人称“天下第一险墩”。嘉峪关滑翔基地位于嘉峪关市东北12公里处的民航机场内，是目前世界上与澳大利亚和南非并列的三大开展滑翔运动的理想场所之一。

（6）敦煌莫高窟。敦煌位于河西走廊的最西端，地处甘肃、青海、新疆三省区交会处，现为酒泉地级市代管的县级市。自汉至宋，丝绸之路是通往西方的交通要道，由西方沿昆仑山北麓、天山南麓及北麓的绿洲行进的3条路线都汇聚于敦煌，因而敦煌是丝绸之路上的节点城市，中西方不同的文化在这里汇聚、碰撞、交融，使得敦煌成为“华戎所交，一大都会”，人文荟萃，文化粲然。陆上古丝绸之路衰落以后，敦煌则以“敦煌石窟”“敦煌壁画”闻名天下。莫高窟俗称千佛洞，坐落在敦煌市城东南25公里处，是世界文化遗产。该石窟的开凿始于十六国的前秦时期，历经十六国、北朝、隋、唐、五代、西夏、元等历代兴建，形成了上下四层、南北延伸1 600多米的规模，共有洞窟735个、壁画4.5万平方米、泥质彩塑2 415尊，是世界上现存规模最大、内容最丰富的佛教艺术宝库，其中尤以壁画为最。莫高窟壁画绘于洞窟的四壁、窟顶和佛龛内，内容博大精深，主要有佛像、佛教故事、佛教史迹、经变、神怪、供养人、装饰图案七类题材，此外还有很多表现当时宫廷及普通百姓社会生活的画作。这些壁画的制作时间跨越了1 600多年，体现了不同时期的艺术风格和特色，有很高的艺术价值，也是中国美术史研究和中国古代风俗研究的重要资料。在莫高窟所有的石窟中，外形特殊的是位处崖窟的中段、开凿于初唐、编号为96的洞窟，洞外缘建有一座与崖顶等高的九层土红色木构遮檐，檐牙高啄，错落有致，巍峨壮观；洞窟内有高达35.6米、两膝间宽度达12米的石胎泥塑彩绘弥勒佛坐像，是我国仅次于乐山大佛和荣县大佛的第三大坐佛。编号为17的洞窟是1900年发现的藏经洞，洞中出土公元4—11世纪的各种珍贵文物5万多件，有佛教经卷、社会文书、刺绣、绢画、法器等，是研究中国及中亚古代历史、地理、宗教、经济、政治、民族、语言、文学、艺术、科技极其珍贵的资料，被誉为“中古时代的百科全书”和“古代学术的海洋”。对于莫高窟的有关研究已成为一门自成体系的学问——敦煌学。鉴于莫高窟重要的学术研究价值，其管理一直是由学术研究单位——敦煌研究院来承担的。

明德笃行13-1

莫高窟的有效保护与合理旅游开发

背景与情境：敦煌莫高窟是集脆弱性和珍贵性于一体的世界文化遗产，除了有旅游欣赏价值外，还有很高的学术研究价值。几十年来，作为莫高窟的管理单位——敦煌研究院在世界遗产有效保护、科学管理和有序利用方面进行了坚持不懈的探索研究。其最初的工作主要是抢救莫高窟，如阻挡风沙侵蚀破坏和掩埋洞窟，抢修古代木结构建筑，对崖面和洞窟进行维修加固，对壁画雕塑进行病害治理与修复……接着是对洞窟进行“数字化”，以便实现洞窟艺术的“永久保存、永续利用”。数字化工作至今已持续进行了30多年，已累计完成230多个洞窟的数字化采集。近年来，伴随着大众旅游时代的到来，莫高窟文物的保护面临的压力越来越大，因为过多的游客进入洞窟，将改变洞内的湿度、温度与二氧化碳含量，进而对壁画、彩塑造成危害。为此，自2014年8月起，莫高窟开始实施以网络预约为基础、分时段参观为措施、数字展示组合实地参观为内容的旅游开放新模式。游客必须提前通过网络向莫高窟管理单位预约，选择游览方式与类别，商定好日期与参观时间段，以严格控制每天、每个时段及供参观洞窟每次容纳的游客数量。为了让游客不虚此行，满足游客的差异化需求，景区增设了数字展示中心、敦煌藏经洞陈列馆、敦煌研究院院史陈列馆、敦煌研究院美术馆、敦煌石窟文物保护研究陈列中心等场馆。游客通常可以先通过数字电影《千年莫高》了解莫高窟的历史，通过球幕电影《梦幻佛宫》了解莫高窟艺术史及象征意义，然后再去实体洞窟参观。若要了解更多，还可以根据个人的需要参观其他场馆。经过多年的实践，新模式在缓解文物保护压力和提升游客旅游体验方面均取得显著效果，得到了社会的广泛认可。

问题：敦煌研究院对莫高窟的保护与旅游开发给了你怎样的启示？

分析提示：以党的二十大报告中提出的“实施国家文化数字化战略”为指导，从旅游资源保护与旅游开发的关系及文物古迹的特殊性等方面思考。

同步链接13-1

二十大代表赵声良 守着莫高窟38年真的很幸福

（7）鸣沙山—月牙泉风景名胜区。鸣沙山位于敦煌市城南5公里处，为流沙堆聚沙垄相衔而成，东西延伸40余公里，南北宽约20公里，主峰海拔1 715米；沙峰脊如刀刃，甚为壮观；遇摩擦振动便会发声，轻若丝竹，重若雷鸣，故“沙岭晴鸣”为敦煌八景之一。月牙泉处于鸣沙山环抱之中，其南北长近100米，东西宽约25米，泉水东深西浅，最深处约5米，因其形酷似一弯新月而得名。数千年来，沙山环泉，泉映沙山，在沙山深谷中，“风夹沙而飞响，泉映月而无尘”，让人惊叹不已。该景区荣获“中国最美的五大沙漠之一”称号，为国家重点风景名胜区和国家5A级旅游景区，在《2018上半年全国5A级旅游景区综合影响力排行榜TOP50》中排第24名。景区现设有乘骑骆驼、鸣沙山滑沙、射箭、赤足攀登、沙漠摩托车、沙漠越野车、乘坐滑翔机和直升机等活动项目可供游客体验。

同步业务13-4

甘肃境内的丝绸之路旅游线路推介

丝绸之路是原国家旅游局对外重点推介的9条热点旅游线路之一，也是我国最具吸引力的主题旅游线路。古老的丝绸之路从东到西横贯甘肃全境，沿途撒满了璀璨的自然、文化瑰宝。著名景点有莫高窟、嘉峪关、马蹄寺，戈壁、沙漠、绿洲、草原、冰川、雪山、雅丹地貌五彩纷呈，哈萨克族、蒙古族、土族以及裕固族等民族风情独特诱人。甘肃丝绸之路全景游旅游线路由青海西宁出发，途经张掖、酒泉、嘉峪关，最终到达敦煌，是一条穿行于历史画卷之中的丝绸之路最佳旅游线，也是一条充满异域风情的民俗风情旅游线，更是一条饱览大漠戈壁、冰川雪峰、森林草原自然美景的风光旅游线。

4）北疆游览区

北疆即新疆的北部，包括乌鲁木齐、吐鲁番、哈密、昌吉、阿尔泰、克拉玛依、塔城、博尔塔拉、伊宁地（市）区，是一个雪峰、草甸、森林、草原、戈壁、绿洲、沙漠景观呈条带状分布，河流、湖泊点缀其间，自然景观丰富且奇特，人文风情热烈浪漫的区域。该游览区著名的风景区众多，其中国家5A级旅游景区就有8个。

（1）天山天池风景名胜区。天山天池风景名胜区地处昌吉回族自治州阜康市境内、博格达峰北坡山腰，海拔1 928米，是以高山湖泊为中心的自然风景区，是国家5A级旅游景区。景区面积548平方公里，可分为大天池北坡游览区、大天池游览区、十万罗汉涅盘山游览区、娘娘庙游览区和博格达峰北坡游览区。其景观以完整的垂直自然景观带和雪山冰川、高山湖泊为特色，是我国西北干旱地区典型的山岳型自然景观，兼有远古瑶池西王母神话和独特的民族民俗风情等文化内涵，是游览观光、科普考察、探险览胜、休闲健身和民族风情游赏的最佳去处，并享有世界自然遗产、国际人与自然生物圈保护区、国家地质公园、国家重点风景名胜区、全国文明风景旅游区、中国十大魅力休闲旅游湖泊等盛誉。

（2）乌鲁木齐天山大峡谷景区。天山大峡谷景区位于乌鲁木齐县境内，距市区48公里。景区面积1 038平方公里，三面环山，平均海拔2 020米，主要包括天山坝休闲区、照壁山度假游乐区、加斯达坂观光区、天鹅湖自然风景区、牛牦湖林海松涛观光区、哈萨克民族风情园区、高山草原生态区、雪山冰川观光区。二湖、三瀑、四溪、十八谷相映生辉，尤以“奇松、怪石、云海”受到游客青睐，得到“五岳归来不看山，大峡谷归来常忆谷”“百里黄金旅游走廊，休闲度假户外天堂”的赞誉。天山大峡谷景区囊括了除沙漠以外的新疆所有自然景观，拥有天山北坡最完整、最具观赏价值的原始雪岭云杉林，有哈萨克族世代游牧的草场，保留了原汁原味的哈萨克民族风情。天山大峡谷景区具有极高的旅游欣赏、科学考察和历史文化价值，为国家5A级旅游景区、国家森林公园、国家体育运动休闲基地。

（3）吐鲁番葡萄沟风景区。吐鲁番是天山东部的山间盆地，每年日均温度达40℃的时间可达3个月之久，其中8月份每天气温基本在42℃以上，火焰山地面温度更可达到80℃~90℃。葡萄沟是火焰山中的一处峡谷，沟内有布依鲁克河流过，主要水源为高山融雪，因盛产葡萄而得名，为国家5A级旅游景区。[①]

在火焰山沙漠地带，葡萄沟内生长着上百种葡萄，葡萄园相接连片，犹如绿色的海洋。其间还点缀着桃、杏、梨、苹果、石榴、无花果等各种果树。一幢幢民族特色浓郁的农舍掩映在缓坡上的葡萄丛中，一座座晾制葡萄干的"荫房"排列在山坡下，让人啧啧称奇。每年葡萄成熟时，这里都举行盛大的吐鲁番葡萄节，吸引着来自国内外的众多游客观赏沙漠绿洲景观，体验沙漠绿洲的热度，品尝多种多样的葡萄，感受绚丽多姿的维吾尔族风情。

同步案例13-2

"醉美新疆，香飘丝路"吐鲁番葡萄节盛大开幕

背景与情境：2023年8月19日，以"醉美新疆，香飘丝路"为主题的2023新疆丝绸之路葡萄酒节暨第二十九届丝绸之路吐鲁番葡萄节在新疆吐鲁番高昌区盛大开幕。

此次葡萄节以"醉美新疆，香飘丝路"为主题，举办葡萄产业进展论坛、新疆葡萄酒产区推介会、2023新疆丝绸之路葡萄酒大赛颁奖仪式、"我为吐鲁番代言"短视频及"吐鲁番礼物"大赛颁奖仪式等主体活动，还有"浪漫葡萄季"吐鲁番葡萄采摘体验、葡萄季摄影和书法绘画作品展、吐鲁番研学游、第六届吐鲁番学国际学术研讨会、投资合作项目签约仪式等系列活动。

此次葡萄节充分挖掘新疆浓厚的葡萄与葡萄酒历史文化，推动"葡萄+葡萄酒+文旅"融合发展，向游客展示葡萄系列产品，让游客进一步认识和了解吐鲁番，使葡萄节不仅成为吐鲁番的特色节庆品牌，更成为不可复制的"新疆礼物"。目前，新疆已推出并公布了吐鲁番楼兰酒庄、巴州天塞酒庄等12家第一批自治区休闲旅游特色精品葡萄酒庄，新疆葡萄酒历史文化旅游线、新疆沙漠运动葡萄酒庄旅游线等15条第一批自治区葡萄酒文化旅游精品线路。

资料来源　佚名. 2023新疆丝绸之路葡萄酒节暨第二十九届丝绸之路吐鲁番葡萄节盛大开幕[EB/OL]. [2023-08-19]. https://xj.chinadaily.com.cn/a/202308/19/WS64e0c3e9a3109d7585e49e64.html.引文经过节选、压缩和改编。

问题：为什么葡萄节能促进新疆旅游持续升温？

分析提示：从旅游资源特色、旅游活动创新策划、管理与服务水平等方面展开思考。

（4）阿勒泰喀纳斯景区。喀纳斯景区位于阿尔泰山中段、阿勒泰地区布尔津县西北部，地处中国与哈萨克斯坦、俄罗斯、蒙古国接壤地带，是我国唯一的一块欧洲—西

① 推荐观赏《新疆旅游宣传片》，体会行走在新疆的感觉。网址：http://my.tv.sohu.com/pl/9364400/90261622.shtml。

伯利亚泰加林“飞地”，为国家5A级旅游景区。该景区主要包括哈纳斯国家级自然保护区、喀纳斯国家地质公园、白哈巴国家森林公园、贾登峪国家森林公园、喀纳斯河谷、禾木河谷、那仁草原、禾木草原及禾木村、白哈巴村、喀纳斯村等国内外享有盛名的八大自然景观区和三大人文景观区。该景区是一个森林型综合自然保护区，其中最著名的莫过于神秘的喀纳斯冰碛堰塞湖与禾木村。喀纳斯湖位于景区核心地带，状如弯月，南北长24公里，东西宽1.6～2.9公里，面积44.78平方公里，比博格达天池整整大10倍，平均水深120米，是我国最深的冰蚀湖。喀纳斯湖四周群山环抱、峰峦叠嶂，峰顶银装素裹，山腰森林密布，山麓草场繁茂，湖面碧波荡漾，群山倒映湖中，蓝天、白云、雪岭、青山与绿水浑然一体，湖光山色美不胜收。喀纳斯湖水的颜色会随着季节和天气的变化而变换，或湛蓝，或碧绿，或黛绿，或乳白……有时诸色兼备，浓淡相间，是有名的变色湖。受强劲谷风的吹送，倒入喀纳斯湖的浮木会逆水上漂，在湖的上游湖湾处聚堆成千米枯木长堤，为喀纳斯湖又一大奇观。此外，“湖怪”之谜更是神秘莫测。禾木村曾被《中国国家地理》杂志评为中国最美村庄之一。漫山遍野的白桦林分布在禾木河两岸，秋季一片金黄，原木房子则分布在白桦林间，清晨炊烟袅袅，像个童话世界。现景区内已开发喀纳斯双湖游船、禾木漂流与禾木冰雪乐园等旅游项目。

（5）阿勒泰可可托海景区。可可托海景区位于阿勒泰地区富蕴县，距富蕴县城53公里，地处阿勒泰山脉中部南坡中山带，海拔1 200~1 500米，占地面积788平方公里。景区由额尔齐斯大峡谷、可可苏里、伊雷木特湖、卡拉先格尔地震断裂带四部分组成。其中，额尔齐斯大峡谷以山势陡峻、千姿百态的花岗岩象形山石广布为特色；可可苏里是一处面积达2平方公里的沼泽湿地，以水生动植物丰富、观赏性强为亮点；伊雷木特湖是富蕴大地震断裂带上最大的堰塞湖，因为湖中段有东西两侧雄峰夹峙，从空中俯瞰呈巨大的“8”字形状；卡拉先格尔地震断裂带则是1931年富蕴八级地震遗迹的实地展示区，在长1 500米、宽350米的地震塌陷区内，有由坚硬岩层断陷形成的宽6米、深10余米的沟槽，绵延20多公里的山体整体下滑10米景象，伴有垅脊、串珠状断陷塘、鼓包、张裂隙等地震遗迹，宛如天然的地震博物馆。此外，这里也不乏瀑布、温泉、森林、百花草场和哈萨克民俗风情与美食，是一个适于观光游览、休闲度假、地质研究、科考摄影的国家5A级旅游景区，享有“国际原生态旅游景区”美誉。

（6）阿勒泰白沙湖景区。白沙湖景区是阿勒泰地区千里画廊上的重要景区之一，位于中哈边境哈巴河县185团境内，距离县城108公里，是一处集沙山、湖泊、森林为一体且开发不久的国家5A级旅游景区。白沙湖位于景区中心，四周被沙丘环绕，但其湖心、湖岸又生长着高大茂密的混生林带和密密丛丛的芦苇。每年6月，湖面还会绽开朵朵荷花，与周围的芦苇、林带相互映衬，不是江南，胜似江南。金秋十月，或红或黄的树叶与白色芦花在风中招展，绚丽多姿，与远处的蓝天白云映衬下绵延叠嶂的沙丘链构成一种独特的西北景致。景区内供游览的景点主要有西北之北、西北边境第一连、沙湖、鸣沙山、白桦林、军武哨所、抗洪守土纪念馆、西域屯垦史馆等。到这里旅游，游客不仅可以观赏边关美景，而且可以体验新疆生产建设兵团屯垦戍边红色文化，品尝军垦人家美食。

（7）伊犁那拉提草原风景区。那拉提草原地处天山腹地，在伊犁河谷东端，总面积960平方公里，平均海拔1 800米，三面环山，向西开口，有巩乃斯河蜿蜒流过。这里位于西风带，又有向西张口逐步抬升的坡地地形，是新疆降水最多的地方，年降水量达600~800毫米，因而呈现出远处松林如涛、近处绿草如茵，群山俊秀、溪水潺潺的景象。每年6—9月，各种野花漫山遍野，将草原点缀得绚丽多姿，成为全国六大最美的草原之一，也是当地重要的夏季牧场。那拉提草原有“哈萨克族的摇篮”之誉。从西汉起，哈萨克族人民就在这里以游牧为主繁衍生息，形成了本民族独特的天文、地理、医学、音乐等文化。现在这里仍然是我国哈萨克族人口相对集中的地域，也是世界上居住哈萨克族人口最多的草原，至今仍保留着浓郁古朴的哈萨克民俗风情和丰富的草原文化。每年6月以后，随着大群的牧畜转场，草原进入黄金季节，各种集会相继举行。优美的草原风光与当地哈萨克民俗风情结合在一起，使那拉提草原成为新疆著名的旅游观光度假区，目前是国家5A级旅游景区。

（8）伊犁喀拉峻景区。喀拉峻景区位于伊犁特克斯县的南部天山之中，是“新疆天山”世界自然遗产的重要组成部分、国家5A级旅游景区。“喀拉峻”在哈萨克语中的意思是“黑色莽原”。喀拉峻山呈东西向绵延42公里，海拔高度2 000~2 800米。这里既有世界上少有的一流天然草场，又有温泉之胜，飞瀑、石林之美，冰川之奇。在古代，这里既是丝绸之路北道所经之地，也是西域乌孙国的夏都，还是中国古代最大的赛马场——“汗草原”之所在。该景区包含东西喀拉峻、阔克苏大峡谷、中天山雪峰和天籁石林几个部分。东西喀拉峻是整个景区的核心部分，这里除了广阔无垠的五花草甸外，还有雪山、森林、峡谷陪衬，壮美无比。阔克苏大峡谷是一个四周为冰山雪峰环绕的山间盆地，是著名的山地冬草场，现在已开发为一个超大型游乐园，人们可以在这里体验滑翔机、热气球、漂流项目，也可享受星空露营、林前观瀑、温泉洗浴的浪漫。中天山雪峰区域可以让人们产生雪峰近在眼前、冰川就在脚下、蓝天白云伸手可及的神奇感受，妙不可言。天籁石林是指阔克苏河发源地的象形山石，因为这里的山石已被大自然雕塑成千姿百态、光怪陆离的神奇妙景，引人遐想。

5）南疆游览区

南疆即新疆的南部，包括喀什、和田、阿克苏、克孜勒苏柯尔克孜、巴音郭楞等地州的范围。本区域是我国极端干旱少雨的区域，干旱荒漠是这里最突出的自然景观，我国最大、世界第二大的沙漠——塔克拉玛干即盘踞于本区中心部位，苍茫天穹下黄沙一望无际。从中心往外走，其景观依次会有流动沙丘—固定沙丘—绿洲—戈壁—山地荒漠—雪峰的变化，沙漠中也有河流、湖泊点缀，光与影、荒芜与生命相依存在。绿洲上生活着以维吾尔族为主体的各族人民，人口中80%以上为维吾尔族，因而南疆有着比北疆更为浓郁的民族风情。古丝绸之路最早的两条就是分别从塔克拉玛干南北两侧的绿洲通过，经过北疆的那条最终也与这两条在喀什会合，因此沿途文物古迹也不少。

（1）巴音布鲁克景区。本景区位于巴音郭楞蒙古自治州和静县西北的巴音布鲁克镇、天山山脉中部的山间盆地中，距州府库尔勒市363公里。这里的草原东西长270公里，南北宽136公里，草场面积2万多平方公里，平均海拔1 500~2 500米，是中国仅次于内蒙古鄂尔多斯的第二大草原，也是国家5A级旅游景区。“巴音布鲁克”的蒙古语意思是“永不枯竭的甘泉”，因为草原上泉眼众多而得名。草原有雪山环抱，地势平坦，众多流泉与冰雪融化的涓涓细流汇集，便形成了“九曲十八弯”的开都河与大大小小的湖泊、沼泽。由于受人类活动影响较小，草原上保存了世界上多种稀有物种，是国家级野生动物类型自然保护区。其中，距巴音布鲁克镇约60公里的巴音郭楞乡西南部，有由众多相互连通的小湖组成的大面积沼泽地，是中国最大的野生天鹅种群保护区，人称“天鹅湖”。每当太阳升起时，人们可在天鹅湖岸聆听热闹的“鸟语大合唱”；当傍晚天鹅觅食的高峰期，人们能够看到精美绝伦的“水中芭蕾”。此外，景区内还有避暑胜地巩乃斯森林公园，拥有温泉疗浴的阿尔先景区，以及浩腾萨拉峡谷的高原瀑布、奎克乌苏石林等。巴音布鲁克草原居住着蒙古、汉、藏、哈尼等9个民族，民族风情灿烂多彩。其中最吸引人的是每年农历六月初四的“那达慕”草原盛会，在隆重的“祭敖包”仪式之后，有赛马、摔跤、射箭、赛牦牛、赛骆驼、斗羊、刁羊、服饰表演、民间艺术展示等活动逐一展开，草原顿时一片欢腾，热闹非凡。

（2）博斯腾湖风景名胜区。博斯腾湖位于巴音郭楞蒙古自治州博湖县，为开都河尾闾、孔雀河源头，是我国最大的内陆淡水吞吐湖。“博斯腾淖尔”的蒙古语意思为“站立”，因有三道湖心山屹立于湖中而得名。博斯腾湖距博湖县城14公里，距焉耆县城24公里，湖面东西长55公里、南北宽25公里，面积1 000多平方公里。景区可分为大湖区与小湖区两个部分。大湖水面近1 000平方公里，风起时波浪滔滔，宛如沧海；风静时波光潋滟，湖水连天。在大湖西侧分布有大小不等的数十个小湖，各小湖湖水相通，杂草浓密，野莲成片，各种水禽栖息其间。湖内有全国最大的野生睡莲群、数量众多的候鸟，大漠、高山、绿苇、碧水相得益彰。博斯腾湖风景名胜区为国家5A级旅游景区、国家湿地公园，主要包括大河口、莲海世界、白鹭洲沙漠娱乐滑雪场等景区。其中，大河口景区位于博斯腾湖西岸，有被列入吉尼斯之最的“西海第一锅”，景区娱乐项目丰富，开设了乘气垫船畅游博斯腾湖、赏芦苇、观水鸟、品野生鱼烧烤等特色旅游产品；莲海世界是我国最大的野生睡莲群所在地，位于博斯腾湖西南角，与40万亩天然芦苇相映成景；白鹭洲沙漠娱乐滑雪场位于博斯腾湖南岸，是世界上首座沙漠滑雪场，拥有初级、中级与娱乐三种不同的滑雪道，娱乐滑道可进行滑雪圈、雪橇、雪地蜈蚣、悠玻球等娱乐活动。

（3）喀什噶尔老城景区。喀什旧称喀什噶尔，几百年来一直是南疆第一大城，它是古丝绸之路北、中、南线西端的总交会处，历来就是中西方交通枢纽和商品集散地，贸易非常发达，拥有“五口通八国，一路连欧亚”的地缘优势。喀什噶尔老城景区拥有世界级非物质文化遗产1项、国家级非物质文化遗产14项，是国家5A级旅游景区，其旅游的主要亮点是品味伊斯兰文化、维吾尔风情。喀什噶尔老城大致以艾提尕尔清真寺为中心，是一片不规则形状的城区，在约4.25平方公里的范围里有2.3万居民聚居、两三百条巷道交错密织。街巷布局灵活多变，民居主要有土木、砖木结构和生土建筑几种，不少传统民居已有上百年的历史，房屋结构、门窗形式、装饰花纹都充分体现了伊斯兰文化；老城内几乎每一条街道都有自己的主题，如坎土曼巴扎（铁匠街）、朵帕巴扎（花帽街）、花盆巴扎、手工艺品巴扎、陶器巴扎等，各有特色；老城中心的艾提尕尔清真寺每天有五次场面盛大的礼拜活动，充满了浓厚的宗教氛围。此外，该景区还有高台民居、喀什东巴扎、香妃墓、莫尔佛塔等著名景点。

（4）喀什泽普金湖杨景区。该景区即泽普金湖杨国家森林公园，为国家5A级旅游景区，位于喀什泽普县西南36公里处亚斯墩林场，坐落在叶尔羌河冲积扇上缘，景区占地面积4万亩，天然胡杨林面积多达2万亩。站在景区高处，远方是巍巍昆仑山，脚下有叶尔羌河支流从公园内穿过。雪域昆仑和叶尔羌河共同孕育了这片神奇的土地，形成了以开阔的叶尔羌河及河两岸多彩的天然胡杨林与荒芜的戈壁滩强烈对比的景观特色。景区内有金湖杨长寿民俗文化村、圣树茶吧、知青大院、跑马场、游泳池、人工湖、垂钓园、情人园、湖心亭、百鸟园、游廊、观景台、山鸡循环养殖园、停车场、电信塔、游客中心和多功能接待厅等基础设施，形成了集水上娱乐、民族风情、田园风光、森林生态为一体的观光旅游格局。

（5）慕士塔格峰—喀拉库勒湖旅游景区。该旅游景区位于我国西部边陲的克孜勒苏柯尔克孜自治州阿克陶县布伦口乡、中巴公路旁，距离阿克陶县城180公里，是帕米尔高原上一个集自然与人文生态为一体的山岳型风景区。慕士塔格峰海拔7 546米，因山峰常年被冰雪覆盖，积雪厚度达百米以上，山峰四周分布有大小不等的冰川数十条，故有“冰山之父”之称；山地未被冰雪覆盖的部分则基岩裸露，呈现出灰、黑、黄、红、白等不同的基岩原色。慕士塔格峰虽然海拔较高，但坡度较其他山峰缓，是国内外登山爱好者进行登山训练时喜欢选择的地方。慕士塔格峰与昆仑山的另两座高峰——公格尔峰、公格尔九别峰一道环抱着喀拉库勒湖和苏巴士牧场。“喀拉库勒”意为“黑色湖泊”，因为每当乌云满天、电闪雷鸣之时，平时洁净碧清的湖水会神奇般地变成黑色，故得此名，但当日出时，湖水又会时而湛蓝、时而淡黄、时而橘红不断变换，又称变色湖。唐代高僧玄奘路过时见此情景，称其为有巨蛟出没的“大龙池”。苏巴士牧场在湖的南面，每到夏季，这里水清草丰，碧绿的草地上一顶顶白毡房星罗棋布，牛羊成群，与清澈湖水中皎洁的雪山倒影及成千上万只水鸟、野鸭的嬉闹游弋相辉映，堪称世外桃源。

（6）穿越塔克拉玛干的公路。这是指轮台—民丰纵贯塔克拉玛干、穿越沙漠腹地的公路，全长565.66公里，是目前世界上最长的贯穿流动性沙漠的等级公路。该公路原本是为开发塔克拉玛干沙漠腹地丰富的石油和天然气资源而修建的一条专用通道，现在逐渐成为南疆重要的旅游线路。因为通过这条公路，人们沿途可以见到如下风光：胡杨“生而千年不死，死而千年不倒，倒而千年不朽”的真实生态；沙漠腹地形态各异的沙丘及沙丘表层变化无穷的图案；公路两旁防风固沙草方格和草栅栏，绵延数百公里的沙漠防护林和日复一日与沙漠为伴、守护防护林的“沙漠护路人”……对于这一切，人们不得不惊叹大自然的神奇与人类平凡中的伟大，在不知不觉中灵魂得到净化。另外，现在穿越塔克拉玛干还有阿拉尔—和田公路，不久还会有穿越塔克拉玛干沙漠的铁路。尽管不同线路的景观各有特色，但都会给人以不同寻常的感受。

同步思考13-3

问题：如果在沙漠中没有了水，并且已远离了已知的水源，该怎么办？

理解要点：从如何设法获得水和如何减少身体水分的损失两方面思考。

本章概要

□ 内容提要

西北少数民族农牧文化旅游区拥有独特的自然景观、多姿的民俗风情、悠久的历史文化、众多的名胜古迹，是一个富有神奇色彩和独特魅力的旅游区，旅游客源市场广大。过去由于有交通不便等问题，其旅游业发展比较缓慢，现在旅游交通“瓶颈”问题已基本解决，旅游发展前景可观。

□ 主要概念和观念

▲ 主要概念

西北少数民族农牧文化旅游区　绿洲　沙漠　戈壁　丝绸之路

▲ 主要观念

西北少数民族农牧文化旅游区旅游魅力主要来源　西北少数民族农牧文化旅游区最具魅力的旅游线

□ 重点实务

西北少数民族农牧文化旅游区特色旅游产品开发　西北少数民族农牧文化旅游区旅游线路设计

基本训练

□ 知识训练

▲ 复习题

1）什么叫“魔鬼城”?

2）试述西北少数民族农牧文化旅游区的旅游地理环境特征。

3）西北少数民族农牧文化旅游区的主要旅游景点有哪些?

随堂测 13-1

▲ 讨论题

1）西北少数民族农牧文化旅游区的旅游业发展现状如何？其原因何在?

2）西北少数民族农牧文化旅游区有哪些特色旅游资源？如何进行旅游开发?

□ 能力训练

▲ 理解与评价

理解丝绸之路旅游线在国际上的影响力以及该项活动对当地旅游业发展的作用。

▲ 案例分析

【训练项目】

案例分析-XIII。

【相关案例】

银兰高铁促甘宁文旅发展

背景与情境：银兰高铁连接宁夏银川与甘肃兰州，全长431公里。随着银兰高铁的开通运营，兰州和银川两地之间的各城市也融入了全国高铁网，迈入了高铁时代。

银兰高铁开通后，区域铁路客运服务能力得到显著提升，民众出行方式选择余地更大。该区域旅游资源十分丰富，敦煌莫高窟、嘉峪雄关、七彩丹霞、兰州黄河第一桥、天水麦积山、宁夏沙坡头、银川沙湖等一大批旅游景区构成了绚丽多彩的旅游带，将成为甘宁两省区新的经济增长点。此次通车将进入高铁时代的兰州和银川连成了线，沿线各地都将迎来黄金旅游时期，串起一条黄金旅游线。

与传统铁路相比，高铁具有高速度、大运量、安全准时、绿色环保的特点，高铁的效率和舒适度将满足旅客的旅行需要，昔日的长途游会因高铁变成短线游，短线游会因高铁成为同城游，这都将促进宁夏与甘肃的全域旅游高质量发展，吸引更多游客来旅游观光。在银兰高铁的带动下，甘宁之间的短线游将迎来更大市场。

银兰高铁的全线开通，将成为有效带动甘宁文旅复苏发展的快捷线、加速线。火车一响，黄金万两。银兰高铁的开通运行为宁夏和甘肃地区旅游业的发展提供了便利的交通基础设施，大大释放了旅游市场的潜力，为甘宁地区旅游业的发展提供了助力。

资料来源 佚名．银兰高铁促甘宁文旅发展［EB/OL］．［2023-01-04］．https：//m.sohu.com/a/624930494_100028054/? scm=1102.xchannel：325：100002.0.6.0. 引文经过节选、压缩和改编。

问题：

1）高铁的出现为文旅发展提供了哪些便利条件？

2）高铁沿线丝路城市如何做才能有助于文旅发展？

【训练要求】

同第1章“基本训练”中本题型的“训练要求”。

▲ 自主学习

【训练项目】

“中国西北少数民族农牧文化旅游区人文地理环境变化及其对旅游业的影响”知识更新。

【训练目的】

见本章“学习目标”中的“职业能力”。

【训练步骤】

1）以班级小组为单位组建训练团队，每团队确定一人负责。

2）各团队根据训练项目的需要进行角色分工。

3）各团队通过校图书馆或互联网，查阅“文献综述格式、范文及书写规范要求”和近三年关于“中国西北少数民族农牧文化旅游区人文地理环境变化及其对旅游业的影响”研究的前沿学术文献资料。

4）各团队综合和整理“中国西北少数民族农牧文化旅游区人文地理环境变化及其对旅游业的影响”研究的前沿学术文献资料，依照“文献综述格式、范文及书写规范要求”，撰写《“中国西北少数民族农牧文化旅游区人文地理环境变化及其对旅游业的影响”最新文献综述》。

5）在班级交流各团队的《“中国西北少数民族农牧文化旅游区人文地理环境变化及其对旅游业的影响”最新文献综述》。

6）在线上平台上展出经过修订并附有教师点评的各团队《“中国西北少数民族农牧文化旅游区人文地理环境变化及其对旅游业的影响”最新文献综述》，供学生相互借鉴学习。

□ 明德笃行

【训练项目】

明德笃行-ⅩⅢ。

【相关案例】

甘肃成立旅行社分会　规范旅游市场运营

背景与情境： 作为旅游行业的“排头兵”，旅行社对于旅游业发展有着重要作用。甘肃省旅游协会旅行社分会于2024年4月18日成立，会长裴建宏表示，此举将为省内1 000余家旅行社提供“温馨家园”，有助于推动甘肃旅游产业高质量发展。随着甘肃天水麻辣烫的爆火，当前甘肃文旅迎来新机遇，旅行社作为“排头兵”，需“以游客为本，诚信为基，创新发展”。

为进一步规范旅游市场，增强文明旅游意识，提升诚信服务水平，甘肃省文化和旅游厅发布规定，从旅行社不得发布虚假广告、不得将未开发的“野景区”“黑景点”作为旅游产品组织旅游活动、导游人员的行为规范等多方面对涉旅企业和从业人员进行要求。

旅行社分会的成立未来将进一步发挥桥梁和纽带作用，提升旅行社竞争力，推动甘肃旅游市场持续、健康、快速发展。

资料来源　综合相关资料提炼整理而成。

问题：

1）甘肃省旅游协会旅行社分会的成立给当地旅游可持续发展带来哪些积极影响？

2）请以《旅游法》《旅行社条例》和地方性法规等规范为依据，分析案例所传递的价值导向以及体现的职业素养。

【训练要求】

同第1章“基本训练”中本题型的“训练要求”。

第14章 世界屋脊
——青藏高原农牧文化旅游区

- 学习目标

14.1　旅游地理环境特征及其对旅游业的影响

14.2　旅游业概述

- 本章概要
- 基本训练

- 学习目标

通过本章学习，应该达到以下目标：

职业知识：学习和掌握本旅游区的自然与人文地理环境、旅游业现状与原因、主要旅游地与旅游线路等理论与实务知识，能用其指导或规范本章认知活动和技能活动，正确解答“基本训练”中“知识训练”各题型的相关问题。

职业能力：运用本章知识研究相关案例，培养在本旅游区特定情境中分析问题与决策设计能力；通过“‘青藏高原农牧文化旅游区’重点实务知识应用”的实训操练，训练学生的专业操作技能，培养整合资料信息、文稿撰写与沟通表达等通用能力。

职业素养：结合本章教学内容，依照相关规范或标准，对“明德笃行14-1”专栏和章后“明德笃行-XIV”案例中的企业及其从业人员行为进行分析，强化与案例议题相关的环境伦理、产品创新等方面的价值思考并提升职业素养，促进“立德树人”根本任务的落实。

学习微平台

思维导图14-1

引例：青藏铁路开通给“世界屋脊”旅游业快速发展创造了条件

背景与情境：青藏高原旅游资源丰富，以其独特的魅力吸引着中外旅游者。但在青藏铁路通车之前，进藏方式仅有公路、航空两种。航空运输价高，且受运力和班次的限制大；进藏公路少，且环境条件较为险恶，安全性和舒适度不佳，使一些潜在的游客望而却步。青藏铁路通车后，多年来西藏旅游业发展的交通瓶颈得到极大改善，基本上形成了以铁路为主、铁-公-航联合运输的局面，吸引了越来越多的游客走进青藏高原。2023年上半年，国内旅游市场逐步回暖，得益于西藏自治区各级政府部门促消费政策、区内外旅游资源推介，以及“第五届中国西藏旅游文化国际博览会”的成功举办，全区旅游市场活力得以有效释放，“国之大道”G219自驾、天湖之旅、“祖国·扎西德勒”等主题推介活动在线上线下引发广泛关注，品牌影响力、联盟合作机制不断加强，旅游与文化、体育、教育研学、高原农牧业、健康养生、乡村振兴等领域相加相融、协同发展将不断深化。2023年上半年，全区共接待国内外游客2 424.11万人次，同比增长41.15%；旅游总收入达260.39亿元，同比增长47.51%。2023年中秋、国庆假期，青海累计接待游客260万人次，总收入24.4亿元。

上述案例告诉我们，青藏铁路的开通为我们开启了通往“世界屋脊”——青藏高原的方便通道，给青藏旅游业的发展带来了福音。本章将通过分析青藏高原的自然、人文旅游资源及其环境特征，来了解这个神秘的旅游目的地，探讨该区旅游业的潜力和前景。

14.1　旅游地理环境特征及其对旅游业的影响

青藏高原农牧文化旅游区位于我国西南部，横断山脉以西，喜马拉雅山以北，昆仑山、阿尔金山和祁连山以南，西部和南部分别与印度、尼泊尔、不丹、缅甸等国家接壤。该区包括青海省和西藏自治区，土地总面积194万平方公里，占全国土地总面积的20.2%；人口约960万人（2021年），占全国总人口的0.7%，其中绝大部分居民为藏族，另外还有汉、回、土、蒙古、满、哈萨克、门巴、珞巴、纳西等族在此聚居。青藏高原自然与人文环境独特，原生态环境受外界干扰较小，是当今世界独具魅力的旅游目的地。

14.1.1　旅游自然地理环境特征

青藏高原作为一个自然地理单元，其绝大部分在我国境内，行政区域除包含西藏与青海的全部外，还包括四川省西部、云南省西北部的横断山脉，以及甘肃省和新疆维吾尔自治区的边缘山地，总面积约250万平方公里，占我国国土总面积的25%以上，平均海拔4 500～5 000米，是我国面积最大、世界上海拔最高的高原。

1）绵延着众多巨大山脉的“世界屋脊”、雄奇壮观的旅游景观

青藏高原不仅面积广大，平均海拔高，其上更耸立着一系列绵延不断的巨大山系。这些山系的走向以东西向或近于东西向为主，从北至南依次有阿尔金山-祁连山系、昆仑山系、喀喇昆仑山-唐古拉山系、冈底斯山-念青唐古拉山系和喜马拉雅山系。这些山系都是东西延伸达1 000~2 000公里、南北跨度达100~300公里的巨大山

系，山系中位于雪线以上、海拔6 000~7 000米的山峰不计其数，而且包揽了全世界仅有的14座海拔8 000米以上的极高峰和绝大多数7 000~8 000米的高峰。这些山峰终年被冰雪覆盖，四周冰川发育，银光闪闪，是具有青藏高原高寒特征的典型景观。当被阳光照射之时，雪峰又会红光闪烁，宛若金山，因而雪峰在藏族人民的心目中往往具有神秘的力量，不少是他们顶礼膜拜的神山，而在登山爱好者的心目中则往往是他们攀登的目标。

巨大山脉之间是广阔的高原、盆地、谷地，包括藏北高原、青南高原、柴达木盆地、藏南谷地等。这些海拔2 500~4 500米的高原、盆地或谷地都具有地势平坦开阔的特点，不少地域还有弯弯曲曲的河流与众多的湖泊分布，遥望与之相接的雪峰、冰川，相对高差虽不显得那么惊人，但那种雄奇与壮观令人震撼。

青藏高原的东南部还有一系列南北走向的山脉，即横断山脉，包括伯舒拉岭、他念他翁山、宁静山、沙鲁里山、大雪山、邛崃山等。各条山脉或南北延伸，或东西并列，山脉之间夹峙的怒江、澜沧江、金沙江等河流水面与山体之间的最大落差往往达1 000~2 000米，因而山高谷深是这里最突出的景观特点。这里高耸的山地同样不乏雪峰、冰川，冰雪以下植被变化形成的垂直带谱同样让人赏心悦目，惊叹不已。

同步业务14-1

珠峰小镇的致富经

近年来，日喀则市定日县紧紧围绕把珠峰景区打造成“最生态、最人文、最智慧、最和谐、最美丽”的“世界一流自然保护区、世界一流生态景区”的目标，坚持问题导向，把文化作为旅游的灵魂、把生态作为旅游的生命线，以景区标准化建设为契机，推动珠峰景区生态文化旅游融合式高质量发展，让生长在这片土地上的群众纷纷吃上“旅游饭”、走上“致富路”。

自此，珠峰小镇吸引的游客越来越多。2023年1—7月，珠峰景区北大门共接待游客249 463人，实现收入3 626.6万元。全县旅游总人数达42万余人次，共计实现旅游收入2.1亿元。村民们通过跑运输、经营茶馆、开民宿等方式，逐步增加收入，吃上了“旅游饭”。

党的十八大以来，西藏旅游业驶入高质量发展快车道。旅游市场日新月异的变化，汇聚成西藏旅游业发展壮大、转型升级的壮美图景。随着旅游业的发展，人们更加追求个性化、多样化、有文化味的旅游产品和便捷周到的旅游服务。

资料来源 佚名. 文旅融合发展——珠峰小镇的致富经［EB/OL］.［2023-10-10］. http://lyfzt.xizang.gov.cn/ztzl_69/wenlv/202310/t20231010_380013.html.引文经过节选、压缩和改编。

2）星罗棋布的水体生态、洁净迷人的蓝天白云

青藏高原是我国湖泊最多的区域之一，高原上的湖泊数以千计，总面积3万多平方公里，约占全国湖泊总面积的1/3。高原湖泊成因多样，除构造湖外，更多的是冰蚀湖和冰川堰塞湖。高原湖泊水质优良，景色秀美，生态环境极佳。青藏高原还是亚洲许多大河的发源地，长江、黄河、澜沧江、怒江、雅鲁藏布江、印度河皆发源于此。其干流水质基本达到《地表水环境质量标准》Ⅱ类标准。青藏高原有大面积的冰雪、湿地、草原及森林覆盖区域，全地域人口稀少，工业不发达，是世界上污染最

少、生态环境质量最好的地区之一，也是我国生态环境安全的一大屏障。蓝天白云、湛蓝的水体、丰富的生物多样性是青藏高原生态环境良好的体现，也是吸引游客前往的一个亮点。但是，在严酷的高寒生态条件下，良好的生态环境一旦遭到破坏就不易修复，所以保护青藏高原良好的生态环境是我们在任何时候都必须遵循的一个基本原则。

明德笃行 14-1

青藏铁路通车与青藏高原生态环境保护

背景与情境：青藏铁路通车后，在给青藏高原经济发展带来机遇的同时，也给青藏高原脆弱的生态环境带来了巨大的压力。为此，青藏铁路公司规定青藏铁路列车内的污水和垃圾不能沿线排放；在列车内设置一个垃圾集纳系统，采取先进的压缩技术，在列车内对垃圾进行压缩处理；在铁路沿线主要车站都设置了污水处理站和垃圾存放点；垃圾在一周内通过列车运往格尔木或拉萨进行处理。旅游部门加强了对在岗导游和景点景区工作人员有关环保知识和理念的培训，要求他们向中外游客反复宣讲西藏环保的重要性，规定所有旅游车辆都配备垃圾袋、垃圾箱等设备，导游负责监督游客将垃圾放入指定的垃圾袋，旅游结束后，导游必须将随车垃圾运送到指定垃圾存放点。西藏今后的经济社会发展要把环保放在头等重要的地位，严格控制污染企业进藏，严格禁止矿产的乱采乱挖。

问题：为了实现青藏高原旅游发展与生态保护两不误，你还有哪些好的建议？

分析提示：党的二十大报告指出，“污染防治攻坚向纵深推进，绿色、循环、低碳发展迈出坚实步伐”，可从如何发扬当地生态环境保护的优良传统，如何把自驾游、徒步游等旅游者纳入生态保护志愿者的范畴方面来思考。

3）相映成趣的“高寒气候”与“热带风光”、种类繁多的珍稀生物

同步链接 14-1
中央媒体采访报道西藏党的二十大代表

青藏高原因地势高，形成了独特的高寒气候，高原腹地年均气温大都低于6℃，藏北高原和高山的上部年均气温在0℃以下，比同纬度平原地区低16℃~18℃，为世界上中纬度寒冷中心。高原夏季气温一般在8℃~18℃，全年无真正夏季，但冬季气温并不太低，是气温年较差不明显、日温差大的区域。高原上一般日温差变化在14℃~15℃，其主要原因是海拔高，空气稀薄干洁，透明度高，当阳光照射时到达地表的辐射量高，年总辐射量大部分地区在160千卡/平方厘米左右，是我国太阳辐射量最高的地区，较之纬度相近的上海约高47千卡/平方厘米，因而地表升温快；而当太阳落山以后，地表又会作为一个热辐射源向空中散发热量，地表温度下降也快。高原雨日比较少，全年日照时数约为2 200~3 600小时，拉萨市日照时数平均为3 005小时，被誉为“日光城”。高原上多风季节持续时间长，大风多，最高风速可达每秒40米以上，尤其集中在夏季，大风对登山活动是一个限制性因素。由于海拔高，空气稀薄，含氧量低，一般气压比标准大气压低150~250毫米汞柱，故初次来此的旅游者可能会产生高原反应。

同步业务 14-2

去青藏高原旅游的特别准备

青藏高原海拔高、气压低、氧气含量不足、昼夜温差大、多风干燥、日光辐射和紫外线强，因此，到青藏高原旅游需要做一些特别的准备。

首先，除携带必需的生活用品外，还要根据个人情况准备一些常用药品，如防高原反应药物、防晕车药物、防皮肤皲裂的润肤膏等。

其次，夏季旅游时，应注意带好防雨、防紫外线、防蚊用品，并准备厚外套一件。西藏夏季日夜温差大，中午辐射强，温度高，要防中暑；早晚温度低，要注意保暖，“及时加减衣被”“宜暖不宜凉”为高原旅游着装的基本原则。冬季旅游时，则必须准备防寒服、防寒帽、耳套、皮棉鞋、皮护腿、皮手套、围巾以及防紫外线、防冻伤的护肤品等物品。

与高原气候相映成趣的是喜马拉雅山东段南麓、雅鲁藏布江大拐弯以南的河谷地带，竟形成了与高原面上截然不同的热带雨林气候及景观。这些地方不仅纬度与海拔高度相对低，而且北面有高大的山体作为屏障阻隔着北来的冷空气，夏季还有暖湿的西南季风送来水汽，因此气候温暖湿润、降水丰沛，植物生长茂盛，呈现出一派热带雨林与季雨林景象，动植物资源异常丰富。

同时，这些地方垂直高差大，从下至上可以观赏到从热带到极地不同自然带的景观。这种独特的生态景观不仅使这些地方成为天然的旅游胜地，而且是地学、生物学研究的天然实验室。1982年，西藏自治区为了保护这一独特的高山森林生态环境和珍稀动植物资源，划定了察隅、墨脱、波密岗乡、吉隆江村、林芝巴结和樟木口岸6个自然保护区，重点对长叶松、长叶云杉、喜马拉雅红豆杉、高原巨柏、延龄草等稀有植物，以及白唇鹿、长尾叶猴、小熊猫、藏马鸡、藏羚羊等珍禽异兽进行保护，总保护面积达10万多亩。

同步案例 14-1

首趟青甘藏大环线旅游专列进藏

背景与情境：2024年4月25日，Y891次“天路格桑花·雪域之傲”号旅游专列驶进拉萨火车站，来自北京、江苏、香港等地的104名游客开启青甘藏大环线之旅中为期7天的西藏之行。依照行程，该批次游客将在林芝游玩3天，在日喀则游玩1天，随后回到拉萨打卡布达拉宫、大昭寺、西藏博物馆等景点。这是自中国铁路青藏集团有限公司去年开行青甘藏大环线旅游专列后，今年开行的首趟青甘藏大环线旅游专列。

“天路格桑花·雪域之傲”号旅游专列发挥集交通、住宿、娱乐于一体的流动旅游优势，精心设计旅游线路行程，有针对性地安排在白天时段穿越青藏铁路(格拉段)，游客们可以在辽阔的雪域高原目睹长江源、可可西里、羌塘草原、念青唐古拉雪山等美景，且有机会见到藏羚羊、藏野驴、野牦牛等野生动物。

此次开行的旅游专列为全软卧有氧列车，旅行管家和医生全程随车。专列采取“晚上开行、白天游玩、边走边停”和“一线多游、一票到底”的旅游模式。游客可穿越青甘藏三省区，一览戈壁、雪山、盐池、江河、湖泊、沙漠、草原等西部独特景观地貌。

资料来源　综合相关资料提炼整理而成。

问题：

1）案例中所述的旅游专列具有怎样的特征？

2）旅游专列的开通对区域旅游发展将产生怎样的影响？

分析提示：

1）该旅游专列集交通、住宿、娱乐于一体，旅游路线精心设计，行程与观景完美融合，配套服务优质等。

2）可从对地区经济、交通发展、文化传承交流、出行方式创新、生态环保意识提升等方面展开思考。

14.1.2　旅游人文地理环境特征

从当前人口的民族组成来看，西藏自治区约90%人口为藏族，青海虽然汉族人口占多数，但藏族人口也占22%以上。从区域人文景观特色来看，则以藏族文化最为突出。在相当长的历史时段，宗教统治着青藏高原的整个社会，深刻地影响青藏高原农牧文化的形成、发展、风格与特色，牵制着青藏高原政治、经济乃至整个社会历史的发展进程，因而藏族文化实际上又与古老的宗教文化纠缠不清，表现出鲜明的宗教性。

1）古老而神秘的宗教文化与壮观的喇嘛庙

在青藏高原，特别是藏区，民族与宗教相关、科学与迷信混杂，古老的宗教文化再现了当时的宗教盛世。在这里，佛教圣地、圣迹比比皆是，寺院庙堂数以千计，经文贝叶随处可见，前来朝觐拜佛的国内外香客络绎不绝。西藏各地的许多习俗和民族节日或多或少都与宗教有关。

微课程14-1

古老神秘的宗教文化

藏传佛教在青藏高原发展壮大的同时，也留下了大量独具特色的寺庙建筑。这些寺庙多依山而建，规模宏大，气势浑厚，工艺精致，金碧辉煌，蔚为壮观，一座座都堪称珍贵的宗教建筑艺术品，充分体现了藏族文化鲜明的宗教性和藏族人民独特的审美情趣，极具旅游吸引力。在中华人民共和国成立以前，仅藏区拥有的寺院就达2 000余座，其中拉萨的布达拉宫、大昭寺、小昭寺和日喀则的扎什伦布寺在社会上享有极大特权，分管着整个西藏地区的寺庙，是典型的喇嘛庙。

同步思考14-1

问题：你知道活佛与活佛转世是怎么一回事吗？活佛转世体现了藏族文化什么样的灵魂观？

理解提示：通过网络搜索相关资料进行解答。

2）内涵深蕴的藏乡文化艺术

藏乡文化艺术人文意境深远，独具特色。藏文是7世纪初创立的一种拼音文字，在浩繁的藏文文献中，保存了大量历史、地理、天文、哲学、医学著作，还有大批文艺作品。藏族文学生动活泼，民间故事充满奇情异彩，藏族民歌激越嘹亮。藏族民间英雄史诗《格萨尔王传》是世界上最长的史诗，它以宏伟的结构、奇特的情节、优美的语言、说唱的形式，塑造了正义、勇敢、力量和理想的化身——以格萨尔王为首的英雄群豪，艺术地再现了古代社会生活的真实画面。

藏族人民无论男女老少，均能歌善舞。歌曲旋律抑扬顿挫，伴奏音乐婉转悠扬，时而轻缓柔曼、时而热烈奔放；藏舞舞姿优美，舞步刚劲豪放。藏族也流行藏戏，藏戏是一个具有高原戏独特形式和强烈、鲜明民族个性的独立剧种。它由古代跳神舞演变发展而来，还深受藏族说唱文学的影响，具有广场戏的特点，一般在院落、广场和树林中拉起帐篷，无幕无台，与观众在一起即兴演出，在乐队的伴奏下边唱边舞。戏剧多取材于带有宗教色彩的民间故事，演员或唱或白，曲调高昂激越，伴奏者有时也齐唱帮腔，气氛十分热烈。藏族的壁画、雕塑、医药以及天文历算、建筑艺术等，都构成了藏乡丰富多彩的民族文化艺术。

14.2 旅游业概述

14.2.1 旅游业现状特征

1）旅游业发展水平同全国其他地区相比明显滞后

长期以来，青藏高原农牧文化旅游区由于地处偏远，自然条件严酷，交通不便，经济滞后，往往被大众旅游消费群体视为畏途，虽然青藏铁路通车后，这种状况已有很大的变化，但其旅游业发展水平同全国其他地区相比仍然明显偏低（见表14-1）。

表14-1　青藏高原藏族文化旅游区2023年旅游业基本情况

地区＼项目	星级饭店				A级旅游景区			旅行社	
	营业收入（亿元）	饭店总数（个）	其中		总数（个）	其中		机构数（个）	营业收入（千元）
			五星	四星		5A	4A		
全国	1 601.09	7 245	777	2 326	15 721	318	4 863	39 580	444 272 900
青海	4.05	260	3	58	178	4	48	567	1 163 916
西藏	2.59	131	3	40	170	5	37	268	830 012
本区合计	6.64	391	6	98	348	9	85	835	1 993 928
2023年本区占全国	0.41%	5.40%	0.77%	4.21%	2.21%	2.83%	1.75%	2.11%	0.45%

资料来源　中华人民共和国文化和旅游部．中国文化文物和旅游年鉴2024［M］．北京：国家图书馆出版社，2024.

2）旅游交通问题突破后旅游业发展迅速，发展潜力大

青藏地区原始而独特的自然风光、古老而神秘的宗教文化、渗透了宗教文化特色的民族风情，均给人一种神秘、纯朴的奇特美感，都是极具吸引力的旅游资源，具有开展高原冰雪观光、登山探险、科学考察、宗教文化旅游等参与性、体验性旅游项目的巨大潜力。西部大开发以来，特别是青藏铁路通车后，该区旅游业在各个方面都有了新的突破，呈现出良好的发展态势。2024年，西藏全社会固定资产投资增长19.6%，延续了此前快速增长的良好态势。2025年一季度，西藏全社会固定资产投资同比增长27.7%，增速连续13个月位居全国第一，对全区经济的贡献率超过60%，成为经济增长的核心驱动力。青海省旅游业收入也逐年增长。随着入藏游客的不断增多、青藏地区对外开放程度不断提高，人们对青藏旅游的畏惧心理已基本消除，加之当地经济不断发展，通信、交通等基础设施与旅游接待环境不断改善，旅游的可进入性、接待能力与满意度都不断提升，因此，这里必定是我国旅游增长潜力特别大的一个旅游区。

同步案例14-2

“冬游西藏”激发拉萨旅游市场活力

背景与情境：“冬游西藏”自2017年开展以来，凭借景区免费，酒店、交通大力

度优惠等政策，进一步降低了淡旺季差距，让游客和商家都享受了红利。“冬游西藏”期间，拉萨市旅游发展局联合相关单位，采取随机抽查的方式，持续对安全出行、文明旅游工作进行行业检查和监督管理，第一时间处理游客投诉和问题咨询，为游客营造安全放心、文明和谐的旅游市场环境，确保以良好形象和优质服务喜迎八方游客。

据统计，2023年春节假期，拉萨市共接待游客28.7万人次，同比增长18.84%；旅游收入2.85亿元，同比增长15.85%。春节假期，拉萨市营业星级酒店平均入住率43%。藏历新年期间，接待国内外游客26.11万人次，同比增长8.19%；实现旅游收入1.83亿元，同比增长17.31%。藏历新年期间，拉萨市营业星级宾馆（饭店）平均入住率32.61%。2023年1—2月，拉萨市累计接待游客78.35万人次，同比增长21.34%；实现旅游收入7.67亿元，同比增长20.22%。

“目前，‘冬游西藏’优惠政策已经结束，拉萨即将进入雪域高原最美的季节，迎来旅游旺季。我们欢迎五湖四海的朋友来拉萨旅游，感受日光城的魅力。”拉萨市旅游发展局党组成员、副局长王睿说。

资料来源　佚名．“冬游西藏”激发拉萨旅游市场活力［EB/OL］．［2023-04-03］．http://lyfzt.xizang.gov.cn/ztzl_69/2021lvyou/202304/t20230403_349100.html.引文经过节选、压缩和改编。

问题： 为什么说西藏是一个全年可游的地方？

分析提示： 可从旅游吸引力、交通条件、主要旅游区域的气候条件等方面展开思考。

14.2.2　主要旅游地及旅游线路

1）藏东南游览区[①]

藏东南游览区是指喜马拉雅山和冈底斯山-念青唐古拉山之间的藏南谷地及西藏横断山区，包括藏中南与藏东地区的拉萨、日喀则、山南、林芝及昌都几个地市行政区，其中藏南谷地是西藏地区传统的核心地域。这里海拔在3 500~4 500米，气候相对温暖，水资源丰富，历来是西藏政治、经济与文化最为发达的区域。西藏横断山区则是自然垂直带谱完整、动植物资源丰富的区域，也是川藏公路、滇藏公路的必经之地和“茶马古道”的要地。所以，藏东南游览区是西藏自然与人文旅游资源特别丰富的区域，西藏已获得国家5A级旅游景区称号的4个景区全部分布在这个游览区内。

（1）历史文化名城——拉萨。拉萨是西藏自治区首府，位于雅鲁藏布江支流拉萨河北岸的河谷冲积平原上，海拔3 650多米，是世界上海拔最高的城市之一。自从公元7世纪初松赞干布称王定都拉萨以来，拉萨作为西藏的政治、经济、文化中心和宗教圣城，至今已有1 300多年的历史。拉萨古城以最早建立在西藏的佛教寺庙——大昭寺和围绕大昭寺而建立起来的八廓街为中心，环绕着大昭寺的八廓街像合拢的双臂捧托着大昭寺，走出庄严肃穆的大昭寺，便是繁华的八廓街。街上经幡飘扬、桑烟荡漾，商店、摊点星罗棋布，热闹非常；诵经声和讨价还价声混杂在一起，香炉中吐出的桑烟香味与外国香水的气味交融，古老质朴的藏戏唱腔与现代乐曲此起彼伏……布达拉宫是拉萨新城的中心所在，站在布达拉宫俯瞰拉萨全城，整个拉萨市区到处是一片片掩映在绿树中的新式楼房，唯有八廓街一带密布着颇具民族风格的房屋和街道。

① 推荐观赏《人间圣地 天上西藏》。网址：https://v.qq.com/x/page/f0325ncz7gd.html。

布达拉宫前面的广场上，不少穿着民族传统服装的人们手摇转经筒，身佩念珠，口中念念有词吟诵经文，表明佛教已成为当地的一种生活方式。佛教与尘世、宁静与喧哗、虚无与真实交错在一起，使拉萨具有一种特殊的魅力，成为人们心目中的神秘圣地。除了布达拉宫、大昭寺外，拉萨还有小昭寺、哲蚌寺、色拉寺、罗布林卡等众多喇嘛庙。

（2）布达拉宫。布达拉宫坐落在拉萨市中心海拔3 700米的红山上，因其建造的悠久历史、建筑所表现出来的民族审美特征，以及对研究藏族社会历史、文化、宗教所具有的特殊价值，而成为世界文化遗产和国家5A级旅游景区。布达拉宫建成于公元7世纪，为吐蕃王松赞干布迎娶尺尊公主与文成公主的王宫，吐蕃解体后遭冷落而逐渐损毁。直至1645年，五世达赖喇嘛启动重建布达拉宫工程，1648年基本建成白宫部分，从此布达拉宫成为历代达赖喇嘛居住、进行宗教活动、处理行政事务的重要场所。后又经过几次增修红宫安放灵塔的活动，方形成了占地面积40万平方米，建筑面积13万平方米，主楼红宫高度超过100米，具有宫殿、灵塔殿、大殿、佛殿、经堂、重要职能机构办公处、僧官学校、宿舍、庭院、回廊等诸多功能的巨型宫堡。宫内珍藏8座达赖喇嘛金质灵塔、5座精美绝伦的立体坛城，以及瓷器、金银铜器、佛像、佛塔、唐卡、服饰等各类文物7万余件，典籍6万余函卷（部），皆为名副其实的文物瑰宝，受到世界各国人民的关注，被誉为“世界屋脊的明珠”。

（3）大昭寺。它位于拉萨古城中心，以建筑精美、壁画生动而闻名，为国家5A级旅游景区。据传此寺是松赞干布为纪念文成公主入藏和在西藏宣传佛教而建立的第一座庙宇，具有唐代建筑风格，并兼收印度和尼泊尔等国的建筑艺术特色。寺顶上耀眼的金顶、鎏金的胜利宝幢、展翅欲飞的“香香”鸟、安详的法轮双鹿、龇牙咧嘴的鳄鱼头，还有深褐色的“边贝”墙，把大昭寺装点得圣洁、壮观。大昭寺藏名“祖拉康”，意为“大寺庙的集会厅”，过去每年正月都在此举行盛大的传召大会，因此而得寺名。大昭寺现存金殿5座，主殿高4层，坐东向西，上覆金顶，辉煌壮观。大殿正中供奉着随文成公主进藏的释迦牟尼12岁等身镀金佛像，两侧配殿供有松赞干布与文成公主、尺尊公主的塑像，寺内还有300多尊铜像和描述佛教故事、藏民生活的精美壁画，寺前有相传为文成公主亲手所植的“公主柳”，立有公元823年为纪念唐蕃最后一次会盟所立的会盟碑，是千余年来藏汉人民团结友好的象征。

（4）扎什伦布寺。扎什伦布寺位于日喀则市城西的尼玛山东坡上，为四世之后历代班禅驻锡之地，也是日喀则市最大的寺庙，为国家5A级旅游景区。它与拉萨的“三大寺”——甘丹寺、色拉寺、哲蚌寺及青海的塔尔寺和甘肃的拉卜楞寺并列为藏传佛教格鲁派的“六大寺”。该寺始建于1447年，全寺建筑面积30万平方米，内有殿堂数十座，以大强巴佛殿最为雄伟。大强巴佛殿有7层、高30米，殿内供奉着铜镀金弥勒佛，高26.2米，用黄铜近12万千克、黄金6 700两铸成，仅佛像两眉间就镶嵌大小钻石、珍珠1 400余颗，为世所罕见。错钦大殿可同时容纳2 000人诵经，殿内除供奉有释迦牟尼及其大弟子外，两侧柱子上还刻有一世达赖喇嘛根敦珠巴和四世班禅罗桑确吉坚赞的立像。寺内有历世班禅灵塔，均包裹银皮、镶嵌宝石，雍容华贵，塔内藏有历世班禅的肉身舍利。该寺还收藏有极其丰富的佛像、唐卡、刺绣、珍玩、供器以及金玉印章和敕诏书等。

（5）小昭寺。它位于拉萨八廓街以北约500米处，始建于公元641年，由文成公主主持修建完成，用来供奉唐朝赠送的释迦牟尼12岁等身佛像，为全国重点文物保护单位。该寺坐西朝东，据说是为文成公主悲思家乡而设计的。其建筑风格融合了汉藏式建筑特点，重楼叠阁，雄伟壮丽，是西藏最早的佛教寺庙之一，也是汉藏两个民族团结的象征。因为历史的变故，释迦牟尼12岁等身佛像曾被从小昭寺迁移至大昭寺的南厢密室中封存。直至公元710年吐蕃王赤德祖赞从唐朝迎娶了金城公主，被封藏的释迦牟尼12岁等身佛像才重见天日，在大昭寺被供奉。与此同时，将原供奉在大昭寺的释迦牟尼8岁等身佛像移至小昭寺，自此二佛像易寺而居。现小昭寺内主要供奉了释迦牟尼8岁等身佛像，另有诸多珍贵文物。

（6）哲蚌寺和色拉寺。哲蚌和色拉两寺分别位于拉萨西郊的根培乌孜山麓和拉萨北郊的色拉乌孜山麓。两寺均为藏传佛教格鲁派的“六大寺”之一、全国重点文物保护单位。寺院依山而建，楼阁重叠，规模宏大，经堂内弥漫着浓厚神秘的宗教气氛，泥塑铜像、壁画雕梁，工艺精湛，精美无比。寺内还珍藏有大量经典和文物。其中哲蚌寺自公元1464年起建立僧院，传授佛教经典，是历世达赖喇嘛的母寺，所以它也是格鲁派中地位最高的寺院，其鼎盛时僧众超过1万人，是藏传佛教最大的寺院。

（7）罗布林卡夏宫。它位于布达拉宫西南1公里处，为历世达赖喇嘛避暑行宫，现为人民公园。罗布林卡始建于清乾隆二十年（公元1755年），如今的规模为几经扩建而成。“罗布林卡”藏语意思为“宝贝园”，该园兼具中国南方园林之别致和动物园的谐趣，园内既有亭台轩榭、湖池小径，又饲有鹿、豹等珍禽异兽供人观赏。

（8）江孜宗山。江孜位于年楚河中游河谷平原，是古代苏毗部落的都城、沟通前后藏的重要通道。江孜宗山是1904年江孜人民抗击英军入侵的根据地。在英军入侵并占领江孜堡垒的情况下，江孜人民以极为落后的武器英勇杀敌，夺回了江孜堡垒，进袭英军大本营，包围敌军达月余之久，直到弹尽粮绝，才退出堡垒，在我国各族人民反帝斗争史上写下了光辉的一页。现山上仍有抗英炮台遗址和残存的古堡，为全国重点文物保护单位。

（9）萨迦寺。它位于日喀则市以西萨迦县奔波山附近，寺内建有可同时容纳7 000人诵经的大经堂，为全国重点文物保护单位。该寺为宫殿楼阁式结构，藏经库藏经数万卷。该寺由萨迦派创始人贡却杰布创建，寺内壁画多反映萨迦教派的生活和思想，壁画艺术价值很高，也是研究西藏历史、宗教的宝贵资料。除宋元瓷器、鸵鸟蛋化石等珍品以及数量浩繁的藏传佛教经典和历史、天文、历法、医学书籍外，寺内还藏有由印度传入的、历经1 500多年的“贝叶经”3 000多页，为稀世珍宝。

同步思考14-2

问题：寺庙旅游为何受到许多旅游者的青睐？去寺庙旅游应注意哪些问题？

理解要点：寺庙旅游既可以感受宗教文化的庄严，也可以领略历史文化的魅力。去寺庙旅游应注意言行规范、着装规范、尊重宗教礼仪等。

（10）林芝巴松措风景区。巴松措位于距工布江达县巴河镇约36公里的巴河上游的高峡深谷里，是红教的著名神湖和圣地。巴松措长约18公里，湖面面积约27平方公里，水最深处120米，湖面海拔3 480米，是西藏海拔最低的大湖。该风景区拥有国家风景名胜区、国家森林公园和国家5A级旅游景区等称号，并被世界旅游组织列入世界旅游景区。整个景区集雪山、湖泊、森林、瀑布、牧场、文物古迹、名胜古刹为一体，景色殊异，四时不同，各类野生珍稀植物汇集，胜似人间天堂，有“小瑞士”美誉。巴松措除景色美以外，还流传着许多藏民深信不疑的神奇传说。如距岸边大约100米处有一座名为“扎西岛”的小岛，传说岛与湖底不相连，是漂浮在湖水之中的无根之岛；小岛上有唐代所建的“错宗工巴寺”，是西藏有名的红教宁玛派寺庙，距今已有1 500多年的历史，殿内主供莲花生、千手观音和金童玉女；湖西北有一块5平方米的巨石，大石中心有可供一人钻过的消灾除病洞；湖西岸有“格萨尔王试箭处”；传说每年藏历四月十五，碧蓝湖水下的湖底中心线处会出现一条长长的白色带子，那是献给格萨尔王的一条巨大的白色哈达……游客进入此景区如同进入仙境。

（11）雅砻风景名胜区。该风景名胜区的范围包括西藏山南市雅砻河流域，位于山南市乃东、扎囊、加查、洛扎、贡嘎等六个县（区），是西藏第一个获得“国家级风景名胜区”称号的风景区。风景区以乃东区的泽当镇为中心，向东西延伸十大景区58个景点，景点面积共约1 580平方公里。风景区内除雅砻河的源头——雅拉香布雪山海拔6 635.8米外，其余地带海拔高度多在3 450~3 600米。河谷地带因水分充足，热量有效性高，分布着大片季雨林，各种生物类型丰富，被誉为“西藏的西双版纳”。山南市还是藏族发祥地之一，有很多名胜古迹。如坐落在扎囊县境内雅鲁藏布江北岸的桑鸢寺就是西藏第一座佛法僧俱全的寺庙，始建于唐大历年间，现存建筑基本上是七世达赖喇嘛时期重建的。重修后的桑鸢寺仍保持原有外观，正面朝东，总平面为圆形，正中为象征世界中心的须弥山乌策大殿，大殿高三层，底层为藏式建筑风格，中层为汉式建筑风格，顶层为五塔相峙的印度建筑风格，如此特殊的寺庙建筑为全国所罕见。又如坐落在乃东区南约2公里雅砻河东岸的全国重点文物保护单位昌珠寺，于7世纪由松赞干布主持建造，现存建筑虽为十三世达赖喇嘛修缮，但寺内文物、寺外柳林均与文成公主有关。再如坐落在山南市琼结县护城河南侧的藏王墓，占地面积达385平方公里，是吐蕃第二十九代赞普至四十代（末代）赞普、大臣及王妃的墓葬群，包括松赞干布墓、赤德松赞之陵。松赞干布墓封土顶部建有一座小型寺院，里面供奉松赞干布、文成公主和尺尊公主的塑像。藏王墓作为西藏历史、文化的重要组成部分，对吐蕃时期的社会、政治、经济等方面有较高的研究价值，为全国重点文物保护单位。

同步业务14-3

雅鲁藏布江大拐弯景区推介

水量居我国第二位的雅鲁藏布江发源于喜马拉雅山北麓的杰马央宗冰川，自西向东横贯西藏南部，但在绕过喜马拉雅山脉最东端的南迦巴瓦峰时骤然急转南流，形成了著名的雅鲁藏布江大拐弯。大拐弯历来以其奇特的转折和雄伟峻险而闻名于世，在大拐弯顶部两侧，分别是海拔7 151米和7 756米的加拉白垒峰和南迦巴瓦峰，山峰与水面垂直高差达7 100米。在这里，雅鲁藏布江就像深嵌在被巨斧劈开的狭缝里一样，峰顶是在阳光下闪耀的冰川与积雪，谷底是呼啸奔腾的激流，其间分布着随海拔高度变化而迥然不同的植物景观，形成了从极地至热带完整的垂直景观带。位于雅鲁藏布江大拐弯峡谷中的墨脱县，沿江狭长分布，就像镶嵌在峡弯中的一块绿色翡翠，这里的河谷低地拥有稻谷飘香、绿竹滴翠、芭蕉迎客的热带、亚热带风光，是有名的"高原上的西双版纳"。目前，该景区正在争创国家5A级旅游景区。

2）藏西北游览区

藏西北游览区包括位于西藏北部与西部的那曲和阿里两个行政区，这里是青藏高原腹地，包括藏北高原及其周边的众多山地，以及雅鲁藏布江上游及狮泉河、象泉河等高海拔河谷。在其西部有喜马拉雅山、冈底斯山、喀喇昆仑山汇聚，中部、东部有唐古拉山、冈底斯山-念青唐古拉山横贯，青藏高原的高寒特征在这里得到集中体现。但考古发现在距今1万年前这里就有人类生活，是古代象雄文明与苯教的发源地，同样拥有不少自然与人文奇观。

（1）古代象雄遗址。有关研究表明，在吐蕃王朝建立与藏传佛教形成之前，青藏高原上就有显赫的象雄文明存在，该文明有自己独特的象雄文字，这些文字主要用来记录苯教经典。象雄文明在青藏高原传承了大约1 000年，对后来的吐蕃以至整个藏族文化都产生了深刻的影响。现在发现了两处较大的古代象雄遗址：一处遗址在那曲尼玛县文部乡办事处不远的穷宗，在达果雪山面临当惹雍错的山腰，有一大片断壁残垣，占地约1平方公里，看得出那原本是规模宏大的石头建筑群。由于临近大湖，遗址附近草场小气候特征明显，降水量多，牧草繁茂。另一处遗址叫穹窿银城，位于阿里地区葛尔县境内冈底斯山以南约75公里处，在那里发现了多达120多组古建筑遗迹，出土了大量陶器、石器、铁器、骨雕。遗址中发现了大量牛、羊等动物骨骸，似乎表明这里曾盛行杀牲祭祀的宗教习俗。在这里还发现了1 800多个墓葬，面积达十几万平方米。在附近海拔5 000米的岩洞中还发现了大量更古老的岩画，内容是动物、人物和一些宗教符号，但这些符号与藏传佛教完全不同，有待进一步考证。这些对于寻幽探秘、游览观光而言有着巨大的吸引力。

（2）札达土林与古格王国遗址。在阿里地区札达县境内分布着世界上最典型、分布面积最大的第三系地层风化形成的土林地貌，总面积约2 464平方公里。在这片高低错落达数十米、千姿百态、幻梦般的土林之中，还深藏着一个国家重点文物保护单位——古格王国遗址。该遗址位于札达县城以西18公里的一座土山上，它是吐蕃王室后裔在阿里地区建立的地方政权首府所在地，其统治范围最盛时遍及阿里全境。该首府始建于10世纪前半期，后不断扩建，至16世纪达到全盛，17世纪吐蕃王朝瓦解后被英国殖民者所灭，前后世袭了16个国王。该遗址东西宽约600米、南北长1 200米，占地总面积72万平方米。从山脚到山顶高差300余米的坡面上有房屋、佛塔和洞窟600余个，组成了庞大的古建筑群。建筑群分上、中、下三层，依次为王宫、寺庙和民居。山顶绝壁之上的王宫包括聚会议事的大殿、进行佛事活动的经堂、坛城、神殿和王室成员居住的冬宫、夏宫等。殿堂建筑中，有5座保存有较完好的壁画和历代吐蕃赞普及王子的画像。建筑群下部有地道相通，外围有石砌城墙，城角设有碉堡。此外，还有一条由石块垒成的约2公里的水渠故道遗址从山麓一直通到山顶。2016年，该遗址被列入国家“大遗址保护‘十三五’专项规划”。

（3）冈仁波齐峰与玛旁雍错。位于阿里地区普兰县北部的冈仁波齐峰是冈底斯山的主峰，海拔6 656米，峰顶终年积雪，山峰四壁对称，呈圆冠金字塔状，在阳光照射下闪耀着奇异的光芒，充满威严、神秘的魅力，是印度教、藏传佛教、苯教以及古耆那教公认的神山。神山的神秘之处还在于山的向阳面积雪终年不化，白雪皑皑；而神山背面长年无雪，即使被白雪覆盖，太阳一出，随即融化，这与大自然规律刚好相反，极具震撼力。玛旁雍错位于冈仁波齐峰东南30公里，海拔4 588米，面积400多平方公里，水最深处81米，是世界上海拔最高的淡水湖之一，也是马泉河、孔雀河、象泉河、狮泉河四大江水之源，西藏三大神湖之一。与冈仁波齐峰一样，玛旁雍错是印度教、藏传佛教、苯教所有圣地中最古老、最神圣的地方之一，是万物之极乐世界、众神的香格里拉。每年来自印度、不丹、尼泊尔以及我国各大藏族聚居区的朝圣队伍络绎不绝，他们到这里绕神山、转神湖，虔诚朝拜祈福。这种朝拜活动已延续千年以上，令人惊叹。

（4）羌塘国家级自然保护区。分布在西藏那曲、阿里两个地市的羌塘国家级自然保护区是中国海拔最高、面积最大的自然保护区，面积达29.8万平方公里，平均海拔5 000米以上。羌塘自然保护区是高原荒漠生态系统的代表地区，这里不仅有星罗棋布的湖泊、空旷无边的草场以及皑皑的雪山和冰川，而且有众多的濒危野生动植物，包括国家一级保护野生动物10种、国家二级保护野生动物21种，被誉为“野生动物的乐园”。因为主要保护对象是保存完整的、独特的高寒生态系统及多种大型有蹄类动物，为了避免生态系统的破坏与濒危野生动物的灭绝，2017年11月，青海可可西里、新疆阿尔金山和西藏羌塘国家级自然保护区联合发布公告，禁止一切单位或个人随意进入保护区开展非法穿越活动。

学习微平台

延伸阅读14-1

3）青东北游览区①

青东北游览区位于青海省东北部，以祁连山平行岭谷为主体，包括西宁市、海东市及海北、海南、黄南三州所在的地域，是青海省人口集中、经济和文化相对发达的区域。青海省省会西宁及青海省内拥有“国家5A级旅游景区”称号的三个景区都在该游览区。此外，这里还有日月山、唐蕃古道、古墓群、古寺庙、古岩画、古城堡等名胜古迹。

（1）青海湖风景名胜区。青海湖位于青海省东北部，大通山、日月山、青海南山之间，为国家5A级旅游景区。其湖面面积近4 500平方公里，平均水深20米，是我国最大的内陆咸水湖。湖泊三面环山，湖水清澈湛蓝，湖畔兼有草原、雪山、沙漠等景观。湖中有鸟岛、海心山、海西山、三块石和沙岛等多个形态各异的岛屿可供游览。其中，位于青海湖西部、面积约1平方公里的鸟岛，每年春季有数以十万计的10多种候鸟从中国南方和东南亚以及印度半岛飞来繁衍生息，近年还有逐年增多之势。其集群繁殖密度之大为亚洲所罕见，是青海湖最具有灵气和生机的地方。湖区盛夏时

① 推荐观赏《大美青海》。网址：https: //v.qq.com/x/page/w0524obqw1y.html。

节平均气温仅15℃，为天然避暑胜地。现景区内可开展泛舟、赛艇、野营、垂钓、观鸟、赛马、骑骆驼、射箭、藏族歌舞及民俗表演等多种旅游活动。

（2）西宁塔尔寺景区。塔尔寺位于西宁市西南27公里处的湟中区鲁沙尔镇，是藏传佛教格鲁派六大寺院之一、格鲁派创始人宗喀巴的诞生地，为全国重点文物保护单位、国家5A级旅游景区。该寺建于明嘉靖三十九年（公元1560年），已有400多年的历史。寺院香火鼎盛，影响深远，是中国西北地区藏传佛教的活动中心，在中国及东南亚享有盛名，每年举行的佛事活动“四大法会”热闹非凡。全寺建筑别具一格，由许多独立的佛塔、殿宇、经堂、僧舍组成，是藏汉结合的建筑群，占地40多公顷。大金瓦殿、小金瓦殿和大经堂金碧辉煌，光彩夺目，尤为著名。酥油花、堆绣、壁画被誉为塔尔寺的艺术“三绝”，寺内还珍藏了许多佛教典籍和历史、文学、哲学、医药、立法等方面的学术专著。

（3）海东互助土族故土园景区。土族是生活在青海的古老民族之一，海东市互助土族自治县是中国唯一的土族自治县。土族信仰藏传佛教，擅长歌舞，在服装上很有民族特色。土族故土园景区位于海东市互助土族自治县威远镇，距西宁市31公里。景区包括彩虹部落土族园、天佑德中国青稞酒之源、纳顿庄园和西部土族民俗文化村、小庄土族民俗文化村5个核心景点，分别展现了土族绚丽多彩的民俗文化、源远流长的青稞酒文化、弥久沉香的酩馏酒文化、古老纯真的建筑文化、别具一格的民居文化、古朴神秘的宗教文化，是世界上最全面、最纯正、最真实的以“土族文化”为主题，集游览观光、休闲度假、民俗体验、宗教朝觐为一体的综合性旅游景区，为国家5A级旅游景区。这里每年有名目繁多的节日，其中尤以“纳顿”为最。“纳顿”是以各个村庄为主体庆丰收的群体活动，除举行赛马、摔跤、武术和唱“花儿”等传统娱乐活动外，还举行物资交流会。它从夏末麦场结束一直持续到秋天，历时近2个月，被人们称为“世界上最长的狂欢节”。

同步案例14-3

海东市奋力书写文旅融合发展新篇章

背景与情境：丰富人民群众精神文化生活；弘扬中华优秀传统文化，加强文物和文化遗产保护传承，支持文化产业发展；实施文化惠民工程，公共图书馆、博物馆、美术馆、文化馆站向社会免费开放；支持文化产业发展；繁荣发展文化事业和产业；帮扶旅游业发展……2023年，有关文旅的关键词在《政府工作报告》中反复出现。

近5年来，海东市文化旅游产业营业收入年均保持13.15%的增速；累计接待国内外游客7 480.87万人次，年均增长13.85%；完成旅游总收入291.09亿元，年均增长15%。2023年，海东市大型活动精彩纷呈，旅游环境得到提升，创建成果不断扩大。海东市出台了《青海打造国际生态旅游目的地海东工作方案》，“一圈三线”旅游格局基本形成；成功创建了全省第三家5A级旅游景区——互助土族故土园景区，全市有A级旅游景区37家、星级乡村文化旅游接待点341个。

资料来源　佚名．奋力书写文旅融合发展新篇章［EB/OL］．［2023-03-31］．http：//www.haidongnews.com/system/2023/03/31/013722600.shtml．引文经过节选、压缩和改编。

问题：请查阅相关资料，谈谈海东市在文旅融合发展中的主要策略。

分析提示：可从挖掘当地文化特色、树立地区文化品牌、调动当地民众参与等方面展开思考。

（4）日月山。它位于西宁市湟源县西南40公里处、青海湖东侧，为祁连山支脉，平均海拔4 000米，是我国外流区域与内流区域、季风区与非季风区、黄土高原与青藏高原的分界线，也是青海省省内农业区与牧业区的分界线。站在日月山上东望，可见阡陌良田连片，一派塞上江南风光；西望则是草原辽阔，牛羊成群，一幅塞外景色。当年文成公主就是在这里的一个隘口挥泪告别中原进入青藏高原的，如今在日月山经幡飘舞的日亭和月亭里，仍保留有碑文和壁画，记录了文成公主入藏时的种种情景；山下有文成公主庙和巍峨矗立的文成公主汉白玉雕像。

（5）仙米国家森林公园。它位于海北藏族自治州门源回族自治县岗青公路附近，是青海省面积最大的林区。林区内古松苍柏，风光迷人。每当春夏之交，林木疏密有致，繁花似锦；秋季，硕果摇枝，层林尽染；冬季，山头白雪皑皑，山坡松柏苍翠挺拔，堪称人间圣地。景区内有雪龙红山、二郎神藏剑洞、三道峡及东海五色神湖、仙米和珠固古寺等景点以及藏族“华热”民俗风情。此外，林区还开发了雪龙滩水上游乐、达隆沟杜鹃花海、尕得度假村、久干水电站等旅游项目或景区。

（6）孟达天池自然保护区。它位于海东市循化撒拉族自治县，为国家级自然保护区。保护区内古木参天，芳草没膝，山花烂漫，鸟雀啁啾，溪水潺潺。群山环抱中，还有景色秀丽、面积约20公顷、平均水深10米的孟达天池。从天池边到山顶全被稠密的森林所覆盖；天池东部有一条南北走向的“天然大坝”，长200多米，高出水面50～70米，坝体为冰川退缩后留下的终碛堤；天池东南部有10米多高、7～8米宽的扇形瀑布，夏日水量充沛，冬季则成冰瀑。保护区内植物种类达540余种，被称为“青藏高原的西双版纳”，是青海省避暑、疗养和旅游胜地。

（7）伏俟城遗址。伏俟城相传为北魏时期鲜卑慕容部的一支——吐谷浑王城，距今有1 500多年历史，位于海南藏族自治州共和县石乃亥乡以北、菜济（切吉）河南岸、东距青海湖约15公里的地方。遗迹保存尚好，呈方形，东西长220米，南北宽200米，墙基宽17米、高12米。其城内有城、城外有郭，以中轴线为基础进行建筑布局，既具有汉式城郭的基本特点，又颇具民族风格，体现了吐谷浑文化的多元性。

4）青西北游览区

青西北游览区位于青海湖以西的海西蒙古族藏族自治州，主要包括柴达木盆地及环绕它的昆仑山、阿尔金山、祁连山山地，柴达木盆地是中国四大盆地之一。该游览区以干旱荒漠景观及盐湖众多为特色，还有丰富的石油、煤，以及多种金属矿藏，有“聚宝盆”的美称。

（1）察尔汗盐湖。它位于青海西部的柴达木盆地，是我国最大的盐湖，也是世界上最著名的内陆盐湖之一。盐湖东西长160多公里，南北宽20～40公里，盐层厚2～20米，面积5 800平方公里。湖中的盐花晶莹透明，有的像珊瑚、宝塔、花朵，有的似星座、象牙、宝石，千姿百态。湖中还出产被誉为“盐湖之王”的珍珠盐，颗颗纯白如雪，粒粒莹洁如玉。在察尔汗盐湖上，有一条由厚达15～18米的盐盖构成的天然盐桥，全长32公里。它就像一座浮在卤水上面的桥，路面光滑平坦，旁无护栏，下无桥墩，一直伸向远方，人称“万丈盐桥”。

（2）柴达木雅丹景区。在柴达木盆地西北部戈壁大漠中广泛发育着不同形态的雅丹地貌群，总面积约2.1万平方公里，其中又以冷湖为最。由于地形、岩性、常年风向的差异，那里的雅丹地貌有不同的发育阶段，形态也千姿百态。有的如垄脊，有的似城堡，有的像沙海中的舰队，还有的如鼻尖朝向同一个方向的大红鼻子……堪称雅丹地貌博物馆。雅丹地貌原本是干旱地区的风蚀地貌类型，而这里却出现了“水上雅丹”，其位置在冷湖、格尔木、大柴旦三个行政区交界处的吉乃尔湖周围。因为该湖承接了昆仑山脉中段北坡冰川的那陵格勒河的来水，近年来冰川加速消融导致那陵格勒河水量大增，曾经暴发的一场洪水使得湖水水位上升，将湖区周围部分雅丹淹没，形成了特有的水上雅丹景观。柴达木雅丹那种辽阔、壮美和苍凉让人震撼，现已成为荒漠探险者的乐园。

5）青南游览区

青南游览区位于青海省南部，以青南高原及昆仑山地为主体，主要包括玉树、果洛两州及海西蒙古族藏族自治州的南部飞地，以地势高旷为特色，最著名的旅游景区莫过于三江源自然保护区与可可西里自然保护区。

（1）三江源自然保护区。三江源自然保护区位于青藏高原腹地、青海省南部，为长江、黄河和澜沧江的源头汇水区，总面积36.3万平方公里，是我国面积最大的国家级自然保护区。长江总水量的25%、黄河总水量的49%和澜沧江总水量的15%都来自这一地区，素有“中华水塔”之美誉。该保护区平均海拔4 000多米，万里长江源头有绵亘几十公里的冰塔林，犹如座座水晶峰峦，千姿百态，甚为壮观；黄河源头与澜沧江源头皆为天然湿地，湖泊、小溪星罗棋布，水草丰美，景色绮丽。整个三江源自然保护区是我国面积最大的天然湿地分布区，也是世界高海拔地区生物多样性特点最突出的地区，被誉为“高寒生物自然种质资源库”。该保护区植被类型有针叶林、阔叶林、针阔混交林、灌丛、草甸、草原、沼泽及水生植被、垫状植被和稀疏植被等，可分为14个群系纲、50个群系；野生动物有兽类85种、鸟类237种、两栖爬行类48种，其中国家重点保护动物有69种（国家一级保护动物有藏羚羊、野牦牛、雪豹等16种，国家二级保护动物有岩羊、藏原羚等35种，其他18种）。

（2）可可西里自然保护区。该自然保护区位于唐古拉山和昆仑山之间、玉树藏族自治州境内、青藏公路以西，总面积4.5万平方公里，为国家级自然保护区。这里气候严酷，自然条件恶劣，一些地区至今无人居住，完全处于原始自然状态。该自然保护区是羌塘高原内流湖区和长江北源水系交汇地区，区内1平方公里以上的湖泊有107个，大部分为咸水湖或半咸水湖。此外，这里还有地表冻丘、冻帐、石林、石环、多彩的高原湖泊、湖边盛开着朵朵“盐花”的盐湖，以及现代冰川下水温高达91℃的沸泉群等奇特的自然景观。这里还是高寒荒漠生态系统和高原湿地生态系统有机结合的区域，拥有许多高原珍稀野生动物，被誉为“青藏高原珍稀野生动物基因库”，在自然环境保护、生物多样性保护、科学研究和生态探险旅游等方面具有不可替代的价值。其主要保护对象有藏羚羊、藏野驴、野牦牛、雪豹、白唇鹿等国家一级保护动物，棕熊、猞猁、兔狲、豺、石貂、藏原羚、盘羊和岩羊等国家二级保护动物。

学习微平台

延伸阅读14-2

（3）阿尼玛卿山国家地质公园。阿尼玛卿山又称积石山，为昆仑山的东支。位于果洛藏族自治州玛沁县西北部、黄河在青藏高原形成的180度大拐弯处。山体由砂岩、石灰岩及花岗岩构成，平均海拔5 000~6 000米，总面积1 030.30平方公里。处于黄河大拐弯正中央的主峰——“玛卿岗日”由三个雪峰组成，最高峰海拔6 282米，山势巍峨峻峭。公园以第四纪冰川、现代冰川地貌，高寒喀斯特景观为主，包含阴阳柯河景区与青龙沟景区。景区内冰峰雄峙，冰川密布，共有冰川57条，冰川面积约126平方公里，其中位于东北坡的哈龙冰川长7.7公里，面积24平方公里，垂直高差达1 800米，是黄河流域最壮观的冰川。阿尼玛卿山还是藏传佛教四大神山之一，是藏族人民心目中的造化神，许多迷人的传说使其蒙上了神圣、神秘、神奇的色彩。

（4）文成公主庙。它又称大日如来佛堂，位于玉树藏族自治州巴塘乡贝纳沟内。文成公主庙始建于唐代，迄今已有1 300多年的历史，是唐蕃古道的重要文化遗存之一。文成公主庙坐北朝南，面临溪流，依崖而建，设计巧妙。庙门旁有一碑石，记载了该庙修建的历史。庙内殿堂正上方的岩壁上凿刻有九尊浮雕佛像，居中的主佛像是大日如来佛，高7.3米，栩栩如生，端庄慈祥。

本章概要

□ 内容提要

青藏高原农牧文化旅游区自然景观独特，人文内涵丰富，不仅拥有奇特壮观的冰雪高山群、星罗棋布的高原湖泊、万鸟群聚的鸟岛，还有相映成趣的高寒气候与热带风光、古老神秘的宗教文化、独具魅力的民俗风情及内涵深蕴的藏乡文化艺术，是一个有着大量高品质旅游资源的地方。由于长期以来的交通不便与高寒气候，本区旅游业发展水平与全国总体水平相比明显偏低，但目前交通问题已得到很大改善，青藏高原正向着世界旅游目的地的目标迈进。

□ 主要概念和观念

▲ 主要概念

青藏高原农牧文化旅游区

▲ 主要观念

青藏高原农牧文化旅游区最大魅力之所在　任何开发活动都必须以环境保护为前提

□ 重点实务

青藏高原农牧文化旅游区特色旅游产品开发　青藏高原农牧文化旅游区旅游线路设计　青藏高原生态环境和宗教文化及民族风情的保护和可持续发展规划

基本训练

随堂测14-1

□ 知识训练

▲ 复习题

1）试述青藏高原农牧文化旅游区的旅游环境特征。

2）试述青藏高原农牧文化旅游区的旅游业发展现状，并浅析其原因。

▲ 讨论题

1）青藏高原农牧文化旅游区旅游魅力何在？在对其进行旅游开发时应该如何进行保护？

2）从不同的角度谈谈宗教对青藏高原农牧文化旅游区旅游业发展的影响。进一步开发这类旅游资源时应特别注意什么事项？

□ 能力训练

▲ 案例分析

【训练项目】

案例分析-XIV。

【相关案例】

西藏旅游新业态助力旅游业高质量发展

背景与情境：做优“旅游+”、追求国际标准、丰富产业形态，是2023年西藏旅游发展的目标。自2022年年末起，西藏在“冬游西藏”和本地游消费券等优惠促销政策引导下，全面开启了推动旅游业向高质量发展目标迈进的步伐。

2023年年初，西藏聚焦乡村振兴，全域实施“一县一品、一县一韵”特色乡村游、红色旅游。五一假期，仅拉萨俊巴渔村打造的乘坐传统牛皮船、体验皮划艇“非遗+”精品近郊游，就实现旅游收入7万余元，有效带动周边群众增收。年中，西藏持续推动旅游与文化深度融合，各地市相继举办系列文化旅游节，其中藏博会和雪顿节累计接待国内外游客286.02万人次，实现旅游总收入超10亿元。

西藏自治区旅游发展厅数据显示，2023年1—9月，西藏累计接待国内外游客4 966.67万人次，同比增长67.43%。其中，接待入境游客85 768人次，同比增长902%；接待国内游客4 958.09万人次，同比增长67.19%。实现旅游总收入593.98亿元，同比增长46.21%。其中，旅游外汇收入4 942万美元，同比增长1 111.2%；国内旅游收入590.48亿元，同比增长45.45%。

西藏自治区旅游发展厅厅长汪晓冬说，2023年西藏持续培育一批更具特色的专项、精品旅游线路，努力用资源吸引游客、用服务留住游客，为国内外游客提供更优质的旅游体验。

资料来源 春拉．西藏旅游新业态助力旅游业高质量发展［EB/OL］．［2023-10-20］．http：//www.tibet.cn/cn/culture/wx/202310/t20231020_7505518.html.引文经过节选、压缩和改编。

问题：

西藏旅游新业态已经取得了哪些突出成果？今后应该开发哪些新业态？

▲ 实训操练

【实训项目】

“‘青藏高原农牧文化旅游区’重点实务”知识运用

旅游线路策划：为某客群策划设计旅游线路。

【实训目的】

见本章“学习目标”中的“职业能力”。

【实训步骤】

1）将班级同学分成若干“实操训练”训练团队，每队确定一人负责。

2）各团队根据实操训练项目的需要进行角色分工与任务分配。

3）根据本区旅游资源禀赋以及旅游业发展水平，在充分了解各类旅游资源特性和当地旅游接待能力的基础上，自行确定某个旅游客群，为其“设计专享旅游线路”。通过图书馆或互联网获取相关资料，并撰写“旅游线路策划方案”。

4）各团队以抽签的方式在班级进行“旅游线路策划方案”PPT汇报交流，师生开展互动点评。

5）在线上平台展示经修订并附有教师点评的各团队“旅游线路策划方案”，以供学生相互借鉴学习。

□ 明德笃行

【训练项目】

明德笃行-XIV。

【相关案例】

纳木错景区电动大巴实现常态化运营

背景与情境：西藏当雄有一个著名的纳木错，这是世界上海拔最高的咸水湖，很多热爱旅游的人把这里当作必须打卡的景点之一。作为高海拔地区，纳木错景区的生态环境比较脆弱，在冬季电力供应极为紧张的情况下，纳木错景区观光大巴却都从燃油版升级到了电动版。之所以能够这样做，与新能源在当地的发展有着很大关系。从山南到那曲400千米的路上，大大小小分布着许多新能源项目，这些项目由南向北，组成了一条“世界屋脊”上的新能源大通道。正因为新能源项目的落地，不仅在纳木错景区内，就连周边几十千米范围内都没有高污染、高排放、高耗能这样的“三高”污染企业。目前，不仅是地热，风力资源、太阳能资源都成了当雄发展的重点，按照规划，这里将打造一个新能源利用的示范基地。

资料来源　综合相关资料提炼整理而成。

问题：

1）请对案例中的纳木错景区的做法展开分析。

2）该景区的做法在践行绿色生态、低碳环保方面给同类景区带来了哪些启示？

【训练要求】

同第1章“基本训练”中本题型的“训练要求”。

第15章 辽阔海域

——港澳台文化旅游区

● 学习目标

15.1 旅游地理环境特征及其对旅游业的影响

15.2 旅游业概述

● 本章概要

● 基本训练

● 学习目标

通过本章学习，应该达到以下目标：

职业知识：学习和掌握本旅游区的自然与人文地理环境、旅游业现状和特征、主要旅游地及旅游线路等理论与实务知识，能用其指导或规范本章认知活动和技能活动，正确解答“基本训练”中“知识训练”各题型的问题。

职业能力：运用本章理论与实务知识研究相关案例，培养在本旅游区特定情境中分析问题与决策设计能力；通过“自主学习”训练任务，搜集、整理与撰写关于“港澳台文化旅游区人文地理环境变化及其对旅游业的影响”文献综述，并在班级开展讨论与交流，培养获取整合信息、文稿撰写与沟通表达等通用能力。

职业素养：结合本章教学内容，依照相关规范或标准，对“明德笃行15-1”专栏和章后“明德笃行-XV”案例中的企业及其从业人员行为进行分析，强化与案例议题相关的文化自信、合作共赢等方面的价值思考并提升职业素养，促进“立德树人”根本任务的落实。

学习微平台

思维导图15-1

引例：大陆游客赴台旅游人数大幅减少

背景与情景： 台当局交通事务主管部门负责人日前称，大陆游客团2023年都不会来台。此言一出，引发岛内旅游业者不满，质疑当局定下的“年内百万人次陆客来台”目标“跳票”，为政治算计而不顾百姓生计。

据统计，2023年1—7月，岛内观光旅馆住用率为59.06%，不及2019年同期的66.69%。业者直言，入境旅客恢复慢且少了大陆游客，是造成住用率低的主因之一。

台湾旅行商业同业公会总会理事长萧博仁说，2008—2016年，大陆游客给台湾带来的产值最高。如今，台湾虽已对其他地区的游客开放，但整体产值“简直只有大陆游客带来的零头”。

截至记者发稿时，台交通事务主管部门下属“观光署”网站上，有关大陆人士来台观光的新闻及布告仍停留在2023年8月24日。文末“希后续展开恢复团体游，以健康有序的方式分阶段逐步恢复相关观光旅游交流”几乎已成年内“不可能完成的任务”。

资料来源 刘斐，石龙洪．台当局称大陆游客团今年不会来台 岛内旅游业界失望不满［EB/OL］.［2023-10-20］. https：//travel.sohu.com/a/729942232_121106832.引文经过节选、压缩和改编。

通过以上案例可以看出，近年来，两岸关系“急冻”，导致大陆游客来台人数大幅减少，是造成台湾观光市场不振的主因。本章将对香港、澳门两个特别行政区及台湾省的旅游地理环境、旅游资源、旅游业发展等进行分析。

15.1 旅游地理环境特征及其对旅游业的影响

港澳台文化旅游区包括香港、澳门和台湾省，位于我国南部亚热带、热带地区，面对广阔海洋，背靠祖国大陆（内地），长期以来都是我国面向世界、沟通海外的桥头堡，在行政管理体制及发展历程上具有特殊性，其中香港和澳门是我国享有高度自治权的特别行政区。多年来，港澳台凭借各自的种种有利条件，发展了各自独具特色的旅游业，已成为国际旅游胜地。

同步链接15-1

在新的历史起点上推进一国两制伟大实践

15.1.1 旅游自然地理环境特征

1）山地丘陵为主的岛屿与半岛地形，山地旅游资源丰富

港澳台三地由我国东南沿海的一些岛屿或半岛组成，其中台湾岛是我国第一大岛，面积约3.58万平方公里，人口约3 000万。台湾岛北临东海，南与菲律宾以巴士海峡相隔，西与福建隔台湾海峡相望，东邻太平洋，为我国最东部的隆起带。除其西岸一带为平原外，全岛约2/3的面积为山地、丘陵，拥有我国东部最年轻的山系——台湾东部山脉，包括自东而西平行排列的海岸山脉、中央山脉、雪山——玉山山脉及阿里山脉四列，其中玉山主峰海拔3 952米，为台湾省和我国东部的最高点。相对较低的阿里山则为台湾省秀丽俊美风光之象征。

香港位于广东省南面、珠江口东侧，南临中国南海，北接广东省深圳市，包括香港岛、大屿山、九龙半岛以及新界（包括262个离岛），总面积1 106.81平方公里，属于典型的滨海丘陵地貌，山岭众多，平地很少，大部分沿海平地都是近百年来填海造

陆的结果。其骨干山脉有大帽山和马鞍山—狮子山—笔架山两列。

澳门位于珠江口西岸，北与广东省珠海市的拱北相连，东隔伶仃洋与香港相望，南临浩瀚的中国南海，由澳门半岛、氹仔岛和路环岛组成，半岛与两个岛屿之间由跨海大桥及填海公路相连，但地势高低起伏，拥有莲花山、东望洋山、西望洋山、柿山、螺丝山、青州山和妈阁山等山地。

在三地连绵起伏的山地中不乏山势险峻、景观奇特的山峰，加上有亚热带湿润季风气候的水热条件，山地森林茂密，生物多样性丰富，并拥有千姿百态的飞瀑流泉，旅游资源丰富多彩。如台湾的玉山、阿里山，香港的太平山，澳门的东西望洋山、柿山等都已成为著名的旅游胜地。

2）海岸线曲折，多优良海港

港台两地或四面环海，或背靠祖国，面临浩瀚的海洋，位于远东贸易航路要冲，地理位置十分优越；又由于山地丘陵海岸的一大特点是岬湾相间，岸线曲折，湾深港多，不乏优良港口。如香港维多利亚港是我国第一大、世界第三大海港。其南北有高山为天然屏障，东西有鲤鱼门、尖沙咀紧扼咽喉，港内航道水深平均超过10米，大型远洋货轮可随时进入码头和装卸区，为世界各地船舶提供了方便而安全的停泊地，是得天独厚的天然良港。台湾省四面环海，海岸线总长达1 600公里，台湾海峡呈东北—西南走向，北通东海，南接南海，长约200海里，平均宽度约108海里，是我国和国际的海上交通要道，沿岸港口较多。其中，位于台湾岛西南海岸的高雄港，是台湾省最大的优良海港；位于台湾岛东北部的基隆港，是台湾省第二大优良港口。澳门虽无深水港，但供游船停靠的浅水港口众多，主要有港澳码头及内河客运港口，是经由香港与内地进入澳门旅游的主要水上通道。

以上这些港口城市不仅海天一色，自然景观壮美，多海滨运动场所，而且经济发达，开发历史较早，有较多的文物古迹，往往成为游客喜爱的旅游目的地。

3）位于地壳活动带，地热旅游资源丰富

台湾岛地处欧亚板块与太平洋板块的聚合边界上，是环太平洋地震、火山、地热活动带的重要组成部分，自古以来既是我国地震的多发区，又是全球地热资源十分丰富的区域之一，温泉分布密度高，具有很好的疗养、治病功效。全岛已被发现并命名的温泉有128处，是我国温泉密度最高的省份，主要分布于大屯火山群和中央山脉地区，大多与风景名胜区相关联。现已经开发的有北投、金山、阳明山、谷关、仁泽、泰安、关仔岭、四重溪、知本等40余处，其中北投、阳明山、关仔岭和四重溪温泉号称台湾“四大温泉”。在已开发的温泉度假区内，别致的温泉旅社五步一楼、十步一阁，隐现于岩谷溪涧，构成了具有鲜明特色的景观。赴温泉旅游区度假已成为台湾旅游的一大特色。

15.1.2 旅游人文地理环境特征

1）文化中西荟萃，风俗民情合璧生辉

港澳台自古就是我国不可分割的领土，但在历史发展过程中，三地都曾有过被外国殖民者统治的历史。其中，香港曾被英国殖民统治达150多年；澳门被葡萄牙殖民统治也达百年以上，受葡萄牙文化影响则达400多年之久。直到20世纪末，香港和澳门才先后回到祖国的怀抱。台湾在17世纪上半叶曾经历了荷兰、西班牙等欧洲殖民国家的统治达40多年，中日甲午战争后，又经历了日本帝国主义的统治。在被殖民国家统治的过程中，本地传统文化与外来文化经历了长久的冲突和融合，最终形成了以中国传统文化为内核、以中西文化交融为特色的文化形态——港澳台文化。

同步思考15-1

问题：简述澳门被葡萄牙殖民统治的背景。

理解要点：注意重要事件的时间和背景，如1887年签订的《中葡会议草约》和《中葡和好通商条约》等。

(1) 宗教兼容并蓄，中西信仰融通。香港与澳门的居民中，华人约占97%，且绝大部分为广东籍，其他外来民族仅占3%。台湾除约占人口总数10%的少数民族及极少数外籍人士外，其他多为闽南人（55%）、客家人（15%）及其他省份的人。因此，三地宗教信仰大多与大陆（内地）相同，以佛教、道教最为盛行，寺庙、道观众多，仅香港一地就有600多处；有关佛、道的信念往往渗透在居民的生活之中；位于东南海滨的特殊地理位置，又使妈祖崇拜成为三地民间最广泛的传统信仰。此外，其他宗教，如基督教、天主教、伊斯兰教及印度教亦颇多信众，中西合璧、信仰自由，在这里得到了充分的体现。如天主教曾是葡萄牙的国教，澳门许多葡萄牙人信奉天主教，在牧师们的大力“劝化”下，不少华人也加入其中，所以目前澳门的天主教徒达到了30 000多人，每逢礼拜日，20余座天主教堂、修道院总是聚集大批教众；每年的圣诞节、复活节，澳门的圣像“巡游”也声势浩大，俨然盛大的聚会。澳门路环天主堂内供奉的神像不仅有圣母、圣子，还有一幅身着明代裙服、怀抱束发金冠孩童的妈祖画像；十字架上的耶稣受难塑像旁，赫然挂着地道的中国式红灯笼；在澳门三大寺庙之一的普济禅院内，十八罗汉中居然有一尊是高鼻深目、留着八字胡须的马可波罗，中西宗教融合的程度可见一斑。台湾因有一定数量的少数民族，其宗教信仰可分为三大类：一是以高山族为代表的原住民原始信仰，二是民间通俗信仰，三是各种正式宗教信仰。多种信仰在台湾民间盛行，使台湾成为一个“多神之岛”。根据统计资料，2015年，台湾总计有寺庙12 026座、教堂9 422座，神职人员49 658人，信徒1 082万人。其中，外籍传教士1 926人、神学院84所，全岛供奉的主神达200多种。

(2) 节日中外融汇，缤纷多彩。香港与澳门的节日是典型的中西文化结合的产物。两地都很好地保留了中华民族的各种传统节日，同时又吸纳了西方国家的节日文化元素，如香港把西方尤其是英国的节日几乎照单全收，包括元旦、劳动节、圣诞节、复活节、情人节、母亲节、父亲节、教师节、护士节、军人节、赛马节、统一节、万圣节、平安夜、除夕夜、愚人节等。澳门接受的外国节日主要有葡萄牙的“自由日”、葡国日（即贾梅士日）、葡萄牙恢复独立纪念日、复活节、追思节、圣母始胎无染原罪瞻礼日、圣诞节等。除此之外，各地还有财神日、盂兰节、观音开库、天后宝诞、佛诞、乞巧节、孔圣诞、孟圣诞、关帝节以及谭公诞、侯王诞、长洲太平清醮等一些地方性节日。

台湾节庆活动主要分为中华传统节庆、地方民俗庆典与少数民族祭典三大类。传统节庆与大陆基本相同；台湾各地由宗教活动或习俗所传承的民俗庆典，如东港王船祭、大甲妈祖绕境、台南盐水蜂炮等，则极富地方信仰及文化特色；居于山林、海滨的台湾少数民族，为祈求农作和渔猎丰收，也经常举办各项祭典活动，如丰年祭、祖灵祭、狩猎祭等。为宣传地方产业、发展旅游业，或为从传统走向创新，近年来各地还举办了很多新兴节庆活动，如新竹国际玻璃艺术节、新埔柿饼节等，都办得很成功。

总之，港澳台的各种节日众多，既有以热闹、喜庆、吉利为特色的中华民族传统节日，也有以新潮、刺激和趣味为特色的西方节日；既有对原始祭祀的继承，也有现代的创新，可谓名目繁多，异彩纷呈。

同步业务15-1

大三巴牌坊——浓缩的澳门文化

面积约30平方公里，人口约65万，可以说澳门是一个东方小城。虽然澳门面积很小，但它可以带给人很多感悟，这是许多到过澳门、熟悉澳门的人共同的看法。

漫步于澳门街头，蓝白相间的路牌，黑白交融的碎石路，美丽的教堂、庙宇依次展现，小巷尽头传出粤剧的旋律，飘出粤菜的浓香，令人仿佛进入了不同文化的“时空长廊”，感受到别样的魅力。澳门鱼行醉龙节是澳门民间传统节庆活动，每年4月7日，澳门从事渔业批发和零售的商贩会在街市舞木龙祈福，还会边舞边喝酒，踏出似醉非醉的舞步。

“澳门是一个充满了东西方元素碰撞、融合的城市，有些文化甚至比传统更传统，比当代更当代。”已在澳门居住了近40年的全国政协委员、澳门地产业总商会会长钟小健这样定义澳门文化的特性：“澳门开埠400多年，在经历了渔岛、殖民、回归，百年的融贯东西之后，成就了它现在的多元化。澳门现存有不少中西合璧的文物古迹，具有东西方风格的建筑物大都有‘以中为主，中葡结合’的特色。比如，作为澳门象征的大三巴牌坊，其建筑设计是典型的意大利巴洛克风格，牌坊上的雕刻则有明显的东方特色。”

（3）建筑中西合璧，风格多样。无论是澳门、香港还是台湾，房屋建筑都具有中西合璧的特点，有中式的古老宅院，也有西洋式楼房；有明清的古庙，也有欧式的古雅教堂；而今又增加了不少现代化的高楼大厦。东方与西方、传统与现代的建筑风格并存，使这些城市别具情调，其中尤以澳门历史街区最为典型。历史街区保留了澳门400多年中西文化交流的历史建筑，充分表现了“不同文明间的对话”，是我国境内现存年代最久、规模最大、保存最完整和最集中的中西建筑交相辉映的历史城区。

2）以服务业为主导，购物品尝趣味无穷

（1）经济发展迅速，以服务业为主。长期以来，香港凭借优良的天然港口、发达的进出口贸易及自由港地位，大力发展服务业，并逐渐发展成为亚太地区著名的金融、贸易、旅游、信息中心，形成了以服务业为主导的外向型经济体系。2020年，香港第一、二产业就业人口占11.2%，第三产业就业人口占88.8%。台湾的产业结构经历了20世纪60年代中期以前的农业经济时代、60年代中期以后以工业为主的时代，80年代末期以来，服务业逐渐取代工业居主要地位。2010年，台湾三次产业的产值比为1.6∶31.3∶67.1，就业于服务业的人员占全部就业人员的58.8%。2021—

2022年，疫情肆虐全球，台湾地区旅游业受到巨大冲击，三大市场进一步萎缩。2021年，入岛游客仅有14.05万人次。澳门在20世纪60年代以前，经济十分弱小；70年代后，澳门逐渐形成了以纺织、电子玩具、塑料花等为主的出口加工业，并同旅游博彩业、建筑房地产业、金融保险业一起构成了澳门的四大经济支柱。澳门的第三产业占比徘徊于92%~96%之间，已成为粤港澳大湾区内第三产业比重最高的城市。2023年是《粤港澳大湾区发展规划纲要》颁布实施4周年。4年来，粤港澳大湾区建设有力地促进了香港、澳门和内地经济加速融合，开创了经济发展新格局，形成了我国更高水平对外开放新格局。

（2）商品繁多质优，购物便利。香港购物魅力闻名遐迩，号称世界“购物天堂”。其形成的原因有：首先，香港拥有自由港的有利条件，汇集了世界各地有竞争力的各类商品。其次，香港完全市场化操作的经营体制，使美轮美奂的大型商场、名牌旗舰店、“人气”高涨的流行商店、价廉物美的露天市场都能各显神通，给购物者带来多元化的购物体验。另外，香港是世界四大钻石贸易中心之一，有各种设计别致、手工精巧的首饰和钟表，黄金饰品手工一流、匠心独运、成色可靠，各种新潮产品也应有尽有。同样，在澳门购物的魅力也无法阻挡，因为低税率政策和以出口为目标的商品生产，这里的商品种类繁多，价格便宜。市场上颇具竞争力的商品有首饰、服装、玩具、古玩、仿古家具及电子产品。这些商品经营方式灵活，讨价还价极为常见，为购物增添了不少乐趣。台湾由于四面环海，珊瑚资源丰富，珊瑚贝壳艺术品特别有名。此外，中华传统手工艺品在这里得到了很好的传承与发扬，如高雄“美浓广荣兴造”的油纸伞、花莲石雕、台北士林名刀、玻璃器皿、莺歌镇艺术陶器等都有很高知名度，澎湖四宝（文石、珊瑚、海树、猫公石）、阿里山高山茶、台东香茅油等地方特产也极受游客欢迎。

明德笃行15-1

内地与港澳开启“双向奔赴”新篇章

背景与情境：2024年5月6日，国家移民管理局关于进一步便民利企出入境管理若干政策措施正式实施，参加“琴澳旅游团”的内地居民可在入境澳门7日内通过“团进团出”方式多次往返澳琴。当日早上，由16人组成的“琴澳旅游团”首发团饮得新政策“头啖汤”，开始在澳琴两地展开3天2晚的旅程，其间两次入境澳门。

根据国家移民管理局4月28日公布的新安排，内地居民赴港澳人才签注政策范围由粤港澳大湾区扩大至北京、上海两地。六类人才可申请有关证明，并于有效期内多次赴香港及澳门，每次停留不超过30天。新政策实施后，赴港澳商务签注持有人在港澳地区停留期限由7天延长至14天。另外，“全国通办”措施将适用于商务签注，申请人可于全国的相关单位办理手续而不再受限于户籍或居住地。

资料来源　综合相关资料提炼整理而成。

问题：

1）请对案例中的政府主管部门及企业的行为作出思政研判。

2）案例中所提及的举措将为出入境旅游带来怎样的积极影响？

研判提示：

1）结合党的二十大所提出的要“促进区域协调发展”，从互助共赢、主动担当、便民利民等角度，对案例中的政府主管部门及企业的行为进行思政研判。

2）可从实现区域旅游协同发展、推进区域经济文化交流、提升游客满意度等方面对案例中所提及的举措展开研判。

（3）饮食博采众长，口味丰富多样。香港有亚洲“美食之都”的美誉，以选择繁多而质高味美闻名于世，当地共有饮食店8 700多间，汇集了世界各地菜式，各具特色的美味佳肴在此各领风骚。不仅是中餐，西餐也做得地道正宗，如法国大菜、日菜、韩菜、泰菜、意大利菜极为普遍，还有他地不多见的地中海菜、尼泊尔菜、越南菜、西班牙菜、阿根廷菜、葡国菜、俄国菜、印度菜、古巴菜、美国菜等，可谓世界美食荟萃，各种美食活动全年不绝。

澳门也是华洋共处，荟萃东西南北各地美食，葡萄牙、日本、韩国、越南、马来西亚、泰国、欧洲其他国家以及内地各省市的食品各占一席，而且物美价廉。澳门的葡国菜分为葡式和澳门式两种，经过改良的澳门式葡国菜结合了葡萄牙本土、印度、马来西亚及中国（主要是广东）菜式的烹饪技术，去芜存菁，共冶一炉，特别照顾到了东方人的口味。地道葡国菜最有名的是马介休（即葡国人最爱的咸鳕鱼）。澳门的特色美食主要有玛嘉烈蛋挞、红豆猪手、牛尾、牛胸和青菜汤等。

台湾饮食以福建闽南饮食为主，又结合了大陆其他地区饮食的特点，形成了丰富多彩的饮食文化，作料常用砂糖、咖喱、花生酱等，甜味重，多用清汤炖煮。台湾独具特色的菜肴与小吃有台北新店溪碧潭香鱼、基隆豆签羹、桃园石门砂锅鱼头、台中菜根香原汁牛肉面、新竹“贡丸”、嘉义“四臣汤”和香菇鱼翅羹、台南“棺材板”（油炸包馅面食）、高雄六合夜市贝类海鲜及“山河肉”（大山鼠肉）等。台湾有浓厚的饮茶文化，特别流行“工夫茶”；饮食还非常讲究食补，养生防老、阴阳互补、五行调和等观念深厚。

3）交通四通八达且快捷，旅游出行极为方便

香港市内交通密度在世界上名列前茅，道路总长近2 000公里，有8条隧道、630座行车天桥，加上完善的地铁、轻轨，共同构成了香港快捷和多元化的公共交通网络。发达的公共交通系统、现代化的管理理念及管理手段，加上港人多能自觉遵守交通规则，使得地域狭小、交通特别繁忙的系统运行顺畅。

香港是亚洲甚至世界主要航运中心，香港国际机场也是世界上最繁忙的机场之一，全球各大航空公司几乎每天都有航班飞往香港，每日有大约750架次定期客运及全货运航班，来往香港及约150个遍布全球的目的地。在英国Skytrax公司进行的调研中，香港国际机场连续多年被评为五星级机场，自2001年起一直跻身三甲，期间8度被评级为全球最佳。香港国际机场以乘客量计在亚洲排名第3位、全球排名第16位，以货运量计在全球排名第2位。此外，香港与内地还有京九、广九等铁路线直接相通。

与香港一样，澳门内部交通非常便利。除水运外，澳门半岛与氹仔岛之间有3座大桥相连，氹仔岛与路环岛之间有2.2公里长的填海公路连接。澳门半岛内的主要交通工具是出租车、公共汽车，另外还有三轮车和自行车服务。1995年以前，澳门本地没有飞机场与深水海港，对外交通基本依赖香港。澳门与香港之间的交通极其便捷，每天有大量一般交通船与飞翼快船、喷射飞航频繁往返，所需时间大多不超过1小时。1995年，澳门国际机场建成通航，现已有直航班机通往北京、上海、西安、长沙、厦门、台北、高雄、首尔、平壤、釜山、里斯本等地。澳门与珠海、广州、江门等地则有直通大巴往来，十分便捷。

另外，港珠澳大桥对港澳旅游有进一步刺激作用。港珠澳大桥是我国继三峡工程、青藏铁路、南水北调、西气东输、京沪高铁之后又一重大基础设施项目，东连香港、西接珠海、澳门，是集桥、岛、隧为一体的超大型跨海通道。岛隧工程是大桥工程的施工控制性工程，由沉管隧道、东西人工岛三大部分组成，其中沉管隧道是目前世界上综合难度最大的沉管隧道之一。起于伶仃洋粤港分界线，沿23DY锚地北侧向西，穿越珠江口铜鼓航道、伶仃西航道，止于西人工岛接合部非通航孔桥西端，全长7 440.546米。

作为我国最大的岛屿，台湾的海陆空交通系统相当完整，已形成了航空、海运、铁路、公路多层次立体交通网络，有桃园、高雄2个国际机场和14个一般民航机场，可达世界56个主要城市及岛内各主要城市和离岛；全岛设有高雄、基隆、台中、花莲和苏澳5个国际港口，其中基隆、高雄、花莲为海运客轮停靠的主要国际港，海上客轮也是与各离岛及金门、马祖间重要的交通工具；有各级公路近3万公里、铁路1 100多公里，形成了以环岛铁路干线、东西横贯公路、南北高速公路与高速铁路为主干的铁路、公路网，覆盖了除高山地区外的全省各地，而且火车、汽车开行的班次密集，人们出行方便快捷。

15.2 旅游业概述

15.2.1 旅游业现状特征

1）旅游业发达，在国民经济中占有重要地位

与我国其他省（区、市）相比，港澳台地区的旅游业发展较早，先后起步于20世纪50年代中期至60年代初。由于区位与环境条件优越、政府支持、政策优惠、开发管理水平较高，三地都相继成了国际旅游胜地，旅游业也成为国民经济中重要的产业。如在香港经济体系中，第三产业是主体，而旅游业则是香港第三产业中发展势头最强劲的行业，也是香港的支柱产业之一。澳门作为世界三大赌城之一，其博彩旅游业一直是地方经济的支柱产业和政府财政收入的主要来源，20世纪90年代其产值占GDP的比重接近40%，税收则占政府全部税收的40%以上。回归祖国后，博彩旅游业发展更为迅速，入境游客量不断增长，2024年，访澳游客达3 236万人次（见表15-1）。台湾旅游业的发展主要围绕平衡国际收支进行，1956—1982年，为了弥补外贸逆差，台湾大力发展入岛创汇旅游；1983年，为平衡庞大的外贸顺差，开始鼓励民众出岛旅游，1992年旅游外汇收支出现了49.2亿美元的巨大逆差；1993年开始大力发展岛内旅游，并逐步构建入岛旅游、出岛旅游和岛内旅游三者并行发展的旅游新局面。自2020年以来，疫情严重冲击台湾观光产业。党的二十大报告指出，我们始终尊重、关爱、造福台湾同胞，继续致力于促进两岸经济文化交流合作，推动两岸经济发展。相信台湾旅游业也将逐渐回暖，文旅融合发展也将迈上新台阶。

表 15-1　　澳门入境旅游人数变化情况

项目	2014 年	2015 年	2016 年	2017 年	2018 年	2019 年	2020 年	2021 年	2022 年	2023 年	2024 年
游客人数（万人次）	3 152	3 071	3 148	3 260	3 580	3940	591.7	770	570	2 821	3 236

资料来源　根据中华人民共和国澳门特别行政区政府网站数据整理。

2）以大陆为主的入境客源市场

由于血缘、地缘及经济的密切联系，在政治坚冰融化以后，全国其他省（区、市）一直是港澳台重要的客源市场。其中，香港、澳门在回归祖国以后，内地游客一直稳居入境游客首位。如 2023 年上半年，有约 1 300 万人次访港，访港旅客中超过 1 011 万人次来自内地。2025 年前两个月，有近 679 万人次入境澳门，其中内地旅客 504 万人次。

同步思考 15-2

问题：为什么港、澳、台都能成为世界旅游胜地？

理解要点：从地理位置、自然与人文景观特色、内外部交通条件、旅游服务设施和服务意识等方面分析。

3）三地旅游特色差异明显

港澳台虽同为国际旅游热区，都具有滨海旅游的良好条件，但旅游吸引力的侧重点各不相同。其中，香港、澳门地域虽相对狭小，但旅游特色都十分鲜明。香港以购物旅游、商贸旅游为最大吸引力，在山水风光、主题公园等其他旅游资源开发方面也卓有成效，旅游业最为发达。澳门主要以博彩娱乐业及特殊文化色彩吸引游客，旅游业也十分兴旺，其世界文化遗产——澳门历史街区的开发，成为澳门旅游从单一走向多元化的一个转折点。台湾省面积相对广大，各类旅游资源都比较丰富，山水风光、温泉疗养、滨海度假、风俗民情游都有很好的开发前景。

同步案例 15-1

港珠澳大桥经贸通道正崛起

背景与情境：2018 年 10 月 23 日，港珠澳大桥正式开通。一桥连三地，港珠澳大桥是“一国两制”下粤港澳三地首次合作共建的超大型跨海交通工程。自开通以来，港珠澳大桥就推动粤港澳大湾区成为一个有国际竞争力的经济区。

学习微平台

延伸阅读 15-1

根据口岸边检部门的统计，港珠澳大桥作为“港车北上”“澳车北上”的唯一指定通行口岸，2023 年以来车辆通行达 235 万辆次，是 2019 年同期的 3.6 倍；出入境的港澳居民超过 702.1 万人次，是 2019 年同期的 1.67 倍。

24 小时快速通关，大桥经贸通道正崛起。路通则人通，人通则财通。港珠澳大桥将香港到珠海、澳门的车程从 3 个小时缩短至约 45 分钟，口岸 24 小时快速通关更让港珠澳大桥成为大湾区的物流“大动脉”。

港珠澳大桥经贸新通道已经全面打通。截至 2023 年 10 月，经港珠澳大桥珠海公路口岸进出口货物总值突破7 000亿元。目前，珠海公路口岸进出口货物收发地实现对内地31个省、自治区、直辖市全覆盖，市场涉及国家（地区）由2018年的105个增加至239个。

澳门旅游业议会理事长胡景光表示，随着港珠澳大桥的开通，广东省推出不少相关的旅游路线，相信会有更多广东省以外的旅客赴澳，第四季度旅客会有5%的升幅，2023年全年旅客会达到3 500万人次。

资料来源　佚名. 车畅人旺，港珠澳大桥经贸通道正崛起［EB/OL］.［2023-10-22］. https：//news.yunnan.cn/system/2023/10/22/032801698.shtml.引文经过节选、压缩和改编。

问题：港珠澳大桥建成后，将给港澳地区的旅游业带来什么影响？

分析提示：可从交通与旅游的关系以及旅游对社会、文化和环境的影响等方面分析，结合党的二十大报告提出的“深入推进粤港澳大湾区建设，支持香港、澳门发展经济、改善民生、保持稳定”相关内容展开思考。

15.2.2　主要的旅游地及旅游线路

1）香港游览区[①]

美丽的香港是一个自然美与人工美高度结合的现代化大都市。这里有诱人的海滨浴场，有沿海岸低地耸立的高楼大厦，还有众多历史遗留下来的和新近开辟的风景名胜游览地及驰名中外的购物场所，其中太平山顶、浅水湾、九龙塘是三个景色优美的地区，海洋公园、宋城、迪士尼乐园则是香港最为重要的主题公园。

（1）太平山。它是香港最著名的游览胜地之一，虽然海拔仅500多米，却是俯瞰维多利亚港及九龙半岛的最好场所。每当人们乘坐从中环花园道至太平山顶的缆车凌空穿越时，这一切便可一览无余，尽收眼底。香港的夜景世界闻名，最佳观赏位置为太平山缆车总站附近古色古香的狮子亭和空旷怡人的山顶公园，同时山顶广场也是欣赏日落景色最为理想的场地。山顶有很多专为游客观景而准备的设备，更方便了这一活动的开展。

（2）浅水湾。它位于港岛南部，湾内浪平沙细，滩床宽阔，坡度平缓，海水温暖，是香港最具代表性的美丽海湾。每到夏季，浅水湾格外热闹，大批游客蜂拥而至，沙滩上人山人海，各式泳装组成了一幅色彩斑斓的画面。浅水湾东端的林荫下，设置有许多烧烤炉，在充满野趣的氛围之中，搏浪戏水后的游客可以尽情地品尝烧烤美味。烧烤区一侧是富有佛教色彩的镇海楼公园，门前面海竖立着“天后圣母”和“观音菩萨”两尊巨大塑像。海边远处建有七色慈航灯塔，气势雄伟，吸引着众多游客在此留影。在沙滩周围有许多酒家、快餐店和超级市场，其中临海的茶座更是欣赏红日西沉、涛声拍岸的好地方。浅水湾的秀丽景色使它成为港岛著名的高级住宅区，这些依山傍水的豪华建筑构成了浅水湾独特的景致，令人流连忘返。

（3）九龙塘。它位于九龙半岛上，是九广铁路与香港地铁唯一的交接处，周围有旺角、九龙公园等旅游景点，是香港客流密度最大的区域之一，也是香港购物旅游的中心区之一。其中，位于九龙塘站的又一城是该地的一站式高级购物广场，楼高7层，面积逾9万平方米，商店超过200家，店内空间宽敞，环境舒适，商品种类丰富，可以满足各类人群的购物需求；同时，这里还拥有AMC超级影院、全港最大的

①　推荐观赏《魅力香港》旅游宣传片。网址：http：//www.iqiyi.com/w_19ru35x2oh.html。

"欢天雪地溜冰场"，并汇聚了25间高级食府。人们在这里可以享受购物与娱乐的喜悦，收获一次特有的购物经历。此外，又一城在圣诞节期间布置的饰有10万颗施华洛世奇水晶的圣诞树，总值超过500万港元，也成为香港一景。

（4）维多利亚公园。它是香港最大的公园，建于1955年，以体育运动场为主，有游泳池、网球场、足球场及其他球类场地。每逢周日正午，公园内会举行颇有特色的时事辩论会——城市论坛。此集会类似于伦敦海德公园的集会，市民可与演讲者辩论，其过程还会在电视台现场直播。每到节日，这里更是热闹异常，如元宵节，这里设有香港最大的元宵市场；中秋节，这里则是赏月的最佳地点。

（5）香港会议展览中心。其简称会展中心，是香港主要大型会议及展览场地，位于香港岛湾仔北岸，是香港地标之一；由香港特别行政区政府及香港贸易发展局共同拥有，由新创建集团的全资附属机构香港会议展览中心有限公司管理；每年举办7项亚洲最大规模及4项世界最大规模的展览。2012年，香港会展中心在CEI Asia Magazine第10度荣膺亚洲最佳会议展览中心殊荣。同年，香港会展中心在第23届TTG旅游业大奖中，第4度获得最佳会议及展览中心殊荣。

（6）海洋公园。它位于香港岛黄竹坑南朗山，是东南亚最大的娱乐消闲中心。公园占地86公顷，包括山下、山顶及大树湾等地域，分为海洋天地、集古村、绿野花园、雀鸟天堂、山上机动城、急流天地、水上乐园、儿童王国8个景区。山上以海洋馆、海洋剧场、海涛馆、机动游戏馆为主，人们可以在此探索大海的奥秘，观看有趣的海豚和杀人鲸的表演，或者进行极具刺激性的机械娱乐活动；山下则有水上乐园、花园剧场、金鱼大观园、百鸟居、蝴蝶屋、熊猫馆及仿古建筑集聚的集古村。集古村内有反映中国历史风貌的各种亭台楼阁、庙宇街景，是中国古代街景的重现，并常有民间艺术表演；其余场馆则是小朋友探索自然奥秘、增长知识的地方，也是他们最乐于前往的场所。

（7）迪士尼乐园。它位于大屿山竹篙湾，与南海遥遥相望。其占地126公顷，背靠北大屿山、面向竹篙湾，是全球第五个以迪士尼乐园模式兴建的主题乐园，也是继日本之后的亚洲第二个、中国第一个迪士尼主题乐园，于2005年9月12日开业。

迪士尼乐园主要由美国小镇大街、明日世界、探险世界和幻想世界几部分组成。游客可以在这个奇幻国度共享欢乐时光：在乐园里找到他们最心爱的迪士尼人物；在探险世界里亲身感受亚洲及非洲地区的原始森林旅程；在明日世界里尝试进行充满科幻色彩的太空旅行，还可以在香港迪士尼乐园酒店举办真正有迪士尼特色的婚礼；在迪士尼好莱坞酒店里感受20世纪三四十年代好莱坞黄金时期的魅力。乐园内有中西式餐厅，有特色美食，包括各式点心及多种中国地道美食等。

（8）南丫岛。它又称"博寮洲"，是香港继大屿山和香港岛之后的第三大岛屿，位于香港岛的南面，面积约14平方公里，距香港岛30分钟船程。岛上竹林茂密，空气清新，海湾水清沙柔，海滩平缓，海岸风光优美，民风淳朴，中西方文化交融，艺术气息浓厚，海鲜美食诱人，是休闲度假的胜地。

（9）大屿山。它是香港最大的岛屿，位于香港西部海域，地势以山地为主，主峰凤凰山海拔935米，是全香港第二高峰，气势磅礴，有"凌绝顶"之称。岛上海岸线漫长曲折，港湾与沙滩、高山与流水、自然景观和历史古迹交相辉映，是许多香港人周末或者节假日游玩、休息的地方。其主要景点有宝莲寺、大澳、青马大桥、天坛大佛、昂坪360、昂坪广场、心经简林等。

（10）星光大道。它位于九龙尖沙咀东部的尖沙咀海滨花园，临近维多利亚港，是热门旅游景点。在这里，你可以欣赏到很多香港杰出电影业人士的手印、牌匾，还可以和以电影拍摄情况及香港知名艺人为题材的多尊塑像拍照留念，同时可以观赏维多利亚港风光、香港岛沿岸特色建筑，以及多媒体灯光音乐汇演等，把无敌海景尽收眼底。此外，星光大道邻近天星码头及地铁尖沙咀站，交通方便易达。游览完毕，可以去购物、用餐，或者参观其他文化景点，如香港艺术馆、香港太空馆及香港文化中心等。

（11）香港故宫文化博物馆。它在西九文化区，2022年7月3日正式对公众开放，是一座方鼎式巨型建筑。它面朝大海昂然矗立，传播中华文化、书写香港故事，彰显文化自信和历史自觉。香港故宫文化博物馆背靠祖国、根植香港、放眼世界，是一座连接古今、连接内地与香港、连接中国与世界的文化桥梁。未来，香港故宫文化博物馆将以新的诠释手法、以世界听得懂的语言，把源远流长、博大精深的中华文明传播得更远、更广。

同步案例 15-2

香港旅游业不转型，难以“真复苏”

背景与情境：2023年，访港旅客的旅游模式有所改变，由疯抢名牌产品转为直奔小众商店，由集中访问热门景点改为漫游城市街头，由逗留过夜改为“特种兵”即日游……香港特区政府近月连番为复苏旅游业出招，除赠送“香港有礼”礼品包、推出“Hello Hong Kong”“Happy Hong Kong”等活动外，近日更是筹划了“香港夜缤纷”活动。不过，连串部署看似未能对症下药，旅客人数虽达预期，却未能带动消费。根据旅发局提供给业界的消费数据，2023年上半年，内地旅客的整体消费金额比2018年同期明显减少，其中不过夜旅客的购物消费占比由89.1%下跌至77.7%，过夜旅客的购物消费额比例则由63.4%减少至52%。香港理工大学酒店及旅游业管理学院副教授梁尧忠分析，人到钱不到，与旅客购物需求下降、产品供应对手增多有关。

资料来源　佚名. 人到钱不到，未带动消费，香港旅游业不转型，难以“真复苏”［EB/OL］.［2023-10-11］. https://baijiahao.baidu.com/s?id=1779427250328038090&wfr=spider&for=pc. 引文经过节选、压缩和改编。

问题：香港旅游业应该如何转型？

分析提示：结合党的二十大报告提出的“巩固和提升香港在文化旅游等领域的地位”，从旅游创新形式、游客需求满足等角度对案例内容展开分析。

2）澳门游览区

微课程 15-1

遗产荟萃的澳门历史街区

400多年东西方文化相互交融的历史，使澳门成为一个独特的城市，既有古色古香的传统庙宇，又有庄严肃穆的天主圣堂；既有众多的历史文化遗产，又有沿岸优美的海滨胜景，还有不少符合地方性法规、设施先进的博彩娱乐地，其中博彩娱乐与世界文化遗产——澳门历史街区是其最大的旅游吸引力之所在。

（1）澳门博彩游乐场。以博彩为龙头的旅游业是澳门经济的一大特色，在澳门，既有造型别致、建筑宏伟、专供赌博的葡京娱乐场，也有在豪华酒店内开设的赌场。但不管何种赌博娱乐场，均装有国际一流的设备，采用现代化的管理方法，并配有严密的保安系统。为配合博彩业，澳门各娱乐场附近开设有众多的当铺，在澳门当铺典押的客户可在香港取回典押品。根据2007年的统计，在来澳门的游客中，有43%是专门为赌而来的，有11%为商务活动或参加会议而来，有75%为度假而来，度假游客中的绝大多数是为一睹赌城的风采而选择来澳门度假的，因此博彩已成为澳门旅游业的支柱与特色。

（2）澳门历史街区。**世界文化遗产澳门历史街区**位于澳门半岛老城区，包括妈阁庙前地、亚婆井前地、岗顶前地、议事亭前地、大堂前地、板樟堂前地、耶稣会纪念广场、白鸽巢前地8个广场空间，以及妈阁庙、港务局大楼、郑家大屋、圣老楞佐教堂、圣若瑟修院及圣堂、岗顶剧院、何东图书馆大楼、圣奥斯定教堂、民政总署大楼、三街会馆、仁慈堂大楼、澳门大堂、卢家大屋、玫瑰堂、大三巴牌坊、哪吒庙、旧城墙遗址、大炮台、圣安多尼教堂、东方基金会会址、基督教坟场、东望洋炮台（含圣母雪地殿教堂及灯塔）22处历史建筑，其中以大三巴牌坊、妈阁庙、圣老楞佐教堂等最为著名。

大三巴牌坊即圣保罗教堂的遗迹，位于澳门大巴街附近的小山丘上，是世界文化遗产——澳门历史街区的重要组成部分。圣保罗教堂建成于1637年，整座教堂体现了欧洲文艺复兴时期的建筑风格与东方建筑特色的结合，是当时东方最大的天主教堂。1835年，圣保罗教堂被一场大火烧毁，仅残存了前壁部分。由于它的形状与中国传统牌坊相似，所以取名为“大三巴牌坊”。大三巴牌坊上有精美绝伦的艺术雕刻，无论是牌坊顶端高耸的十字架，还是铜鸽下面的圣婴雕像和被天使、鲜花环绕的圣母塑像，都古朴典雅，充满着浓郁的宗教气氛，给人以美的享受。大三巴牌坊现已成为澳门的象征，也是游客澳门之行的必到之地。

坐落于大三巴牌坊一侧的大炮台，是澳门主要名胜古迹之一，炮台上有大片空地，绿草如茵，参天古树生长茂盛，巨型钢炮雄踞于旁。炮台上还有不少古迹文物和历史性建筑物，如炮台上的古塔便是当年耶稣会的会址之一。

妈阁庙位于澳门南端妈阁山西麓，是澳门最古老的寺庙，建成于500多年前的明代。其建筑具有中华民族特色，庙前有一对镇门石狮，神情威严，形态逼真。庙中有大殿、石殿、弘仁殿和观音阁，均飞檐凌空，气势雄伟。庙内的一块洋船石引人注目，上面雕刻着古代海船的图形，已经有400多年的历史。妈阁庙依山面海，风光宜人，古木参天，环境清幽，几百年间文人雅士们留下了无数题词石刻，更为这座古庙平添了几分雅趣。每年农历三月二十三是妈祖的诞生日，庙里都要举行盛大的祭祀活动。

圣老楞佐教堂位于风顺堂街，始建于1560年，后曾几度重修，教堂门前有左右两排石阶直达大门前；左右钟楼并峙，一座是时钟，用来报时；另一座是铜钟，供教堂做弥撒时震鸣用。教堂的屋顶是中国式的金字瓦面，教堂内挂有古式吊灯，古雅逸趣。

（3）澳氹大桥。澳氹大桥是连接澳门半岛与氹仔岛的第一座大桥，落成于1974

年10月。大桥连引桥全长3 400多米，横跨澳氹海面，弧度很大，有如长虹卧波，设计独特，给人既雄伟又玲珑的印象，给古老的澳门平添了现代气息。大桥造型独特，富有节奏感，为澳门八景之一。入夜后，桥灯吐亮，如珠连串，又给濠江夜空增添了璀璨光彩。在不同季节，无论日夜，大桥都被烘托出秀丽的身影，成为澳门的风景线，也成为澳门发展的标志。

3）台北游览区[①]

台北游览区指台湾岛北部，以台北市为旅游中心，包括基隆、新竹、桃园、宜兰等市县所辖的区域，主要景点有台北“故宫博物院”、士林景区、大屯火山群景区、北投温泉名胜区、野柳风景区、狮球岭炮台等。

（1）台北“故宫博物院”。它位于台北市士林区外双溪畔，始建于1962年，1965年夏落成，占地面积1.03万平方米，为中国宫殿式建筑，白墙绿瓦，共4层。院前广场耸立着由6根石柱组成的牌坊，气势宏伟，整座建筑庄重典雅，富有民族特色。院内设有20余间展览室，有现代化的空气调节、防火、防潮、防盗等设施，以保护珍贵的文化瑰宝。院内收藏有自原北平故宫博物院、沈阳故宫及热河行宫运到台湾的24万余件文物，所藏的商周青铜器，历代的玉器、陶瓷、古籍文献、名画碑帖等皆为稀世之珍。展馆每3个月更换1次展品，到台湾观光的游客都不会错过到“故宫博物院”一饱眼福的机会。

（2）士林景区。它位于台北市北郊、台北“故宫博物院”以西约2公里，是以旧士林（原名八芝兰）为中心的一组景区。附近有园艺试验所，栽植各种花卉，尤以兰花类最为有名，每年春秋举行花展，群花争艳，吸引无数花卉爱好者。其东北沿溪谷有妙元寺、涌泉寺等。著名的芝山岩上有1788年所建的惠济宫，迄今已有200多年的历史。

（3）大屯火山群景区。它位于台北市和台北县境内，包括大屯、七星、纱帽、竹仔、面天、莱公坑、小观音诸山，山峰奇拔，风光秀丽妩媚，很早就以“大屯春色”闻名台湾。火山群由16个火山喷发口形成的圆锥形山体组成，大屯山居于群山之中，海拔1 000多米，顶上是呈漏斗状的火山口，直径360米、深60米。火山口雨季积水成湖，称为“天池”。在大屯山东南有座更高大的火口山，顶上又叠置7座小峰，故名七星山，它是大屯火山群中最新的火山，山顶上巨大的爆裂火口仍不断吐出硫气浓烟。在大屯山和七星山之间，有座小观音山，顶上的火山口直径1 200米、深300米，是大屯火山群中最大的火山口。

（4）北投温泉名胜区。它位于台北市北郊，为1893年开始开发、利用的台湾北部著名温泉区。泉水主要来自附近的弥勒山，水温85℃左右，属硫黄泉。观光公路自此向东北深入大屯火山群直抵北部海岸，沿途多有温泉、瀑布、硫气孔和硫黄产地，山林中还有中和寺、玉皇寺、善化寺等古迹，与东北的阳明山风景区、东南的士林景区一起构成台湾省北部最大的游览区。

（5）野柳风景区。它位于台北县万里乡野柳村，原为大屯山北支沉入海中的小半岛地形，由于长年海蚀与风化作用，造就了千奇百怪的海蚀象形地貌景观。风景区共

① 推荐观赏《台湾旅游宣传片》。网址：https：//v.qq.com/x/page/u0172hjr97r.html。

分三部分：第一区有仙女鞋、女王头、情人石、林添祯塑像等；第二区有风化窗、豆腐岩、海蚀沟、龙头石等；第三区有灯塔、海龟石、二十四孝山、珠石、海狗石等。“海洋世界”是建在风景区内的台湾第一座海洋动物表演馆，海底隧道全长约400米，集中了世界各地的稀有名贵海洋生物。龙山寺位于台北市西南，靠近淡水河，始建于1738年，分前后殿，有左右护龙围绕中殿，前殿有铜铸龙柱1对，中殿龙柱多达4对，雕工极其精细；龙山寺内主祀观音菩萨，并供奉妈祖、四海龙王、十八罗汉、城隍爷、注生娘娘、山神、土地公等，为典型的神佛合一的寺庙。

(6) 狮球岭炮台。它位于基隆市南端，建于1883年，在中法战争和中日甲午战争中发挥了很大的防御作用，是基隆著名的古战场之一，现在只留下了指挥所及炮座供人追忆往日激烈的战争，缅怀为国奋战的将士。

同步案例 15-3

台湾地区中秋订房率“创2023年新低”

背景与情境：2023年，台湾地区中秋节有3天连假，不少餐旅业者摩拳擦掌，但实际情况不理想。根据有关资料，2023年台湾地区中秋节连假订房率仅为47.69%，是2023年的新低。有旅游业者坦言，“知道会不好，但没想到这么差”。

台湾“联合新闻网”此前报道指出，疫情3年，台湾地区观光业受到巨大影响。尤其是台当局禁止大陆游客赴台，许多依赖大陆游客的商家业绩惨淡。疫情过后，台湾地区旅宿观光业依旧不旺，大陆游客成为业者期待的源头活水。

台湾旅行商业同业公会总会理事长萧博仁指出，过去3年大陆游客缺席，对台湾观光旅游影响很大。大陆游客赴台最多时一年超过400万人次，平均每人停留7.5天，每日消费约128美元。没有大陆游客，台湾地区旅游业一年损失可能达上千亿元（新台币）。

花莲民宿业者叶陈锦表示，大陆游客来不来，对于台湾民宿来说差异很大，前后住房率差了六七成，可以说是“悬崖式崩落”。虽然现在对海外游客开放，但现况是海外游客在大都会区游玩居多，花莲平日几乎没有人，大家苦哈哈过日子。业者直言，唯有对大陆游客开放，才能拯救花莲旅宿的住房率，希望台当局不要再阻挡。

资料来源　佚名. 台湾地区中秋订房率“创今年新低”，业者期盼大陆游客成源头活水［EB/OL］.［2023-10-02］. https://baijiahao.baidu.com/s?id=1778609235226748726&wfr=spider&for=pc. 引文经过节选、压缩和改编。

问题：为什么台湾旅游业疫后复苏不如预期？如何促进两岸经济文化交流？

分析提示：党的二十大报告提出，我们要“继续致力于促进两岸经济文化交流合作，深化两岸各领域融合发展”，请通过互联网查阅相关资料，从两岸关系近年变化入手进行分析。

4）台中游览区

台中游览区位于台湾岛中段，以台中市为中心，包括台中、南投、嘉义、彰化、苗栗及花莲所辖的区域。此段也是台湾地形变化最大的区域，由西至东，依次由低海拔平原向丘陵、山地攀升，直至台湾最高峰——玉山主峰，其间山岳、山谷、断崖、湖泊、平原各种地貌类型丰富，拥有阿里山、日月潭、玉山、东埔、埔里等众多风景名胜区，其中阿里山、日月潭是台湾秀丽风光之象征。

（1）阿里山风景区。阿里山位于台湾省嘉义县东北，是大武峦山、尖山、祝山、塔山等18座山峦的总称。其最高峰为大塔山，海拔2 663米。整个风景区面积约175公顷，是台湾著名的天然森林公园和旅游胜地。游览阿里山，可由台湾省南部嘉义县乘森林铁路列车到阿里山林区的眠月，全长82.6公里，行车6小时。这条登山铁路要攀升2 600多米，沿线有大小隧道66处，最长的有800米，沿途景色随高度的变化而变化，能使游客享受到车移景变的乐趣。阿里山最著名的四大景观是云海壮观、擎天神木、日出奇景和艳红樱花。其中，塔山为观看云海最佳处，天气晴朗时，登高远眺，可见云浪在空山灵谷间飘逸，时如汪洋一片，时如大地铺絮，时如空谷堆雪，忽来忽去，时隐时现，令人叹为观止。

台湾湿润的热带与南亚热带气候，使阿里山古木参天、四季有花有果，其中有一株老红桧，高约53米，已有3 000多年的树龄，被称为“神木”；另有一棵红桧，高48米，据说有4 100多年的树龄，被称为“眠月大神木”；还有树中有树、三代同堂的“三代木”。阿里山的祝山顶上，有座观日楼，是观看日出的最佳处。

（2）日月潭风景区。它位于阿里山以北、能高山之南，是台湾最大的天然淡水湖泊，环潭周长35公里，平均水深30米，水域面积达770公顷，比杭州西湖大1/3左右，清朝时即被誉为台湾八大景之一，有“海外别一洞天”之称。日月潭中有一小岛，远望好像浮在水面上的一颗珠子，名“珠子屿”，抗战胜利后改名为“光华岛”。岛之东北面湖水形圆如日，称日潭；西南面湖水形觚如月，称月潭，统称日月潭。

日月潭之美，在于它环湖皆山，层峦叠嶂，郁郁苍苍；湖面辽阔，水平如镜，潭水湛蓝；湖中有岛，水中有山，波光岚影；一年四季，晨昏景色各有不同。日月潭边的山麓上还建有许多亭台楼阁，既是观赏湖光山色的极好场所，又是对优美自然景致的巧妙点缀，其中最引人注目的是潭南青龙山麓的玄奘寺和潭北山腰的文武庙。

（3）玉山森林公园。巍峨挺拔的玉山山脉，在台湾岛中部偏南、阿里山与中央山脉之间。1985年建立的玉山森林公园，范围涉及南投、嘉义、高雄、花莲四地，区域内拥有古老的地层以及峭壁、峡谷、断崖等多变的地形，再加上高差、气候等因素，形成了丰富的生态系统，孕育了许多稀有的动植物。

玉山主峰海拔3 952米，为台湾和我国东部第一高峰。其形挺拔、高峻，是热带、南亚热带少有的常年积雪的雪峰。站在主峰上俯视全省，群山如丘，河溪如带；远望太平洋，回顾台湾海峡，只见海天相接，一望无垠。除此之外，玉山的云瀑、日出、林涛也都是著名的美景。

（4）东埔风景区。它位于南投县信义乡，是进入玉山的主要门户，八通关古道西端即于此地开始。东埔以温泉闻名，其泉质优良，清澈透明，温度约40℃，可饮用，也可沐浴。温泉四面环山，其东面约1.5公里的山间，浓林荫蔽，一股清泉自山上30米高的峭壁上垂直倾泻下来，午后阳光映照瀑布时，常有彩虹展现，故名“彩虹瀑布”。在八通关古道的前段，还有云龙瀑布和极为惊险刺激的“父子断崖”。断崖前段久经风化，松软易崩；后段为沿石壁凿开的山路，狭窄处行人仅能贴壁慢行而过，下临百余米深河谷，登临其间，极惊极险。此外，东埔还有情人谷、乐乐温泉等景点，东埔五花——梅花、樱花、梨花、桃花及圣诞红，四季争艳。总之，这里是个赏花、尝果、沐浴疗养的好地方。

（5）埔里风景区。它位于台湾地理中心的南投县埔里镇，为一山环水绕的盆地，是全省海拔450米以上地区的最大城镇，素有“小洛阳”之称。因其四周环绕大山，中间是平坦的原野，每年春夏云淡风轻之际，美丽的蝴蝶千百成群，飘然飞舞在蔗林、蕉园、松林之间，数量之巨、种类之多、色彩之艳、姿态之美，他处不可比，故埔里又有“蝴蝶王国”之美誉。埔里镇东北郊海拔555米的虎子山，是台湾岛地理中心之所在，故在其山顶建有全省最大的“天文三角原点”柱，造型新颖美观。其附近林木苍翠，景色宜人，现已被辟为台湾地理中心森林游乐区。

5）台南游览区

台南游览区指台湾岛南端，主要包括台南、高雄、屏东、台东等地域，主要景点有鹅銮鼻灯塔、台南古刹、知本森林游乐园等。

（1）鹅銮鼻灯塔。鹅銮鼻位于台湾岛的最南端，是一个尖长的海岬，岬长约5公里、宽1.5～2.5公里，最高点海拔122米，属珊瑚礁台地。鹅銮鼻面临巴士海峡，与菲律宾吕宋岛遥对，是南海与太平洋往来的必经航道，著名的“东亚之光”灯塔就屹立在这里。灯塔建于1882年，塔身白色，呈圆形，高18米，有铁梯可登上塔顶，总高55米，距离海岸约140米，是远东最大的灯塔。灯光每隔10秒钟闪亮1次，在20海里范围内都可看到。

（2）台南古刹。台南市以寺庙众多为特色，其中开元寺、弥陀寺、法华寺和竹溪寺合称“台南四大古刹”。

开元寺在市区东北角的开元路，系郑成功儿子郑经所建，原名承天府行台，清康熙年间改为禅寺，命名“海会寺”；嘉庆年间再度修葺，借郑成功家乡泉州的开元寺名正式定名为“开元寺”。寺内奉释迦牟尼佛、弥勒佛、观音菩萨、地藏王菩萨，并祀关公、郑成功的神像，寺中有茂林修竹和珍贵的叶莲、七弦竹，环境幽雅，并保留有1680年建造时所凿的一口圆形古井。

弥陀寺坐落在台南市东区的庆东街，是全台最古老的寺庙之一，据说是郑经始建，后来历经修建，规模不大，但颇为雅洁。弥陀寺分前后两殿，前祀弥勒，后祀诸神，中间庭园花木扶疏，环境幽静。

台南市南部的法华寺是一座由庭园改建的禅寺，原是明末随郑军入台的名士李茂春的庭园，1684年改为法华寺，几经毁修，现为三进三开式佛寺，前殿奉弥陀佛，正殿奉释迦牟尼佛，左殿奉文衡圣帝，右殿奉南极大帝，开创了台湾独特的释、道合流的“通俗佛教”之先例。

竹溪寺在台南市区南部的体育场附近，1684年修建，为台湾最早建立的寺庙之一。1927年，其进行了中西合璧式改建，庙顶仍为中国传统宫殿式，而殿门却是西式落地窗，在台湾庙宇建筑中可谓别具一格。寺庙前潺潺清溪，曲折如带，竹木苍郁，绿荫生凉，清幽之极，故得此名。

（3）知本森林游乐园。它位于知本溪中游，地处台东平原的西南角，为台湾东部著名的游览胜地。其四周青山围绕，林木茂盛，冬暖夏凉，幽静而又舒适，包括知本温泉、露营区、森林游乐区、清觉寺、白玉瀑布、木蝶谷等景区景点，有步道穿梭通达各景点。

知本温泉温度在40℃左右，透明无色，水质上佳，含有大量碳酸质，属碱性盐类泉，对肠胃病和皮肤病都有疗效。当地卑南族同胞称此温泉为“神水”，每当夕阳西下时，便成群结队到泉中沐浴，其乐融融。知本温泉背后的山中，有一道高达30米的白玉瀑布，从悬崖上直冲而下，水珠如帘，遇石溅溢，仿佛珍珠落盘。由知本温泉沿知本溪向上行走，有一观林吊桥，在青山翠谷之中犹如长虹凌空，十分壮观。

同步业务15-2

以台北为始终点，环台湾岛8天自由行旅游线设计

第1天：台北一日游（台北“故宫博物院”—西门町—红毛城、真理大学—渔人码头—101、诚品信义店—夜市）

第2天：瑞芳—九份（菁桐—平溪—十分—猴硐—九份）

第3天：九份—花莲（九份老街—海滨自行车道—南滨公园—中华路）

第4天：花莲一日游（清水断崖—太鲁阁—七星潭—自强夜市）

第5天：花莲—垦丁（船帆石—最南点—鹅銮鼻公园—垦丁大街）

第6天：垦丁一日游（后壁湖渔港—猫鼻头公园—白沙湾—恒春古镇—垦丁大街）

第7天：垦丁—高雄（台湾中山大学—打狗英国领事馆—西子湾—爱河—六合夜市）

第8天：高雄—台北

本章概要

□ 内容提要

与全国其他旅游区相比，港澳台文化旅游区旅游业起步早，三地凭借特别优越的地理位置、便捷的对内对外交通、中西融通的文化特色和对外开放的经济制度，以及良好的旅游接待设施，较早地对有限的旅游资源进行了有效的开发，实行与国际接轨的旅游服务与规范的行业管理，并迅速成长为国际旅游胜地。在新的市场和政策环境下吸引更多区内外不同层次客源、不断创新旅游吸引物、保持优良的服务质量，是本区旅游业可持续发展的关键。

□ 主要概念和观念

▲ 主要概念

港澳台文化旅游区　澳门历史街区

▲ 主要观念

港澳台文化旅游区旅游资源与旅游环境特色　港澳台文化旅游区旅游发展优势和旅游产品特点的历史因素　其他省（区、市）客源市场潜力及其对三地旅游业发展的影响

□ 重点实务

港澳台文化旅游区旅游产品开发　港澳台文化旅游区旅游线路组织设计

基本训练

□ 知识训练

▲ 复习题

1）港澳台文化旅游区的历史和地理环境有哪些独特之处？

2）港澳台文化旅游区拥有哪些优势旅游资源？

随堂测15-1

▲ 讨论题

1）港澳台三地旅游各有何特色？

2）港澳台文化旅游区有哪些重要的旅游节庆活动？

□ 能力训练

▲ 案例分析

【训练项目】

案例分析-XV。

【相关案例】

香港加强文化基建　致力打造“文化之都”

背景与情境：国家“十四五”规划明确提出支持香港建设中外文化艺术交流中心，为香港文化发展增添内生动力。西九文化区作为香港打造中外文化艺术交流中心的桥头堡，是香港特区政府在香港回归之后最重要的艺术文化基建。在戏曲中心、M+博物馆相继落成后，历经数年筹备和建设的香港故宫文化博物馆横空出世，其于2022年7月推出的开幕展堪称惊艳：在展览中亮相的914件故宫藏品中，约七成为首次赴香港展出。这是故宫博物院自1925年成立以来，规模最大、级别最高的文物出宫展览，为香港这一新增的文化基建赋予了深厚内涵。

2023年7月14日，香港旅游发展局公布，6月初步统计访港旅客数字为275万人次，日均旅客量约9.2万人次。2023年上半年累计录得约1 300万人次访港，访港旅客中超过1 011万人次来自内地。

香港旅游发展局表示，会继续加强在各个客源市场的宣传推广，深化“你好，香港”宣传工作，并通过举办各种大型盛事，包括“香港单车节”“香港美酒佳肴巡礼”“香港缤纷冬日巡礼”“香港跨年倒数”等，以及支持承办国际盛事，吸引旅客访港，提升及丰富旅客在港的旅游体验。

资料来源　佚名. 加强文化基建提升软实力　香港致力打造“文化之都”[EB/OL]. [2023-01-03]. http：//www.locpg.gov.cn/jsdt/2023-01/03/c_1211714445.htm.引文经过节选、压缩和改编。

问题：你能提出香港打造“文化之都”的其他措施吗？在文旅融合发展的大背景下，香港旅游应该如何做才能更好地体现其优势？

【训练要求】

同第1章“基本训练”中本题型的“训练要求”。

▲ 自主学习

【训练项目】

“港澳台文化旅游区人文地理环境变化及其对旅游业的影响”知识更新。

【训练目的】

见本章“学习目标”中的“职业能力”。

【训练步骤】

1）以班级小组为单位组建训练团队，每团队确定一人负责。

2）各团队根据训练项目的需要进行角色分工。

3）各团队通过校图书馆或互联网，查阅“文献综述格式、范文及书写规范要求”和近三年关于“港澳台文化旅游区人文地理环境变化及其对旅游业的影响”研究的前沿学术文献资料。

4）各团队综合和整理“港澳台文化旅游区人文地理环境变化及其对旅游业的影响”研究的前沿学术文献资料，依照“文献综述格式、范文及书写规范要求”，撰写《“港澳台文化旅游区人文地理环境变化及其对旅游业的影响”最新文献综述》。

5）在班级交流各团队的《“港澳台文化旅游区人文地理环境变化及其对旅游业的影响”最新文献综述》。

6）在线上平台上展出经过修订并附有教师点评的各团队《“港澳台文化旅游区人文地理环境变化及其对旅游业的影响”最新文献综述》，供学生相互借鉴学习。

□ 明德笃行

【训练项目】

明德笃行-XV。

【相关案例】

粤港澳青年文化之旅

背景与情境：粤港澳青年文化之旅是由广东省文化和旅游厅、香港特区政府民政事务局、澳门特区政府教育及青年发展局共同主办的粤港澳青年文化交流活动，该活动被列入《粤港澳大湾区发展规划纲要》《粤港澳大湾区文化和旅游发展规划》，连续多年入选文化和旅游部“内地与港澳文化和旅游交流重点项目”，现已成为粤港澳三地青少年交流的经典品牌。

该活动为粤港澳三地大学生打造聚焦文化特色、注重深度体验、认识祖国历史文化、增进彼此情感认同的活动平台。为确保学生，特别是港澳学生能充分地感受内地发展，活动一般安排在暑期的7月份举办，总时长10天左右，其中香港段约3天、澳门段约2天、内地段约7天。粤港澳三地学生人数比例约为2:2:1，每年参与的学生60~150人不等。

该活动的设计是结合粤港澳青少年的兴趣和需求的基础上，聚焦国家意识和爱国精神的培养，注重价值理念的传达和引导，在内容设计上融合传统文化、民族特色、红色景点以及高科技、现代化等多元元素，在运作模式上着力增强参与性、专业性、趣味性、体验性和获得感，在资源调配上发挥粤港澳三地政府的统筹协调优势，提供最优质的文化和旅游资源，共同打造粤港澳青年文化体验之旅、见证之旅、友谊之旅。

资料来源　综合相关资料提炼整理而成。

问题：

1）案例中的该活动展现了哪些优秀的思政素养，请对其进行思政研判。

2）粤港澳青年文化之旅将为区域旅游发展带来怎样的积极影响？

【训练地求】

同第1章“基本训练”中本题型的“训练要求”。

主要参考书目

[1] 王兴斌. 中国旅游客源国概况 [M]. 8版. 北京：旅游教育出版社，2019.

[2] 冯天瑜，何晓明，周积明. 中华文化史 [M]. 上海：上海人民出版社，2005.

[3] 王会昌. 中国文化地理学 [M]. 武汉：华中师范大学出版社，1991.

[4] 卢云亭. 现代旅游地理学 [M]. 南京：江苏人民出版社，1988.

[5] 马勇. 旅游学概论 [M]. 北京：高等教育出版社，1997.

[6] 江月启. 巧布神州游——中国旅游景观地理学 [M]. 北京：中国社会科学出版社，1992.

[7] 保继刚，楚义芳. 旅游地理学 [M]. 北京：高等教育出版社，1993.

[8] 保继刚. 旅游开发研究——原理·方法·实践 [M]. 北京：科学出版社，2003.

[9] 过宝兴，王浩清. 祖国的旅游胜地——旅游资源集锦 [M]. 北京：科学普及出版社，1990.

[10] 苏文才，孙文昌. 旅游资源学 [M]. 北京：高等教育出版社，1998.

[11] 王祖诚. 华夏旅游要览（北方分册）[M]. 北京：金盾出版社，1995.

[12] 班武奇，韩景辉. 中国旅游资源 [M]. 北京：首都师范大学出版社，1994.

[13] 邹海晶. 旅游地理 [M]. 北京：高等教育出版社，1995.

[14] 李谷. 中国旅游知识精华 [M]. 武汉：湖北人民出版社，1992.

[15] 杨振之. 旅游资源开发 [M]. 成都：四川人民出版社，1996.

[16] 庞规荃. 中国旅游地理 [M]. 北京：旅游教育出版社，2001.

[17] 肖星. 中国旅游资源概论 [M]. 北京：清华大学出版社，2006.

[18]《中国旅游指南》编委会. 中国旅游指南 [M]. 北京：中华书局，2000.

[19] 杨载田. 中国旅游地理 [M]. 2版. 北京：科学出版社，2005.

[20]《走遍中国》编辑部. 走遍中国 [M]. 北京：中国旅游出版社，2006.

[21] 陶犁. 旅游地理学 [M]. 昆明：云南大学出版社，1995.

[22] 陶犁. 民族民俗风情赏析 [M]. 北京：旅游教育出版社，2006.

[23] 国家旅游局. 中国旅游年鉴 [M]. 北京：中国旅游出版社，2008.

[24] 李小建. 经济地理学 [M]. 北京：高等教育出版社，1999.

[25] 王晓云，张帆. 旅游导论 [M]. 上海：立信会计出版社，2004.

[26] 周进步，庞规荃，秦关民. 现代中国旅游地理学 [M]. 青岛：青岛出版社，1998.

[27] 刘振礼，王兵. 新编中国旅游地理 [M]. 天津：南开大学出版社，1996.

[28] 李振泉，杨万钟，陆心贤. 中国经济地理 [M]. 4版. 上海：华东师范大学出版社，1999.

[29] 单树模. 中国名山大川辞典 [M]. 济南：山东教育出版社，1995.

[30] 游琪. 世界遗产在中国 [M]. 北京：旅游教育出版社，1997.

[31] 肖瑞玲. 明清内蒙古西部地区开发与土地沙化 [M]. 北京：中华书局，2006.

[32]《中国自然资源丛书》编撰委员会. 中国自然资源丛书：内蒙古卷（16）[M]. 北京：中国环境科学出版社，1995.

[33] 廖康清，等. 鄂西民俗 [J]. 江汉论坛专刊，1993（1）.

[34] 刘晖. 旅游民族学 [M]. 北京：民族出版社，2006.

[35] 段强，吴江江. 红色旅游精品线路指南——西北 [M]. 北京：现代出版社，2005.

[36] 高平. 雪域诗佛——六世达赖喇嘛传奇 [M]. 北京：中国藏学出版社，2003.

[37] 鲁永明. 魅力尼汝——来自香格里拉藏族生态文化村的报道 [M]. 北京：民族出版社，2005.

[38] 赵永红. 神奇的藏族文化 [M]. 北京：民族出版社，2003.

[39] 陈嘉颖. 香港 [M]. 北京：中国轻工业出版社，2003.

[40] 王巧珑. 澳门的社会与文化 [M]. 北京：新华出版社，1999.

[41] 高关中. 中国台湾风土大观 [M]. 北京：当代世界出版社，2003.

[42] 张正明. 楚文化史 [M]. 上海：上海人民出版社，1987.

[43] 韩增禄，何重义. 建筑·文化·人生 [M]. 北京：北京大学出版社，1997.

[44] 沈祖祥. 旅游文化概论 [M]. 福州：福建人民出版社，1999.

[45] 杨武. 中国民族地理学 [M]. 北京：中央民族学院出版社，1993.

[46] 巴兆祥. 中国民俗旅游 [M]. 福州：福建人民出版社，1999.

[47] 李向群，崔勇. 华夏之旅丛书：湖南 [M]. 北京：旅游教育出版社，2001.

[48] 崔庠，周丽君. 旅游地理学 [M]. 北京：机械工业出版社，2006.

[49] 刘振礼，王兵. 新编中国旅游地理 [M]. 天津：南开大学出版社，1996.

[50] 郭伟锋. 旅游现象的文化思考 [M]. 北京：旅游教育出版社，2012.

[51] 复旦大学旅游学系. 旅游与城市发展 [M]. 上海：复旦大学出版社，2013.

[52] 钟林生，陈田. 生态旅游发展与管理 [M]. 北京：中国社会出版社，2013.

[53] 陈实，梁学成. 旅游管理前沿专题 [M]. 北京：中国经济出版社，2013.

[54] 邹忠，刘敏，刘聚梅. 中国旅游民俗文化 [M]. 北京：中国人民大学出版社，2013.

[55] 中国旅游研究院. 中国区域旅游发展年度报告（2012—2013）[M]. 北京：

旅游教育出版社，2013.

［56］肖星，王景波，王计平．旅游资源学［M］．天津：南开大学出版社，2013.

［57］程遂营．文化视野中的旅游与休闲研究［M］．北京：中国经济出版社，2013.

［58］邹统钎．旅游景区管理［M］．天津：南开大学出版社，2013.

［59］谢彦君．旅游世界探源［M］．北京：旅游教育出版社，2013.

［60］陈吉瑞，陈刚平，王奉德．旅游职业道德［M］．北京：旅游教育出版社，2013.

［61］李伟．中国旅游文化［M］．北京：清华大学出版社，2013.

［62］姚志国，鹿晓龙．智慧旅游：旅游信息化大趋势［M］．北京：旅游教育出版社，2013.

［63］周春林．旅游文化［M］．南京：南京师范大学出版社，2013.

［64］张伟强．旅游资源开发与管理［M］．2版．广州：华南理工大学出版社，2000.

［65］杰克逊．休闲与生活质量：休闲对社会、经济和文化发展的影响［M］．刘慧梅，等译．杭州：浙江大学出版社，2009.

［66］张媛．休闲概论［M］．上海：上海交通大学出版社，2012.

［67］《亲历者》编辑部．2017中国自助游［M］．北京：中国铁道出版社，2016.

［68］中国旅游研究院．中国区域旅游发展年度报告（2013—2014）［M］．北京：旅游教育出版社，2014.

［69］中国旅游研究院．中国区域旅游发展年度报告（2014—2015）［M］．北京：旅游教育出版社，2015.

［70］中国旅游研究院．中国区域旅游发展年度报告（2015—2016）［M］．北京：旅游教育出版社，2016.

［71］中国旅游研究院．中国区域旅游发展年度报告（2015—2016）［M］．北京：旅游教育出版社，2016.

［72］中国旅游研究院．中国区域旅游发展年度报告（2016—2017）［M］．北京：旅游教育出版社，2018.

［73］赵济，王静爱，朱华晟．中国地理［M］．2版．北京：高等教育出版社，2010.

［74］蓝勇．中国历史地理［M］．3版．北京：高等教育出版社，2020.

［75］周尚意，孔翔，朱竑．文化地理学［M］．北京：高等教育出版社，2004.

［76］王嘉学，杨世瑜．世界自然遗产保护中的旅游地质问题［M］．北京：冶金工业出版社，2007.

［77］黄楚兴，杨世瑜．岩溶旅游地质［M］．北京：冶金工业出版社，2008.

［78］中国旅游研究院．中国出境旅游发展年度报告2018［M］．北京：旅游教育出版社，2018.

［79］中国旅游研究院．中国出境旅游发展年度报告2019［M］．北京：旅游教育

出版社，2019.
［80］中国旅游研究院．中国国内旅游发展年度报告2018［M］．北京：旅游教育出版社，2018.
［81］中国旅游研究院．中国国内旅游发展年度报告2019［M］．北京：旅游教育出版社，2019.
［82］李娌．中国旅游文化［M］．2版．北京：旅游教育出版社，2022.
［83］文化和旅游部．中国文化文物和旅游统计年鉴2022［M］．北京：国家图书馆出版社，2022.
［84］佚名．党的二十大报告辅导读本［M］．北京：人民出版社，2022.
［85］王子超，邓爱民．中国旅游文化［M］．武汉：华中科技大学出版社，2023.
［86］魏敏．旅游资源规划与开发［M］．2版．北京：清华大学出版社，2023.
［87］王伟．旅游资源学（课程思政版）［M］．武汉：华中科技大学出版社，2023.
［88］王其钧．古建筑日读［M］．北京：中华书局，2023.
［89］陈丹．民俗游戏的人性景观［M］．杭州：浙江大学出版社，2023.
［90］王金伟．红色旅游蓝皮书：中国红色旅游发展报告（2022）．北京：社会科学文献出版社，2023.
［91］张骏，卢凤萍．旅游美学［M］．北京：中国人民大学出版社，2021.